KB261564

에로스의 탄생

신화에서 발견한 32개의 사랑

에로스의 탄생

후베르투스 쿠들라 지음 · 오순희 옮김

이룸

　고대의 신화, 문학 그리고 역사적 전승물에 담겨 있는 주옥같은 사랑 이야기들은 아름다움이나 극적인 성격 면에서 근대 이후의 문학 창작이나 실제 사건에 결코 뒤지지 않는다. 불타는 열정, 부드러운 감정 그리고 에로틱과 거친 섹슈얼리티는 이 책에서 소개되는 1,500여 년에 걸친 고대의 텍스트들을 특징짓는 것이다. 이 책의 독자들은 아주 다양한 커플들과의 만남을 기대해도 좋을 것이다. 예컨대 파리스와 헬레나의 맹목적인 사랑은—우리가 신화를 믿는다면—트로이의 몰락으로 귀결되었던 반면, 필레몬과 바우키스의 깊은 애정은 신들의 호의와 특별한 보호를 받았다. 카이사르는 이집트의 여왕 클레오파트라의 매력에 빠져 한동안 자신의 지배력 확충 사업에서 손 떼고 있을 정도였지만, 유스티니아누스 황제는 평판이 좋지 않은 환경 출신의 여성을 선택했어도 그녀와 공동으로 자신의 제국을 성공적으로

읽기 전에

이끌었다. 그러나 이는 이 책에서 다루는 도합 서른두 쌍의 유명한 커플들 중에서 두어 가지 사례들을 뽑아 본 것에 불과하다. 이 책은 이 유명한 커플들의 사랑을 이야기하면서도 항상 문학사적, 사건사적 배경과 관련지어 설명하고 있다. 수천 년 동안이나 무수한 작가, 화가, 조각가, 작곡가들이 이들의 사랑으로부터 창작의 영감을 얻었기에 이 책에서는 모든 장들이 끝날 때마다 이러한 '에로스의 유희'에 들어 있는 초시대적 의미를 표현했던 가장 중요한 예술작품들의 목록을 제시하고 있다.

지은이 **후베르투스 쿠들라**

뮌헨의 김나지움에서 교감으로 재직하며 라틴어와 독일어를 가르쳤다.
저서로 『라틴어 인용 사전』(2001)이 있다.

크리스티안 M. 바르트 · 힐데가르트 프로파크와 공동 작업

각 항목의 저자는 마지막 단락의 끝에 이니셜로 표기하였다.
크리스티안 M. 바르트: C. M. B.
후베르투스 쿠들라: H. K.
힐데가르트 프로파크: H. P.

옮긴이 **오순희**

서울대학교 독문학과 및 동대학원 석사 졸업 후 독일 뒤셀도르프대학에서 박사 학위를 취득했다.
현재 서울대학교 독어독문학과 교수로 재직하고 있다.

목차

역사적 인물들

그리스 문화권

로마의 세계제국

시인들

율리우스-클라우디우스 지배자 가문

콘스탄티노플

남성들의 우정

신화

역사적 인물들

이어서 에로스가 생겨났다. 불멸의 신들 중에서도 가장 아름다운 신,
애간장을 녹이는 신, 모든 신들과 인간들의 가슴 속에 있는 감각뿐만 아니라
분별력 있는 사유까지도 제압하고 마는 신이 생겨난 것이다.[1]

헤시오도스, 『신통기』 120f.

에로스가 던지는 주사위들은
광란과 혼란이다.
아나크레온.

---

1) 쇤베르거(O. Schönberger) 번역.

　이 책은 독자들에게 고대의 유명한 연인 또는 부부에 대해 이야기하고자 한다. 어쩌면 익히 알려진 사실들을 다시 새롭게 하고 그 의미를 심화하는 작업에 불과할 수도 있다. 그리스와 로마의 문학에서 잘 알려진, 또는 잘 알려지지 않은 텍스트들을 인용한 것은 고대 작가들이 그 커플들을 어떤 식으로 바라보았는가를 보여 주고자 하기 때문이다. 그 다음에 이어지는 간단한 해설은 주요 인물들의 신화적, 문학적, 역사적 의미들을 정리하고, 그러한 관계들이 오늘날의 관점에서 보면 어떤 의미를 지니는지 해석해 보려는 시도이다. 마지막으로 각 장의 끝에 있는 주석들은 이러한 커플들이 예술과 문학에서 어떻게 수용되어 왔는가에 대한 개별적인 설명들을 담고 있다.

　이 책은 신화의 세계나 문학적 허구 또는 역사에 나오는 매혹적인 인물들의 특징뿐 아니라 그들이 이성에 대해서(또는 동성에 대해서도) 지녔던 관계들

을 독자들의 눈앞에 재현할 것이다. 그들 각자가 개별적 상황이나 그 시대의 정신적, 사회적, 정치적 배경에서 했던 역할은 그들의 곁에서 공동의 역할을 하거나 반대의 역할을 했던 사람들까지 함께 드러날 때 보다 잘 이해되고, 보다 깊게 파악될 수 있다.

원전의 번역문에 이어지는 에세이들은 커플의 관계에 대해 주목하는 글들이다. 개별적인 인물들에 의해 결정적으로 좌우되었던, 또는 그들의 삶에서 결정적인 역할을 했던 역사적 사건들에 대해서는 간단히 요약만 하거나 경우에 따라서는 암시만 했다. 그렇지만 사랑이나 사랑의 모험담들이 개개인의 운명에 대해서뿐 아니라 때로는 권력자들의 정치적 결정에 있어서도, 따라서 그 민족 전체의 운명에 얼마나 강력한 영향을 미쳐 왔는가 하는 것에 대해서는 지속적으로 보여 줄 것이다. 에로스의 유희 방식들은 인간적인 격정의 다

양한 단계들을 포함하는 것이다. 처음에는 지고의 행복감을 불러일으키지만 그 다음엔 마음의 상처나 불행으로 이어지는 사랑의 위력, 처음에는 무조건적으로 개개의 당사자들에게 관철되지만 그 다음엔 종종 정신을 차리거나 환멸을 겪게 되는 중간 단계들을 거치면서 파괴의 작업을 시작하고 완결하는 사랑의 위력을 독자들은 보게 될 것이다. 종족 번식의 원동력이 되는 에로스는 인간들을 결합하는 가장 강력한 힘이지만, 그것이 항상 지속될 수 있는 것은 물론 아니다. 그럼에도 불구하고 항상 어떤 위대한 사랑이 충족되고 완성되기를, 심지어 죽음을 넘어서까지 지속되기를 바라고 추구하는 것이야말로 인간 존재가 지니는 알 수 없는 비밀 중의 한 가지이다.

고대의 신화와 문학, 역사 등에 나오는 잘 알려진 커플들은 대부분 유럽의 미술이나 문학, 음악 등에서 또는 고대 세계로부터 영향을 받아 온 문화 속에서 무수히 많은 주요 작품들을 통해 오늘날에도 여전히 살아 있다. 에세이 다음에 실린 목록은 이 책에서 선별된 커플들이 어떤 식으로 수용되었

는가를 일목요연하게 알 수 있도록 하기 위한 것이다. 그렇지만 이 책의 지면이 빠듯한 관계로 중요하고 흥미로운 작품들만 대상으로 했다. 그러므로 좀 더 자세한 정보를 원하는 경우에는 다음의 책들을 참조하기 바란다: 헤르버크 홍어, 『그리스·로마 신화 사전』 8차 개정판, 빈, 1988; 엘리자베스 프렌첼, 『세계 문학의 소재들』 제9판, 슈투트가르트, 1998; 에릭 M. 무어만, 빌프리트 위터헤베, 『고대 인물 사전: 미술, 문학, 음악에서의 수용과정』, 슈투트가르트, 1995.

호메로스 부분의 번역문은 요한 하인리히 포스의 『오디세이아』(1781)와 『일리아스』(1793)에서 인용된 것이며, 경우에 따라서는 초판본의 텍스트와 정서법 및 문법과 표현 등을 현대의 어법에 맞게 변형하기도 했다. 플루타르크 발췌본에 따르고 있는 번역본은 J.F. 칼트바서가 번역(1799-1806)하고 H. 플뢰르케가 교정(1913)한 책으로서 1964년 뮌헨에서 출간된 것이다. 아무런 각주도 없는 번역들은 저자 자신이 번역한 것들이다.

신화와 역사에 나오는 인물들

파리스와 헬레나
헥토르와 안드로마케
오디세우스와 키르케
오디세우스와 칼립소
오디세우스와 나우시카
오디세우스와 페넬로페
아킬레스와 브리세이스
아가멤논과 클리타임네스트라
아레스와 아프로디테
제우스와 알크메네
제우스와 헤라
오이디푸스와 이오카스테
테세우스와 아리아드네
큐피드와 프시케
필레몬과 바우키스
오르페우스와 에우리디케
파이드라와 히폴리토스

억제할 수 없는 사랑의 욕구

파리스와 헬레나

비너스와 팔라스 아테네 그리고 유노, 이 세 여신들은 그들의 어여쁜 발을 동시에 잔디 위에 내려놓았다. 나는 너무 놀라 얼어 버렸고, 차가운 전율이 내 머리칼을 곤두서게 했다.

그때 날개 달린 전령이 와서 이렇게 말했다: 그대가 아름다움에 대한 판관이 되도록 하라. 어느 여신이 나머지 두 여신을 능가할 자격이 있는지를 판단하여 여신들의 싸움을 종식하도록 하라. 그리고는 내가 이러한 결정을 내려야 하는 것에 대해 거부하지 못하도록 그는 그 명령이 유피테르[2]의 말씀이라 하였고, 그 말을 함과 동시에 하늘로 날아오르더니 천공을 뚫고 별들의 세계를 향해 떠났다.

---

2) 제우스의 로마식 명칭. 영어로는 주피터.

… 헬레나여, 그대의 아름다운 모습을 보았을 때 나는 얼어붙었고, 이제껏 알지 못했던 사랑의 고통으로 인하여 내 심장이 그 가장 깊은 곳에서 부풀어 오르는 것을 느꼈소. 이 얼굴 생김새는 내가 기억하는 바로는 크레타 섬의 여신이 나의 판결을 듣기 위해 내게로 왔을 때의 그 얼굴을 닮았소.

오비디우스, 『헤로이데스』 16,65-72 ; 135-138.

파리스와 결혼한 후 겁이 난 헬레나는 아프로디테에 의해 그 남편의 집으로 인도된다.

그리고 크로니온의 딸인 헬레나는 잔뜩 겁을 먹고,
은처럼 빛나는 숄을 늘어뜨린 채 서둘러 갔다.
소리도 내지 않았고, 다른 여자들은 아무도 눈치 채지 못했다.
그 여신이 인도했기 때문이다.

메넬라오스와의 결투에서 확실하게 죽을 뻔한 것을 오로지 아프로디테의 도움으로 벗어날 수 있었던 파리스에 대해서 헬레나는 이렇게 묘사한다.

그대 전투에서 돌아오시는가? 오, 차라리 그대가 살해되어
저기 저 강력한 남자, 내 첫 남편이었던 저 남자 앞에 누워 있다면 좋았을 것을!
하, 예전에 그대는 뽐내지 않았던가. 호전적인 영웅 메넬라오스를
힘겨루기이건, 완력이건, 창던지기이건 간에 물리칠 수 있노라고!
이제 다시 가서 호전적인 영웅 메넬라오스에게 외치시라.
다시 일대일로 싸워 보자고! 하지만 내 그대에게 충고하노니

흥분하지 말 것이며, 갈색으로 그을린 영웅 메넬라오스를 직접 대하는 것은 피하라.

최후의 결전을 위해 싸우는 그를 등 뒤에서 공격하라.

그의 창 때문에 그대가 쓰러진 것은 아니라는 생각은 하지도 말고!

그러나 파리스는 이 말을 듣고 이렇게 응수했다:

여인이여, 신랄한 조롱으로 내 마음을 아프게 하는 일은 그만하시게.

지금은 비록 메넬라오스가 아테네의 도움으로 나를 이겼으나

다음에는 내가 그를 이기리라. 여신들도 우리를 도와주실 터.

어서 오시게. 부드러운 잠자리를 하고 사랑으로 하나가 되어 보세.

이제까지 이토록 뜨거운 열기가 내 영혼을 채워 본 적이 없으니 말이오.

내가 처음으로 라케다이몬의 아름다운 물가로 나가

납치한 그대를 배에 태우고 바다를 항해한 후

드디어 크라나엔의 풀밭에서 사랑을 하고 포옹을 하면서 합쳐졌을 때도

이렇지는 않았소. 당신을 향한 달콤한 욕구에 흥분되어

내가 이토록 뜨거워지기는 지금이 처음이지.

호메로스, 『일리아스』 3,428-448.

파리스는 호메로스의 『일리아스』에서는 알렉산드로스이며 남성들의 보호자로 불렸는데(그는 목자들을 보호했다), 트로이의 왕 프리아모스와 그 아내 헤카베의 아들이었다.

헤카베가 장차 트로이 전체를 불로 파괴하게 될 뜨거운 불덩이를 낳는 꿈을 꾸었기 때문에 사람들은 안전을 위해 이 사내아이가 태어난 후 이다 산에 내다 버렸고, 그래서 그는 목자들 속에서 성장했다.

청년이 되었을 때까지도 신분이 알려지지 않고 있던 이 왕자는 신들의 아버지 제우스의 뜻에 따른 부탁을 받게 된다. 신들의 전령인 헤르메스가 세 여신들—제우스의 아내인 헤라와 아테네 그리고 아프로디테—을 데려오면 그들 중에서 누가 가장 아름다운지를 판단해 달라는 것이었다. 이렇게 된 것은 불화의 여신인 에리스가 사과 한 개에 '가장 아름다운 이에게'라고 써서 그 여신들 앞으로 던졌기 때문이다. 이 때문에 여신들 사이에서는 누가 과연 최고의 미에 대한 징표이자 포상인 저 사과를 받을 만한 자격이 있는가를 놓고 격렬한 논쟁이 붙었던 것이다.

헤라는 파리스에게 사과를 자기 것으로 인정해 주면 그에 대한 보답으로 권력과 부를 주겠다고 약속했고 아테네는 지혜와 전투에서의 명예를 주겠다고 약속했는데, 그에 반해 아프로디테는 모든 여성들 중에서도 가장 아름다운 여성을 사랑하고 소유할 수 있도록 해 주겠다고 약속했다. 그러자 파리스는 아프로디테로 결정하고 그녀에게 사과를 넘겨준다. 그 후 파리스는 아프로디테의 도움으로 헬레나를 납치하는데, 헬레나는 제우스와 레다의 딸이었고, 레다는 스파르타의 왕 메넬라오스의 부인이었다. 파리스는 헬레나의 가족들이 손님으로 온 자신에게 베푼 친절을 악용하고, 심지어 많은 보물까지 훔쳐 달아났다. 납치 사건 후에 라코니아 만(灣)의 크라나에 섬에서 혼례가 행해졌고, 이어서 트로이 침략이 시작되었다.

'헬레나의 약탈'은 10년 동안이나 계속된 트로이 전쟁의 원인이며, 이 전쟁을 이야기하는 것이 호메로스의 서사시 『일리아스』와 『오디세이아』이다. '일리아스'는 전쟁이 난 지 10년째 되는 해의 사건들이라는 의미이고, '오디세이아'는 오디세우스의 난항(難航)이라는 의미이다.

연합한 그리스 본토(아카이아) 부족들과 트로이 사람들—이들의 요새는 일리온이라고 불렸다— 사이에 벌어진 이 전투에서 약탈된 헬레나의 반환을 놓고 신들이 편을 든다. 긴장은 여신들 사이에서 눈에 띄기 시작한다. 파리스와 트로이 사람들의 편에는 사랑의 여신이자 승리의 여신인 아프로디테와 그녀의 오빠 아폴론이 서 있었고, 트로이 사람들과 싸우는 그리스의 편에는 제우스의 아내인 헤라와 제우스의 딸이며 전쟁과 평화의 여신이었던 아테네가 있었는데, 이들은 사람들 눈에 보이지는 않지만 그들의 계획을 효과적으로 실행시키기 시작한다.

파리스가 헬레나에게 보낸 편지는 로마 시인 오비디우스가 창작한 것인데, 여기서 파리스는 우선 '미의 경연대회'에서 심판관이라는 역할을 부여받게 된 상황과 신적인 존재를 직접 대면했을 때 느꼈던 놀라움에 대해서 인상적인 묘사를 하고 있다. 그는 초인적인 힘들이 자신의 행동을 이끌고 있음을 인식한다. 그의 어머니 헤카베의 꿈에서 운명에 의해 불행을 가져오는 인물의 역할이 그에게 예정된 것으로 나타난다. 이 역할이란 것이 구체적으로 무엇을 말하는지에 대해서도 꿈을 해몽하는 사람을 통해 알게 되자 부모들은 두려움을 갖게 되었다. 파리스가 여신들에게 내리게 될 판결과 메넬라오스에 대해서 취하게 될 부도덕한 태도로 인해 끔찍한 결과들이 초래될 것이므로, 그의 아버지 프리아모스와 누이 카산드라는 파리스에게 그러면 안 된다고 경고하지만 소용 없게 된다. 헬레나를 향한 강력한 동경은 그의 환상에 날개를 달아 주고, 그리하여 생겨난 식힐 수 없는 사랑의 열기가 그를 움직인다. 그로서는 행동하지 않을 수가 없게 되는 것이고, 따라서 죄를 짓지 않을 수가 없는 것이다. 그러나 죄는 신들에게도 있는 것이 아닐까? 헤라와 아테네 그리고 아프로디테가 다투고 있는 상황이었다. 그들 중 한 명에게 유리한 쪽으로 내린 판결 때문에 파리스는 숙명의 소용돌이 속으로 빠져 들었다. 왜냐하면 이 결정의 결과로 패자가 된 나머지 두 여신의 적대감이 생겨났기 때문이다. 그는 다시 본 헬레나의 용모 안에 아프로디테 여신의 모습이 들어 있음을 알아본다. 그는 헬레나를 만나기 이전에 이미 그녀를 본 적이 있었던 것이다. 그녀의 아름다움은 여신에게서 오는 것이었다.

호메로스의 텍스트는 헬레나를 신에 비견되는 아름다움을 지니고 있음에도 불구하고 내적으로는 분열된 여성으로 묘사하고 있다. 그녀는 파리스의 젊고 수려한 용모와 신적인 매력에 빠져 들지만, 그녀의 첫 남편을 잊고 있었던 것은 아니다. 메넬라오스는 그녀를 파리스와 싸워 이긴 영웅으로 내세운다. 자책, 후회, 향수가― 그리고 죽음에 대한 동경이―그녀를 괴롭힌다. 그럼에도 불구하고 그녀는 그리스인들에 의해 포위된 트로이를 놓고 전쟁이 가열되고 있는 수년 동안 파리스와 사랑으로 맺어진 생활을 한다. 백성들에게 욕도 먹고 존경도 받는 한 쌍으로서 말이다. 헬레나의 유혹적인 아름다움은 사람을 불안하게 하는 것이다. 그녀의 외모는 트로이의 원로들에게도 정치적 위협의 소지가 될 수 있는 것으로 인식되었다(『일리아스』 3,159ff.). 이 뛰어난 아름다움이 파괴적인 결과를 낳고 있다는 사실도 분명해진다. 그러나 헬레나의 내면은 파리스로부터 떨어져 나오지를 못한다. 그녀는 그의 유혹하는 기술에 굴복한다. 그녀가 파리스로부터 떨어지려는 생각을 할 때마다 아프로디테는 다시 그녀를 파리스의 품으로 되돌린다. 메넬라오스에 대한 애정과 파리스에 대한 탐닉 사이에서 헬레나가 겪는 갈등에 결정적인 역할을 하는 것은 아프로디테인 것이다. 호메로스의 서사시에서 아프로디테는 파리스와는 반대로 성숙해져 가는 헬레나의 내면적 저항에도 불구하고 그녀를 파리스의 품으로 이끌어 간다. 헬레나가 구현하고 있는 것은 다름 아니라 여성의 격렬한 욕망인 것이다. 아프로디테가 가지고 있는 마신적인 속성

(『일리아스』 3,420)은 그녀의 위험성을 특색 있게 드러낸다. 트로이 전쟁에서 이긴 후 메넬라오스는 헬레나를 다시 스파르타로 데려간다. 그러나 이 이후로 '신들'은 헬레나에게 더 이상 아기를 선사하지 않는다(『오디세이아』 4,12).

　파리스도 나름대로는 자기가 트로이 전쟁에서 싸워 봐야 무의미하다는 것을 알고 있지만, 메넬라오스와의 싸움에는 아프로디테가 신으로서 개입하고 있음을 인식하지 않을 수 없다. 트로이에서 타의 추종을 불허하는 남성적 미모로 뭇 여성들의 연인이며 재주도 뛰어나고 동작도 날렵하지만 변덕스럽기도 했던 그는, 아프로디테 여신이 자신에게 호의적임을 의식하면서—불행도 예감하고 있기는 하지만—여전히 맹목적인 자세를 견지한다. 그는 신들이 주재하는 법칙을 알지 못한다. 복수의 여신 네메시스가 인간들의 삶에 미치는 영향이 그에게는 보이지 않는다. 그의 가슴에서 항상 승리를 거두는 것은 억제할 수 없는 사랑의 욕구이다. 그리하여 그는 불행을 가져오는 파리스가 된다(『일리아스』 3,39). 그의 개인적인 애욕이 트로이에게는 전쟁의 고통과 몰락을 가져오고, 그리스인들에게는 심대한 손실과 불화를 가져오기 때문이다.

H.K.

Art Works 예술작품

트로이 전쟁의 전설에 대한 에피소드들을 형상화한 고대의 문학작품들로는 에우리피데스(Euripides, 기원전 480-406년경)의 『트로이 여인들 Die Troerinnen』과 세네카(Seneca, 기원전 4-65년경)의 『트로이 여인들 Die Trojanerinnen』이 있다.

로마의 서정시에서는 신화의 주인공들에 대한 지식이 다양하게 전제된다. 호메로스가 "여성 중에서 제일가는 미인"이라거나 "세계에서 가장 아름다운 여성"이라고 소개하는 것은 특히 화가와 작곡가들을 매료시켰다. 회화에서는 파리스가 판결을 내리는 장면과 헬레나의 약탈/납치가 애호되는 주제였고, 특히 15세기에서 19세기에 걸쳐 그러하다.

그　림

〈파리스의 판결 Parisurteil〉

조르지오네 & P. 리베리 (Giorgione & Liberi), 드레스덴 미술관.

J. 로텐함머(Rottenhammer, 1564-1625), 뮌헨 알테 피나코텍.

H. 데 클레르크(de Clerck, 1570-1629), 그라츠 갤러리.

P.P. 루벤스(Rubens, 1547-1640), 런던 내셔널 갤러리.

〈헬레나의 납치 Raub der Helena〉

B. 조촐리(Gozzoli, 1420-1497), 런던 내셔널 갤러리.

G.C. 프로카치니(Procaccini, 1575/77-1625), 드레스덴 미술관.

G. 레니(Reni, 1575-1642), 파리 루브르 박물관.

J.H. 티슈바인(Tischbein, 1722-1789), 카셀 갤러리.

오 페 라

자크 오펜바흐(Jacques Offenbach), 〈아름다운 헬레나 Die schöne Helena〉 (1864).

리하르트 슈트라우스(Richard Strauß), 〈이집트의 헬레나 Die ägyptische Helena〉(1928), 텍스트: 후고 폰 호프만스탈(Hugo von Hofmannsthal).

온 라 인 박 물 관

www.artcyclopedia.com

이 웹사이트에 접속하면 검색창 3개(Search Artcyclopedia)가 보입니다. 가장 위(Artist by Name)는 작가 이름으로 검색, 가운데(Artworks by Title)는 작품 제목으로 검색, 가장 아래(Art Museums)는 소장 박물관 이름으로 검색하는 창입니다.

파리스와 헬레나에 관한 작품을 찾기 위해서, 가운데(Artworks by Title)창에 "Paris Helen"이라고 입력합니다. 유명한 〈Paris and Helen 파리스와 헬레나〉(David)에서부터 〈Venus Persuades Helen to Fall in Love with Paris 파리스를 사랑하라고 헬레나를 설득하는 비너스〉(Kauffmann)까지 파리스와 헬레나의 이야기에 관련된 작품들의 목록이 나타납니다. 각각의 제목을 클릭하면 그림을 볼 수 있습니다. 특히, "David, Jacques-Louis: Helen and Paris - Beloit College Department of Classics" 링크를 클릭하면 고대 항아리에 그려진 헬레나에서부터 최근 영화와 만화에 나타난 헬레나까지 다양한 모습들을 볼 수 있습니다.

운명에 순응하는 연인

헥토르와 안드로마케의 이별

그리고 웃음을 지으면서 아버지는 말없이 어린 아들을 바라보았다.

그러나 그의 옆으로 안드로마케가 눈물을 펑펑 흘리면서 들어와

그의 손을 따뜻하게 잡더니 이렇게 말하기 시작했다:

여보, 당신은 당신 용기 때문에 죽을 거예요. 그런데도 당신은

더듬거리는 저 아이나 비참한 과부 신세인 나를 보면서도 측은해하지를 않네요.

나는 곧 과부가 될 팔자예요. 아카이아 사람들이 당신을 죽일 게 확실하니까요.

모든 사람들이 당신을 공격할 겁니다. 내가 할 수 있는 최선이란 그저

그들로부터 당신을 빼앗아 땅 속에 묻는 것일 테지요. 더 이상은

아무런 위로도 내게 남아 있지 않을 테니까요. 당신의 운명이 다하게 되면 말

예요.

오로지 고통만이….

헥토르, 오, 나의 빛나는 남편이여!

당신은 지금 나에게 아버지, 어머니,

그리고 오빠라는 것을 생각하세요!

… 그녀의 말을 듣고 헥토르는 깃털이 휘날리는 투구를 쓴 모습으로 이렇게 대답했다:

… 그날은 언젠가 올 거요. 성스러운 일리온[3]이 쓰러지고

창의 명수인 프리아모스 왕도 그리고 그 백성도 쓰러지는 그날이.

하지만 내가 걱정하는 것은 트로이 사람들이 앞으로 겪게 될 비참함도 아니며

헤카베 당신에 대해서도, 우리들의 지배자인 프리아모스에 대해서도 아니오.

주변의 형제들에 대해서도 걱정하지 않소. 그들도 아주 많은 수가, 또 아주 용감하게

모두들 먼지 속으로 쓰러져 갈 것이오. 적들의 손에 의해 살해된 몸으로.

마찬가지로 당신에 대해서도 걱정하지 않소. 청동으로 두른 아카이아인들의 한 남자가

울고 있는 아녀자를 끌고 갈 때 당신에게서도 자유의 날을 빼앗아 갈 것이오만.

… 그러나 나는 죽은 몸이 되어 언덕 위의 흙으로 덮여 있기를 바라오.

당신이 지르는 비명과 당신이 끌려가는 소리를 내가 듣기 전에 말이오!

이렇게 말하고 난 영웅은 어린 소년 쪽으로 팔을 내밀었다.

그러나 사내아이는 소리를 지르며

예쁜 허리띠로 졸라맨 유모의 불룩한 옷섶으로 물러나더니 거기에 몸을 비벼

---

3) 트로이(Troya)에 대한 그리스 명칭.

댔다.

청동의 번쩍거림과 높이 휘날리는 투구의 깃털이 무서웠던데다가

투구의 끝부분에서 깃털이 무섭게 흔들리는 모습을 보고 겁을 집어먹었던 것
이다.

아버지는 미소를 지으며 아이와 부드러운 어머니를 바라보았다.

빛나는 헥토르는 재빨리 머리에서 번쩍이는 투구를 벗어

땅 위로 내려놓았다. 그리고 몸소

사랑하는 아이에게 입맞춤을 하고, 팔에 안아 가볍게 흔들었다.

… 그가 사랑하는 부인의 품에 아들을 넘겨주자

그녀는 자신의 향기로운 가슴에 아이를 꼭 안았다.

그녀의 표정은 웃고 있었으나 바라보는 눈에는 눈물이 흐르고 있었다.

남편은 내면에 수심이 가득한 모습으로

아내를 쓰다듬었다. 그리고 말하기 시작했다:

불쌍한 여자여, 마음속으로 너무 슬퍼할 것까지는 없소.

운명의 뜻이 아니라면 어느 누구도 나를 하데스의 저승으로 보내지는 않을 것
이오.

그러나 필멸의 존재는 고귀한 신분이건 보잘것없는 신분이건 간에

그 누구도 일단 태어난 이후에는 운명에서 벗어난 사람은 없었소.

호메로스, 『일리아스』 6,404-413; 429-430; 440; 448-455; 464-474; 482-489.

헥토르는 트로이 사람들의 왕인 프리아모스와 헤카베의 아들이자 파리스
의 형으로서, 트로이의 영웅 중에서도 가장 용감하고 가장 개성적이며 가장
훌륭한 영웅으로 꼽힌다. 부친으로부터 사랑뿐 아니라 존경도 받았던 그는

동포들에게 있어서도 이 도시를 방어할 가장 신뢰할 만한 기둥이었다. 그의 운명은 그리스의 영웅 아킬레스의 친구였던 파트로클로스를 트로이 성문 앞에서 죽이고 난 후 종결될 예정이었다.

헥토르가 부인 안드로마케와 아들 아스티아낙스에게 이별을 고하는 장면은 문학적인 관점에서 볼 때 『일리아스』에서 가장 중요한 대목에 속하는 것이며, 조형예술에서도 다양하게 인용되어 온 것이다.

이 사건은 이 부부가 마음속으로 서로에 대해 어떤 관계를 맺고 있는가를 들여다볼 수 있게 해 준다. 그림 같은 이 장면이 강한 인상을 주는 것은 부부간의 사랑과 왕으로서의 품위가 탁월하게 생생히 묘사되어 있기 때문이다. 헥토르는 그의 어린 아들이 휘날리는 투구의 깃털 때문에 겁을 먹었다는 사실에 대해서도 잘 이해하고, 부드러우면서도 익살스럽게 반응한다. 부모는 웃음을 터뜨리면서 마음이 가벼워진다. 호메로스에게 있어서 외적인 사건들은 내면의 사건들에 대한 표현인 것이다.

호메로스에게서 심리학적으로 성찰하는 감정묘사를 기대해서는 안 될 것이다. 그런 묘사는 호메로스가 문학을 쓰던 시대에는 아직 알려지지 않은 것이다. 이별 장면에서 헥토르 스스로가 죽음의 예감으로 휩싸인다. 그는 부모와 형제자매의 죽음, 안드로마케가 치욕적으로 포로가 되는 모습 그리고 트로이가 몰락하는 모습을 예견한다. 그러나 그의 불같은 성격은 그를 다시 맹목적인 동시에 용감한 모습으로 만들면서 전쟁 속으로 몰아간다.

헥토르가 파트로클로스를 죽인 후 파트로클로스가 아킬레스에게 빌려 입고 있었던 갑옷을 벗겨서 그 자신이 입었던 것은(『일리아스』 17,192ff.) 그의 오판이었다. 왜냐하면 그가 아킬레스 자신을 이긴 것은 아니었기 때문이다. 이 갑옷은 앞서 파트로클로스에게 죽음을 가져왔듯이 헥토르에게도 죽음을 가져올 것이다.

그의 죽음은 트로이 전쟁 시리즈의 정점이었다. 헥토르는 도시 앞에서 고립되어 이제 쓰러지게 될 것이다. 세 번이나 성벽 전체를 돌아가며 자신을 추격하는 압도적인 아킬레스 앞에서 헥토르가 도망가는 장면은 『일리아스』의 독자들에게는 가장 암울한 체험에 속하는 부분이다. 제우스도 한 번은 용감한 이 영웅을 도망치게 하지만 허사였다(『일리아스』 22,136ff.).

아킬레스는 아테네의 지원을 받으며 헥토르를 죽이고, 그를 그리스 진영으로 끌고 간다. 그러나 프리아모스가 아들인 그의 장례를 치르기 위해 그의 시체를 빼낸다. 안드로마케는 나중에 헥토르를 위한 상을 지내다가 자신이 과부이자 노예가 될 운명이라는 것을 예감한다.

승리에 찬 그리스인들은 트로이 왕가 후손의 씨를 영원히 제거하기 위해 그녀의 아들 아스티아낙스를 성문 앞에 내던진다.

H.K.

Art Works 예술작품

부　조

B. 토르발트센(Thorwaldsen, 1768-1844), 〈헥토르와 안드로마케의 이별 Abschied Hektors von Andromache〉, 코펜하겐 토르발트센 박물관.

그　림

〈헥토르와 안드로마케의 이별 Hektors Abschied von Andromache〉
파도바니노(Padovanino, 1590-1650), 슈투트가르트 갤러리.
J. 레스타우트(Restout, 1692-1768), 할레 박물관.
J.C. 제카츠(Seekatz, 1719-1768), 다름슈타트 궁전박물관.
A. 카우프만(Kauffmann), 1768, 플리머스 샐트람 칼리지.
B. 젤레(Seele, 1774-1833), 루트비히스부르크 성.

희　곡

『안드로마케 Andromache』
에우리피데스(Euripides), 기원전 425경.
라신(Racine), 1667.
K.W. 다스도르프(Daßdorf), 1777.
G. 머레이(Murray), 1900.
E. 포사르(Possart), 1904.
F. 브루크너(Bruckner), 1952.

오 페 라

〈안드로마케 Andromacca〉

P. 토리(Torri), 1716, 텍스트: 살비(Salvi).

칼다라(Caldara), 1724, 텍스트: A. 제노(Zeno).

람퓨나니(Lampugnani), 1748, 텍스트: 살비(Salvi).

H. 빈트(Windt), 1932.

온 라 인 박 물 관

www.artcyclopedia.com

‘Artworks by Title’ 검색창에 "Hector Andromache"를 입력합니다.

키리코(Giorgio de Chirico)의 조각 〈Andromache and Hector〉는 27~29쪽에 나타난 부부의 슬픔을 잘 보여주고 있습니다. 또한 같은 작가의 유화 〈Hector and Andromache〉는 또 다른 느낌을 전해줍니다.

유혹과 복종

오디세우스에게 나타난 헤르메스

나는 이제 성스러운 계곡들을 두루 지나다가 어느덧

끔찍한 마녀 키르케가 사는 높은 성의 근처까지 이르렀고,

거기서 황금 지팡이를 가진 헤르메스를 만났다.

그는 뺨이 구릿빛으로 되어 가는 빛나는 젊은이의 모습을 하고

청춘의 아름다운 매력을 발하면서 성으로 가는 중이었다.

이 청년은 내게 손을 내밀더니 친절한 목소리로 말했다:

불쌍한 사람 같으니. 어째서 그대는 이 깊은 산중의 숲길을 그렇게 홀로 다니는가?

이 지역을 몰라서 그러는가? 키르케의 성에는 그대의 수행원들이

꼭꼭 막아 놓은 울안에 돼지들처럼 갇혀 있지.

행여 그들을 구하려고 그리로 가는 건가? 그대가 그곳으로부터

돌아오지 못할까 봐 걱정되는군. 그대 자신도 그 사람들 곁에 머무르게 될걸.

아무렴 어때! 내가 그대를 모든 사고로부터 보호해 주지!

이 성스러운 수단을 받게나. 그러면 키르케의 집으로 가더라도

그대의 머리 위에 들러붙은 저주를 안전하게 떼어낼 수 있을 테니까.

그 마녀의 사악한 기술들에 대해서도 전부 알려 주겠네.

그녀는 포도즙을 마시라고 강권하면서 그 음식에 독을 섞을 거야.

그래봐야 자네의 모습을 변화시키지는 못해. 이 성스러운 식물의

미덕이 그녀가 그런 짓을 못하도록 막아 주니까 말이야. 이제부터 잘 들어.

키르케가 그 다음에 긴 채찍으로 그대를 건드리면

내 말을 명심하고 재빨리 허리춤에서 잘 벼린 칼을 꺼내어

마녀에게 덤벼들라고. 그리고 당장 그녀에게 목을 졸라 버리겠다고 위협을 해.

그러면 그녀는 겁이 나서 자신의 잠자리로 가려 할 거야.

그러면 거부하지 말고 여신의 잠자리로 올라가란 말이지.

그래야 그녀가 그대의 수행원들을 풀어 주고 그대에게 친히 식사를 대접할 것

이니까.

하지만 그전에 그녀가 먼저 성신에 대고 단단히 맹세를 하도록 해야 해.

무기가 없는 자네에게서 미덕과 강인함을 빼앗지 않겠다고 말이야.

이렇게 말하고 나서 헤르메스는 바닥에서 떼어낸 성스러운 식물을

나에게 주었다. 그리고는 나에게 그 식물의 효능을 알려 주었다.

그것의 뿌리는 검었고, 꽃은 우유 빛깔로 피어 있었다.

신들은 그 꽃을 몰리라고 한다. 필멸의 인간들에게는

그 꽃을 캐는 것이 힘들지만, 신들은 무엇이든 할 수 있는 것이다.

키르케의 성에 있는 오디세우스

그리고 나는 아름다운 고수머리의 여신이 사는 성의 입구에 서 있었다.

내가 선 채로 소리치며 부르자 여신은 그 소리를 들었고,

당장 와서는 빛나는 성문을 열어 주면서

나에게 안으로 들어오라고 했다. 그리하여 나는 슬픈 마음으로 따라갔다.

여신은 나를 위해 이것저것 섞은 음료를 만들더니 그것을 황금의 잔에 따랐다.

그리고는 마법의 즙을 교묘하게 거기에 섞는 것이었다.

그 다음엔 그것을 내게 내밀었다. 나는 그것을 마셨으나 변신은 일어나지 않았다.

그러자 그녀는 나를 마법의 채찍으로 건드리더니 말했다:

이제 돼지우리로 가서 네 수행원들 옆에 누워라.

그녀가 그렇게 말하자 나는 허리춤에서 잘 듣는 칼을 꺼내어

그 마녀에게 덤벼들었다. 그리고는 당장 목을 졸라 버리겠다고 위협했다.

그러나 그녀는 소리를 지르더니 몸을 숙이며 내 무릎을 붙잡으려고 서둘렀다.

그녀는 큰 소리로 고통을 호소하면서 능숙한 어조로 말했다:

너는 누구냐, 어떤 종족이냐? 너의 고향은 어디 있느냐?

마법의 음료가 너를 변신시키지 않으니까 나로선 경악스럽다!

어떤 필멸의 인간도 이 음료를 마시기만 하면

그 술이 혀를 타고 흘러내리자마자 그 효력에서 벗어난 적이 없었는데 말이지.

… 이봐요! 그 칼은 칼집에 도로 넣으시고 나와 함께

우리의 잠자리로 올라가는 게 어떨까. 우리 두 사람이 화해하고

사랑의 즐거움을 누리면서 앞으로는 친하게 지내보자고!

그녀가 그렇게 이야기하자 나도 다시 대답했다:

키르케, 어떻게 당신은 내가 당신과 친해지기를 바랄 수 있지?

내 수행원들을 이 집에서 돼지로 만들어 놓고

나 자신도 붙잡더니만 이제는 함께 당신의 방으로 가서

잠자리에 오르자는 못된 명령이나 내리다니 말이야.

그대가 무기도 없는 나에게 미덕과 강인함마저 빼앗겠다고?

오! 여신이여, 그건 안 되지요. 나는 결코 그대의 잠자리에 오르지는 않을 것이다.

그대가 나를 망치게 하려는 생각은 결코 하지 않겠다는 맹세라도 한다면 또 모
를까. 그러지 않는다면 그대가 나의 의지를 꺾지는 못할걸.

내가 그렇게 말하자 그녀는 서둘러 내가 요구한 것을 맹세했다.

그녀가 이제는 내 말을 칭찬하기까지 하면서 성신에 대고 굳은 맹세를 했으므로
나는 키르케와 함께 화려하게 마련된 그녀의 잠자리에 올랐던 것이다.

호메로스, 『오디세이아』 10, 273-347(축약).

『오디세이아』에서 호메로스는 트로이 전쟁이 끝난 후 오디세우스가 지중
해에서 난항하는 과정을 노래하고 있다. 그의 이름은 목마를 만들었을 때의
지략과 결부되어 있으며, 오늘날까지도 이 이름은 성공적인 모험가이자 세
계를 두루 돌아다니는 사람을 나타내는 표현처럼 사람들의 의식 속에 남아
있다. 호메로스는 그를 가리켜 어떠한 위험에서도 벗어날 줄 아는 '책략이
풍부한 자'라고 부른다. 그의 영리한 착상, 용기 그리고 결단력 덕분에―물
론 대개의 경우 개별적인 신들의 결정적인 도움이 덧붙여지지만―그와 그의
수행원들은 삶을 위협하는 상황 속에서도 항상 구원의 길을 찾게 된다. 트
로이에서 출발한 후 오디세우스는 그의 수행원들과 더불어 처음에는 트라키
아 사람들의 나라를 찾아가 그들을 무찔렀다. 그 다음에는 로토파겐(연꽃을
먹는 사람들)(『오디세이아』 9,84ff.)의 동화나라로 갔으며, 나중에는 강력한 외

눈박이 거인(키클롭스) 중의 한 명인 폴리페모스에게 붙잡혔으나 말뚝으로 그의 눈을 멀게 해서 빠져나왔다(『오디세이아』 9,377ff.).

사람을 잡아먹는 거인들이 사는 라이스트리곤에 상륙했을 때 위험에 처했던 것과 마찬가지로 바람의 신인 아이올로스에게 머물렀을 때도 수행원들의 부주의로 인해 결국 위험에 빠지게 되며, 여기서도 마찬가지로 수행원들 중 몇몇이 죽음을 당했다.—오디세우스가 마녀 키르케와 벌이는 모험은 여러 가지 이유로 오늘날에도 매력적이다.

오디세우스는 살아남은 수행원들과 함께 키르케가 지배하는 섬인 아이아이아에 상륙했다. 태양신 헬리오스의 딸인 그녀는 여신인 동시에 마녀였다. 빽빽한 숲 안에 있던 오디세우스는 키르케의 성 밖으로 연기가 솟아오르는 것을 보고 수행원들을 두 그룹으로 나누었다. 그중 한 그룹에게 주어진 임무는 에우리로코스의 지휘 아래 섬 한가운데 있는 키르케의 주거를 탐색하는 것이었다. 남자들은 마녀가 유혹하는 노래를 들었다. 그리고는 키르케의 초대를 받자 성안으로 들어섰다. 그러나 에우리로코스는 그것이 마녀의 함정일지 모른다는 의심이 들어 밖에 머물렀다. 키르케는 손님들을 후하게 대접했다. 그러나 의식을 마비시키는 즙을 음식 안에 섞어 넣었던 것이다. 식사 후에 그녀는 아무것도 모르는 남자들을 채찍으로 건드려서 그들을 돼지로 변하게 했다. 마녀는 그들을 돼지우리 안에 가둬 놓았다. 그렇지만 돼지의 몸을 하고 있어도 그들의 내면에는 인간의 의식이 남아 있었고, 그리하여 그들은 대경실색하며 괴로워했다. 에우리로코스는 이 모든 이야기를 오디세우스에게 보고한다. 그는 마법에 걸린 수행원들을 돕기 위해 출발한다. 가는 도중에 그는 청년의 모습을 하고 있는 자비로운 헤르메스를 만나며(『오디세이아』 10,277ff.), 그에게서 키르케의 마술에 저항할 수 있는 수단으로 약

초인 몰리를 받는다. 마침내 키르케의 성안에 앉아 있게 되자, 그도 마법의
음료를 마신다. 그렇지만 그에게는 마법의 효력이 나타나지 않는다. 왜냐하
면 꽃은 하얗고 뿌리는 검은 몰리의 냄새를 미리 맡아 두었기 때문이다. 키
르케는 이제 그에게도 똑같이 채찍으로 건드리지만 그를 변화시키지 못한
다. 드디어 오디세우스는 그의 칼을 빼내어 그녀에게 죽이겠다고 위협한다.
이로써 상황은 변한다. 키르케는 이전에 들었던 예언을 떠올리며 오디세우
스를 알아보고는 꼬리를 내리면서 그의 무릎을 끌어안는다. 오디세우스의
무릎을 끌어안는 것은 분명히 복종하겠다는 것을 나타내는 자세이다(『오디세
이아』 22,337ff. 365f. 참조). 어떤 필멸의 인간도 그 영약의 힘에 저항할 수
없는 것이지만, 키르케는 오디세우스가 헤르메스의 보호를 받고 있다는 것
을 모르기 때문에 자신의 힘이 떨어진 탓이라고 생각한다. 이러한 순간에
언어가 아니라 몸동작으로 의사를 표현한다는 것에는 이미 에로틱한 의도가
어느 정도는 들어 있는 것이고, 그 효과도 없지는 않다. 그녀는 이제 그녀의
손님을 유혹하려 하며, 자기와 함께 잠자리를 같이하자고 초대한다. 오디세
우스는 이전에 헤르메스에게 들은 충고대로 자신에게 나쁜 짓을 하지 않겠
다는 성스러운 맹세를 하게 만들고, 그 후에야 마녀의 화려한 침대에서 사
랑의 결합으로 들어선다.

그 다음에 이어지는 식사에서 오디세우스는 키르케에게 마법에 걸린 자신
의 수행원들을 다시 인간으로 되돌려 달라고 부탁한다. 키르케는 그의 독촉
에 따른다. 이 '불쌍한 돼지들'은 그 동물적인 상태에서 즉시 해방된다. 동
물적인 상태는 짧은 시간 동안의 일이기는 했지만 그들 스스로 자처했던 벌
이었는지도 모른다. 이어서 오디세우스가 나머지 동반자들을 데려오자 열렬
한 재회의 장면이 벌어진다. 이후부터는 모두들 자신들을 대접하는 그녀 곁

에서 흥청망청 살아간다. 오디세우스가 먼저 키르케의 마력에 진 것이다. 키르케도 마찬가지로 자신이 구원되었다고 느끼는 것처럼 보인다. 그녀는 심지어 오디세우스를 자신의 스승처럼 생각했던 것이다. 그들은 1년 동안 함께 산다. 그러나 초조해지기 시작한 수행원들이 그리스로 떠나자고 성화를 부린다(『오디세이아』 10,472ff.). 오디세우스는 출항할 수 있게 해 달라고 이 님프를 설득한다. 키르케는 그 배가 무사히 떠나도록 해 주지만, 고향으로 가는 기나긴 행로에서 저승세계인 하데스까지 내려가는 것을 오디세우스에게 숙제로 남긴다.

키르케와의 생활은 오디세우스가 1년 동안이나 귀향을 잊게 했다. 그는 세상과 동떨어진 섬에 있는 그녀의 성에서 그녀와 맺어진 사랑에 빠져 산다. 키르케와 오디세우스의 이야기에는 오늘날까지도 영향을 끼치고 있는 동화적인 모티브들—마법의 음료, 마법의 지팡이, 동물로의 변신 그리고 구원 등—이 들어 있다. 키르케와의 결합에서 아들 텔레고노스('먼 곳에서 태어난 사람')가 생긴다. 그는 훗날에 아버지를 찾아서 그리스로 오게 되며, 오디세우스를—그가 아버지임을 모르고—가오리의 가시로(또는 끝이 가오리의 가시로 되어 있는 창으로) 죽이게 된다.

오디세우스는 키르케 이야기에서 헤르메스와 키르케 사이에 있다. 구원은 해독제로 쓰이는 몰리를 통해 주어진다. 식물학자들의 가정에 따르면 몰리는 구근식물(Allium nigrum)이거나 검은 미나리아재비과 식물(Helle borus niger) 또는 가지과 식물(Withania somnifera)을 말하는 것으로 이해할 수 있을 것이다.[4] 이 꽃의 효력이 미치고 있는 인간은 자신이 뿌리를 내렸던 어두운 힘들로부터 풀려난다. 왜냐하면 그는 하늘의 정기를 받은 것이기 때문이다. 이제 그는 아름다운 꽃처럼 피어나며, 정신적인 자아를 되찾고, 위를 향해 자신을 활짝 열면서 우유처럼 하얗고 순수하게 된다. 그러나 (그리고 이것이 신화의 상징에 있어서는 결정적인 것인데) 이것이 그에게 가능하려면 그는 신으로부터 도움을 받아야 하며, 헤르메스의 변신력과 만나야 한다.[5] 키르케는 인간을 가두며 위험에 처하게 만드는 권력으로 이해할 수 있지만, 그렇다고 하더라도 오디세우스가 앞으로 하게 될 귀향에 있어서 길 안내자이자 충고자로서의 역할을 하고 있다는 것도 간과해선 안 될 것이다. —문학에서는 남자들을 유혹하는 마녀이자 여성이라는 키르케(치르체)의 이미지만 남았다.[6]

H.K.

---

4) Victor Hehn, *Kulturpflanzen und Haustieren in ihrem Übergang aus Asien nach Griechenland und Italien sowie in das übrige Europa*(1911) 제9판 1963, 201f.; *Der Große Brockhaus*(1971) 12,720; *Der Klien Paulz*(1979) 3,1403 참조.
5) H. Rahner, *Griechische Mythen in christlicher Deutung*(1945) 233.
6) 유혹한다는 의미의 독일어 '베치르첸 bezirzen' 의 어간은 치르체(ziirze)로 발음되는 키르케(Circe)에서 나온 것이다.

Art Works 예술작품

출 처

호메로스(Homer), 『오디세이아 Odyssee』 10,135. 210ff. 276ff. 12,8-155.

오비디우스(Ovid), 『변신 Metamorphosen』 13,966-14,71.

그 림

G. 스트라다노(Stradano, 1523-1605), 〈키르케 Kirke〉, 피렌체, 베키오 궁전.

B. 슈프랑어(Spranger, 1546-1611), 〈오디세우스와 키르케 Odysseus und Kirke〉,
  빈, 미술사 박물관.

A. 카라키(Carraci, 1560-1609), 〈키르케 Kirke〉, 로마, 파르네세 궁전(프레스코).

J. 텡나겔(Tengnagel), 〈키르케 Kirke〉, 1612, 바젤, 보스하르트 미술관.

게르치노(Guercino, 1591-1666), 〈키르케 Kirke〉, 파리, 루브르 박물관.

E. 시라니(Sirani, 1638-1665), 〈오디세우스와 키르케 Odysseus und Kirke〉, 로마,
  콘서바토리 궁전.

G. 드 라레스(de Lairesse, 1641-1711), 〈키르케 Kirke〉, 캠브리지, 피츠윌리엄 박물관.

B. 모로(Moreau, 1826-1898), 〈키르케 Kirke〉, 파리, G. 모로 박물관.

오 페 라

B. 롬베르크(Romberg), 〈오디세우스와 키르케 Ulysses und Circe〉, 1807, 텍스트:
  칼데론(Calderon).

R. 빈터베르크(Winterberg), 〈키르케와 그녀의 돼지들 Circe und ihre Schweine〉,
  1919, 텍스트: M. 브로트(Brod).

W. 엑크(Egk), 〈키르케 Circe〉(바로크 축제 오페라), 1947, 텍스트: 칼데론(Calderon).

W. 엑크(Egk), 〈17일과 4분 17Tage und 4Minuten〉, 1966(세미부파, 패러디적 요소
  삽입, 키르케에 대한 새로운 해석).

온 라 인 박 물 관

www.artcyclopedia.com

검색창에 "Circe"를 입력합니다. 목록 중 "Odysseus"를 "Ulysses"로 표기한 경우도 있으니 유의바랍니다.

서로에게 갇힌 사랑

오디세우스의 오기기아 상륙

아흐렛날 동안 나는 여기저기를 헤매고 다녔다. 열흘째 되던 날 밤에는
천상의 힘들이 나를 오기기아로 데려다 주었다. 그곳에는 칼립소가
살고 있었는데, 아름다운 고수머리를 하고 키가 크고 언변이 유창하며
나를 사랑하고 나를 돌봐주었던 여자다….

칼립소는 헤르메스가 전해 준 제우스의 충고를 따라 오디세우스를 그녀의
섬에서 보내 준다.

그러나 칼립소는 영웅 오디세우스에게로 나갔다.
빠른 걸음이었다. 이 키가 큰 님프는 크로니온의 의지를 들었기 때문이다.

그곳에 있는 물가에 오디세우스가 앉아 있는 모습이 보였다. 눈물 때문에

그의 눈은 마른 적이 없었고, 달콤한 이 생활을 하는 와중에도

고향이 그리워 울며 지냈다. 저 님프를 좋아하는 마음은

이미 오래전에 사라졌으나,

밤마다 둥그런 동굴에서 사랑하지도 않는 그녀에게 머물렀던 것은

그를 사랑하는 여신이 강요했기 때문이었다.

그러나 낮이 되면 바위나 모래언덕에 앉아

눈물과 한숨 그리고 쓰라린 원망으로 비탄하면서

황량한 바다 저쪽을 내다보며 눈물을 쏟아내고 있었던 것이다.

그런 그를 향해 뛰어난 여신인 그녀가 다가가서 이렇게 말했다:

가련한 사람이여, 나 때문에 그렇게 항상 슬퍼하지는 말라. 그리고 그대의 삶을

이곳에서 그렇게 마모시키지도 말라. 나는 이미 그대를 보내 줄 각오가 되어

있다.

커다란 나무들을 잘라 넓은 뗏목을 만들라. 그 다음엔

각목을 청동으로 결합하고 위에는 널빤지를 붙여 고정시키라.

그리하여 그 배가 시커먼 바다의 파도를 넘어 그대를 실어가도록 만들라.

그러면 나는 빵과 물을 건네주리라. 그리고 용기를 북돋아 줄

붉은 포도주도 주어 허기와 갈증을 견딜 수 있게 하겠다.

그대가 입을 옷들도 주고, 순풍도 보내 주겠다.

그리하여 그대가 고향의 물가로 안전하게 도달할 수 있게 하겠다.

그렇게 하는 것이 넓은 하늘에 거주하시는 신들의 뜻이라면 그렇게 해야지.

그 신들의 충고는 나보다 강력하며, 실행하는 힘 또한 나보다 강력하다.

그녀가 이 말을 했을 때 뛰어난 인내력을 가진 오디세우스도 깜짝 놀랐다.

그는 유창한 언변으로 이렇게 답변했다:

여신이시여, 당신에게는 참으로 경탄하지 않을 수가 없군요. 나를 그냥 보내
주기만 하는 것이 아니라 다른 것들까지 전부 미리 챙겨 주시니 말이오.

저 바다의 끔찍한 파도에 흔들거리는 배를 타고 빨리 나가는 것은 불가능하고
크로니온의 바람에 의지하면서 뗏목을 타고 파도를 헤쳐 나가야 하기 때문에
다른 것들도 다 챙겨 주시는 것이지요.

오, 여신이여! 당신을 불쾌하게 하는 한이 있더라도
저 뗏목 위에 올라타지는 않겠습니다.

당신이 내 뜻을 받아 주셔서 앞으로는 나를 망칠 어떤 계획도 생각하지 않겠다
는 맹세라도 해 주신다면 모를까.

그 말을 하는 동안 숭고한 여신 칼립소는 웃으며 그의 말을 듣고 있더니
손으로 그를 쓰다듬고는 친절하게도 이렇게 말하는 것이었다:

참으로 그대는 장난꾸러기이면서도 끊임없이 조심하는군.

그대는 무슨 말을 하건 신중하면서도 교활하단 말이야!

그렇다면 불멸의 신들에게도 가장 위대하고 가장 무서운 맹세가 될

대지와, 저 높은 곳의 드넓은 하늘과, 무서운 바다의 심연에 대고 맹세하노니

그대를 망칠 어떤 계획도 생각하지 않으리라!

…

라에르테스의 고귀한 아들이며 지혜가 풍부한 오디세우스여,

그러니 그대는 이제 되도록 빨리 나를 떠나서

다시 그대의 사랑하는 조국으로 돌아가시려는 것이지?

그렇다면 그대 가는 길에 행운이 있기를!

그러나 그대가 고향에 도착하기 전에 얼마나 많은 고통을

겪어야 할 운명인지를 느낄 수 있다면, 그대는 기꺼이

나와 함께 이 동굴에 살면서 불멸의 존재가 되기를 원할 것이다.

아무리 그대가 부인을 만나고 싶어 하고,

그 모든 세월 동안 한결같이 부인을 그리워했더라도 말이지.

…

그렇게 그가 말했다. 그러자 해가 저물었고, 어둠이 솟아났다.

궁륭 같은 동굴의 방으로 그들 둘은 들어갔고

사랑을 즐긴 다음 나란히 편하게 누웠다.

호메로스, 『오디세이아』 12, 445ff. 5,149-187. 205-210. 225-227.

　용서받을 수 없는 신성모독 행위가 자행되었다. 오디세우스가 자는 동안 트리나키에[7] 섬에 있던 수행원들은 배고픔에 시달린 나머지 태양신 헬리오스의 가축들 중에서도 가장 뛰어난 동물들을 도살하여 잡아먹었기 때문이다. 모든 것을 동시에 바라보고 들을 줄 아는 태양신이 아니었던가. 제우스가 몸소 악행을 범한 자들을 벌했으니, 그의 번갯불이 망망대해에 있는 오디세우스의 배를 박살내었고 수행원들은 전부 익사했던 것이다(『오디세이아』 12,409ff). 오디세우스 혼자만 아흐레 동안이나 바다 위에서 이리저리 밀려다닌 후에 산산조각 난 배의 용골(龍骨)에 매달려 오기기아 섬에 닿음으로써 목숨을 건질 수가 있었다.

　이곳에서 그를 흔쾌히 받아들인 것은 아틀라스의 딸들 중의 한 명으로 강력하고 언변이 능한 님프 칼립소였는데, 그녀는 이 매력적인 숲의 한복판에

---

7) 『파울리 소사전』(1979) 5,789; K. 라인하르트, "Tradition und Geist"(1960) 82; 98 참조.

서 덩굴로 둘러싸인 동굴에 거처하고 있었다(『오디세이아』 5,60ff.). 그녀의 노래가 이 지방에 울려 퍼지면, 헤르메스 신조차도 그 노래의 아름다움에 놀라곤 했다(『오디세이아』 5,73-76). 동굴은 상징적인 장소인가? 혹은 치명적인 죽음의 장소인가?[8] 길게 땋은 머리가 여신의 천상적인 미모를 감싸고 있었다. 그녀는 필멸의 인간인 오디세우스를 돌보고 사랑했다. 그를 영원히 자기 곁에 묶어 두기 위해 그의 호감을 얻으려고 애썼고, 그에게도 자기 곁에 있으면 늙지 않을 것이며 불멸의 존재가 될 것이라고 약속했다(『오디세이아』 7, 257). 세상과 절연한 아름다운 동굴에 두 사람만 있다고 하는 공간적인 상황부터 이미 의미심장하게 보인다. 왜냐하면 이곳은 사랑하는 두 사람이 서로에게 전적으로 속할 수 있고, 영원히 서로를 즐길 수도 있을 장소이기 때문이다. 그럼에도 오디세우스는 곧 칼립소의 사랑을 강요처럼 느끼면서 고통에 시달렸다. 그는 칼립소가 약속하는 영원한 청춘과 불멸성도 포기했다. 님프도 결국에는 그의 마음에 들지 않았고, 그저 어쩔 수 없이 아직까지 그녀 곁에서 살아온 것이기 때문이다. 그는 칼립소에게서 보게 된 이러한 종류의 여성성에 대해서 두려움을 느꼈던 것은 아닐까? 칼립소와 결합하자마자 자기 통제력을 잃게 될까 봐 두려웠던 것은 아닐까? 그의 오기기아 섬에서의 체류는 7년 동안이나 지속되었다. 종종 그는 해안에 앉아 그리스로의 귀환을 생각했다.

　부인인 페넬로페에 대한 그리움과 향수가 막강한 칼립소의 매력과 약속들을 능가했던 것이다. 그러나 칼립소의 섬에는 배라고는 한 척도 없었고 그의 수행원들은 모두 죽어 버렸기 때문에, 오디세우스는 자신이 아무 일도

---

8) A. 폰 시른딩, Die Weisheit der Bilder(1979) 109.

할 수 없는 상태로 머물러야 한다는 판결이라도 받은 것처럼 느껴졌다. 그는 아무런 일도 하지 않는 상태에서 생활이 흘러가는 것이 고통스러웠다.

오디세우스가 자신의 남편이 되기로 결심할 것을 바라는 님프의 소원은 (『오디세이아』 23,334) 실현되지 않았다. 원했던 것과 반대의 상황이 도래했던 것이다. 사랑은 일방적인 것으로 되었고, 연인은 그녀를 떠나고 싶어 했다. 실존적인 차원에서 볼 때 이 영웅과는 다른 영역에서 뿌리를 내렸던 그녀의 감각적인 사랑은 두 사람간의 지속적인 끈을 만들어 낼 수가 없었다. 오디세우스 스스로도 자신은 불멸의 존재가 아니라 필멸의 존재와 닮았음을 강조한다(『오디세이아』 7,208). 그가 알키노스와 아레테의 나라에서 보고하는 바에 의하면, 칼립소에게 자신을 이끌어 간 것은 마신(데몬)이었다는 것이다.

칼립소는 이제 오디세우스를 페넬로페에게 돌려보내라는 제우스의 명령을 신들의 질투라고 해석한다. 그녀의 말에 따르면, 신들은 여신들이 필멸의 남자와 결혼하는 것을 허용하지 않는다(『오디세이아』 5, 119). 그녀는 반(牛)신으로서 그녀의 고독을 극복할 수가 없었다. 신들의 아버지인 제우스는 그처럼 우주적 질서가 교란되는 것을 허용하지 않았다. 이것을 허용할 경우 올림포스에서 통용되는 행동규범이 깨져 버릴 수 있다는 것이 이유였다.

제우스가 헤르메스를 통해 전달한 주문을 칼립소도 마침내 존중하게 된다. 그녀는 체념을 하고 이별을 받아들인다. 『오디세이아』의 키르케 이야기와 칼립소 이야기에 들어 있는 에로틱은 이 이야기들의 본질적인 동인으로 파악해야 한다. 두 에피소드에서 영웅 오디세우스는 신들의 도움 덕분에 위험할 정도로 강력한 여성들의 힘에 맞서고는 있지만, 만일 이 여성들의 힘이 제대로 영향력을 행사했더라면 그가 자신의 삶에 계속해서 책임을 지기란 불가능했을 것이다. 오디세우스가 키르케에게 머문 것은 중고 독일어 시대의 서사시에서와 같은 의미로 "굴복한 것"[9]이고, 칼립소에게 머문 것은 포로가 된 것을 의미한다고 볼 수 있다. 장기적으로는 님프들이 페넬로페와 오디세우스의 강한 결속을 뚫고 들어가는 것이 불가능하다. 칼립소가 오디세우스에게 보내 주겠다는 결심을 했다는 것을 알렸을 때 오디세우스는 그의 본성대로 일단 의심을 품는다. 그 때문에 그는 그녀에게 저승세계의 성스러운 강인 스틱스 강가에서 자신을 속이지 않겠다고 격식을 갖춰 맹세하라고 요구한다. 간단한 선언(『오디세이아』 5,205-227)에 이어 동굴에서 보내는 마지막 사랑의 밤이 시작된다.

칼립소는 마지막 순간에 오디세우스의 마음을 바꿔 보려고 하지만 실패한다. 그는 그 다음 날 아침 칼립소가 도와줄 준비가 되어 있음을 알게 된다. 그녀는 제우스의 의지에 굴복한 것이다. 그녀는 오디세우스가 적절한 나무들을 벨 수 있는 섬으로 오디세우스를 데려간다. 오디세우스는 다시 행동을 개시한다. 베어 낸 나무 둥치들을 가지고 갑판과 키, 돛대가 있는 배를 만든 것이다. 칼립소가 가져다준 수건으로는 돛을 만든다. 닷새째 날에 님프는 그에게 식량을 마련해 주고는 바다로 떠나보낸다(『오디세이아』 5,241ff.). 키르케와 달리 오디세우스는 칼립소를 그 후로 다시는 보지 못했다.

칼립소의 섬에서 벌어지는 이 동화적인 사랑의 모험은 7년 동안 진행된 것으로서 오디세우스가 10년에 걸쳐 귀향하는 동안에 가장 길게 진행된 것이다. 신들의 의지와 그 자신의 인내가 20일 후에는(『오디세이아』 6,176) 그를 페아키아의 섬인 세리아로 보내 줄 것이다.

H.K.

---

9) U. 횔셔, 『오디세우스』(²2002) 104.

Art Works 예술작품

출　처

호메로스(Homer), 『오디세이아 Odyssee』 1,14-15. 4,556f. 5,55-268. 7,251-266.

오비디우스(Ovid), 『사랑의 기술 Liebeskunst』 2,123-142; 『흑해에서 보낸 편지 Briefe vom Schwarzen Meer』 4,10,13.

프로페르티우스(Properz), 『비가 Elegien』 1,15,9ff.

그　림

H. 반 발렌(van Balen, 1575-1632), 〈오디세우스와 칼립소 Odysseus und Kalypso〉, 빈, 조형예술 아카데미.

Th. 슈토트하르트(Stothard, 1755-1834), 〈칼립소와 그의 님프들 곁에 있는 큐피드 Amor bei Kalypso und ihren Nymphen〉, 런던, 내셔널 갤러리.

A. 뵈클린(Böcklin), 〈오디세우스와 칼립소 Odysseus und Kalypso〉, 1833, 바젤 박물관.

M. 베크만(Beckmann), 〈오디세우스와 칼립소Odysseus und Kalypso〉, 1943, 함부르크 미술관.

온 라 인　박 물 관

www.artcyclopedia.com

검색창에 "Calypso"를 입력합니다.

소유하지 않는 보살핌

세리아에 도착

오디세우스는 헤엄을 쳐서 페아키아(세리아) 섬에 도착하고 관목 숲 속에 잠자리를 준비한다.

이곳에는 그를 에워쌀 만한 두 개의 관목 숲들이 푸르게 뒤얽혀 있었는데,

열매로 가득한 야생의 올리브나무 숲은

이곳에 분노의 비바람을 몰아오는 바람의 공격을 받아 본 적도 없고

태양의 따뜻한 햇살을 받아 빛이 나 본 적도 없었으며

거대한 거인조차도 뚫고 들어가지 못할 정도로

가지들이 빽빽히 나 있었다. 이곳에서 고귀한 오디세우스는

몸을 구부리고 숲 안으로 들어가 손으로 높고 넓은 잠자리를 만들었다.

나뭇잎들이 땅바닥을 아주 많이 덮고 있었던 까닭에
두세 명의 남자들이 그 안에 숨으면
폭풍이 제아무리 날뛰더라도 안전하게 지낼 수 있었다.
고귀한 인내력을 지닌 오디세우스는 기쁘게 그 잠자리를 바라보았고
그 안에 드러누워 바스락거리는 나뭇잎들을 몸 위에 덮었다….
이렇게 이 영웅은 나뭇잎 사이로 숨었던 것이다. 그러자 아테네는
이 끔찍한 노동의 고통을 그에게서 빨리 덜어내 주고자
그의 눈에 졸음을 붙여 주었다. 그리고는 그 사랑스러운 눈썹들을 감겨 주었다.

나우시카의 공놀이와 오디세우스의 등장

그때 제우스의 딸, 파란 눈의 아테네가 충고하기를
오디세우스가 깨어나 사랑스러운 처녀를 바라보게 될 것인데
이 처녀가 페아키아 사람들이 있는 도시로 가는 길을 안내해 주리라는 것이었다.
그리고 나우시카가 소녀들 중의 한 명에게 공을 던졌는데
이 공이 그녀에게 닿지를 못하고 소용돌이치는 심연으로 굴러가 버리자
소녀들은 커다란 비명을 질렀다. 이때 깨어난 고귀한 오디세우스는
반신반의하는 마음으로 앉아 이런저런 생각을 하다가 말했다:
불쌍한 이 신세! 이번에는 또 어떤 민족에게 당도했단 말이냐?
이들도 비인간적인 강도들에다 윤리도 없는 야만인들일까?
아니면 여신의 하인들이며 손님에게 후대하라는 천륜을 잘 지키는 사람들일까?
방금 여인들의 비명 소리가 내 주변으로 퍼졌는데, 마치
암벽의 가파른 꼭대기나 강물의 원천 또는

녹음 우거진 골짜기에 사는 님프들의 소리 같았다!

어쩌면 인간의 말을 하는 종족들 근처에 와 있는 건 아닐까?

일어나자! 직접 가서 보고 무슨 의미인지 알아봐야겠다!

고귀한 오디세우스는 이렇게 말하고는 덤불숲에서 기어 나와

강한 주먹으로 울창한 관목 중에서

잎이 많은 가지를 꺾었다. 벌거벗은 몸을 가리기 위해서였다….

이리하여 이 영웅은 비록 벗은 몸이었지만

아름다운 고수머리의 처녀들 사이로 들어갔다.

궁박한 처지가 그를 몰아댔던 것이다.

바다의 진흙으로 뒤범벅이 된 그의 모습은 처녀들이 보기에 끔찍했다.

처녀들은 이곳저곳으로 달아났고 언덕 뒤로 몸을 숨겼다.

나우시카만 그 자리에 머물러 있었다. 팔라스 아테네가

그녀의 영혼에 용기를 불어넣고 그녀의 사지에서 두려움을 제거해 주었기 때
문이다.

그리하여 그녀는 그 자리에 선 채로 그를 기다렸다….

그는 즉시 아부를 하면서 영리하게 생각해 낸 이야기를 시작했다:

고귀한 분이시여, 그대는 여신이거나 아니면 처녀이겠지요!

간절한 제 부탁을 들어 주세요.

그대가 하늘에 거주하는 여신들 중의 한 분이라면

내 보기에 그대는 위대한 크로니온의 딸 아르테미스 같은 분인 것 같습니다.

모습을 보건, 체격을 보건, 매력적인 교양을 보건 그렇습니다!

그러자 이 백합을 닮은 처녀가 대답했다:

오! 이방인이여, 그대는 보아하니 미천한 자도 아니고 어리석은 자도 아니군요.

하지만 올림포스의 신께서는 고귀한 자, 미천한 자를 가리지 않고

신의 마음대로 친히 운명을 정해 주시지요.

당신에게 그런 운명이 주어졌다면 그것을 감내하는 것이 당신의 도리일 것입

니다.

지금 당신은 우리의 도시와 영역 안으로 가까이 오셨으니

의복도 부족하지 않게 할 것이며,

그 밖에 도움을 바라는 이방인들에게 의당 주어져야 할

것들도 부족하지 않게 하겠습니다.

내가 당신에게 이 도시를 보여 주고 이 민족의 이름을 알려드리지요.

이 도시와 영역에 살고 있는 우리는 페아키아 사람들입니다.

하지만 나 자신은 위대한 알키노스의 딸인데,

알키노스는 페아키아 사람들의 힘과 강인함을 잘 알고 있지요.

그녀는 이렇게 말하고 나서 아름다운 고수머리의 여자 친구들에게 소리쳤다:

애들아, 가만히 좀 서 있어라! 이 남자를 피해 어디로들 그렇게 도망가는 것이냐!

나우시카가 그녀의 동반자들에게 하는 이야기

하얀 팔을 가진 처녀들아, 내가 하는 말을 잘 들어라!

이분은 하늘에 사시는 모든 신들로부터 박해를 당하고 있는 것이 아니며

신들을 닮은 페아키아 사람들의 나라로 온 것이다.

처음에는 외관이 미천하고 중요하지 않은 사람처럼 보였으나

이제 보니 하늘에 거주하시는 신들을 닮으셨어.

나에게도 이 민족의 제후들 중에서

저분 같은 교양을 가진 신랑감이 생기면 좋으련만.

그리고 여기에 머무는 게 저분 마음에도 들었으면 좋겠구나.

어쨌든 얘들아, 저분에게 가서 먹을 것과 마실 것을 드리도록 해라….

알키노스 왕의 궁전에 온 오디세우스

이 낯선 청년이 나타나자 홀 안에 있던 사람들은 모두 침묵했다.

그리고 놀라워하며 그를 바라보았다. 이제 고귀한 오디세우스가 간청했다:

오! 아레테, 그대, 신과도 같은 레체노르의 딸이여

고생에 찌든 이 이방인이 그대와 그대의 부군에게

그리고 이곳에 있는 모든 손님들에게 간청하는 바입니다!

신들은 당신들 모두에게 장수할 생명과 건강을 주셨습니다.

그러니 누구나 아이들에게 집 안에 있는 풍요로움을 물려주시고

이 민족이 그들에게 부여한 품위도 물려주십시오.

하지만 저를 불쌍히 여기시어 서둘러 고향에 돌아갈 수 있게 해 주십시오.

저는 길을 잃고 헤맨 지가 이미 오래된 몸으로,

친구들과도 멀어져 우울하게 지냅니다.

그는 이렇게 말을 하고 나서 화덕 옆의 잿더미 위로 몸을 눕혔다.

옆에는 불이 타고 있었다. 그리고 모두들 말없이 침묵하고 있었다.

알키노스가 오디세우스에게 한 제안들

아버지이신 제우스와 아테네 그리고 페이보스 아폴론께서

생각도 나와 매우 비슷한 자네 같은 사람이
내 딸을 원하며 내게 사위가 되겠노라고 하고
이곳에 머무르는 것을 허락하시기를!
자네가 자발적으로 이곳에 머무르고자 한다면
나는 그대에게 집과 재산을 물려주겠다.
하지만 아무도 억지로 페아키아 사람들에 의해 붙들려서는 안 될 것이다.
그건 신들의 마음에도 들지 않으실 터!

호메로스, 『오디세이아』 5,476-487. 491-493 ; 6,112-129. 135-141.

148-152. 186-199. 238-246. 7,144-154. 311-388.

사람들은 처음에는 오디세우스와 나우시카를 사랑으로 묶여 있는 한 쌍으로 인정하기를 망설인다. 정확히 보자면, 나우시카가 오디세우스의 마음에 들었다는 것은 문헌에 분명히 나와 있지 않다. 그러나 오디세우스가 해변에서 벌거벗은 채 나우시카 앞에 서 있는 모습은 어느 시대나 호메로스의 독자들에게는 기억에 잘 남아 있을 것이다. 시인은 두 사람을 연결시켰다. 그리고 마침내 나우시카는 오디세우스 같은 남자를 남편으로 원하게 된다.

칼립소와 헤어진 후 20일 동안 오디세우스는 헤엄을 쳐서 페아키아의 섬인 세리아에 도달했다. 만신창이가 된 몸으로 기력을 잃고 옷도 없이 그는 숲가에 있는 강어귀의 덤불숲에 누워 쉬었고, 나뭇잎으로 몸을 덮고 깊은 잠에 빠졌다. 세리아에서는 부지런한 선원들로 알려져 있고 문명화된 페아키아 사람들을 알키노스 왕이 지배하고 있었다. 그의 딸 나우시카에게 아테네 여신이 보여 준 꿈은 곧 결혼 잔치를 하게 될 것이므로 가족의 옷들을 빨아 놓아야 한다는 것이었다. 나우시카는—신의 언어처럼—자신의 가장 내밀한

소원을 말해 주고 있는 이 꿈에 놀란데다 곧 결혼을 하게 될 것이라는 전망
에 고무되어, 다음 날 아침 노새가 이끄는 수레에 빨랫감들을 싣고서 왕실용
빨래 통들이 있는 근처의 강어귀로 나간다. 수많은 시녀들이 그녀를 따른다.
나우시카의 지휘로 빨래가 진행된다. 빨래가 조약돌 위에서 햇볕을 받으며
마르고 있는 동안 젊은 여성들은 바다에서 목욕을 하고 몸에 기름을 바른 후
공놀이를 하는데, 님프들이 땅 위에서 놀고 있는 것 같은 풍경이다.[10]

　공주는 시녀들보다 키가 크다. 그런데 이제 다시 아테네 여신이 개입하는
데, 오디세우스가 왕궁으로 가는 길을 발견하게 되기를 바라는 것이다. 나
우시카는 시녀들 중의 한 명에게 공을 던지는데 공이 빗나가서 강물의 소용
돌이 속으로 빠진다. 시녀들이 비명을 지른다. 이때 숲에서 오디세우스가
나온다! 벌거벗은 몸으로 사람들 앞에 서 있는 오디세우스는 당혹했다. 그는
나뭇가지 하나로 벗은 몸을 가린다. 공놀이를 하던 처녀들은 겁을 집어먹고
산지사방 흩어진다. 그러나 알키노스의 딸만은 풍파에 시달리고 소금으로
뒤덮인 이 남자의 충격적인 모습을 보고도 용감하게 서 있다. 오디세우스는
아첨도 하고 머리도 굴리면서 나우시카에게 여신이라도 되는 듯 말을 걸지
만, 지나치게 가까이 다가서지는 않는다.

　공주는 똑똑하고 자신감이 넘치는 어조로 대답한다. 이방인들은 제우스의
보호를 받으며(『오디세이아』 6,207) 먹을 것과 의복 그리고 보호를 받는다는
것이다.—이것은 외국인의 권리에 대한 이념들의 초기 단계를 보여 주는 것
이라고 볼 수 있다. 외국인에게는 손님으로서의 권리가 주어지며, 가령 폴
리페오스나 라이스트리곤이 그랬던 것처럼 손님을 잡아먹는 일은 없다.

---

10) 겔리우스, 『아티의 밤들』 9,9,14 참조.

오디세우스는 의복과 먹을 것 그리고 향유를 받고 목욕을 한 후 기운을 차리고 위풍당당한 모습으로 여인들 앞에 나선다. 우리는 여기서 오디세우스의 벌거벗은 원래 모습이나 성(性)적인 부분들이 문명화된 나우시카 앞에서 부끄러운 감정을 느끼고, 몸을 씻고 옷을 입는 과정들을 통해 에로스로 변용되는 것을 알 수 있는데[11] 나우시카도 자신의 내밀한 소원들을 전적으로 숨기지는 않는다. 이 처녀는 오디세우스를 보고 경탄하며, 이제는 어떻게 하면 그녀의 아버지인 알키노스와 영향력 많은 어머니인 아레테에게 갈 수 있는지에 대해서도 알려 준다. 그녀는 그녀의 어머니에게 가서 도움을 요청해 보라고 한다. 오디세우스는 알키노스에게 손님으로 대접을 받으며 투기 경연잔치에서 이겨 영예를 얻고 그가 겪어 온 모험담을 들려준다. 어쨌든 페아키아 사람들은 문화가 있고 세련되며 사교적인 형식에 대한 감각이 있다는 사실이 분명하게 나타난다. 인물들은 개성이 분명하고 선도 뚜렷하다. 그러나 오디세우스가 나우시카와 혼례를 맺기 위한 논의는 이루어지지 않는다. 이러한 관계에서 두드러지게 눈에 띄는 특징은, 관계의 시작은 인상적이지만 결코 그 시작 단계를 벗어나지는 않는다는 것이다. 명백한 사교적 틀 안에서 생겨난 이 만남은 미완으로 머물며 사회와 이성, 신들의 뜻 그리고 오디세우스의 귀향의지라는 한계에 부딪혀 종결된다. 오디세우스는 내적으로 강해졌음에도 매우 소극적인 자세로 머문다. 그는 자신이 나우시카에 대해서 어떠한 감정을 느꼈는지를 추측할 수 있게 하는 말이나 행위를 하지 않는다. 그에 반해 나우시카의 감정상태가 어떠한지에 대해서는 그녀의 행위를 보면 분명하게 알 수 있다. 결혼에 대한 생각으로 가득 차 있는

---

11) F. 노이메이어, 「나우시카」(1947) 338.

나우시카는 오디세우스가 떠나기 전에 다시 한번 그를 만난다. 대략 자신보다 나이가 갑절은 많은 오디세우스의 인성에 감명을 받은 그녀는 오디세우스 같은 남자를 남편으로 얻게 되기를 바랐던 것이다(『오디세이아』 6,244f.). 알키노스도 이러한 생각을 표현하지만(『오디세이아』 7,312f.), 오디세우스는 자기의 부인인 페넬로페에게로 돌아가겠다는 결심이 확고한 상태이다. 순진하고 순결한 나우시카는 (키르케나 칼립소처럼 여신 같은 존재가 아니라 현세적인 여성으로서) 미모나 사회적 능력 면에서 페넬로페의 적수가 되지는 못하는 것처럼 보인다. 나우시카가 작별인사를 한다. "이방인이여, 안녕히 가세요. 그리고 고향에 가시더라도 저를 잊지는 말아 주세요. 나는 그래도 당신의 은인이니까요"(『오디세이아』 8,461f.). 이 어린 처녀는 성숙하는 과정을 겪고 있는 것이다. 그녀의 말에서 알 수 있듯이 사랑에 빠진 이 여인은 자신의 실망을 억누르고 있기는 하지만, 그래도 이 남자의 영혼 속에서만큼은 영원히 기억되고 싶어 하는 것이다. 오디세우스는 순수한 존경심에서 영원히 감사함을 잊지 않겠노라고 약속한다. 궁정적인 에티켓과 의식들이 이 이별 장면의 배경을 이루는 것들이다.

화살처럼 빨라서 키잡이가 없어도 길을 찾아 나가는 그녀의 배들 중에서 한 척을 타고(『오디세이아』 8,557ff.), 바다를 잘 아는 페아키아 사람들로부터 풍성하게 선물까지 받은 오디세우스는 꿈에도 그리던 고향 그리스로 돌아간다.

H.K.

Art Works 예술작품

출   처

호메로스(Homer), 『오디세이아 Odyssee』 5,424-493; 제6-8권; 9,1-36. 13,75ff.

소포클레스(Sophokles)의 비극(406-408) 『나우시카 Nausikaa』 또는 『빨래하는 여자들 Die Wäscherinnen』은 소실되었다.

괴테의 『나우시카 Nausikaa』는 150행 정도의 미완성 상태로만 남아 있는데, 이것은 1786년과 1787년에 걸쳐 이탈리아를 여행하는 동안 생겨난 것이다. 이 희곡의 제1막은 나우시카의 여자 친구들이 해안에서 공놀이를 하는 동안 오디세우스가 나타나는 것으로 시작될 예정이었다.

나우시카 소재를 문학적으로 가공한 것에 대한 상세한 기록은 앞서 언급한 훙어(Hunger)와 E. 프렌첼(Frenzel)의 저서(572ff.)에서 볼 수 있다.

그   림

Chr. A. 두프레스노이(Dufresnoy, 1611-1618), 〈나우시카의 꿈 Traum der Nausikaa〉, 잘츠부르크.

기도 레니(Guido Reni, 1575-1642), 〈오디세우스와 나우시카 Odysseus und Nausikaa〉, 나폴리 국립박물관.

P. 라스트만(Lastman), 〈오디세우스와 나우시카 Odysseus und Nausikaa〉, 1609, 브라운슈바이크 박물관.

페터 파울 루벤스(Peter Paul Rubens, 1630-35), 〈오디세우스와 나우시카 Odysseus und Nausikaa〉, 피렌체, 팔라초 피티.

J.H.W. 티슈바인(Tischbein), 〈오디세우스와 나우시카 Odysseus und Nausikaa〉, 1819, 카셀 주립박물관.

마시모 다젤리오(Massimo d'Azeglio), 〈나우시카와 함께 있는 오디세우스 풍경 Odysseelandschaft mit Nausikaa〉, 1866, 토리노 갤러리.

온 라 인 박 물 관

www.artcyclopedia.com

검색창에 "Nausicaa"를 입력합니다. 특히 팩스톤(William McGregor Paxton)의 〈Nausicaa〉에는 "님프들이 놀고 있는 것 같은 풍경"(61쪽)이 담겨 있습니다.

서로의 인생을 완성하는 연인

귀향

에우리클레이아는 페넬로페에게 오디세우스가 돌아와 그녀의 구혼자들을 죽였다고 보고한다.

페넬로페가 계단을 내려섰다. 걸어가는 그녀의 가슴이 고동쳤고,

그가 자신의 사랑하는 남편이 맞는지를 멀리서부터 물어 봐야 할지

아니면 그를 향해 휭하니 달려가 손이며 얼굴에 입을 맞춰야 할지 자신이 없었다.

드디어 매끄러운 대리석으로 된 문지방을 넘어서자

그녀는 벽 쪽으로 가서 작열하는 불빛을 받으며

오디세우스와 거리를 두고 앉았다. 솟아 있는 기둥 위에

앉아 있던 오디세우스는 그녀를 알아보고는 눈을 내리깔고서

이 사랑하는 아내가 무슨 말을 할 것인지 기다리고 있었다.

그녀는 오랫동안 침묵하며 앉아 있었고, 그녀의 가슴은 놀라움으로 가득했다.

이제 그녀는 이미 그의 얼굴을 알아볼 수 있을 것 같았고

그가 남루한 옷차림으로 있다는 것도 알아보았다.

그러나 텔레마코스가 불쑥 페넬로페에게 이렇게 말했다:

어머니, 불행한 어머니시여, 어쩌면 이리도 무감하실 수가 있습니까!

왜 아버지로부터 거리를 두십니까. 아버지 곁으로 앉으셔서

이것저것 물어도 보시고 캐묻기도 하시고 그러세요.

무한한 고통을 겪은 후에 마침내 20년 만에 조국으로 돌아온 남편에게

어떤 아내도 그렇게 무뚝뚝하게 거리를 두지는 않을 겁니다.

하지만 어머니는 가슴 속에 돌보다도 딱딱한 마음을 지니고 계시는군요.

그러자 이 현명한 페넬로페는 이렇게 대답했다:

사랑하는 내 아들아, 내가 너무 놀라 정신을 완전히 잃고 있었단다.

그래서 어떤 말도 할 수가 없고 물어 보지도 못하겠다.

아버지의 얼굴을 똑바로 바라보지도 못할 정도란다!

하지만 저분이 정말로 아버지시니?

나의 오디세우스가 돌아온다면

우리는 훨씬 더 잘 서로를 알아볼 수가 있을 텐데 말이다.

우리에겐 다른 사람들은 아무도 모르는 비밀의 표시가 있거든.

이 말이 끝나자 훌륭한 인내심의 오디세우스가 부드러운 미소를 지었다.

…

성공: 오디세우스는 부부간의 비밀을 알고 있다.

그리하여 그가 말했다. 오디세우스가 그 표시를 고지하자
그것을 알아본 여주인의 가슴과 무릎이 떨렸다.
그녀는 울면서 그에게로 달려가 활짝 벌린 팔로
남편의 목을 끌어안으며 그 얼굴에 입을 맞추고 이렇게 말했다:
오디세우스, 나를 나쁘게 생각하지 말아 주세요! 당신은 항상 훌륭하고
이해심이 많은 분이셨잖아요! 신들은 우리에게 비참함을 주셨어요.
왜냐하면 우리가 청춘을 함께 보내면서 누렸던 행복은 너무 컸던 반면,
지금은 우리도 어느덧 나이가 들었으니까요!
하지만 여보, 내가 당신을 첫눈에 알아보지 못했다고 해서
이제 나에게 분노하거나 원망하면 안 돼요. 내 가련한 마음은 항상
어떤 인간이 다가와서 거짓말로 나를 속이면 어쩌나 하는 근심에
사로잡혀 있었다는 것을 당신은 아셔야 돼요.
정말이지 교활한 사기꾼들이 아주 많이 있었거든요.

 하녀가 페넬로페와 오디세우스를 침실로 인도한다.

하녀는 침실에 다다르자 서둘러 물러갔다. 부부는 즐겁게
그들의 오랜 잠자리로 올라갔다. 순결한 사랑에 성스럽게 바쳐졌던 그 잠자리로.
…
지고한 사랑의 행복을 마음껏 맛보고 난 부부는
그 후로도 한참 동안 많은 이야기로 서로의 가슴을 기쁘게 하면서 깨어 있었다.

처음으로 이 성스러운 여성은 자신이 이 집에서 정말로 많은 구혼자들의 횡포에

시달렸으며, 그리고 그들이 살찐 소와 양들을 수십 마리나 도살해서는 뻔뻔하

게도

포도주와 함께 먹고 마시고 했다는 이야기를 들려주었다.

그러자 영웅도 그가 다른 인간들에게 얼마나 많은 고통을 안겨 주었는지,

그리고 그 자신 또한 얼마나 많은 숙명의 시련을 견뎌야 했던가를 말해 주었다.

왕비는 내심 기뻐하면서 이야기를 듣고 있었다. 그가 모든 이야기를 마칠 때까지

한 방울의 졸음도 그녀의 눈가에 드리우지 않았다.

호메로스, 『오디세이아』 23,85-110 ; 204-217 ; 294-296 ; 299-309.

줄타기 곡예사가 위험한 심연을 넘으면서 줄의 마지막 버팀목까지 나아가 듯이, 오디세우스도 20년간의 부재 후에 드디어 그리스에 도달할 수 있었다. 목표는 그의 아내인 페넬로페였다. 그가 가족이나 재산, 결혼 그리고 조국과 결부시키는 모든 것이 이 여성 안에 통일되어 있었던 것이다. 이제 그는 거지의 옷차림으로 그의 궁성에 서 있었다. 그의 아내는 그가 없는 동안 어려운 시절들을 겪었었다. 아들 텔레마코스는 어리고 경험이 없었기 때문에 그녀에게 거의 도움이 되지 못했다. 오디세우스가 돌아오지 않기를 바라는 뻔뻔한 구혼자들이 그녀에게 구애를 했지만, 그들이 무엇보다도 노리고 있었던 것은 그녀의 재산이었다. 그리하여 그녀는 마침내 수예를 해야 한다는 꾀를 생각해 냈고, 이 책략으로 어쨌든 2~3년 동안은 구혼자들을 가만히 있게 만들 수 있었다. 그녀는 오디세우스의 연로한 아버지인 라에르테스의 수의를 무척 크고 섬세하게 짜는 일을 다 끝내고 나서야 결혼에 대해서 생각해 볼 것이라고 말했던 것이다. 그녀는 낮에는 수의를 짜고, 밤에는 다

시 그것을 남몰래 풀어 버렸다(『오디세이아』 2,94ff.). 이러한 꾀는 마침내 의리 없는 하녀로 인해 누설되었다. 이제 페넬로페는 억지로 수의를 완성하지 않을 수 없게 되었다. 이처럼 영리한 꾀를 생각해 낼 수 있다는 것에서 페넬로페의 성격을 잘 알 수 있는데, 이는 구혼자 중의 한 명이 저승에서 또 한 번 강조한 적이 있다(『오디세이아』 24,129ff.).—시간이 다급했다. 끝까지 버틸지 아니면 재혼을 해야 할지 불확실한 상태도 끝난 것처럼 보였다. 남편에게 지조를 지키는 사랑으로 헌신했던 페넬로페는 그녀가 생각하기에 아직도 멀리 있을 남편에 대한 소식이면 어떤 것이든 간절히 바랐지만, 자신들 중의 한 명과 결혼을 하도록 강요하는 구혼자들에 맞서 버티는 것도 서서히 포기하지 않을 수 없게 된다. 그녀는 마치 지금 당장 결혼을 생각하기라도 하는 것처럼 처신한다. 그리하여 밖에 나갈 때는 마스크를 쓴다. 시인은 그녀의 영리함에 대해 강조하느라 지칠 줄을 모른다. '영리하다'는 것은 페넬로페의 성격을 드러내 주는 수식어이다(『오디세이아』 19,308; 375; 508; 559. 20,131; 387. 21,1; 311; 321; 330. 23,58; 104; 285 등). 그녀는 교활함 면에서 남편인 오디세우스와도 비교될 수 있는 여성임이 드러난다. 그녀의 결혼은 여러 함정들과 유혹들 그리고 사회의 압력을 받는 여성의 입장에서는 책략과 위장을 쓰지 않으면 유지될 수 없는 것이었음이 분명하다. 그녀가 이러한 역할을 수행할 수 있는 한에서는 그녀 또한 권력을 행사하고 있는 것이다.

이제 상황은 극도로 첨예화되었다. 페넬로페의 아들 텔레마코스가 제거될 예정이었지만, 이 시도는 실패한다. 뻔뻔한 구혼자들은 페넬로페의 집에서 상당수의 가축들을 도살해 가며 포도주와 비축된 식량을 먹어 치운다. 귀향했지만 한동안은 자신이 누구라는 사실을 아들에게만 알려 주고 있었던 오디세우스가 거지 차림으로 나타난다. 드디어 구혼자들에 대한 복수의 시간이 도래했던 것이다. 그는 어서 빨리 가족과 재회하고 싶은 욕망에 굴복하지 않는다. 강철 같은 자제력과 지혜로운 신중함이 이러한 상황에서도 그가 내적으로는 우월한 위치에 있다는 것을 보여 준다. 외관상으로 거지 차림의 위장을 하고 있는 상태에서 그는 점차로 자신이 본래 지니고 있는 위대성을 드러내 보인다.―『오디세이아』 22번째의 노래에는 구혼자들이 처벌받는 과정이 묘사되어 있다. 그들은 비참한 죽음을 당한다. 그들을 없앰으로써 오디세우스는 페넬로페에게로 가는 길을 열어 놓았지만, 그렇게 함으로써 바로 그 자신의 궁성에서 자신을 낮춰야 하는 굴욕과 목숨의 위험을 감수했던 것이다. 오디세우스는 집을 청소하고 유황 냄새를 피우게 한다. 새로운 시작에 앞선 번제 의식인 것이다. 구혼자들이 죽은 후에 오디세우스의 명령으로 늙은 유모 에우리클레이아가 부르러 간 페넬로페가 궁성 안으로 내려서서 오디세우스의 맞은편에 불빛을 받으며 자리를 잡는다. 그녀는 처음에는 무슨 말을 해야 할지 모르는 상태였으며, 그녀가 수년 동안이나 애타게 기다렸던 남편과의 만남이건만 그녀의 시선은 남편의 외관에만 쏠려 있다. 그녀는 이 거지 차림을 하고 있는 남자가 정말로 자기의 남편인지 확신할 수가 없는 것이다. 오디세우스 쪽에서는 뭔가 말을 걸어 주기를 기다리고 있는데, 페넬로페는 놀라워하며 한동안 아무 말도 안 하고 있는 모습이야말로 이 장면의 특징이다. 이러한 순간의 부부는 얼어붙은 것과 같은 상태라 서로에게 다가갈 수가 없다. 페넬로페는 아직도 저 남자가 자신의 남편이라고 재인식할 수 있을 정도로 제대로 된 확신이 없다. 오디세우스가 말없이 바닥만 내려다보고 있는 장면에서 그가 마음속으로는 페넬로페가 자신을 알아보고 받아들여 주기를 기대하고 있다고 해석하는 것은 누구나 쉽게 떠올릴 수 있는 생각이다. 그러나 그의 태도는 그가 오랫동안 집에 없음으로 인해 부인에게 얼마나 많은 것을 요구하고 강요해 온 셈이 되었는지에 대해 그 스스로 의식하고 있음을 표현하는 것일 수도 있다. 페넬로페와 오디세우스 둘 다 이러한 순간에 그들 자신의 고립을 깨고 나오지 못한다. 강렬한 흥분 상태가 과도한 자제력으로 보완되고 있는 것이다. 서로를 다시 알아보는 바로 이 순간에 예술적, 심리적인 관점에서 고도로 잘 구성된 머뭇거림의 계기가 들어서고 있는 것이며, 이로 인해 긴장도 더욱 고조된다.

텔레마코스가 어머니를 나무란 것은 페넬로페에게 말을 하도록 하기 위한 것이다. 그녀의 대답은(『오디세이아』 23,105-110) 텔레마코스에게 향해 있지만, 오디세우스에게 들으라고 하는 것이다. 그녀는 오디세우스의 정체성이 입증될 수 있는 표시를 요구한다. 오디세우스가 처음에 무언으로 보였던 반응은 인상적이다. 그는 웃지만 긴장에서 풀리고 해방된 듯이 웃고 있었기 때문이다. 이 부부만이 알고 있는 모든 비밀 표시들을 그 자신이 알고 있었기 때문에 그는 이제 서로가 서로에게 한 발짝 더 가까워졌다는 사실을 알고 있으며, 따라서 부인의 감정을 이해하면서 그 요구에 따른다. 그의 대답도 텔레마코스에게 향해 있지만 페넬로페에게 하는 것이다. 부부는 아직도 서로 직접 의사소통을 하지는 못한다. 그러나 이제는 뭔가 무언의 합의가 지배하고 있다. 개운하게 목욕을 하고 난 후 오디세우스가 "불멸의 신과도 같은 모습으로"(『오디세이아』 23,163) 페넬로페가 있는 침실로 되돌아온다. 그러나 그녀는 에우리클레이아에게 오디세우스의 침대를 방에서 끌어내라고 명령한다. 오디세우스는 이의를 제기한다. 그 침대는 그 자신이 새신랑이었을 때 몸소 만든 것으로서 땅에 뿌리를 내리고 있는 무화과나무 기둥과 이어져 있고 그 주위로 방이 만들어진 것이기 때문에 밖으로 꺼낼 수가 없는 것이다. 이처럼 신성한 결혼 생활의 장소는 '옮길 수 없는' 것이며, 그러므로 결혼 20년이 지난 지금에도 지속되는 것이다. 이러한 테스트는 강력한 상징성을 지니고 있다. 침대는 뿌리를 땅으로, 따라서 자연 속으로 내리고 있다. "결혼처럼 그것은 자연의 요소와 문화의 요소, 생래적 의미와 인위적 의미를 연결시킨다."[12] 자신과 남편만이 알 수 있는 비밀 신호를 오디세우스도 알아내기를 기대하던 페넬로페는 오디세우스가 그 신호를 알고 있다는 이야기를 듣는다. 그러자 그동안 머뭇거리고 의심하게 하던 둑이 무너진다. 그가 자신이 낸 테스트를 통과한 것이므로, 그녀는 눈물을 흘리며 남편의 목에 매달리면서 자신이 남편을 첫눈에 바로 알아보지 못하고 환영하지 못한 것에 대해 장황하게 설명하며 용서를 구한다.

페넬로페가 구혼자들이나 오디세우스를 대하는 태도는 그녀가 자의식이 강하며, 당시 주어진 사회적 관계의 테두리 안에서 주체적으로 행동하는 여성이었음을 보여 준다. 그녀의 영리함이나 구혼자들을 상대로 한 위장전술 그리고 부부간의 침대를 이용한 테스트 등으로 볼 때 그녀는 사건들에 대해서 거리를 두고 전체적으로 파악하는 인간형임을, 다시 말해 결코 에로스에 의해서만 규정되지는 않는 인간성의 소유자임을 알 수 있다. 그녀에게 있어서 열정적 사랑의 보존이라는 것이 결혼의 일차적 성격은 아니지만, 이러한 성격도 물론 포함하고 있다. 페넬로페는 수년 동안 애타게 오디세우스를 기다리면서 영혼의 고독에 시달린다. 오디세우스에게는 페넬로페가 텔레마코스와 집과 더불어 귀향의 목표이다. 결혼한 남자의 사적인 감정들을 그는 표현하지 않는다. 지모가 풍부하며 불멸의 신들과도 비교되던 영웅 오디세

---

12) D. 라타이너, 「호메로스의 미소」(1998) 278.

우스가 많은 난관과 유혹에도 불구하고 고향으로 되돌아가서 중단된 결혼 생활을 새롭게 시작해야겠다는 작심을 하게 되는 계기가 되는 것은 바로 이 여성이라는 사실이 페넬로페의 모습에서 자명해진다. 그를 위해 애쓰는 여성이 똑똑하고 내면이 강하며 놀라울 정도로 조심하는 경향이 있기는 하지만 단호한 감정을 지닌 여성이라는 사실은 재회의 장면이 심리학적인 타당성과 문학적 분위기를 갖춘 장면임을 보여 준다.

H.K.

Art Works 예술작품

출 처

호메로스(Homer), 『오디세이아 Odyssee』 1,328ff. 2,88ff. 4,697ff. 16,409ff. 18,296ff. 19,55ff. 139ff. 509ff. 루키아노스의 노래(Gesang Lukian, 기원후 120-180년경) 23편, 판테아 또는 그림들.

문 학

G. 테라마레(Terramare), 『오디세우스의 유산 Des Odysseus Erbe』, 희곡, 1913.

R.J. 조르게(Sorge), 『오디세우스 Odysseus』, 희곡, 1925.

H. 슈탈(Stahl), 『오디세우스의 귀향 Die Heimkehr des Odysseus』, 소설, 1940.

H.W. 가이슬러(Geissler), 『오디세우스와 여성들 Odysseus und die Frauen』, 노벨레, 1948.

J. 지로도(Giraudoux), 『엘페노르 Elpenor』, 소설, 1919.

J. 지오노(Giono), 『오디세우스의 출생 Die Geburt der Odyssee』, 소설, 1938.

W. 옌스(Jens), 『오디세우스의 유언 Das Testament des Odysseus』, 1957.

H. Ch. 키르슈(Kirsch), 『텔레마코스의 보고 Bericht für Telemachos』, 소설, 1964.

R. 하겔슈탕에(Hagelstange), 『위대한 사기꾼 Der große Filou』, 소설, 1976.

I. 메르켈(Merkel), 『아주 평범한 결혼 Eine ganz gewöhnliche Ehe』, 소설, 1987.

오 페 라

R. 헤거(Heger), 〈무명의 거지 Bettler Namenlos〉, 1931.

R. 리버만(Liebermann), 〈페넬로페 Penelope〉, 1954, 텍스트: H. 슈트로벨(Strobel).

L. 달라피콜라(Dallapiccola), 〈오디세우스 Odysseus〉, 1968(오디세우스가 다섯 여인들 ― 칼립소, 나우시카, 키르케, 안티클레이아, 페넬로페 ― 과 만나는 내용).

그   림

〈오디세우스와 페넬로페 Odysseus und Penelope〉, 로마 폼페이의 벽화, 로마, 바
    티칸 박물관.
B. 핀투리키오(Pinturicchio), 〈페넬로페와 구혼자들 Penelope und die Freier〉,
    1509년경, 런던, 내셔널 갤러리.
G. 바사리(Vasari, 1511-1574), 〈물레질을 하는 페넬로페 Penelope am Webstuhl〉,
    피렌체, 베키오 궁전(천정화).
J.R. 비스(Byss, 1660-1738), 〈물레질을 하는 페넬로페 Penelope am Webstuhl〉, 포
    머스펠덴.
L. 조르다노(Giordano, 1632-1705), 〈물레질을 하는 페넬로페 Penelope am
    Webstuhl〉, 에스코리알(스페인 왕궁과 아우구스티누스 수도원).
A. 카우프만(Kauffmann), 〈에우리클레이아와 페넬로페 Eurykleia und Penelope〉,
    1772, 브레겐츠, 포어알베르크 주립박물관.
R. 하우스너(Hausner), 〈페넬로페 Penelope〉, 1955, 빈, 역사박물관.

온 라 인   박 물 관

www.artcyclopedia.com

검색창에 "Penelope"를 입력합니다. 워터하우스(Waterhouse)의 〈Penelope and
the Suitors 페넬로페와 구혼자들〉에서는 구혼자들에게 등을 돌린 채 수의를 짜고 있는
페넬로페의 모습을 볼 수 있습니다. 조셉 라이트(Joseph Wright of Derby)의 〈Penelope
Unraveling Her Web〉에도 밤에 잠든 아들 텔레마코스를 내려다보며 수의를 다시 풀
고 있는 페넬로페가 그려져 있습니다. 한편, 도미에(Daumier)는 〈Odysseus and
Penelope in Bed〉에서 20년 만에 한 침대에 든 늙은 부부의 모습을 우스꽝스럽게(그러
나 실제적으로) 그려 놓았습니다.

약한 여인을 의지하는 강한 남자

아킬레스의 분노

전령 탈티비오스와 에우리바테스가 아가멤논의 명령을 받고 아킬레스의 천막에서 브리세이스를 데려온다.

가까이 오라! 그대들은 내게 죄지은 바가 없다. 죄지은 자는 아가멤논뿐이다.

브리세스[13]의 장미처럼 어여쁜 딸을 데려오라고

그대들을 이곳으로 보낸 그 사람이 죄지은 것이다.

그렇다면 좋다. 고귀한 파트로클로스여, 그 소녀를 데리고 나오라.

그리고 저자들이 그녀를 데려가게 해 주어라. 그러나 그들 스스로

---

13) 브리세이스의 아버지.

성스러운 신들 앞에서 그리고 필멸의 인간들 앞에서,

또한 저곳에 있는 저 왕, 저 폭군 앞에서도 나의 증인이 되어야 할 것이다.

사람들이 앞으로도 저 백성들을 비참한 고통에서 헤어나게 하는 데

나의 도움을 필요로 한다면 말이다….

참으로 그는 파괴적인 광기 속에 날뛰고 있다.

앞뒤를 동시에 살피면서 자신이 곁에 있으면

전투중인 아카이아 군대가 안전할 거라고 맹목적으로 생각하고 있다.

아킬레스가 이렇게 말을 끝내자 파트로클로스는 사랑하는 친구의 말에 순종하면서

천막에서 나와 브리세스의 장미처럼 어여쁜 딸을 전령들에게 넘겨주었다.

그리고 그들은 아카이아 군대의 배들이 있는 곳으로 되돌아갔고

그 소녀는 그들과 같이 가기 싫었지만 갔다. 그러나 아킬레스는

울면서 신속하게 아래로 내려와 친구들과 떨어진 채로

바다의 기슭 쪽으로 자리를 잡고 어두운 물 속을 바라보았다.

이제 그는 흠허물이 없는 어머니에게 두 팔을 벌리고 많은 것을 애원한다:

어머니, 당신께서 단 며칠 만에 나를 낳아 주셨듯이

이제는 높은 곳에서 천둥을 울리시는 제우스께서도

제게도 올림포스 신들의 영예를 나눠 주셔야 합니다.

하지만 그분은 저를 조금도 존중해 주시지 않으시는군요!

보세요. 아트레우스의 아들이며 제 민족의 제후인 아가멤논이

저에게 모욕을 주었답니다. 그리고 저에게 준 선물을 그자 스스로 약탈해 갔습니다!

이렇게 울면서 그가 말했고, 그 뛰어난 어머니[14]는

저 바다의 심연에서 늙은 조물주의 옆에 앉아 있다가 이 말을 들었다.

그녀는 어두운 물결로부터 안개처럼 휘영청 솟구쳐 나와

이제 눈물에 젖어 있는 아들 곁에 다가와 앉아서

손으로 아들을 쓰다듬으며 이렇게 말하기 시작했다.

…

　브리세이스를 되돌려 줌, 아가멤논의 맹세, 아킬레스의 화해

이제 그들은 서둘러 아가멤논의 야전 천막으로 갔다.

말은 떨어지기가 무섭게 재빨리 행동으로 완성되었다.

그들은 그가 약속했던 대로 천막에서 삼발이 솥 일곱 개와

열두 필의 준마(駿馬) 그리고 스무 개의 빛나는 대야를 가져갔다.

그리고는 신속하게 나무랄 데 없고 일 잘하는 여자들 일곱 명을,

브리세스의 장미같이 어여쁜 딸까지 포함해서 여덟 명을 데려갔다.

그러나 오디세우스는 10탈렌트의 금화를 재어 보고 출발했다.

그의 뒤를 소년들이 따라갔는데 모두들 선물을 들고 있었다.

이제 그들은 선물을 사람들이 있는 곳으로 옮겨 놓았다. 그러나 아가멤논이

자리에서 일어났다. 그러자 목소리가 불멸의 신들을 닮은 탈티비오스도 일어

섰다.

…

---

14) 테티스.

아가멤논은 시선을 하늘로 향한 채 기도를 올리면서 돼지 한 마리를 바친다.

먼저 최고로 높고 위대하고 성스러운 제우스여 들으시라.
지상의 신과 태양신도 들으시라. 그리고 땅 아래서
언젠가 죽은 자들을 벌하시는 복수의 여신들도 들으시라.
이곳에서 누가 거짓 맹세를 하는 것인지를!
결코 나는 브리세스의 딸에게 손을 대지 않았다.
잠자리의 향락을 억지로 빼앗은 적도 없고, 다른 향락도 요구한 적이 없다!
그녀는 내 천막의 거처에서 몸성히 머물러 왔다!
내가 약간이라도 거짓 맹세를 한다면 신들이 나에게 천벌을 내릴 것이다.
뻔뻔하게 거짓 맹세를 하는 자들에게 내린 것처럼 무한한 천벌을 내릴 것이다!
그는 이렇게 말하고 나서 무시무시한 칼로 돼지의 목을 쳐냈다….

아킬레스의 화해

그러나 아킬레스가
자리에서 벌떡 일어나 아르고스의 용맹한 아들들 앞에서 연설을 시작했다:
아버지 제우스여, 당신은 위대한 맹목 상태를 이 남자들에게 주시는군요!
아마도 앞으로는 저 아트레우스의 아들도
그런 용기를 가슴 속 깊이 가지지는 못하겠지요.
그리하여 나에게 그토록 끔찍하게 맞서거나, 심지어
내게서 저 소녀를 빼앗아 가고도 고집을 부리지는 못하겠지요.
그렇지 않을 경우 참으로 제우스께서

아르고스의 백성에게 많은 죽음을 마련해 주실 테니까요!

자, 이제는 식사하러 갑시다. 공격을 준비하기 위해서!

호메로스, 『일리아스』 1,335-361 ; 19,242-251. 258-275.

아킬레스에게 브리세이스가

당신은 무엇을 더 기다리시는 건가요? 아가멤논도 화낸 것을 후회하고,

그리스는 당신의 발아래 엎드려 애원하고 있는데 말이죠.

당신의 자존심과 원한과 싸워 이기세요. 뭐든 이기고 마는 당신이 아닙니까!

어째서 저 쉴 줄 모르는 헥토르가 그리스 군대를 갈기갈기 찢어 놔도 되는 겁니까?

무기를 잡으세요, 아에아키데[15]여. 하지만 그전에 나를 먼저 되돌려 받으셔야죠.

그 다음에 마르스의 호의를 받으며 혼비백산한 적들을 몰아내세요!

나 때문에 화가 나셨으니 나를 통해 화를 푸세요!

당신에게 한이 생긴 원인도 나였으니까, 그 한이 끝나는 계기도 내가 되게 해 주세요!

내 간청을 들어주는 것이 수치스러운 일이라는 생각은 하지 마시고….

내 입에서 말들이 떨어지지만 무게는 없네요.

그래도 당신에게 화내지는 않겠어요. 한 번도 당신의 아내처럼

처신해 본 적은 없으니까요. 노예의 몸으로 훨씬 더 자주

주인의 침대에 불려 가기는 했지만 말예요.

---

15) 아킬레스. 아에아키데는 아에아쿠스의 손자라는 뜻.

기억컨대 언젠가는 어느 포로 여자가 나를 여주인이라고 불렀었죠.

노예인 것도 힘든데

너는 그따위 연설의 짐까지 더 얹어 주는구나, 나는 그렇게 대답했어요.

오비디우스, 『헤로이데스』 3,83-91 : 98-101.

펠레우스가 그의 아들 아킬레스에게 하는 충고

항상 첫째가 되고, 모든 사람보다 뛰어나도록 해라!

호메로스, 『일리아스』 11,784.

　자신에게 전리품으로 주어졌었고 자신이 사랑했던 여자 노예인 브리세이스를 가져가 버린 데 대한 아킬레스의 지속적인 분노가 『일리아스』의 기본 주제이다. 호메로스는 이미 이 서사시의 제1행에서 이렇게 말하고 있다. "오! 여신이여, 펠레우스의 아들 아킬레스의 분노를 노래하소서…." 이 주요 모티브의 전사(前史)는 이렇다. 미케네의 왕이며 트로이 앞에 와 있는 그리스 연합군의 총사령관 아가멤논은 크리세이스라는 포로를 손에 넣었는데, 그녀를 돌려주면 엄청난 보상금을 주겠다는 그녀 아버지의 제안을 거절한다(『일리아스』 1,379ff.). 그러자 아폴론 신은 그리스 군을 벌하기 위해 페스트를 보냈고, 페스트는 순식간에 그리스인들 사이에 퍼져나갔다. 그러자 그리스인들은 아가멤논에게 크리세이스를 아버지에게 되돌려 주라고 강요한다(『일리아스』 1,185f.). 명예를 손상당한 이 사령관은 그러자 자신이 겪은 손실에 대한 균형을 맞추기 위해서 브리세이스를 요구하는데, '황금의 아프로디테처럼 아름다운'(『일리아스』 19,282) 브리세이스는 트로이 근처에 있는 니르네소스를 정복할 때 아킬레스에게 주어졌던 포로였다(『일리아스』 391f.). 아킬레스는 이 노예를 그 무엇보다도 사랑했지만(『일리아스』 9,343; 1,348), 그 말에 복종하여 브리세이스를 내주지 않을 수 없었다. 그렇지만 여기에 모욕감을 느낀 아킬레스는 아가멤논에 대한 엄청난 분노(ménis)를 느끼게 되어(『일리아스』 1,184) 그의 전사들인 미르미도네 사람들과 함께 트로이를 둘러싼 전투에 불참했다. 그 대신 그는 천막에 머물며 현악기인 키타라를 켜면서 브리세이스를 생각했다.

네레우스의 딸이자 아킬레스의 어머니인 테티스는 이 아들을 불사의 몸으로 만들기 위해서 스틱스 강의 물에 담갔었다. 그녀가 아이를 잡고 있던 부분인 발뒤꿈치는 물에 젖지 않았기 때문에 이 부분만 상처를 입을 수 있는 부분(아킬레스의 건)[16]으로 남았다. 그는 나중에 이 부분에 치명적인 화살을 맞았다.

운명이 그에게 길고 수치스러운 삶과 짧고 명예로운 삶 중에서 선택하도록 했을 때 그는 짧지만 사후에 영원한 명성을 누리는 영웅의 삶을 택했다(『일리아스』 9,410ff.). 헤라와 아테네가 주도적으로 영향력을 행사하는 가운데 아킬레스는 아카이아 군대의 가장 강력한 보호자였다. 아킬레스의 그런 태도가 (후대의 평가에 따르면) 의심의 여지없이 잘못이었던 것은, 그가 그리스인들의 운명보다 한 여성에 대한 사랑을 우위에 두었기 때문이었다. 물론 『일리아스』의 주인공을 단지 사랑에 빠진 사람으로만 본다면 그렇게 평가할 수도 있을 것이다.—하지만 그렇게 볼 경우, 호메로스가 아킬레스의 모습을 통해 드러내고자 했던 귀족주의적 신념에 입각한 가치체계에 대해서는 건드리지 않고 넘어가는 결과가 될 것이다.—브리세이스는 아가멤논이 보낸 사

---

16) 스타티우스, 『아킬레스』 1,269; 히기누스, 『이야기』 106.

람들을 따라가는 것이 싫었지만, 그녀 또한 아킬레스와 마찬가지로 제후의
권위에 복종하지 않을 수 없었다(『일리아스』 1,348). 자신에게 명예처럼 주어
졌던 브리세이스를 다시 빼앗기는 것은 아킬레스에게는 참을 수 없을 정도
로 품위가 손상되는 일이었다. 자의식이 대단히 강했던 그는 자신이 옳다고
느꼈다. 그렇지만 그녀를 잃는 것에 대한 고통과(『일리아스』 18,461) 트로이
의 영웅들 중에서도 유일하게 여신의 아들이라는 자의식에도 불구하고 위계
상 자신보다 우위에 있는 사령관 아가멤논의 권위에는 아킬레스도 복종하지
않을 수 없다. 그런데 이러한 태도는 보다 큰 맥락에서 바라봐야 한다. 브리
세이스는 아킬레스가 사랑하는 노예였다. 그녀 또한 불타는 열정에 사로잡
혔으며 전쟁이 끝난 후에 기꺼이 아킬레스를 따라 프티아로 갔을 것이다(『일
리아스』 19,297). 아킬레스는 어머니인 테티스에게 울며 애원한다. 어머니는
트로이가 아킬레스 없이는 무너지지 않을 것임이 거스를 수 없는 운명의 의
지라는 것을 알고 있었다. 그녀는—그녀 또한 여신이므로—자신이 직접 신
들의 아버지인 제우스와 이야기해 보기 전까지는 아킬레스에게 전투에 참여
하지 말라고 명령한다.

그리스인들이 극도로 몰리고 있는 상황에서—아킬레스는 타협의 여지없
이 불참하고 있었고, 파트로클로스는 헥토르와의 전투에서 살해되었으며,
트로이 군은 이미 그리스 군의 배가 있는 곳까지 밀려들어 와 있었다—아
가멤논이 드디어 브리세이스를 아킬레스에게 되돌려 보냈을 때 그는 자신이
브리세이스에게 결코 손을 대지 않았다는 맹세를 해야 했다(『일리아스』
19,175ff.). 이어서 아킬레스와 아가멤논의 화해가 이루어졌다(『일리아스』
19,55ff.). 그러나 아직 트로이가 정복되기 전에 아킬레스는 이 도시의 스케
이아 성문 앞에서 파리스의 화살에 맞아 쓰러졌다. 이 화살이 명중하도록

유도한 것은 아폴론이었다.

전투에서 그 모습만 보거나 목소리만 들어도 트로이 사람들이 공포에 떨었다는 아킬레스는 음악의 여신인 뮤즈와 친했으며, 신들을 잘 대접하는 경건한 인물이었다. 그러나 그의 열정은 그를 무절제하게 만들었다. 유년기부터 인생의 반려자처럼 지내 왔던 친구 파트로클로스의 죽음에 대한 고통, 헥토르를 향한 증오 그리고 자신보다 강력한 적수 아가멤논에게 브리세이스를 빼앗긴 것에 대한 분노는 경악할 만한 결과로 이어진다. 아킬레스의 독특성은 아가멤논 또는 오디세우스의 생각이나 행동과는 뚜렷하게 구별된다. 아킬레스는 시인들에 의해 귀족주의적 영웅주의의 이상적 캐릭터로 창조되었던 것이다. 그러나 그의 모습은 과거의 사고가 이미 깨지고 있음을 보여준다. 이후의 시대는 호메로스가 의도했던 방식으로 아킬레스에 의해 구현된 귀족주의적 영웅의 이상을 이해한 것이 아니라 후대인 자신들의 이상에 따라 아킬레스를 수용하고, 그러한 이상에 상응하는 특성들을 그의 모습 속에 투영하였다. 후대의 시인들은 호메로스가 전혀 표현한 적이 없는 방식으로 아킬레스를 이해했던 것이다. 어쨌든 아킬레스를 묘사하는 다양한 이야기들의 디테일들을 보면 이러한 생각들이 거의 틀림없다는 것이 드러난다. 아킬레스와 아킬레스보다 나이가 많은 파트로클로스는 함께 성장했다. 이 친구들은 호메로스에게 있어서는 사랑하는 사이로 묘사되어 있지는 않지만, 플라톤은 파트로클로스가 자기보다 어리고 아직 수염도 나지 않은 아킬레스의 연인이었음을 전제하고 이야기한다(『향연』 179e f.).

테티스는 그녀의 아들이(덧붙여 말하자면 단 하나 있는 자식이었다) 여성의 옷을 입고 리코메데스 왕 옆에 나타났을 때 무슨 생각을 했을까? 아킬레스가 어머니에게 하소연을 하며 브리세이스 때문에 우는 것도 중요한 대목이다

(『일리아스』 1,356ff.).

　아니면 그는 오로지 아가멤논에게 당한 수치 때문에 우는 것인가? 그러나 그가 단순히 수모를 당한 정부로서만 우는 것은 아니다. 아카이아인들 중에서도 가장 위력적인 전사이며, 모든 사람들을 능가하는 기념비적 영웅인 이 인물은, 스스로도 인정하듯이 복종하지 않을 수 없는 여러 사정과 필연성이 있음에도 불구하고 어머니에게로 도망을 가며, 그 어머니는 손으로 아들을 쓰다듬기까지 한다(『일리아스』 1,361). 테티스는 어머니로서 자신의 아들을 뿌리칠 수가 없었던 것이다. 저승의 강물인 스틱스 안에 자신의 아들을 담그는 것이나, 젊은 남자가 처녀의 복장으로 변장하는 것은 다의적으로 해석될 수 있는 것이지만, 어쨌든 이러한 것을 묘사하는 시적인 이미지들을 보면 후대의 해석에는 호메로스의 해석과 다른 부분들이 투영되는 것을 추론할 수 있다.

　아킬레스는 어머니와의 결속감이 강력한 인물이다. 도움을 구할 곳이 아무 데도 없다는 느낌이 그로 하여금 어머니에게 자기편을 들어 달라고 애원하도록 만드는 것일까? 아니면 보호를 받고 있다는 느낌에 대한 갈망 때문인가? 어머니의 지시에 따라 그는 분통을 터뜨리면서 전투에 나가지 않는다(『일리아스』 1,422). 다시 말하면 그는 자신의 능력을 발휘하지 못한다. 이 점에서 신적인 힘들과 운명 그리고 자신의 행동이 서로 뒤얽히고 있음이 분명해진다. 아킬레스가 어머니에게 사정한 것은 그 자신의 존재조건(짧지만 명예로운 삶)이나 귀족주의적 생각과 행동에 따른 명예의 개념에서 설명될 수 있으며, 바로 그 자신이 이러한 명예 개념을 구현하고 있는 인물인 것이다. "귀족이 마음으로 받아들이는 명예로움과 명예란—물질적이건 이념적이건 간에—공동체 전체를 위해서 자신의 생명까지 내거는 것에 상응하는 정도의 것을 이승의 삶에서 의무처럼 해내는 것을 의미한다."[17] 이러한 맥락에서 볼 때 브리세이스에 대한 아킬레스의 태도를 보다 잘 이해할 수 있다.

로마 사람 오비디우스는 심리묘사가 뛰어난 사랑시의 대가인데, 그가 쓴 사랑의 비가를 묶어 놓은 『헤로이데스』 제3편은 브리세이스가 아킬레스를 무척이나 그리워하며 편지를 쓰는 장면을 묘사하고 있다. 이로써 브리세이스는 오비디우스에게 있어서 페넬로페, 아리아드네, 헬레나 등등과 마찬가지로 그리스 신화에 나오는 사랑에 빠진 위대한 여성들 가운데 한 명이 되는 것이다. 오비디우스는 이 소재를 호메로스의 『일리아스』에서 차용했다. 오비디우스는 당대의 독자들이 『일리아스』를 알고 있다는 사실을 전제하고 시작할 수 있었다. 그래서 브리세이스는 아가멤논의 포로 상태에서 그 편지를 쓰는 것으로 나온다.

아킬레스에게 있는 동안에는 그녀에게 아킬레스는 '주인이자 남편이며 오라비'였다(『헤로이데스』 3,52). 그녀는 아킬레스에게 자기 없이는 그리스로 돌아가지 말라고 부탁한다. 그러나 포로로서 그를 따라가겠다는 것이지 아내로서 따라가겠다는 것은 아니다. 그는 다시 전투에 참가해야 하지만 그전에 그녀를 다시 데려가야 한다는 것이다. 오로지 그에게 속하고 싶다는 희망만이 그녀를 지탱하고 있으므로, 그는 이러한 떨어짐을 끝내고 그녀를 다시 돌아오게 해야 한다는 것이다.

열정으로 가득 차 있는 브리세이스는 사랑하는 사람과 같이 있게 되면 생겨날 모든 일들을 고대한다. 그녀가 분명하게 말하고 있진 않지만, 자기가 마침내 다시 그의 곁에 있게만 되면 아킬레스는 그녀가 발하는 인간적 매력

---

17) J. 라타치, 「아킬레스」(1995) 50.

을 거부하지 못하기를 희망한다. 브리세이스를 둘러싼 싸움이 아킬레스의 분노를 야기한 것이기는 하지만—또한 이것이 『일리아스』의 주요 모티브이 도 하다—호메로스는 여성으로서의 그녀에게 오히려 부차적인 역할만 부과 하고 있다. 그러나 오비디우스는 트로이 전쟁을 둘러싼 전설상의 소재를 가 지고 이러한 가공의 편지를 만들면서 브리세이스를 서간체적 비가의 주요 인물로 부각시켰다. 아킬레스에게 있어서는 아가멤논에 의해 당한 모욕감과 명예훼손이 결국은 브리세이스에 대한 개인적 사랑보다 더 중요한 자리를 차지한다는 것에 대해서는 오비디우스도 확신하고 있었다. 그러나 이 시인 은 그 여성의 상황에 대해서는 호메로스와 다르게 보고 있고, 다시 말해 그 녀를 더 높이 평가하고 있다. 오비디우스의 브리세이스는 호메로스의 브리 세이스보다 더 많은 권리를 지니고 있으며, 훨씬 더 여성 해방적으로 생각 하고, 개성 또한 훨씬 더 강한 모습으로 발전되어 있다. 자신의 자아에 집중 되어 있는 것이 시적인 글쓰기의 두드러지는 특징인데, 이 여성에게 있어서 는 아킬레스를 남편으로 (다시) 얻겠다고 하는 강력한 의지가 그러한 자아에 의 집중 상태를 만들어 내는 것이라고 설명할 수 있다. 그러나 그녀의 희망 은 아킬레스의 운명적인 죽음으로 인해 무화되었다.

H.K.

Art Works 예술작품

출 처

호메로스(Homer), 『일리아스 Ilias』 1,184; 318ff. 2,689; 9,340ff. 19,246ff.

오비디우스(Ovid), 『헤로이데스 Heroides』 3: 「아킬레스에게 브리세이스가 쓰는 사랑의 편지 Briseis an Achill. Amores」 1,9; 2,18.

스타티우스, 『아킬레스 Achilleis』(서사시, 기원후 95년).

문 학

콘라트 폰 뷔르츠부르크(Konrad von Würzburg), 『트로이 전쟁 Trojanerkrieg』, 1275년경.

포인시 데 시브리(Poinsi de Sivry), 『브리세이스 또는 아킬레스의 분노 Brisés ou la coleréd' Achille』, 희곡, 1763.

괴테(Goethe), 『아킬레스 Achilleis』 미완성(651행), 1797/99.

빌헬름 슈미트본(Wilhelm Schmidtbonn), 『아킬레스의 분노 Der Zorn des Achilles』, 희곡, 1909.

앙드레 수아레(André Suarès), 『아킬레스의 복수 Achille vengeur』, 1922.

온 라 인 박 물 관

www.artcyclopedia.com

검색창(Search)에 "Briseis"를 입력합니다. 〈Fresco Painting of Achilles and Briseis from Pompei 아킬레스와 브리세이스를 그린 폼페이의 프레스코화〉를 볼 수 있습니다. 티에폴로(Tiepolo)의 〈Eurybates and Talthybios Lead Briseis to Agamemmon 브리세이스를 아가멤논에게 인도하는 에우리바테스와 탈시비오스〉도 이야기의 한 장면을 그린 작품입니다. 아킬레스와 관련된 작품을 검색하려면 검색창에 "Achilles"를 입력합니다.

증오에 가득 찬 여인의 선택

아가멤논의 귀향과 종말

아가멤논은 기쁜 마음으로 배에서 조국의 육지 위로 뛰어내렸고

그의 땅에 입을 맞추고 끌어안았다. 고향을 다시 보게 된 기쁨에 겨워

뜨거운 눈물이 그의 뺨 위로 흘러내렸다.

높은 곳에서 그를 알아본 보초는

아이기스토스에게 고용된 자로서

그를 알아보고 알려 주면 2탈렌트의 금을 포상으로 받기로 되어 있었다.

아가멤논이 고향에 돌아와 기습적으로 용맹성을 드러내는 일이 없도록

그가 보초를 선 것도 벌써 일 년이나 되었다.

그는 서둘러 요새로 달려갔고, 왕에게 이 사실을 알렸다.

그리하여 아이기스토스는 즉시 교활한 속임수를 생각해 냈다.

그는 백성 중에서 용감한 남자들을 스무 명이나 선발하여 매복시켜 놓고,

다른 한편으로는 식사를 준비하도록 명령했다.

이제 마음속에 사악한 계획을 가득 품고, 준마가 모는 휘황찬란한 마차를 타고 가서

백성들의 목자이며 아무런 의심도 품지 않는 아가멤논을 집으로 데려간 후

먹이를 먹고 있는 황소를 때려죽이듯이 즐거운 식사를 하고 있는 그를 때려죽였다.

아가멤논의 수행원이건, 아이기스토스의 수행원이건

죽음을 피한 자는 아무도 없었다. 그들은 그렇게 유혈이 낭자한 홀에서 거꾸러졌다.

호메로스, 『오디세이아』 4,520-537.

남편을 죽였다고 자찬하는 클리타임네스트라

클리타임네스트라가 문가에 나타나더니 손에는 쌍도끼를 들고 피로 더럽혀진 모습으로 등장한다. 아가멤논과 카산드라의 시체가 보인다.

나는 이 싸움을

오래전부터 계획했다.

뒤늦긴 했지만, 그래도 승리는 왔다.

내가 서 있는 이곳은 내가 저들을 쓰러뜨린 곳,

나의 걸작품이 있는 곳이다.

나는 그렇게 행동했다.

그리고 부인할 생각은 결코 없다.

어떤 식으로 도망치는 것도

저항하는 것도 더 이상 가능하지 않았다는 것을.

어부의 그물처럼 간격이 빽빽하고

끝없이 이어지는 그물을

나는 그의 몸 위로 던졌다.

저 사악한 부자의 옷 위로,

저 흉악하게 넘쳐나는 주름살 위로 던졌던 것이다.

나는 그에게 두 번이나 명중시켰고

두 번이나 그는 비명을 질렀다.

사지에 힘이 빠지면서 그는 쓰러졌다.

그러자 나는 그에게 세 번째로 던졌는데,

저승의 주인이며

죽은 자들을 받아들이는 하데스에 대한

감사의 표시로 던졌던 것이다.

그렇게 그는 쓰러지면서 꼬르륵거리더니

그의 정신을 포기했고,

격한 핏줄기를 토해 내며

그 붉은 이슬의 검은 방울들로

이곳에 있는 나를 맞췄다.

…

여기 이 사람이 나의 남편

아가멤논이다. 오히려 그의 시체야말로

나의 권리가 빚어 낸 작품이며

나의 걸작이기도 하다!

이제 나의 걸작이 서 있다.

합창대: 여인이여, 대체 무슨 독을

자연이 그대에게 먹으라고 주었기에

또는 무슨 독을 바다가 그대에게 마시라고 주었기에

그대는

이 살인적 희생을 감행하게 된 것인가?

그대는 백성의 저주도

무시하고 저버렸다.

그러니 그대를 이 도시에서 추방하는 바이다.

그대는 이 도시를 떠나라.

모든 시민들의 증오와 멸시가 있을 것이다.

클리타임네스트라: 이제 그대가 나에게 유죄를 내리는구나.

나를 도시에서 쫓아내고

시민들의 증오가 있을 거라고 말하는구나.

그러나 아울리스에서 이 남자가 저지른 짓에 대해선

그대들이 아무 짓도 하지 않았다.

이 남자가 북풍을 불러내기 위해

인정사정없이

그 자신의 딸을 도살했을 당시엔 말이다.

그가 키우는 많은 양들 중에 한 마리처럼

내 사랑하는 딸 이피게네이아,

내가 가슴속에 품었던 그 딸을 도살했던 그때 말이다.

그대들은 그의 악행을 벌하기 위해

그를 이 나라에서 쫓아내지 않았다.

그런데 내 행위를 보고서는

그대들은 너무도 엄격한 판관이 되는구나.

…

결코

그 어떤 공포에 대한 생각도

내 집 안으로 들어서지 못할 것이다.

아이기스토스가

이제까지도 이미 오랫동안 그렇게 해 왔지만

앞으로도 나를 보호하는 불길로서

나의 화덕에서 타고 있는 한.

왜냐하면 그는 우리에게

용감하고 강력한 방패가 될 것이기 때문이다.

여기 누워 있는 이 남자는

자신의 부인을 무지막지하게 모욕하고

트로이 앞에서 크리세스의 딸과 동침한 인간이다.

그리고 이곳에는 그의 전리품인 그녀도 누워 있다.

예언자이며 그와 잠자리를 같이 한 여인,

그 자신의 신탁에 충실한 창녀,

배에서 그와 뒹굴며 선판들을 내리눌렀던 그녀가!

그들은 당연히 그래야 하는 방식대로 끝났다.

그가 여기 누워 있다.

그리고 그녀, 죽음 앞에 처한 백조처럼

마지막 애도가를 불렀던 그녀도

그의 곁에 누워 있다. 그의 정부로서!

아이스킬로스, 『아가멤논』 1377-1390；1412-1421；1434-1447.

독역: 페터 슈타인.

아킬레스는 『일리아스』의 주인공이다. 그로 하여금 트로이 전쟁에 더 이상 참여하지 않도록 만들었던 그의 분노(손상당한 귀족주의적 명예심의 표현)로 이 서사시의 줄거리가 추동된다. 같은 군대에서 아킬레스의 적수로 드러나는 인물은 아가멤논인데, 그리스 연합군의 사령관이다. 아가멤논은 아트레우스와 아에로페의 아들이자 펠롭스의 손자로서 미케네에 지배권을 가지고 있었는데, 미케네는 아르골리스에서 강하게 방벽을 두른 요새도시이며, 대형 자연석으로 만든―사자의 성문으로 통하는 입구이기도 한―성벽은 오늘날에도 저 고도의 문화를 지녔던 옛 시대에 대한 살아 있는 이미지를 매개해 주고 있다. 아가멤논은 그리스에서 가장 강력한 영주였다. 그는 트로이 전쟁에 나간 아카이아 군의 총사령관으로서 우위를 차지하고 있음으로써 호메로스의 『일리아스』와 『오디세이아』의 독자들의 의식 속에서는 아킬레스, 아이아스, 디오메데스, 메넬라오스 등과 같은 여타의 인물들과는 뭔가 다른 인물로 남아 있다. 눈과 머리가 제우스를 닮은(『일리아스』 2,478f.) 그는 가축의 무리 안에 있는 황소처럼 모든 사람들보다 우뚝 솟아난다. 파리스가 부유한 스파르타 왕인 메넬라오스의 아내 헬레나를 납치했을 때 메넬라오스는 그의 동생 아가멤논에게 도움을 요청했다. 펠로폰네스의 수도이며 그리스 본토를 넘어서까지 영향력을 행사했던 미케네의 영주 아가멤논은 정의를 관철시키고 군사력으로 헬레나를 되찾아 와야 한다는 과제를 회피하지 않았다. 트로이의 전쟁을 야기했던 사람은 원래 그였던 것이다.

"왕이라기보다는 오히려 일종의 황제"[18]였던 아가멤논은 그러나 아르고스에서의 그리스 영주들의 회합에서 그리스 군대에 대한 사령권을 가지기 힘든 모종의 어려움이 있었던 것으로 보인다. 따라서 그는 상당한 양의 금을 그의 미케네 요새에서 가져오기로 결심했다. 이것을 몇몇 영주들에게 원정 자금으로 나누어 줌으로써 이들의 참전을 유도할 수 있었고, 그리하여 이들은 그를 총사령관[19]으로 선출하고 충성을 맹세했던 것이다.

명망도 있고 의지대로 관철하는 능력도 있던 이 제후는 아울리스[20]의 항구에 400척 정도의 배들을 모았다. 그런데 갑자기 바람이 멎는 바람에 배들이 항해를 할 수 없게 되었다. 새들의 운행을 보고 그 뜻을 해석하는 예언자 칼카스에게서 아가멤논이 들은 이야기에 의하면 바람을 멎게 만든 것은 아르테미스 여신이며, 그 이유는 그가 사냥을 하다가 그녀의 귀한 암사슴을 죽였으므로 여신을 모욕한 것이기 때문이다. 여신을 달래려면 아가멤논의 딸인 이피게네이아를 희생해야만 한다는 것이었다. 이 말을 들은 아가멤논은 아킬레스와 약혼시킬 거라는 구실—그의 부인 클리타임네스트라에 대해서도 끔찍한 거짓말—을 대면서 이피게네이아를 아울리스로 유인한다. 이런 식으로 그는 부성애보다 군의 통수권자로서의 의무를 우선시했던 것이다. 아가멤논이 자신의 딸을 희생시키는 이면에는 그가 종교적으로 무능력

---

18) H.J. 로제, (『그리스 신화』(⁹1997) 222
19) 딕티스 크레텐시스, 『트로이 전쟁』. 1,15.
20) 그리스의 동쪽 해안에 위치한 항구.

한 인물이었다는 사실도 포함되어 있다. 말하자면 그는 제우스에게 부탁해서 아르테미스의 요구를 거절할 수도 있었을 것이기 때문이다.

이피게네이아가 제단에 묶여졌다. 그러나 그녀가 정말로 희생되려는 찰나 아르테미스는 암사슴 한 마리를 그녀의 자리에 대신 앉혀 놓고 이피게네이아는 구름에 싸서 타우리스[21]로 보냈다. 이곳에서 이피게네이아는 아르테미스 신전의 여사제가 되었지만 나중에는 그리스로 돌아갈 수 있게 된다. 자신의 정치권력을 목표로 비인간적인 행동 앞에서도 주저함이 없는 아가멤논의 후안무치한 태도야말로 그의 특성을 나타내는 것이며, 나중에 그가 겪게 되는 운명에 대해서도 설명해 주는 것이다. 아가멤논의 가족사를 간단히 살펴보면, 티에스테스와 아이기스토스가 아트레우스를 살해했을 때 아트레우스의 아들들인 아가멤논과 메넬라오스는(아트레우스 가문) 스파르타의 왕인 틴다레오스에게로 도주했지만, 나중에는 그 두 명의 살인자를 몰아냈다. 아가멤논은 티에스테스의 아들이자 클리타임네스트라의 첫 번째 남편인 탄탈로스도 제거했다. 그 이후에 아가멤논과 메넬라오스 형제는 틴다레오스의 딸들인 클리타임네스트라와 헬레나와 각각 결혼했다.

이러한 결혼에서 사랑하고 사랑받아야 한다는 요구도 제기되었었는지는 독자의 상상에 맡길 문제이다. 어쨌거나 미케네와 스파르타의 지배자 가문 사이의 가족적 결속은 이제 갑절로 강해진 것이다. 그러나 이 두 자매와의 결혼은 이 형제들에게 아무런 행복도 가져올 수가 없는 것이었다.―아가멤논과 클리타임네스트라 사이의 권력 유지라는 이유로 맺어진 결혼에서 네 명의 자녀가 태어났다. 딸들인 이피게네이아(이피아나사라고도 불림), 엘렉트라

---

21) 크림 반도에 위치.

(라오디케라고도 불림), 크리소테미스 그리고 아들인 오레스테스가 그들이다.

아울리스(일리아스로 가는 출발지, 『일리아스』 2,300ff.)에서 이피게네이아를 희생시키고 난 후에도 아가멤논은 또 다른 죄를 더 지었다. 아폴론의 사제인 크리세스가 그의 신을 상징하는 황금 지팡이를 손에 들고서 아가멤논을 찾아와 그의 포로로 잡혀 있는 자신의 딸 크리세이스를 돌려 달라고 부탁했을 때 그는 냉정하게 이를 거절했던 것이다. 그 말을 듣고 화가 난 아폴론이 그에 대한 벌로 페스트를 보냈던 것이며, 이 병이 그리스 군대를 무참히도 황폐화시켰던 것이다. 아가멤논은 신의 성스러운 표시는 물론 그의 사제까지 무시함으로써 신의 위엄 자체를 업신여긴 것이고, 그로 인해 아카이아 군대가 약화되었던 것은 누구나 알 수 있는 사실이었다. 나중에는 그도 군대의 강력한 요청에 따라 마음을 달리 먹고 크리세이스를 돌려주지 않을 수 없었다. 그러나 그는 아킬레스에게 자신이 이미 공식적인 훈장처럼 주었던 포로 브리세이스를 다시 빼앗아 버림으로써 아킬레스가 지속적으로 원한을 품도록 만들었던 것이다. 그 결과 그리스인들은 심각한 손실을 입게 되었고, 공격하는 트로이 군대를 피해 그들의 배가 있는 곳으로까지 퇴각해야 했던 것이다.—아가멤논은 비록 엄청난 권력을 행사하기는 하지만 이익에 눈이 멀고(『일리아스』 1,122) 분별력이 없는 인물인 것으로 드러난다. 그는 술도 마시며(『일리아스』 1,225) 싸움하기를 좋아하고, 아킬레스의 군사적 가치에 대해서도 알아볼 줄 모른다(『일리아스』 1,173ff.; 1,411f.; 2,378f.; 9,115ff.; 14,49ff.; 19,185ff).

그는 아킬레스를 증오한다. 왜냐하면 자기가 크리세이스를 그녀의 아버지에게 돌려주지 않으면 안 된다고 아카이아 사람들이 결심하게 된 것은 아킬레스가 배후에 숨어서 조종했기 때문이라고 추측하기 때문이다. 아가멤논은 장군이면서도 거듭 자신의 군대에 해가 되는 행동을 한다. 정신적으로 모자란데다 인간적인 행동이나 가족적인 배려도 할 줄 모른다. 어쨌든 그로서는 공격을 당한 그리스군을 붙들어 모으는 데 성공한다. 그러나 그러한 인간이 자신으로 인해 야기된 실패들에도 불구하고 그토록 오래 총사령관 자리를 유지할 수 있었던 것에 대해서 놀랄 필요는 없다. 놀라워한다면 그것은 지극히 현대적인 생각일 것이다. 아가멤논은 그의 선조로부터 왕홀(王笏)을 상속받았고, 그 선조들은 제우스로부터 받았기 때문이다(『일리아스』 2,46). 이러한 왕홀은 제우스로부터 왕권을 물려받았다는 것에 대한 상징이었다. 권력의 선두에 있는 강력한 남성을 그 자리에서 흔들어 떨어뜨릴 수가 없었던 것이다. 그로서는 일단 트로이를 파괴하지 않으면 안 되었다.

이 도시가 패전한 후에 아가멤논은 명망 있는 트로이의 예언자 카산드라를 전리품으로 얻는다. 그녀는 프리아모스 왕의 딸이었다. 그녀의 운명은 그녀가 미래를 제대로 예견할 수는 있지만 아무도 그녀의 예언을 믿지 않는다는 것이었다. 그러나 그녀가 예언하는 것은 나쁜 것뿐이었기 때문에 그녀의 말을 아무도 안 믿는 것도 당연한 일이었다. 그런 다음 아가멤논이 이 고귀한 여성 전리품과 함께—이미 그는 크리세이스를 클리타임네스트라보다 더 사랑했었다(『일리아스』 1,113ff.)—뱃머리를 미케네로 향하게 했을 때는 이미 오래전에 그를 둘러싼 소문들이 먼저 퍼져 있던 참이었다.

그의 부인 클리타임네스트라는 자신의 딸인 이피게네이아를 희생시킨 것에 대한 원한과 분노로 인해 내면적으로는 이미 그에게서 등을 돌리고 있었다. 그녀 안에서는 증오가 자라나 복수를 하라고 그녀에게 요구했다. 트로이 전쟁이 벌어지는 몇 해 동안 혼자 지내면서 그녀는 아가멤논의 사촌이자 티에스테스의 아들인 아이기스토스와 간통이라는 그릇된 길로 들어선다. 이 왕비의 시각에서 볼 때는 결혼상황이 참을 수 없는 것처럼 되어 버렸던 것

이다. 이피게네이아의 사건이 보여 주었던 끔찍함에다가―그녀의 죽음은
선사시대의 인간희생을 상기시키는 것이다―미래에 대한 불안 그리고 아가
멤논의 첩인 카산드라와 그녀의 궁성에서 함께 살아야 한다는 수모에 대한
불안이 더해졌다. 그리하여 그녀는 아이기스토스와 함께 아가멤논과 카산드
라를 제거할 계획을 세웠다. 미케네의 지배자는 이제 트로이를 제압한 승자
가 되어 자신의 궁성으로 돌아왔다. 그러나 그에게는 무거운 빚이 드리우고
있었다. 부부는 서로 낯선 사람들처럼 되어 있었지만, 저 과거는 양쪽 모두
에게 여전히 현재처럼 남아 있었다. 그가 돌아오고 클리타임네스트라가 아
양을 떨면서 그를 환영하고 난 후[22] 곧이어 아가멤논은 아이기스토스의 초
대를 받았고, 식사를 하는 도중 그의 수행원들과 함께 아이기스토스에게 살
해되었다(『오디세이아』 3,194f.; 11,405ff.).

아이스킬로스의 이야기에서는 식사 도중이 아니라 목욕을 하다가 클리타
임네스트라가 아가멤논의 몸 위로 그물 또는 의복 같은 것을 던져 꼼짝 못
하게 하고는 때려죽인다. "남성적으로 생각하는 이 여자"(아이스킬로스, 『아
가멤논』 10), 즉 남성적인 의지력을 소유했던 클리타임네스트라는 이러한 행
동을 함에 있어서 그녀와 남편 간의 특별한 신뢰관계를 철저히 이용했고,
남편으로서는 공격을 받을까 봐 두려워해야 할 상황이 아니었으므로 아무런
의심도 하지 않는 것을 악용했던 것이다. 클리타임네스트라는 카산드라도
도끼로 죽였다(『오디세이아』 11,421ff.; 아이스킬로스, 『아가멤논』, 1149;
1371ff.).

살인을 하고 난 후에 완전히 속박에서 풀린 이 여자는 환호성을 지르며

---

22) 아이스킬로스, 『아가멤논』 856f.

그녀의 행동을 정당화하려고 한다. 그러나 정당화는 이루어지지 않는다. 합창은 이렇게 노래하기 때문이다. 범죄자들은 죄를 받아야 한다.

　아이기스토스는 클리타임네스트라와 결혼하여 아가멤논의 왕위 계승자가 되었다. 그러나 아트레우스 가문에 드리우는 도주의 운명은 계속해서 작용했다. 복수에 굶주린 마신적인 여성처럼 클리타임네스트라는 고향으로 돌아온 남편에게 잔인한 운명을 준비해 놓았고, 따라서 의도적이며 악의적으로 자행된 살인에 대해서 죄를 받아야만 했던 것이다. 그녀의 아들 오레스테스가 나중에 그의 어머니와 그 정부인 아이기스토스를 죽임으로써 아버지의 끔찍한 죽음에 대한 복수를 했던 것이다(『오디세이아』 1,35-43).

H.K.

Art Works 예술작품

출 처

호메로스(Homer), 『일리아스 Ilias』 1,77ff., 172ff. 2,1ff.; 9,36f.; 『오디세이아 Odyssee』 2,232ff. 248ff.; 4,519ff.; 8,75ff.; 9,263f.; 11,387ff.

핀다로스(Pindar), 「테베의 트라시다이오스를 위한 승리의 노래 Siegeslied für Thrasydaios aus Theben」(『피티아의 승리가 pythischer Siegesgesang』 11편, 17-38).

아폴로도로스(Apollodor), 『초록 Epitome』 6,23.

히기누스(Hyginus), 『이야기 Fabulae』 117.

아이스킬로스(Aischylos), 『아가멤논 Agamemnon』(비극, 기원전 458년).; 『코에포렌 Choephoren』; 『복수의 여신들 Die Eumeniden』.

L.A. 세네카 (Seneca, 65년 사망), 『아가멤논 Agamemnon』(비극).

그 림

P.N. 게랭(Guérin, 1774-1833), 〈아가멤논을 죽이는 클리타임네스트라 Klytaimestra totet Agamomnon〉, 파리, 루브르 박물관.

F. 레이튼(Leighton, 1830-1896), 〈아가멤논을 기다리는 클리타임네스트라 Klytaimestra erwartet Agamemnon〉, 런던, 레이튼 하우스.

A. 포이어바흐(Feuerbach), 〈타우리스의 이피게네이아 Iphigenie in Tauris〉, 1862, 다름슈타트; 〈이피게니에 Iphigenie〉, 1871, 슈투트가르트.

희 곡

한스 작스(Hans Sachs), 『살인적인 왕비 클리타임네스트라 Die mörderisch Königin Clitimestra』, 비극, 1554; 『미케네의 왕비 클리타임네스트라 Clitimestra, Die Königin Micennarum』, 1558.

괴테(Goethe), 『타우리스의 이피게네이아 Iphigenie auf Tauris』, 연극, 1787.

A. 뒤마(Dumas), 『오레스테스 Orestie』, 1865.

V. 알피에리(Alfieri), 『아가멤논 Agamemnon』, 1776.

A. 지게르트(Siegert), 『클리타임네스트라 Klytaemnestra』, 1870.

A. 엘러트(Ehlert), 『클리타임네스트라 Klytämnestra』, 1881.

G. 카스트로프(Kastropp), 『아가멤논 Agamemnon』, 1890.

E. 쾨니히(König), 『클리타임네스트라 Klytaemnestra』, 1903.

유진 오닐(E. O. Neills), 『상복을 입은 엘렉트라 Mourning Becomes Electra』, 1931.

G. 하웁트만(Hauptmann), 아트리덴 삼부작 (Atridentetralogie): 『델피의 이피게네이아 Iphigenie in Delphi』, 1941; 『아울리스의 이피게네이아 Iphigenie in Aulis』, 1943; 『아가멤논의 죽음 Agamemnons Tod』, 1943/1948; 『엘렉트라 Elektra』, 1944/1948.

I. 랑그너(Langner), 『클리타임네스트라 Klytämnestra』, 1949.

R. 바이르(Bayr), 『죽어야만 하는 아가멤논 Agamemnon muth sterben』, 1956.

H. 레베르크(Rehberg), 『남편 살해 Der Gattenmord』, 1953.

온 라 인 박 물 관

www.artcyclopedia.com

검색창에 "Clytemnestra"를 입력합니다. 콜리어(Collier)의 〈Clytemnestra After the Murder 살인 후의 클리타임네스트라〉에서 피에 젖은 클리타임네스트라의 강렬한 모습(92쪽 참조)을 볼 수 있습니다.

바람난 연인과 불쌍한 남편

아레스와 아프로디테

하프의 사랑스러운 곡조가 울려 퍼졌고 그 다음엔 아름다운 노래가 시작되었다.

노래의 장인(데모도코스)은 아레스와 아프로디테의 사랑을 노래했다.

두 연인이 처음 헤파이스토스의 화려한 집에서 어떻게 만나 남몰래 뒤섞였는

지를.

그 신은 많은 것을 선물하면서 고귀한 불의 지배자가 사는 장소를 모욕했다.

그런데 갑자기 불의 지배자에게 헬리오스의 전갈이 날아왔다.

그들이 남몰래 포옹하고 있는 것을 보았다는 것이다.

헤파이스토스는 이 모욕적인 이야기를 듣자마자

철저한 복수를 계획하면서 서둘러 대장간의 화로로 달려가

도마 위에 강력한 모루를 세워 놓고 영원히 풀 수 없을 정도로

단단하고 강력한 사슬들을 벼리었다.

여전히 분노하면서 이 함정들을 완성하고 난 후

화려한 부부 침대가 있는 방으로 가서

기둥 주위로 둥그런 끈을 펼쳐 놓고

대들보 위에서 아래로 끈을 매달았는데,

이 끈은 거미줄처럼 부드러워 아무도 알아보지 못하며

성스러운 신들이라 할지라도 알아볼 수 없을 정도로 놀라운 작품이었다!

침대 주위에 만든 이 함정을 전부 완성한 후

즉시 아름답게 만들어진 렘노스 시로 갔다.

이 도시는 지상의 모든 나라 중에서도 가장 좋아하는 도시였다.

황금의 고삐들을 가지고 있는 신 아레스는 잠들지 않고 있다가

기술로 유명한 헤파이스토스가 떠나는 것을 보고는

저 영리한 불의 지배자의 집으로 서둘러 갔으니

그의 아름다운 부인과 나눌 사랑에 넋이 나간 탓이다.

아프로디테는 강력한 아버지 크로니온[23]에게 갔다가

지금 막 집으로 돌아와 앉아 있었다. 그러나 그는 집으로 들어가자마자

여신의 손을 붙잡고 친절한 어투로 이렇게 말했다:

사랑하는 사람이여, 어서 침대로 와서 달콤한 휴식을 취하구료!

헤파이스토스는 집에 없으니까요. 그는 아마도

렘노스의 거친 야만인들인 신티아 사람들에게로 산책하러 갔을 거요.

그가 이렇게 말하자 그녀로서도 그런 휴식은 대환영이었다.

---

23) 제우스의 별명. 크로노스의 아들이라는 뜻.

그리하여 그들은 침대로 올라가 눈을 붙였다. 그런데 갑자기

영리한 발명가 헤파이스토스가 만든 끈이 그들을 휘감아,

그들은 사지 하나도 움직이거나 들어 올릴 수가 없었다.

그러나 그들이 사태를 파악했을 때는 이미 도주가 불가능한 상황이었다.

이제 절름발이 불의 지배자가 그들에게 다가왔다.

이자는 렘노스에 도착하기 전에 되돌아와 있었던 것이다.

모든 것을 엿듣는 태양신이 그에게 이 사실을 알려 주었기 때문이다.

그가 몹시 침울한 마음으로 서둘러 귀가하여

현관에 말없이 서 있으려니 격렬한 질투가 솟구쳤다.

그가 끔찍하게 울부짖자 모든 신들이 그 소리를 들었다:

아버지 제우스여, 그리고 다른 모든 성스러운 불멸의 신들이여,

이리로 와서 저 차마 눈뜨고 볼 수 없는 악행을 보시라.

제우스의 딸 아프로디테가 절름발이 남편인 나를 영원히 모욕하고

저 나쁜 놈 아레스를 품에 안고 있는 모습을 보시라.

저자는 아름답고 다리도 똑바른데

나는 이토록 병신 같은 모습을 하고 있기 때문이다!

하지만 불구인 것은 누구의 잘못도 아니며

오로지 그 부모의 잘못 아닌가! 아, 차라리 나를 낳지를 말 것이지!

하지만 저 두 인물이 내 침대에서

쉬면서 욕정을 만족시키는 저 모습을 보라! 저 꼴을 보니 내 가슴이 터진다!

앞으로는 단 한순간도 저따위로 누워 있고 싶지는 않겠지!

아무리 욕정에 불타더라도 다시는 저렇게 쉬고 싶다는 생각을 품지 못하겠지!

그래도 나는 내가 쥐고 있는 올가미를 놓아 주지 않겠다.

그녀의 아버지가 나에게 받은 약혼 선물들을 내게 돌려주기 전에는!

신랑인 나는 저 뻔뻔한 자식을 위해 그런 선물까지 했었건만!

그의 딸은 아름답지만 지조가 없어.

그가 이렇게 말을 마치자 신들은 청동으로 지은 이 집으로 서둘러 왔다.

대지의 허리를 휘감는 포세이돈이 왔고,

치유의 신 헤르메스가 왔다. 사수 아폴론도 왔지만

여신들은 민망한 나머지 자기들의 방에 머물러 있었다.

선을 베푸는 신들이 이제 그 집 현관에 당도한 것이다.

그런데 영리한 발명가 헤파이스토스의 예술을 보고는

성스러운 신들 사이에서 한바탕 웃음이 터져 나왔다.

신들은 자기 옆의 동료에게 고개를 돌려 이렇게 말했다:

악한 것은 잘되지 않는 법이지. 느린 자가 빠른 자를 잡을 수도 있거든!

그러니 저 절름발이 헤파이스토스가

높은 올림포스의 신들 중에서도 가장 날쌘 아레스를

기술로 잡았군. 이제 간통을 저지른 자가 죗값을 치르고 있구먼!

이렇게 천상의 존재들은 서로 이야기를 주고받았다.

그런데 제우스의 아들이며 지배자인 아폴론이 헤르메스에게 말했다:

헤르메스여, 제우스의 전령이자 아들인 그대는 선을 부여하는 신이기도 하지.

자네 같으면 저 강력한 끈에 묶여서

황금 같은 아프로디테와 한 침대에 누워 쉬고 싶은 생각이 드는가?

이 말을 듣자 부지런한 아르고스의 정복자 헤르메스는 이렇게 대꾸했다:

아, 그렇게만 된다면 작히 좋으랴, 멀리서도 쏘아 맞추는 지배자 아폴론이여!

저렇게 무한히 긴 끈이 나를 세 번씩이나 묶어 놓고

모든 신들이 그런 나를 바라본다 하더라도

잘 들으시게, 나라면 그렇게 해서라도 황금의 아프로디테와 자고 싶은걸!

그가 이렇게 말하자 불멸의 신들은 큰 소리로 껄껄 웃었다.

그런데 포세이돈만은 같이 웃지 않았다. 그는 재주가 풍부한 헤파이스토스에게로

몸을 돌리고는 저 전쟁의 신을 다시 풀어 달라고 했다.

그는 이렇게 말을 걸어 놓고 유창한 어조로 이야기를 이어 갔다:

그를 풀어 주게! 내가 보증을 설 것이야. 자네가 요구하는 대로

모든 불멸의 신들 앞에서 그가 지불하도록 만들지. 의당 그래야만 하고.

이 말을 듣자 절름발이 불의 지배자는 이렇게 대답했다:

지구의 허리를 휘감는 포세이돈이여, 내게 그런 요구는 하지 마세요!

어정쩡하게 안전을 취했다가는 결과도 어정쩡할 뿐입니다.

지금 아레스가 속박에서 풀려나 죗값도 안 치르고 달아나 버리면

내가 영원한 신들 앞에서 당신을 구속이라도 할 수 있겠어요?

그러자 대지의 허리를 휘감는 포세이돈이 이렇게 대답했다:

그렇다면 헤파이스토스, 들어 보게나. 아레스가 죄를 갚지 않기 위해서

아무리 멀리 달아나더라도 내 스스로 그 빚을 갚아 주겠네!

그러자 절름발이 불의 지배자가 이렇게 말했다:

당신의 부탁을 거절하는 것은 온당치도 않거니와 가혹한 일이 되겠죠.

강력한 헤파이스토스는 이렇게 말하면서 그 끈을 풀어 주었다.

두 인물은 강력한 사슬에서 벗어났다고 느끼자마자

자리에서 후닥닥 일어났다. 전쟁의 신은 트라키아로 서둘러 갔지만

웃음과 친한 아프로디테는 키프로스로 가서

파포스의 숲에 있는 제단으로 들어갔다.

그곳에 있던 우미의 여신들이 그녀를 목욕시키고는

영원한 신들을 아름답게 만드는 영묘한 향유를 발라 주었고,

그리고는 놀랄 정도로 아름다운 옷들을 가져와 그녀에게 입혀 주었다.

호메로스, 『오디세이아』 8,266-366.

마르스와 비너스

사람들은 올림포스 산에서는 누구나 잘 알고 있는 이야기를 내게 들려주었다.

마르스와 비너스가 불의 신의 꾀에 넘어가 현장에서 붙잡힌 이야기를.

마르스 신은 사랑의 비너스에게 광적인 사랑에 빠져 이성을 잃고

사람을 경악하게 하던 영웅에서 한갓 정부로 변했다.

그리고 비너스는—사실 여신들 중에서 가장 줏대 없는 여신이므로 —

유혹하는 전쟁의 신에 대해서 무뚝뚝하거나 퉁명스럽게 대하지도 않았다.

오, 그녀는 사실 얼마나 자주 남편의 발에 대해 맘껏 비웃고,

불을 다루느라 딱딱해진 남편의 손들을 비웃었던가.

마르스의 눈앞에서 불카누스 흉내를 내어도 그 모습은 그녀를 매력적으로

보이게 만들었고, 그녀의 미모에 대단한 우아함까지 더해졌다.

그래도 그들이 처음에는 자신들의 애정관계를 숨기는 데 성공하였다.

아직까지는 그들에게도 죄의식이 수치심과 결부되었기 때문이다.

그러나 태양신이 알아버렸기 때문에—태양신 앞에서는 아무것도 숨기지 못하나니!

불카누스도 자기 부인이 무슨 짓을 하고 다니는지 알게 되었다. 태양신이여,

무슨 끔찍한 사례를 알려 주는가? 차라리 비너스에게 직접

사랑을 나눠 달라고 부탁해 보시지. 그녀라면 그대가 아무 말을 하지 않아도

그대에게 뭔가를 줄 수 있을 텐데 말이다! 물치버[24]는 침대 주위와 그 위에

보이지 않는 올가미를 빙 두른다. 이 뛰어난 작품은

아무리 예리한 눈이라도 알아채지 못한다. 그가 짐짓 렘노스[25]로

여행을 떠나는 것처럼 꾸미자 두 연인은 사랑을 나누기 위해 모인다.

그런데 갑자기 그들 두 연인은 벌거벗은 몸으로 누운 채 고리에 묶인다.

불카누스는 신들을 부르고, 붙잡힌 자들은 놀라운 광경을 보여 준다.

비너스는 거의 울 지경이었다고들 한다. 그들은 그물 속에서 얼굴을 가리지도 못하고

심지어 그대로 보기가 민망한 신체 부분을 손으로 가리려고 해도 가릴 수도 없다.

그러자 신들 중의 한 명이 웃으며 말했다: "용맹한 마보르스[26]여,

그 사슬들이 무겁거든 내게로 넘기시게." 넵투누스여, 당신의 부탁 때문에

불카누스는 마지못해 저 사슬에 묶인 몸들을 풀어 주고 있구려.

마르스는 트라키아로 가고, 그녀는 파포스[27]를 목적지로 선택한다.

불카누스여 당신은 목적을 이루었지만, 이제 그들은 더 자유롭게

전에는 숨겼던 일들도 하게 될 것이다. 발각되고 난 후엔 수치심도 없어지는 법.

하지만 당신도 광기에서 그렇게 했던 것이라고 자주 말했지.

그리고 사람들은 당신이 그런 꾀를 부린 것을 벌써 후회한다고 하더군.

오비디우스, 『사랑의 기술』 2,561-592.

---

24) 불카누스의 별명.
25) 신화에서 불카누스에게 바쳐진 에게 해의 섬.
26) 마르스의 옛말.
27) 신화에서 비너스에게 바쳐진 키프로스 섬.

호메로스의 웃음

『일리아스』1,599;『오디세이아』8,326;20,346.

그리스 전설에 따르면 제우스와 헤라의 아들이며 전쟁의 신이었던 아레스는 피비린내 나는 파괴적 야전 전투의 신이었다. 그러나 그와 마찬가지로 전쟁의 신이었던 그의 여동생 팔라스 아테네는 그를 경멸했다. 아테네는 전투를 이끌면서도 항상 본래의 전투를 넘어서는 보다 고귀한 목적을 추구했기 때문이다. 심지어 제우스에게도 아레스는 미움을 받았다(『일리아스』 5,890). 불의 신이며 대장장이와 수공업자들의 신이었던 헤파이스토스도 마찬가지로 제우스와 헤라의 아들이었다. 하지만 그는 약하고 불구에다 못생긴 모습으로 세상에 나왔다. 실망한 헤라는 그를 낳은 후에 올림포스 산에서 땅 위로 던져 버렸다. 그 이후로 그는 계속 그의 불구 때문에 시달렸다. 땅속 깊은 곳에 있는 대장간에서 일하면서 그는 금속들을 합금했다. 유달리 재주 있는 두 손으로—자연의 균형인 셈이다—그는 수공업 기술과 건축학의 진정한 걸작들을 만들어 냈다. 억세고 강한 키클롭스들이 그의 조수들이었다. 이 재주 많은 신에게는 여신들 중에서도 가장 아름다운 아프로디테가 부인이었다. 로마인들은 불카누스와 비너스를 헤파이스토스와 아프로디테와 동일시했다.

페아키아 사람들이 있는 곳에서 가수 데모도코스는 오디세우스 앞에서 아레스와 아프로디테의 이야기를 낭송한다. 강력하고 거칠었던 아레스는 아름다운 아프로디테에게 욕정을 품었고, 여신이 그에게 호의를 보이자 남몰래 헤파이스토스의 집에서 만나 사랑을 나누었다. 그러나 이 간통 사실을 태양신 헬리오스가 헤파이스토스에게 알려 주었다. 태양신 앞에서는 아무것도 숨길 수가 없었기 때문이다(『일리아스』 3,277;『오디세이아』 8,270f.). 기만을 당한 이 유부남은 분노와 격한 질투로 타올랐으나 전쟁의 신에게 공공연히 대적하지는 못했다. 그는 전적으로 그에게 주어진 비범한 능력의 테두리 안에서 반응했는데, 믿을 수 없을 정도로 섬세하고 예술적인 강철 그물을 만들어 그것을 거미집처럼 자신의 침대 위에 붙여 놓았다. 여기에서 그의 부인이 그녀와 간통하는 신을 가장 아름다운 포옹으로 맞아들이려는 찰나, 그물이 떨어지면서 두 인물을 붙들어 매어 움직일 수 없게 만들어 버렸다. 이 연인들이 신의 눈을 가지고 있음에도 불구하고 그 그물을 미리 알아차리지 못했던 것에 대해서는, 사랑이란 본래 당사자들로 하여금 눈멀게 만드는 것인데 파트너에 대해서뿐 아니라 종종 상황에 대해서도 눈을 멀게 하는 것이라는 사실에서 설명을 구할 수 있을 것이다. 열정적인 사랑을 하다 보면 현실감각이 부분적으로 떨어지기 마련이다. 이제 헤파이스토스는 큰 소리로 울부짖으며 모든 신들을 증인으로 불러 모으고, 자신의 장인인 제우스에게는 그가 신랑으로서 주었던 약혼 선물을 되돌려 줄 것을 요구했다. 그러니까 그는 이혼을 고집했던 것이다. 대경실색한 신들이 서둘러서 왔고, 헤르메스와 아폴론이 의견을 개진했으며, 여신들은 부끄러운 나머지 그들의 방에 머물고 있었다. 헤파이스토스의 그물은 치명적이었다. 장면 전체가 얼마나 우스꽝스러웠던지 신들 사이에서 '호메로스의 웃음'[28]이 터져 나왔다(『일리아스』 1,599; 『오디세이아』, 20,346). 이 말은 2,500년 동안이나 문학을 아는 사람들의 의식 안에서 확고한 위치를 차지해 온 개념으로서 "어떤 개념과 그것의 실재 대상들 사이의 불일치에서 비롯되는"[29] 우스꽝스러움을 보

---

28) 파안대소. '호메로스의 웃음'이 파안대소를 의미하는 비유처럼 된 것은 호메로스의 서사시에 나오는 신들의 웃음에 기인한다.

면서 긴장을 완화시키고 의사소통을 다시 가능하게 만드는 것이다. 이러한 웃음은 그리스 신들의 명랑성에 대한 원형적 이미지처럼 되었다. 이 장면의 진지한 요소와 코믹한 요소들이 혼합됨으로써 분위기를 경쾌하게 만드는 동시에 당혹스럽게도 만드는 것이다. 웃음은 또한 거의 섬뜩할 정도로 신들이 차지하고 있는 우월성에 대한 표현이기도 하다.

그들은 도대체 누구에 대해서 웃고 있는 것일까? 후들거리는 다리를 하고 서서 오쟁이를 진, 저 유부남이며 이미 종종 신들의 비웃음의 표적이었던 자인가?(『일리아스』 1,599ff.) 아마도 그렇지는 않을 것이다. 왜냐하면 그는 그 간통한 신을 붙잡은 천재적인 그물까지 만들었기 때문이다. 그렇다면 아프로디테에 대해서? 천만의 말씀이다. 왜냐하면 사랑과 욕망 그리고 사랑의 합일을 구현하고 있는 이 존재는 여전히 품위 있고 아름다운 존재로 머물러 있으며, 심지어 헤르메스에 의해 정당화되기도 하기 때문이다. 헤르메스는 아레스의 자리에 누워 보고 싶으냐는 아폴론의 질문을 받고 주저함 없이 그렇다고 대답하며, 심지어 모든 신들과 여신들이 바라본다 할지라도 기꺼이 저 황금의 아프로디테 옆에 누워 있고 싶다고 대답하기 때문이다. 강하긴 하지만 너무나도 멍청한 전쟁의 신 아레스야말로 비난을 받아야 한다. 왜냐하면 그는 날래고 강력한 자임에도 불구하고 불구자의 꾀에 넘어가 붙잡혔기 때문이다. 아레스는 전쟁이 날뛰는 곳이면 어디에나 있다. 그는 그의 전령인 전쟁[30]으로 하여금 그토록 무분별하게 잘못된 방향으로 나가지 못하도록 했어야 했다. 아레스는 바람을 피웠다. 그러나 강력하고 거친 것은 약한

29) A. 쇼펜하우어, 『권력과 표상으로서의 의지』, 제1장 13절 참조.

30) 이 문맥에서 '전쟁'은 이중적 의미로 사용되고 있다. 군사적인 전쟁과 사람들간의 전쟁, 즉 부부간의 불화를 동시에 의미하는 것이다.

것에 의해서도 매혹당하며, 양자는 때로 서로를 보완하는 법이다.

이러한 사건 진행 전체가 전혀 마음에 들지 않았던 포세이돈의 부탁으로 헤파이스토스가 사슬을 풀어 주자, 부적절한 행동을 한데다가 자신의 잔꾀가 헤파이스토스의 그물에서 그토록 수치스러운 종말을 맞았던 아레스는 즉각 그 자신의 고향인 야만족의 트라키아로 돌아갔다. 그리고 미소를 짓고 있던 아프로디테는 그녀에게 바쳐진—그녀가 탄생 후에 이 섬의 해안으로 솟구쳐 올라왔다고 해서—성스러운 섬인 키프로스(사이프러스)로 되돌아간다. 사랑하는 이 두 연인의 관계도 그와 더불어 끝난 것처럼 보인다.

아프로디테가 전쟁의 신과 맺은 관계에서 딸인 하르모니아[31]를 낳았다는 사실은 호메로스에게선 언급되지 않는다. 아레스와 아프로디테의 사랑만이 호메로스에 의해 묘사된 에피소드들을 통해 영원히 고착된 것이다. 특성이 서로 다른 연인들이 한 그물 안에 붙잡혀 있는 이미지는 모든 시대의 관계들을 특징짓는 것이다. 그러나 이 소극(笑劇)은 여기에서 더 나아가 즉흥적인 행동보다는 의식하고 계산하는 행동이 승리를 거둔다는 의미에서 오디세우스적 승리도 보여 준다.

마르스와 비너스의 이야기는 로마의 시인 오비디우스에 의해서도 언급된다. 오비디우스는 오늘날까지도 많이 읽혀지는 사랑의 기술에 관한 그의 책 『사랑의 기술 Ars amatoria』에서 호메로스의 시문학에 밀접히 기대면서 이 에피소드를 첨가하고 있다. 같은 소재를 해석하고 다루는 과정에서도 양 시인의 차이점은 분명하게 나타난다. 오비디우스는 과장법을 사용하고 디테일을 강조하는 편이며, 신들인 마르스와 비너스를 지나칠 정도로 코믹한 인물

---

31) 테베의 왕 카드모스의 부인.

로 변형시킨다. 전쟁의 신은 촌스러운 정부가 된다. 비너스는 침대에서의
즐거움을 누리기 전에 약한 다리를 가지고 있는 자신의 남편을 흉내 내면서
팬터마임 같은 익살극을 보여 준다. 그녀는 그런 식으로 유부녀가 남편에
대해 갖는 입장을 끌어들이고 있고, 보헤미안적 태도와 시민적 욕정을 동시
에 인식하게 한다. 침대에서의 즐거움을 느끼기 전에도 조롱과 웃음이 이어
진다. 심리적인 측면이 전면에 나서고 있는 것이다. 보다 부드러운 암시적
뉘앙스들도 나타난다. 두 사람이 처한 상황이 그들을 보고 웃고 있는 신들
앞에서 손으로 그들의 노출 부위를 가릴 수도 없을 정도라는 사실은 그들의
노출 상태를 오히려 더 강조하게 된다. 비너스는 이 상황이 창피하여 거의
울 지경이다. 그러나 이 사건은 두 신의 사랑의 결합이라기보다는 두 사람
의 내밀한 접촉을 더 많이 보여 준다. 저지할 수 없는 에로스의 힘은 오비디
우스에게서도 호메로스에게서와 마찬가지로 우위를 점한다. 욕정이라는 것
은 피할 수 없이 다가오는 정열의 표현일 수 있다는 사실이야말로 오비디우
스가 호메로스의 아레스와 아프로디테의 에피소드를 해석하는 방법을 보여
주는 것이다. 그는 패러디적인 측면을 본격적으로 다룬다. 이 시인의 관심
을 끌고 있는 것은 이러한 상황의 신랄하고 자극적인 측면이며, 이는 또한
아우구스투스 시대의 향락거리를 찾는 독자들의 관심사에 부응하는 것이기
도 했을 것이다.

　어떤 것에 대해서도 더 이상 그렇게 진지하게 받아들이지 않는 계명된 오
비디우스가 매개하고자 했던 교훈이 있다면 다음과 같은 것이리라. 불륜의
현장에서 들킨 사람들은 앞으로는 발각되기 이전보다 훨씬 더 생각 없이 행
동할 것이다. 이것을 슬로건처럼 표현해 보자면 이렇게 될 수도 있을 것이
다. 명예가 일단 파괴되어 버리면 서로 아무런 호의도 없이 살아가게(사랑하

게) 되는 법이다. 그러므로 바람을 피우는 연인들에 대해서는 차라리 방해하
지 말고 놔두어라. 사랑의 힘은 더 강력한 법이다. 그럴 때는 남들이 모른
다는 사실이 더 유용한 것이다.

　오비디우스가 권유하는 바에 따르면 아마토르, 즉 정부는 오성적으로 사
랑하는 법을 배워야 한다(doctus amet).[32] 그는 이런 목적을 위해서 『사랑의
기술』을 집필했던 것이다. 오비디우스가 제기하고 있는 테제는 그가 여타
다른 자리에서 사랑이라는 테마에 대해서 쓰고 있는 모든 내용들과 마찬가
지로 당장 배척해야 할 정도까진 아니지만, 그래도 따져 봐야 할 구석이 있
는 것들이다. 그렇기는 하지만 이런 테제도 연애 이야기와 마찬가지로 그가
내세우는 사랑의 교육학과 함께 짜릿한 여담에 기여할 수는 있을 것이다.

---

32) 오비디우스, 『사랑의 기술』 1,2.

Art Works 예술작품

출　　처

호메로스(Homer), 『오디세이아 Odyssee』 8,266ff.

핀다로스(Pindar), 『피티아 송가 Pythische Oden』 3,88ff.; 4,87.

헤시오도스(Hesiod), 『신통기 Theogonie』.

히기누스(Hyginus), 『이야기 Fabulae』 148.

오비디우스(Ovid), 『사랑의 기술 Ars amatoria』 2,561-592; 『변신 Metamorphosen』,
　　　4,171ff.

그　　림

아레스와 아프로디테를 주제로 한 폼페이의 여러 벽화.

보티첼리(Botticelli, 1476-1478년경), 〈마르스와 비너스 Mars und Venus〉, 런던, 내셔
　　　널 갤러리

P. 데 코시모(di Cosimo, 1462-1521), 〈아레스와 아프로디테 Ares und Aphrodite〉,
　　　베를린, 카이저 프리드리히 달렘 박물관.

마르텐 반 헴스케르크(Marten van Heemskerk, 1498-1574), 〈비너스와 마르스를 붙잡
　　　는 불카누스 Vulcan fängt Venus und Mars〉, 빈, 미술사 박물관.

틴토레토(Tintoretto, 1518-1594), 〈비너스와 마르스를 놀라게 하는 불카누스 Vulkan
　　　überrascht Venus und Mars〉, 뮌헨, 알테 피나코텍.

파도 베로네세(Pado Veronese, 1528-1588), 〈비너스와 마르스 Venus und Mars〉,
　　　빈, 미술사 박물관.

B. 슈프랑어(Spranger, 1546-1611), 〈마르스와 비너스 Mars und Venus〉, 빈, 미술사
　　　박물관.

J. 로텐하머(Rottenhammer, 〈마르스와 비너스 Mars und Venus〉, 1604, 아우크스
　　　부르크, 셰츨러 궁전.

P.P. 루벤스(Rubens), 〈비너스 및 큐피드와 함께 있는 마르스 Mars mit Venus und Amor〉, 1625년경, 구(舊)베를린 프리드리히 황제 박물관.

Ch. 레브룬(Lebrun, 1629-1690), 〈마르스와 비너스 Mars und Venus〉, 파리, 루브르 박물관.

L. 조르다노(Giordano, 1632-1705), 〈불카누스가 뜻밖에 나타나 놀라는 마르스와 비너스 Mars und Venus, von Vulkan überrascht〉, 빈.

L. 조르다노(Giordano), 〈마르스와 비너스 Mars und Venus〉, 파리, 루브르 박물관.

J. 아미고니(Amigoni, 1675-1752), 〈불카누스가 뜻밖에 나타나 놀라는 마르스와 비너스 Mars und Venus, von Vulkan überrascht〉, 브라운슈바이크 박물관.

L. 실베스트레(子)(Silvestre, 1675-1760), 〈마르스와 비너스 Mars und Venus〉, 드레스덴 미술관.

로비스 코린트(Corinth, 1858-1925), 〈호메로스의 웃음 Das Homerische Gelächter〉, 뮌헨, 노이에 피나코텍.

로비스 코린트(Corinth), 〈불카누스의 대장간에 있는 비너스 Mars in der Schmiede des Vulkan〉, 1910.

오 페 라

M.A. 치아니(Ziani), 〈마르테 델루소 Marte deluso〉, 1691, 텍스트: R. 치알리스(Ciallis).

J. 에클스(Eccles), 〈마르스와 비너스의 사랑 The Loves of Mars and Venus〉, 1696.

A. 캄프라(Campra), 〈마르스와 비너스의 사랑 Les amours de Mars et Venus〉, 1712, 텍스트: A. 당세(Dancher).

온 라 인 박 물 관

www.artcyclopedia.com

검색창에 "Mars Venus"를 입력합니다. 조르다노(Giordano)의 〈Mars and Venus Captured by Vulcan 불카누스에게 들킨 마르스와 비너스〉에는 마르스와 비너스가 불륜 현장을 불카누스를 비롯한 천상의 신들에게 들키는 모습이 적나라하게 그려져 있습니다. 우트웰(Wtewael)의 〈Mars and Venus Discovered by the Gods 신들에게 발견된 마르스와 비너스〉에는 신들의 비웃음이 더 강하게 표현되어 있습니다. 틴토레토(Tintoretto)의 〈Vulcan Takes Mars and Venus Unawares 마르스와 비너스를 갑자기 덮친 불카누스〉에는 놀란 마르스가 불카누스를 피해 침대 밑에 숨는 장면도 있습니다.

단 한 사람을 향한 사랑

제우스가 헤라에게:

어떤 여신이나 여인들도

그렇게 내 마음에 강력한 불을 일으키면서 나를 사로잡은 적은 없었소.

… 테베의 알크메네도 그렇지는 않았소.

내게 저 훌륭한 헤라클레스를 낳아 주었긴 해도 말이오.

호메로스, 『일리아스』 14,315–316 : 323–324.

… 헤라는 한 여인에 불과했지만, 하지만

교활한 계략으로 그(제우스)도 다른 길로 들어서게 만들었다.

어두운 담으로 둘러쳐진 테베에서

알크메네가 힘센 헤라클레스를 낳게 되는 그날에.

『일리아스』19,96-99.

… 그리고는

그곳에서 에일레이티아[33]들을 떼어내면서

알크메네의 출산을 방해했다.

『일리아스』19,118-119.

　저승세계에 내려간 오디세우스는 죽은 자들의 그림자들 가운데 있는 알크메네도 만나게 된다.

이곳으로 알크메네가 왔다. 암피트리온의 부인이지만

위대한 크로니온 제우스의 품에서

모든 것을 이기며 사자처럼 용맹한 헤라클레스를 낳았던 여인이 온 것이다.

호메로스, 『오디세이아』11,266-268.

플라우투스, 『암피트루오』 II, 2, 627ff.

　암피트루오는 그의 집으로 되돌아간다. 제우스는 미리 암피트루오의 모습으로 알크메네를 방문했었다. 최초의 커다란 혼란들이 생겨난다.

　암피트루오: 암피트루오, 이 몸은 기쁨으로 가득 차서 꿈에도 그리워했던 아

---

33) 출산을 돕는 여신들.

내에게 문안드리오. 이 몸은 자기 아내를 테베의 모든 여성들 중
에서도 가장 훌륭한 여성으로 생각하고 있소이다. 심지어 테베의
시민들도 그녀의 정숙함을 칭송하고 있습지요. 항상 잘 지내셨나
요? 내가 이 시간에 오기를 바랐사옵니까?

소시아: 내가 가장 바랐던 것은 마님이 개 같은 인간에게도 지극한 환영을 해
주는 것이지요.

암피트루오: 당신이 임신을 해서 아이를 가진 것을 보니 기쁘답니다.

알크메네: 제발 부탁인데 그러지 좀 마세요. 무슨 인사를 그렇게 비웃듯이 하
시죠? 당신은 꼭 오랜만에 만나는 사람처럼 말하고 있잖아요. 마치
먼 곳에 있다가 방금 집에 돌아오신 것처럼 말예요.

암피트루오: 하지만 나는 당신을 지금 여기서 처음 보는걸.

알크메네: 왜 있었던 일을 부인하는 거죠?

암피트루오: 나는 진실을 말하도록 배웠으니까 그렇지.

알크메네: 자기가 배운 것을 잊어버리는 것은 올바르게 행동하는 것이 아니죠.
당신 혹시 저를 시험해 보시려고 하는 거예요? 왜 이렇게 빨리 다시
돌아온 거죠? 새가 날아가는 모습이 흉조(凶兆)라서 가던 길을 멈춘
건가요? 아니면 당신이 전에도 내게 말했던 것처럼 폭풍이 와서 군
대에 되돌아가기 힘들게 된 거예요?

암피트루오: 전에도? 그 '전에도' 라는 것이 언젠데?

알크메네: 당신은 다시 나를 시험해 보시는군요. 전에 그랬잖아요. 아까 말예요.

암피트루오: 어떻게 그런 일이 벌어질 수 있지. 여보, 부탁이야. 지금 무슨 말
을 하는 거냐고? 전에? 아까?

알크메네: 당신이야말로 무슨 말을 하는 거예요? 내가 당신이랑 농담하는 줄

아세요? 방금 집에 왔다고 하셨잖아요. 그러면 아까 여기서 떠난 것은 뭐예요?

암피트루오: 집사람이 헛소리를 하고 있군.

소시아: 조금 기다려 보세요. 그러면 마님이 잠에서 깨 제정신이 되실 테니까.

암피트루오: 저 여자가 눈을 뜨고 꿈을 꾼단 말이야?

알크메네: 하지만 저는 카스토르에게 맹세코 잠에서 깨어 있으며 무슨 일이 있었는지를 제정신으로 말하고 있는 거랍니다. 동트기 훨씬 전에 당신하고 저 친구를 봤으니까요.

암피트루오: 어디서? 말해 봐, 제발.

알크메네: 여기 이 집에서요, 당신이 살고 있는.

암피트루오: 환장하겠네.

소시아: 가만히 좀 계세요. 우리가 자고 있는 동안 배가 항구에서 이리로 우리를 데려왔을 수도 있지 않겠어요?

암피트루오: 자네도 저 여자 말에 장단을 맞추겠다는 생각이야?

소시아: 그럼 다른 생각이 있겠습니까? 주인님도 아시잖아요. 바커스의 무녀들에 맞서면 그들은 더 날뛰고 더 자주 덤벼들지만, 그들에게 져 주면 단번에 그들로부터 벗어날 수 있거든요.

암피트루오: 폴룩스에게 맹세코 저 사람을 나무라지 않을 수는 없어. 오늘 내가 돌아왔는데도 반갑게 맞이하는 것을 거부했으니까.

소시아: 벌집 건드리지 마시라니까요.

암피트루오: 자네는 입 다물어! 알크메네, 당신에게 딱 한 가지만 물어 보겠어.

알크메네: 뭐든 물어 보시구려.

암피트루오: 그러니까 당신, 지금 머리가 돌아 버린 거야, 아니면 오만 때문에

그런 거야?

알크메네: 사랑하는 여보, 어떻게 내게 그런 질문을 할 생각이 났우?

암피트루오: 당신이 전에는 내가 돌아오면 반갑게 인사도 하고 정숙한 부인의 예절에 따라 상냥하게 말도 걸곤 했기 때문이지. 그런데 오늘은 당신이 그런 습관을 보여 주지 않아서 서운한 거야. 내가 집에 돌아왔는데도 말이지.

알크메네: 세상에, 그건 당신이 어제 집에 왔을 때 이미 분명하게 했잖아요. 오자마자 반갑게 맞이하고, 당신 잘 있었는지도 물어 보고, 당신 손도 잡아 주고, 키스도 해 주었잖아요, 여보.

소시아: 주인님을 이미 어제 이곳에서 반갑게 맞이했다굽쇼?

알크메네: 그리고 자네한테도 그랬지, 소시아.

소시아: 암피트루오 님, 저는 항상 마님이 주인님께 아들을 하나 낳아 주시기를 바랐지요. 그런데 지금 마님이 임신하고 있는 것은 아들이 아닌가 봐요.

알크메네: 그럼 뭘를 임신하고 있다는 거야?

소시아: 광기를 임신하고 계신 거죠.

알크메네: 나는 완전히 제정신이고, 건강한 아들을 낳게 해 달라고 신들에게 빌고 있는 중이에요. (소시아에게로 향하며) 하지만 자네는 혼 좀 날 거야. 내 남편이 자신의 의무를 행하게 되면 말이야. 이 엉터리 예언자 같으니라고. 그따위 해석이나 하다니 당장 그에 상응하는 보답을 받게 될걸.

소시아: 임신한 부인들에겐 사과와 분노를 줘야 되는 법이죠. 기분이 나빠질 때마다 씹을 게 있어야 되니까요.

암피트루오: 당신이 어제 여기서 나를 봤다고?

알크메네: 그 말을 열 번쯤 해 줬으면 좋겠어요?

암피트루오: 아마도 꿈에서 봤던 거겠지?

알크메네: 아니죠. 나는 잠이 깨어 있었고 당신도 그랬는데요 뭐.

암피트루오: 아이고, 내 팔자야!

소시아: 이런, 왜 그러세요?

암피트루오: 내 아내가 미쳤어.

소시아: 검은 담즙을 먹고 흥분한 모양이죠. 저렇게 빨리 사람을 돌게 만드는
것은 그것 말고는 없거든요.

암피트루오: 여보, 당신이 돌았다는 것을 처음으로 느낀 게 언제지?

알크메네: 나는 카스토르에게 맹세코 돌지 않았고 완전히 제정신이랍니다.

암피트루오: 그러면 왜 어제 나를 봤다고 하는 거야? 우리는 오늘 밤이 돼서
야 항구에 도착했는데 말이야. 우리는 밤새도록 그곳에서 밥도
먹고 그곳에서 쉬었어. 내가 군대를 이끌고 텔레보르의 적들에
게로 가서 그들과 싸워 이긴 후로 이 집에는 발도 들여놓은 적이
없어.

알크메네: 하지만 당신은 틀림없이 어제 저와 함께 밥도 먹고 잠자리에서 쉬
기도 했다구요.

암피트루오: 뭐라고?

알크메네: 정말 그랬다니까요!

암피트루오: 적어도 그건 사실이 아니지. 헤라클레스에게 맹세코. 다른 것이
라면 몰라도.

알크메네: 어스름하게 동틀 무렵에 당신은 당신 군대 있는 곳으로 돌아갔

고….

플라우투스, 『암피트루오』 II, 2(676–737행).

하인리히 폰 클라이스트, 『암피트리온』(몰리에르를 따른 희극)

유피테르가 알크메네를 방문했다. 그녀는 그가 암피트리온이라고 확신한다. 그 다음에 가벼운 의심이 들기 시작한다.

알크메네: 오, 카리스![34] 차라리 내 느낌이 혼란에 빠졌으면 좋겠어! 어머니의 가슴에서 빨아들였던 이 내면의 느낌, 내가 알크메네라고 말해 주는 이 내면의 느낌은 파르티아 사람이나 페르시아 사람의 느낌이라고 치부해 버리고 싶어. 이 손이 내 손인가? 여기 이 가슴이 내 가슴일까? 저 거울에 비치는 모습이 내 모습일까? 저 모습이 나 자신보다 더 낯선 모습처럼 느껴지면 좋으련만! 내 눈을 없애면 내 귀가 그 모습의 소리를 듣고, 내 귀를 없애면 내 감정이 그 모습을 느낄 거야. 이 느낌이 사라지면 내 숨이 그 모습을 빨아들이지. 내게 눈도, 귀도, 느낌도, 냄새도, 모든 생각도 전부 없애 버리고 마음만 남겨 줘. 그러면 내가 필요로 하는 종소리를 없애 버려도 나는 또 다른 세계에서 그 모습을 꺼내 볼 거야.

제2막 제4장

유피테르: (혼잣말로)나를 이곳으로 데려온 망상에게 저주 있을지라!

---

34) 하인인 소시아의 아내.

알크메네: 왜 그래요? 화났어요? 여보, 내가 당신 마음을 아프게 한 거예요?

유피테르: 경건한 당신이 저 엄청난 분을 달콤하게 만들어 줄 생각은 없다고?
세계를 지배하는 저분의 머리가 뜨거운 열기를 견디다 못해 당신의
가슴을 찾아서 쉬고 싶다는데도 그걸 거부한다고? 아, 알크메네!
올림포스 산도 사랑이 없으면 황량한 법이야. 온 세상의 민족들이
경배한다 한들 티끌 속에 빠져 헐떡이는 가슴에는 아무 소용도 없
어. 그는 사랑받고 싶은 거야. 그에 대한 망상을 보고 싶은 것이 아
니라. 영원한 베일에 감싸여 있지만 그 자신은 한 영혼에 비친 자신
의 모습이 보고 싶은 것이고, 황홀한 나머지 눈물을 흘리면서 빛을
내고 싶은 거요. 여보, 내 말 좀 들어 봐! 그분은 하늘과 땅 사이에
무한히 많은 기쁨들을 뿌려 주고 계셔. 만일 당신이 수백만의 사람
을 대신해서 미소 한 번만 보여 주면, 그분이 창조해 온 모든 것들
에 대해 감사를 표시할 수 있는 존재가 되는 운명이라면, 당신은 그
분에게 아마도—아! 그런 생각조차 못 하겠다—그런 생각을 하게
하지 말아줘—제발—.

알크메네: 신들의 위대한 충고에 거역하는 일이 내게는 생기지 않기를 바랍니
다. 내가 그렇게 성스러운 역할을 하도록 선택되었다면 나를 창조
하신 그분이 저를 다스리는 대로 해야죠! 하지만….

유피테르: 계속해 봐.

알크메네: 저에게 선택권을 허용한다면….

유피테르: 뭘 허용한다면?

알크메네: 선택권 말이에요. 그렇다면 저의 경외감은 그분에게 머무르고 사랑
은 당신 암피트리온에게 머물겠죠.

유피테르: 그런데 만일 내가 그 신이라면…?

알크메네: 만일 당신이—그러면 나는 뭐가 되는 거죠? 당신이 만일 그 신이라면—나도 모르겠어요. 당신 앞에 엎드려야 하는 건가요? 아니면 그렇게 하지 말아야 하는 건가요? 당신이 내게 신인 건가요? 그래요?

유피테르: 당신이 결정하구려. 나는 암피트리온이야.

알크메네: 암피트리온…

유피테르: 당신에겐 암피트리온이란 말이지. 하지만 내가 묻는 말은 만일 내가 당신에게 그런 신이고 당신을 사랑해서 올림포스 산에서 하강한 것이라면, 그러면 당신은 나를 어떻게 생각할 것이냐는 거지.

알크메네: 여보, 만일 당신이 그런 신이라면… 글쎄요, 그러면 나의 암피트리온은 어디에 있게 되는 건지 모르겠지만, 당신이 가는 곳으로 당신을 따라갈 거예요. 그리고 에우리디케처럼 저승에라도 가겠죠.

유피테르: 암피트리온이 어디 있는지를 모르면 그렇다는 말이군. 그런데 만일 이 자리에 지금 암피트리온이 나타난다면 어떻지?

알크메네: 만일 암피트리온이 여기에… 에이, 당신은 나를 괴롭히고 있어요. 암피트리온이 지금 내 품 안에 있는데 어떻게 암피트리온이 또 나타난단 말예요?

제2막 제5장

장 지로두, 『암피트리온 38』[35]

알크메네는 유피테르를 받아들이지 않으려고 한다.

---

35) 장 지로두, 『암피트리온 38』, 3막 희극. 로버트 슈노르 번역, 페터 스촌디의 서언, 랑엔–뮐러, 뮌헨–빈, 1964 참조.

알크메네: 나는 그를 받아들이지 않을 겁니다. 제발 부탁이에요, 헤르메스 님. 유피테르가 제게 가지고 있는 호의를 다른 곳으로 돌려 주세요.

헤르메스: 당신을 이해할 수가 없소.

알크메네: 저는 유피테르의 애인일 수가 없답니다.

헤르메스: 왜요?

알크메네: 그는 그 다음에 저를 경멸할 테니까요.

헤르메스: 순진한 척하지 마시오.

알크메네: 저는 신앙심이 없습니다. 제가 사랑을 한다면 신성모독이죠.

헤르메스: 거짓말을 하는군요. 그게 전부요?

알크메네: 저는 기운도 다 빠졌고 아픈 몸이에요.

헤르메스: 그건 사실이 아니오. 당신은 남자들을 무력하게 만드는 무기를 가지고 신에게도 저항할 수 있다고 생각하는 건 아니겠지.

알크메네: 저는 한 남자를 사랑하고 있어요.

헤르메스: 어떤 남자?

알크메네: 제 남편이요.

헤르메스는 그녀 쪽으로 몸을 수그렸다가 다시 일어난다.

헤르메스: 아, 당신은 당신 남편을 사랑하신다?

알크메네: 저는 그를 사랑해요.

헤르메스: 그렇지만 바로 그것이 중요한 사실이오! 유피테르는 인간이 아니니까 말이오. 그는 지조가 없는 여인들 중에서 애인을 선택하지는 않소….

제2막 제5장

알크메네는 유피테르에게 저항한다.

알크메네: … 왜 당신은 저를 그렇게 괴롭히셔야 하나요? 왜 완전히 한 몸으로 되어 있는 쌍을 갈라놓으시는 건가요? 왜 당신은 한순간의 행복을 당신에게 억지로 끌어감으로써 폐허 외엔 아무것도 남겨 놓지 않으시겠다는 건가요?

유피테르: 사랑이 바로 그런 것이기 때문이오….

알크메네: 제가 사랑보다 더 나은 것을 당신에게 제공한다면요? 사랑은 다른 사람들과도 누리실 수 있잖아요. 하지만 저는 우리 사이에 사랑보다 더 부드럽고 강력한 끈을 만들 수 있다는 거예요. 그것이라면 제가 어떤 여자보다도 더 낫게 제공할 수 있어요. 당신에게 그것을 제공하겠어요.

유피테르: 그게 뭔데?

알크메네: 우정이죠!

제3막 제5장

호메로스의 『일리아스』(14,323-324)에서 제우스는 그가 사랑을 선사했던 여인들 중에서 알크메네를 택한다. 그녀는 그에게 헤라클레스를 낳아 주었고, 헤라클레스는 영웅들 중에서도 가장 위대하고 강력한 영웅이 되었다. 신적인 권력은 필멸의 여인을 통해서 인간을 만들었고, 그 권력에 걸맞게 눈에 띄고 돋보이는 모습을 그 아들에게 붙여 주었다.

엘렉트리온과 아낙소의 딸이었던 알크메네는 필멸의 여인들 중에서 단연 가장 아름답고 똑똑한 여성이었다. 키가 크고 날씬하며 눈썹과 속눈썹 모두 검었던 그녀는 화사한 인상과 매력 면에서 아프로디테와도 비견되었다(헤시오도스, 『헤라클레스의 방패』 1ff.).

제우스가 누구에게도 지지 않을 정도로 용감한 인간을 낳아서 임박한 거인들과의 전투에서 신들의 승리를 도와줄 수 있도록 해야겠다는 계획을 세웠을 때, 그는 영웅의 어머니로 알크메네를 선택했었다. 제우스가 방문한 무수히 많은 여인들 중에서도 그녀는 독특한 역할을 받아들이지 않을 수 없었는데, 아무에게도 건드려지지 않은 상태에서 처녀 출산을 해야 하는 것이었다. 또한 그녀는 제우스의 아이를 낳은 마지막 여인이기도 했다. 제우스는 다른 소소한 경우에서도 그랬던 것처럼 그녀의 합법적 남편인 암피트리온의 모습을 하고 나타남으로써 그녀를 속였다. 가부장의 기본적인 권력이란 부득이한 경우에는 아내가 원치 않아도 아내를 임신시키거나 완벽하게 속여서 그렇게 하겠다는 동의를 받아내는 데 있는 것이라면, 이러한 권력은 바로 제우스와 알크메네의 합일에서 발현되었던 것이다.

비록 복잡하긴 하지만 여기서 간략히 이 둘의 전사(前史)를 소개하기로 하자. 암피트리온은 의도치 않게 엘렉트리온의 죽음에 원인을 제공하게 된 후에 엘렉트리온의 형제인 스테넬로스에 의해 아르골리스에서 추방되었고, 알크메네와 함께 테베로 오게 되었다. 이곳에서 그는 엘렉트리온을 대신해서 텔레보르(타피어) 사람들과의 전투를 지휘하게 되었다. 그러나 그는 그녀의 일곱 오라비들의 죽음에 대한 복수를 하기 전까지는 아내에게 손도 대지 않겠다는 맹세를 했기 때문에 그녀와의 결혼생활이 완전히 이루어지지 않은 상태에서 같이 살았다. 이런 방식으로 처녀 상태에서 제우스를 통한 헤라클레스의 임신이 준비되었던 것이다.

암피트리온이 없는 사이 제우스는 그의 부인 알크메네에게 사랑을 느꼈다. 그는 밤에 그녀의 남편 모습을 하고 그녀에게 접근했고, 밤의 길이를 세 배로 늘려 놓았다. 다시 말하면 그 다음에 오는 낮 시간이 그만큼 짧아지게 만든 것이다. 제우스는 그녀에 대한 욕구를 만족시키고 난 후 아직도—남편의 모습으로—침대에 누운 상태에서 텔레보르 사람들과의 전투에 대해서 이야기해 주었다. 그런데 (진짜)암피트리온이 예기치 않게 돌아왔을 때 제우스는 알크메네를 이미 떠난 상태였다. 암피트리온은 이상하게도 알크메네가 자기가 돌아온 것에 대해서 전혀 놀라지 않으며, 그녀에게 사랑스럽게 다가가려고 해도 처음에는 아무런 반응도 하지 않는다는 것을 확인했다. 그녀는 자신이 그렇게 하는 이유는 이날 밤에 그가 이미 돌아온 상태이고, 이미 벌써 자기와 잠을 잤기 때문이라는 것이었다. 그 다음 날 암피트리온은 예언자 테이레시아스로부터 신들 중에서도 가장 높은 신 제우스가 암피트리온의 모습으로 변신하여 그의 부인을 방문했는데, 그녀와 더불어 강력한 영웅을 낳기 위해서라는 이야기를 들었다. 그 다음 날 암피트리온은 알크메네와 한 몸이 된다. 제우스와 남편 모두에게서 수태가 된 알크메네는 쌍둥이 아들을 낳았는데[36] 제우스로부터 낳은 아들 헤르쿨레스(헤라클레스)는 하룻밤 먼저 태어났고 영웅들 중에서 가장 위대하고 가장 신을 닮은 영웅이 되었으며, 암피트리온으로부터는 이피클레스를 낳았다. 헤라클레스는 따라서 암피트리온의 아들이 아니었던 것이다.[37]

　신이 이미 필멸의 존재와 결혼한 여성과 결합하여 헤라클레스(헤르쿨레스)와 같은 반신(半神)을 낳을 때는 고도로 신적인 힘이 인간의 삶에 개입한다. 이 신적인 힘은 (레다와 백조, 다나에와 황금비 등등의 일화에서 보듯이) 변장을 하고 나타난다.

　당사자였던 인간들 사이에 어떤 심리적 과정이 있었는지에 대해서는 시인

36) 고대에서 쌍둥이 출산이 갖는 의미에 대해서는 H. 로제, 『그리스 신화』(⁹1997) 203f. 참조.
37) 아폴로도로스, 『총서』 2,4. 6. 7. 8; 헤시오도스, 『헤라클레스의 방패』 1–56; 히기누스, 『이야기』 129; 플라우투스, 『암피트루오』, 서언 113 참조.

헤시오도스도, 신화 기록자인 아폴로도로스도 서술하지 않았다. 그렇지만 제우스, 알크메네, 암피트리온을 둘러싼 신화의 사건들은 무수한 시인들에게 강한 매력을 발산했다. 이 시인들이—신화가 아니라—그들의 작품들을 통해서 주인공들간의 심리적 관계들을 그려 내었던 것이다.

소포클레스의 희곡 『암피트리온』은 아이스킬로스가 쓴 희곡, 키오스의 이온의 희곡, 에우리피데스가 쓴 『알크메네』 등과 마찬가지로 유감스럽게도 우리에게 남아 있지 않다. 로마의 희극 시인 티투스 마키우스 플라우투스(기원전 250-184년경)는 『암피트루오』(기원전 200년경)라는 작품을 지었는데, 그가 창조한 주인공들의 내면의 관계에 상응해서 그는 이 작품을 희비극이라고 불렀다(서언, 51ff.; 88; 96). 유피테르는 암피트리온의 모습으로 알크메네에게 접근한다. 그녀는 암피트리온으로 나타난 제우스와 자신의 남편을 구분하지 못한다. 전쟁에 나갔던 암피트리온이 나타남으로써 오해가 풀리는데, 이 오해 때문에 엄청난 혼동이 생기고 암피트리온과 소시아 사이에 서로의 정체성을 의심하는 일까지 생긴다. 유피테르는 유혹된 알크메네를 일단 두고 떠난다. 알크메네가 집에 돌아온 남편을 더 이상 믿지 못하자 결혼생활에 금이 가기 시작한다. 사람들은 누가 진짜 암피트리온인지 알 수가 없다. 알크메네는 천둥과 번개가 치는 가운데 사내아이 두 명을 낳는다. 그들 중의 한 명인 헤라클레스는 이미 요람에서 두 마리의 뱀을 목 졸라 죽인다. 다시 유피테르가 친히 나타나 알크메네는 죄가 없으며, 오로지 자신의 권련에 복종했을 뿐이라는 설명을 한다. 암피트리온은 마침내 제우스 앞에서 머리를 숙이고 그와 함께 자신의 소유물을 공유해 왔다는 사실에 납득한다(장 밥티스트 포클랭). 몰리에르(1622-1673)의 희극 『암피트리온』은 1668년 파리에 있는 (튈레리엥)왕궁에서 상연되었다. 재미있게 구경한 관객들은 유피테르와 알크메네의 관계에서 태양왕 루이 14세와 그의 정부였던 몬테스판 후작 부인과의 관계가 재치 있게 암시되고 있다고 보았다. 암피트리온은 몰리에르가 고대 신화에서 유일하게 차용한 소재이다. 유부녀를 유혹하는 일이 17세기의 사교적 궁정사회에서는 세련된 취향에 속했기 때문에 이 시인의 고상한 희극이 대단한 성공을 거둔 것도 놀라운 일처럼 보이지는 않는다. 문제가 되는 것은 위장된 사회비판이었지만, 무엇을 의미하는지는 누구나 알고 있었던 것이다.

이것은 이 세계에서 가장 재치 있고 우아하며, 가장 예리하고
가장 심오하고, 가장 아름다운 연극이다.

토마스 만, 『암피트리온, 하나의 재정복』, 1928.

하인리히 폰 클라이스트(1777–1811)는 1806년 몰리에르의 『암피트리온』을 독일어 운문으로 번역했지만, 몰리에르적 사회풍자극의 성격을 포기하고 유피테르, 알크메네, 암피트리온의 삼각관계를 심리적, 철학적으로 심화시킴으로써 이 소재를 더 발전시켰다. 유피테르가 알크메네에게—일종의 심문처럼—그녀가 방금 받아들인 사람이 남편인지 애인인지를 물었을 때, 그녀는 유피테르를 오로지 남편이라고만 생각한다. 유피테르는 자신이 알크메네에게 거절당한 것이라고 느끼며, 자신이 암피트리온에 대한 그녀의 사랑을 가로막는 존재임을 인식하지 않을 수 없게 된다.

알크메네는 (2막 4장에서) 자신이 마음속에 있는 "또 다른 세계에서" 암피트리온을 발견한 것이라고 전적으로 확신한다. 암피트리온은 그녀가 그와(다시 말하면 암피트리온의 형상을 하고 나타난 유피테르와) 합일할 때 마치 꿈속에서와 같은 모습으로 그녀 앞에 서 있었고, 말할 수 없이 행복한 감정이 그녀

를 엄습했다는 것이다. 어쩌면 그녀가 정조를 지키지 않았던 것이 아닌가 하는 비난은 이로써 점차로 설득력을 잃게 된다. 그러고 난 후 유피테르가 진짜 암피트리온과 자신이 행했던 애인의 역할을 구별하자, 알크메네는 절망에 빠진다. 그녀는 속았다고 느낀다. 유피테르는 그녀에게 그녀의 감정에 오류가 없음을 확언해 준다. 말하자면 사랑의 쟁취와 동시에 사랑하는 유부녀의 감정상의 안전을 도모하는 것이다! 유피테르는 알크메네를 정복하기 위해서는 암피트리온의 모습을 선택해야만 했다. 신으로서 직접 현세에 모습을 나타냈더라면 그는 알크메네에게 도달하지 못했을 것이며, 도달했다 하더라도 그녀로부터 거부당했을 것이다. 암피트리온은 자신의 도플갱어(유피테르)에 의해 알크메네와의 사랑의 행위가 있었다는 사실을 "지옥의 사탄이나 저지르는 짓"이라고 평가하고, 알크메네가 미친 것이라고 생각한다.

유피테르의 등장으로 두 명의 암피트리온이 무대 위에 서게 되자, 완전한 혼동과 불확실성이 테베의 장군(진짜 암피트리온)을 엄습한다. 왜냐하면 유피테르가 자신이 암피트리온이라고 주장하면서 누가 진짜인가를 놓고 벌이는 싸움이 시작되기 때문이다. 그럼에도 암피트리온은 흔들리지 않고 자신의 인식을 확신하며, 그의 도플갱어에 대해서는 "자신을 자신의 고유한 의식으로부터 몰아내려고" 거짓말을 하는 악마라고 생각한다. 하인인 소시아는 자신이 그의 "또 다른 나(헤르메스)에 의해 소시아가 아닌 사람이 되었다"고 하며, 암피트리온도 "암피트리온 아닌 사람이 된" 것으로 본다. 암피트리온과 알크메네 사이에 긴장이 고조된다. 암피트리온도 "그가(=그 자신의 도플갱어가) 그녀의(=그녀에게는) 암피트리온이라고" 인식하게 되는 순간, 인간이 진리를 인식할 수 있는 능력을 가졌다는 사실에 대한 불확실성과 의심은 절정에 달한다. 그때 유피테르가 자신이 누구인지를 알려 준다. 번개와 천둥소리가 요란한 가운데 독수리 한 마리가 아래로 날아 내려온다. 유피테르는 구름을 타고 올라간다. 암피트리온은 유피테르를 알아보고, 알크메네는 암피트리온의 품으로 도망친다. 무대 위에서의 움직임은 대단히 상징적이다! 유피테르는 알크메네에게 외친다.

유피테르: 제우스는 그대의 집이 마음에 들었노라….
알크메네: 암피트리온!
암피트리온: 알크메네!
알크메네: 아악!

　말로 형언할 수 없는 것, 신비로운 것, 기적 같은 것이 그 자체로서 두 사람 모두에게 예감할 수 있는 어떤 것, 보다 깊이 이해할 수 있는 어떤 것으로 되기 시작한다. 그런 감정이 바로 알크메네와 암피트리온을 강하게 연결시켜 왔던 것이다. 알크메네에게 유피테르의 모습으로 나타난 것은 사랑의 환각일까, 한 남편의 꿈일까, 아니면 알크메네의 창조물일까? 클라이스트의 『암피트리온』은 19세기 초의 시대배경과 연관지어 보아야 하며, 동일성에 관한 셸링의 철학 없이는 생각할 수도 없고 이해할 수도 없는 작품이다.[38]
　"알크메네를 얻는 것은 오로지 신에게만 가능한 일이었다. 왜냐하면 그는 신의 전지전능함을 이용하여, 또 그것을 이용하는 한에서만 모든 면에서 완벽하게 '암피트리온'이 될 수 있었기 때문이다."[39]
　알크메네가 신에게서 사랑했던 것은 암피트리온이었고, 암피트리온에게서

---

38) P. v. 마트(⁵2001) 210: XVI. 「사랑이라는 말과 독일의 반종교」 참조.

사랑했던 것은 신이었다. "남편에 대한 사랑은 알크메네의 존재의미를 형성하는 것이며, 가장 고귀한 자만이 남편일 수 있다는 사실에 의해서만 그녀의 존재는 규정되는 것인바, 가장 고귀한 자는 암피트리온의 모습으로 나타난 유피테르였다. … 그녀가 현세의 암피트리온으로부터 돌아서서 신적인 암피트리온을 선택하는 마지막 장의 충격적인 순간은 참된 의미에서 끝까지 가는 지조를 드러내는 행동이며, 그녀의 마음이 마지막까지 수미일관했던 결과이다. 남편의 모습으로 나타났던 신은 그녀에게 남편을 처음으로 제대로 선물한 것이고, 그녀로 하여금 가장 심오하고 가장 예기치 않은 방식으로 남편과 합일하도록 도와준 것이다. 그녀의 거짓 없는 감정은 유피테르에게서 참된 암피트리온을 알아본 것이다."[40]

유피테르: (알크메네에게)

나는 사실 알크메네만을 사랑하는 것이 아니오…. 나는 당신들 두 사람을 부부로서 사랑하는 것이오. 나는 이처럼 아름답고 강한 두 인간의 몸을 사랑하는 것이라오. 이곳에서 인간의 역사가 시작될 때 잘 깎아 놓은 두 개의 뱃머리 장식처럼 인류의 뱃머리 위로 우뚝 솟아난 그대들을 사랑하는 것이오. 나는 그대들과 동맹을 맺고 싶소.

장 지로두, 『암피트리온 38』, 3막 4장.

장 지로두는 1929년 희극 『암피트리온 38』을 썼다. 이 뜻밖의 제목은 저자가 당시 그보다 먼저 이 고대 소재를 다루어 온 37개의 작품들에 대해서 알고 있었음을 보여 준다. 유피테르는 연인으로서는 암피트리온으로부터 알

---

39) G. 프릭케, 『하인리히 폰 클라이스트에게 있어서 감정과 운명』(1929, 재판 1963) 76f.
40) G. 블뢰커, 『하인리히 폰 클라이스트 또는 절대적 자아』(1960, 재판 1977) 138f.

크메네를 꾀어 낼 수가 없다. 그가 비록 신으로서 모든 인간보다 월등히 고귀한 존재이기는 하지만, 그 또한 내면적으로는 알크메네에게 접근할 수가 없는 것이다.

유피테르로서는 속이거나 신적인 전지전능함을 이용해야만 알크메네와 함께 신적인 아들 헤라클레스를 낳을 수 있다. 지로두는 그의 희극에서 알크메네 스스로 연인으로서의 유피테르를 거부하는 과정을 남편에 대한 부인의 흔들리지 않는 사랑에 대한 찬가처럼 설정하고 있는데, 그러한 감정에 대한 묘사는 심리학적으로 섬세할 뿐 아니라 대단히 현대적이다.

유피테르는 신으로서 사랑받고 싶어 하지만, 알크메네는 자신의 남편에게 지조를 지키겠으며 그렇지 못할 경우 죽어 버리겠다고 맹세한다. 유피테르는 속임수에 성공하여 헤라클레스가 태어난다. 그럼에도 알크메네는 암피트리온에 대한 정조를 굳게 고수한다. 유피테르는 헤르메스에게 알크메네가 자신을 이겼다고 인정한다. 그는 그녀의 눈에서는 그녀의 남편 외의 다른 존재가 될 수 없었던 것이다. 그가 신이라는 것을 그녀는 조금도 알아보지 못한다. 따라서 그는 다시 신의 몸으로 알크메네에게 가기로 결심한다. 신 그 자체로서 사랑받기 위해서다.

알크메네가 신인 헤르메스에게 털어놓는 이야기는 이렇다. 자신은 유피테르로 하여금 필멸의 존재의 품에 빠져 들게 만드는 열정의 의미를 잘 알고 있다는 것, 그것은 인간이 아름다움과 순수함을 통하여 고귀해지는 것이라는 것, 선택된 여성들의 운명은 그녀가 보기에 "무한히 행복해" 보인다는 것, 그렇지만 자신은 그의 연인일 수는 없으며 자신은 남편을 사랑한다는 것. "내 남편은 저에게 유피테르일 수 있지만 유피테르가 내 남편일 순 없어요." 소박한 미덕에다 본능적인 확신성 그리고 날카로운 재치가 결합되는 것이다. 진짜 암피트리온이 돌아왔을 때 그녀는 그가 유피테르일 거라고 생각하여 그를 속여서 어두운 방으로 유혹하는데, 이 방은 이곳을 방문하러 온 레다가 유피테르를 기다리는 곳이다. 암피트리온은 여기서 부인의 꾀에 넘어가 본의 아니게 부인을 배신하게 된다. 이로써 희곡의 구성을 통해 조건지어진 불균형 상태가 균형을 찾게 되는 것이다. 부부는 이제 각각 서로에 대해서 지조를 지키지 않은 셈이 된다. 이것을 원했던 것은 아니지만 말이다. 유피테르가 나타나자 알크메네는 사랑 대신 우정을 대접한다. 유피테르는 그녀로부터 이러한 사태에 대한 설명을 듣고 이 제안을 받아들인다. 이제 알크메네는 유피테르가 이미 "그의 욕구를 충족시켰음"을 알게 된다. 이 해학적인 연극의 마지막 장면은 부부를 합쳐 주면서 동시에 관객들은 이 문제에 대해 깊이 생각해 보도록 만든다.

암피트리온이 등장한다.

알크메네: 그〔유피테르〕가 우리를 그저 테스트해 본 것이에요! 그가 우리에게 요구한 것은 오로지 아들이거든요.

알크메네와 암피트리온은 "불빛이 비치는 둥그런 원" 안에 한 쌍으로 서 있다. "이 불빛은 결코 꺼진 적도 없고 꺼지지도 않을 것이다." 막이 내린다.

H.K.

Art Works 예술작품

출 처

호메로스(Homer), 『일리아스 Ilias』 14,15f.; 19,98ff. 『오디세이아 Odyssee』
    11,266ff.

헤시오도스(Hesiod), 『헤라클레스의 방패 Der Schild des Herakles』 1-56.

핀다로스(Pindar), 『피티아 송가 Pythische Oden』 9,81f; 『네메이스 송가
    Nemeische Oden』 4,20.

아폴로도로스(Apollodor), 『총서 Bibliothek』 2,4. 6. 7. 8.

히기누스(Hyginus), 『이야기 Fabulae』 129.

티투스 마키우스 플라우투스(Titus Maccius Plautus), 『암피트루오 Amphitruo』(기원
    전 200년경, 이 소재의 모든 본질적인 모티브들이 들어 있어 후대의 작가들이 이 소재를 가
    공할 때 모범처럼 의존했던 로마 시대의 희비극).

희 곡

아이스킬로스(Aischylos, 기원전 515/24-456년), 『알크메네 Alkmene』.

소포클레스(Sophokles, 496-406), 『암피트리온 Amphitryon』.

키오스의 이온(Ion von Chios, 기원전 5세기), 『알크메네 Alkmene』.

에우리피데스(Euripides, 기원전 480-406년경), 『알크메네 Alkmene』

(이상의 네 희곡들은 보존되어 있지 않음).

몰리에르(Molière), 『암피트리온 Amphitryon』, 1668.

존 드라이든(John Dryden), 『암피트리온 Amphitryon』, 1690.

요하네스 다니엘 팔크(Johannes Daniel Falk), 『암피트리온 Amphitryon』, 1804.

하인리히 폰 클라이스트(Heinrich von Kleist), 『암피트리온 Amphitryon』, 1807.

A.W. 헨첸(Henzen), 『암피트리온 Amphitryon』, 1903.

G. 슈토멜(Stommel), 『암피트리온 Amphitryon』, 1911.

O. 피셔(Fischer), 『유피테르 Jupiter』, 1919.

장 지로두(Jean Giraudoux, 1882-1944), 『암피트리온 38 Amphitryon 38』, 1929.

게오르크 카이저(Georg Kaiser), 『두 명의 암피트리온 Zweimal Amphitryon』, 1944.

엑크하르트 페테리히(Eckart Peterich), 『알크메네 Alkmene』, 1959.

아르민 슈톨퍼(Armin Stolper), 『암피트리온 Amphitryon』, 1967.

페터 학스(Peter Hacks), 『암피트리온 Amphitryon』, 1968.

오 페 라

앙드레 에르네스트 그레트리(André Ernest Gretry), 〈암피트리온 Amphitryon〉, 1788.

에르마노 볼프-페라리(Ermanno Wolf-Ferrari), 〈테베의 뻐꾸기 Kuckuck von Theben〉, 1943.

로버트 오부시에(Robert Oboussier), 〈암피트리온 Amphitryon〉, 1951.

기젤헤어 클레베(Giselher Klebe), 〈알크메네 Alkmene〉, 1961.

I. 침머만(Zimmermann) / A. 쿠나트(Kunad), 〈암피트리온 Amphitryon〉, 1984.

남녀 간에 존재하는 근원적 불화

제우스와 헤라

헤라는 제우스가 트로이 사람들을 지원했다고 비난한다.

헤파이스토스가 제우스와 헤라를 달랜다.

천둥 구름을 탄 지배자 제우스가 그녀에게 큰 소리로 대답했다:

당신은 놀랍게도 항상 그런 생각만 하는군. 항상 나를 염탐이나 하고 다니고!

하지만 그렇게 한다고 해서 얻을 것은 조금도 없소. 오히려 당신은 점점 더

내 마음에서 멀어질 뿐이오. 그러면 당신한테는 더 끔찍한 일일 테지.

설령 그런 일이 벌어진다 하더라도 나로서는 좋지!

거기 얌전히 앉아서 내 말을 들으라구. 그리고 내 명령에 따르란 말이야.

안 그러면

내가 이 범접할 수 없는 팔을 뻗으면서 당신에게 다가가도

올림포스의 신들이 당신을 보호해 주지 않을 거야.

제우스가 이렇게 말하자 당당한 눈매의 헤라는 크게 놀랐다.

이제 그녀는 조용히 앉아서 가슴의 열화를 억누르고 있었다.

그러나 그 주위에선 우라니아 여신들이 슬퍼하고 있었다.

이제 기술로 유명한 헤파이스토스가 말하기 시작했다.

그의 어머니인 수선화 같은 헤라를 위해서였다.

헬리오스는 그런 것을 결코 참을 수 없을 겁니다.

부모님께서 필멸의 존재 때문에 갈라지시는 것을 보게 되면요.

그래서 하늘의 신들에게 선동해서 소동을 일으키실 거예요!

식사가 시작되기 전에는 즐길 만한 것이 아무것도 없지요.

기다리는 시간이 길어지면 길어질수록 화가 더 날 테니까요.

어머니께서는 대단히 이성적인 분이시지만, 이렇게 말씀드리지 않을 수 없겠
군요.

우리의 아버지이신 제우스께서 화를 내시면서 밥상을 부숴 버리는 일이 없도록
앞으로는 아버지께 잘해 드리시라고요.

올림포스의 천둥신인 그분이 마음만 먹으면

우리쯤이야 당장 왕위에서 쫓아내실 수 있습니다. 누구보다도 강한 분이니까요.

하지만 이제부터라도 어머니께서 친절한 말로 그분의 비위를 맞춰 주시면

곧 우리는 화해를 하고 올림포스에도 평화가 찾아올 겁니다.

헤파이스토스는 이렇게 말하고 나서 자리에서 일어나 쌍둥이 잔을 들었고,

그것을 어머니에게 건네주고 이렇게 말하기 시작했다:

아 사랑하는 어머니, 마음이 좋지 않아도 참고 자제하세요!

사랑하는 어머니를 아버지가 벌하시는 모습을

내 눈으로 보지 않도록 말예요. 그런 상황이 되면 내가 아무리 슬퍼해도

내가 어떤 방법을 찾더라도 허사일 겁니다.

올림포스를 지배하는 아버지를 상대하기란 너무 버거운 일일 테니까요!

이미 예전에도 그런 일이 있었듯이 아버지를 말려 보려고 애를 썼지만,

그는 내 발뒤꿈치를 붙잡고는 나를 높이 쳐들더니

이 성스러운 문턱에서 나를 내던져 버리셨지요.

저는 하루 종일 날려가다가 해가 떨어질 무렵에야

렘노스에 떨어졌고 목숨도 건지기 힘들 지경이었습니다.

하지만 신티아 민족이 친절하게도 저를 돌봐주었지요.

헤파이스토스가 이렇게 말을 하자 수선화 같은 헤라는 부드럽게 미소를 지었다.

그리고는 웃으면서 아들의 손에서 잔을 받아들었다.

아들은 이제 달콤한 넥타를 단지에서 퍼내어

그곳에 모여 있는 다른 신들에게도 한 잔씩 돌렸다.

그러나 헤파이스토스가 부지런히 뛰어다니는 모습을 보자

천상의 신들에게서 엄청난 웃음이 터져 나왔다.

그리하여 그들은 그날 해가 저물 때까지 온종일

먹고 마셨다. 공동의 식사를 하면서 마음도 즐거웠고,

한쪽에서는 아폴론의 사랑스러운 리라 소리가 울리고

그에 화답하고자 뮤즈들도 아름다운 목소리로 노래를 불렀다.

그러나 태양신 헬리오스의 빛나는 불길도 가라앉자

그들은 쉬기 위하여 각자의 잠자리로 되돌아갔다.

영리하고 기발한 착상을 지닌 절름발이 예술가 헤파이스토스가

이미 이 회합이 시작되기 이전에 자신의 궁성에 각각의 신들을 위해

거처할 침소를 지어 놓았던 것이다.

올림포스의 천둥신 제우스도 자신의 침소로 내려갔다.

달콤한 잠이 다가올 때마다 이곳에서 쉬었었는데

이제는 황금의 관을 쓴 헤라와 함께 쉬려고 내려갔던 것이다.

호메로스, 『일리아스』 1,560-611.

헤라와 아테네는 제우스가 트로이 사람들을 돕는다고 화를 낸다. 제우스는 아킬레스가 다시 싸움에 참여할 때까지는 트로이 사람들을 돕겠다는 자신의 의지를 고수한다.

제우스가 이렇게 말하자 아테네와 헤라는 은근히 불평을 늘어놓았다.

그들은 가까이 앉아 있었지만 오로지 트로이 사람들에게 가할 불행만을 생각하고 있었다.

이제는 제우스가 침묵하면서 아무 말도 하지 않았다.

아테네는 아버지인 제우스에게 열중하고 있었으나 가슴은 분노로 날뛰고 있었다.

헤라는 분노를 억제하지 못하여 이렇게 말하기 시작했다:

크로니온, 이 못된 사람 같으니. 지금 무슨 말을 하신 거예요!

당신이 아무에게도 지지 않는 권력을 가지고 지배한다는 거야 우리도 잘 알지.

하지만 지금 싸우고 있는 다나에 민족들을 생각하면 가슴이 아프단 말예요.

그들은 나쁜 운명을 만나 완전히 씨가 마를 지경입니다.

그런데도 당신은 우리가 다나에 사람들에게 좋은 충고나 해 주라고,

그러면 내가 아무리 분노하더라도 그들이 완전히 사라지지는 않을 거라고 하

시지만

그렇게 되면 우리는 이 싸움에서 점점 멀어져 가고 있는 거라구요.

그러자 천둥 구름을 거느리는 지배자 제우스가 이렇게 대답했다:

당당한 눈매의 헤라여, 내일이면 틀림없이 당신 말대로

막강한 크로니온이 창던지기의 명수 아카이아 군대를 없애 가는 광경을

더 많이 보게 될 거요. 그들이 기선을 잡으려고 서로 바싹 몰려들어 싸우는 그날

강력한 헥토르가 싸움에서 물러나 쉴 틈도 없이

용감하고 잘 달리는 아킬레스가 전사한 파트로클로스를 위해

배에서 일어나기 전까지는 말이오.

그러니까 그건 운명에 의해 정해진 거요! 하지만 당신이 화내는 것에 대해선

조금도 신경 쓸 생각이 없소. 당신이 화를 내며 이 세상 끝까지,

이아페토스와 크로노스가 앉아 있는 저 땅 끝까지,

빛나는 히페리온의 아들 헬리오스는 한 번도 있어 본 적이 없는 저 바다 끝까지,

타르타로스만 깊은 곳에 있을 뿐 바람도 한 번 불어 본 적 없는 곳까지 달아나

더라도

상관없소. 당신이 그런 곳에서 헤매고 돌아다니더라도

나는 광분하는 당신에겐 조금도 신경 쓰지 않을 것이오.

그 누구도 당신처럼 수치심을 모르지는 않으니까!

호메로스, 『일리아스』 8,457-487.

　헤라는 제우스가 잠들었을 때 포세이돈이 그리스 군을 도와줄 수 있게 하려고 아프로디테의 허리띠로 장식을 하고 제우스를 이다 산으로 유혹해 간다.

헤라는 잰 걸음으로 이다 산 위에 있는 가르가로스 정상에 올라섰다.

그리고 그곳에서 천둥 구름을 타고 있는 지배자 제우스를 보았다.

그녀를 보자마자 지배자의 가슴속에는 욕정이 일었고

그녀도 마찬가지여서, 둘은 서로 포옹을 하고

사랑하는 부모 모르게 신랑의 침대로 다가갔다.

그리고 그는 그녀에게로 향하면서 말하기 시작했다:

헤라여, 올림포스에서 이리로 와 놓고 이제 어디로 가자는 거요?

당신도 준마가 모는 빠른 마차에 올라타야 하지 않겠소?

그러자 여주인 헤라는 요령껏 이렇게 대답했다:

제우스여, 나는 먹을 것들이 솟아나는 지구의 끝까지 가려는 참이에요.

아버지 오케아노스를 보고 싶어서요. 어머니 테티스도 보고 싶고.

그분들이 그 궁성에서 나를 돌봐주고 키워 주셨기에

뵈러 가려는 겁니다. 두 분 사이에 격한 싸움이 있다니까 중재도 할 겸해서요.

이미 오래전부터 두 분은 서로 잠자리를 피하고 원수지간처럼 떨어져 사신답니다.

하지만 준마들은 험악한 이다 산의 맨 아래 발치에서

기다리고 있답니다. 나를 태우고 육지와 바다를 건너기 위해서죠.

지금은 당신 때문에 올림포스에서 이리로 온 거예요.

당신이 걱정하지 않도록 저는 남몰래

심연의 지배자인 오케아노스의 성으로 갔더랍니다.

그러자 천둥 구름에 타고 있던 제우스가 이렇게 대답했다:

헤라, 그곳으로 가는 여행이야 나중에라도 할 수 있지 않소.

이리로 오오. 우리 부드러운 이부자리를 깔고 사랑으로 하나가 되어 봅시다.

그 어떤 여신이나 여성도 내 가슴에 이토록 강렬한 불을 일으키며

내 마음을 제압해 본 적이 없소.

내가 익시온의 처에게 반하여

충고를 함에 있어 불멸의 신들을 닮았던 페이리토스를 낳았을 때도 이러지는

않았지.

아키리시오스의 매력적인 딸 다나에를 사랑하여

왕년의 가장 뛰어난 전사 페르세우스를 낳았을 때도 이렇지는 않았으며,

멀리서 칭송이 자자하던 피닉스의 딸을 사랑했을 때도 이렇지는 않았어.

그녀는 미노스를 낳고, 또 신적인 영우 라다만티스를 낳아 주었거늘.

세멜레를 사랑했을 때도, 또한 테베의 알크메네를 사랑했을 때도 이렇지는 않

았었어.

테베는 심성이 훌륭한 헤라클레스를 낳아 주었고,

세멜레는 인류의 기쁨인 디오니소스를 낳아 주었는데.

그리고 예전에 숭고한 성품에 아름다운 고수머리를 한 데메테르나

눈부시게 아름다운 레토를 껴안았을 때도, 또는 전에 당신을 껴안았을 때도

지금 내가 당신 때문에 달콤한 욕망에 전율하며 타오르는 정도로 그렇지는 않

았소!

그러자 여주인인 헤라는 교활하게도 이렇게 대답하는 것이었다:

크로니온, 이 못된 사람 같으니. 지금 무슨 말을 하신 거예요!

사방이 트여서 모든 것이 다 보이는 이다 산의 정상에서

사랑에 몸을 맡기며 쉬고 싶어 하시니 말예요.

만일 영원한 신들 중의 한 명이 우리 두 사람이

자고 있는 모습을 보고 천상의 모든 존재들에게 서둘러 달려가 알리기라도 하면

어쩌렵니까? 세상에, 그런 날에는 나는 침대에서 일어나는 대로

다시는 당신 궁성에 돌아오지 못할 거예요. 민망한 일이니까요!

하지만 당신이 원한다면, 또 그렇게 하는 것이 당신 마음에 편하다면

당신은 방이 있잖아요. 당신의 영리한 아들 헤파이스토스가

당신을 위해 짓고 기둥마다 인공적인 문을 만들어 준 그 방 말예요.

지금 그곳이 마음에 든다면 우리 그곳으로 가서 쉬기로 해요.

그러자 천둥 구름을 타고 있는 지배자 제우스가 이렇게 대답했다:

헤라, 어느 신도, 어느 인간도 우리를 쳐다보지 않을 거요. 내 말을 믿으오.

내가 황금빛을 발하는 구름으로 당신 주위를 가려 주겠소.

빛나는 눈으로 모든 것을 날카롭게 둘러보는 헬리오스라 할지라도

그 구름 안에 있는 우리를 들여다보지 못할 거요.

이렇게 말하고 나서 제우스는 욕정이 고조되어 부인을 껴안았다.

그러자 그 아래 있던 성스러운 대지에서는 약초들의 싹이 푸릇푸릇 자라났고

땅으로부터는 이슬을 먹은 연꽃과 크로커스 그리고 히아신스들도

무성히 어우러져 부드럽게 피어나면서 두 사람을 받쳐 주었다.

두 사람은 그 위에 드러누워 쉬었으며 구름으로 주위를 가렸는데

황금빛으로 빛나는 아름다운 구름이었다.

그러자 반짝이는 방울들이 이슬처럼 떨어졌다.

이리하여 저곳 가르가로스의 정상에서 아버지 제우스는 잠과 사랑에 취해

부드럽게 잠들면서 부인을 껴안았다.

호메로스, 『일리아스』 14,292–353.

　　그리스인들이 최고의 신인 제우스에게 특별히 부여하는 중요성은 호메로

스가 제우스에게 붙였던 많은 수식어와 별명들에서 나온 것이다. 그는 신들 중에서 가장 강력한 신이며(『일리아스』 8,31), 삼라만상을 통치하고(『일리아스』 13,632), 모든 신과 인간들의 아버지이며(『일리아스』 1,503, 544; 5,757; 7,446), 자연력을 다스리고 구름들을 모으는 자(『일리아스』 1,560; 8,469; 14,315; 『오디세이아』 1,63), 번개를 던지는 자(『오디세이아』 11,184; 12,415; 13,243; 19,121), 천둥을 내리는 자(『오디세이아』 5,4; 8,465; 15,180), 부를 나눠 주는 자(『일리아스』 2,670) 그리고 인간 운명의 조종자이지만, 그 또한 운명의 지배를 받는다(『일리아스』 16,434). 이런 수식어의 시리즈를 조금 더 계속해 보자. 제우스는 올림포스 권력에 대한 화신이며, 바로 알아보기 어려운 경우가 왕왕 있는 결정사항들도 주권자에 의해 분명하게 내려진 것임을 상징하는 존재이다. 그는 개인의 자의와 강인함에 맡겨지는 불확실한 근원 상태와 대립하는 올림포스의 질서를 지키고 수호하는 자이다. 그를 숭배하는 장소들은 도도나(그리스 북부의 에피루스에 있는 지명, 『일리아스』 16,233)와 이다 산(트로이의 지역, 『일리아스』 8,47f.)에 있다. 예술에서는 왕홀과 번개 그리고 그의 곁에 있는 독수리가 그의 존재를 나타낸다. 제우스는 오누이였던 크로노스와 레아의 아들이었다. 그의 아버지 이름을 따서 '크로니데' 또는 '크로니온'이라고도 불리는 제우스는 그의 손위 누이인 헤라와 결혼했다. "신들의 커플 중에서도 제우스와 헤라 커플이 가장 중요하며, 이들은 모든 부부관계의 원형이다."[41]

헤라는 펠로폰네스에 있는 아르골리스 지역에서는 아마도 가장 숭앙되는 여신이었을 것이다. 기원전 2000년에 그곳에는 크레타와 미케네 문명이 지

---

41) W. 부르케르트(1977), 335.

배했다. 헤라는 특히 올림포스에 있는 제우스의 숲에서 숭앙되었고 아르골리스, 크노소스, 크레타 섬 그리고 그녀의 출생지인 사모스 섬에 있는 헤라의 사원들이 가장 유명하다. 그녀 스스로도 아르고스, 스파르타, 미케네 같은 도시들을 가장 사랑한다고 말하고 있다(『일리아스』 4,51f.). 헤라는 제우스의 곁에서 여왕처럼 지배했는데, 이 결혼관계에서 직접 태어난 후손으로는 다섯 아이들이 있다. 아레스, 헤파이스토스, 아테네, 헤베(청춘의 여신) 그리고 에일레이티아(출산의 여신)가 그들이다.

아테네는 헤라의 도움 없이 제우스의 머리에서 바로 튀어나왔고, 헤파이스토스는 아버지 없이 헤라 혼자 낳았으며, 아레스는 아마도 트라키아에서 들어온 신이었을 것이라는 이야기 정도만 여기서는 언급하기로 하자. 헤베와 에일레이티아는 덜 알려진 신들이다. 제우스는 그의 아버지 크로노스를 억누름으로써 권력에 도달했지만, 이 권력을 올림포스에서 아무런 방해도 받지 않고 구사할 수는 없었다. 때때로 신들은 그의 결정사항에 대해 불만을 늘어놓았다.

"황금 관을 쓴"(『일리아스』 1,611) 천상의 여왕 헤라는 모든 여신들 중에서 가장 강력한 여신에 상응하는 영향력과 명망을 지니고 있었다. 지상에서는 여성들의 다산성을 관장하는 여신으로 숭앙되었고(『일리아스』 1,269; 19,117), 결혼에 관한 모든 문제를 담당하는 것으로 간주되었다. 여성들은 헤라가 자신들의 보호자라고 느꼈다. 사과와 석류는 그녀에게 성스러운 과일이었으며 그녀의 표지처럼 간주된다. 하늘과 땅 사이를 화려한 준마들이 이끄는 마차를 타고 다니는(『일리아스』 5,768f.; 8,382; 14,299) 부인의 권력과 술수에 대해서는 제우스도 업신여길 수 없었다. 그는 그녀와 적대관계가 되는 것을 꺼려했다(『일리아스』 1,518f.). 꾀가 많은 부인과 빈번히 불화할 때마다 그는 심지어 극단적인 수단까지도 사용하곤 했는데, 부인을 때리겠다고 위협하거나(『일리아스』 1,565ff.) 때리기도 했다(『일리아스』 1,587; 15,17). 헤라는 신들로 하여금 제우스에 대항하도록 선동하기 위해서 제우스가 자는 동안 아테네와 제우스의 동생인 포세이돈과 결탁하여 제우스를 묶기도 했다(『일리아스』 1,397ff.). 하지만 테티스가 수백 개의 팔을 가진 거인 브리아레오스를 올림포스 산에 데려와 많은 매듭을 단숨에 풀어 버리게 함으로써 제우스를 풀어 주었다. 공모자들은 이 광경을 보고 겁을 집어먹었고, 그럼으로써 가장 끔찍한 결과를 가져올 수도 있었던 대결도 모면되었다.

그러나 제우스는 그에 대한 벌로 헤라의 손목에는 에테르와 구름을 매달고, 발목에는 모루를 달아 무겁게 만들었다(『일리아스』 15,18ff.). 올림포스의 신들이 다시는 그에 맞서지 않겠다고 맹세했을 때에야 비로소 제우스는 헤라를 그 고통스러운 상태에서 풀어 주었다. 그 이후로 헤라는 남편을 무서워하게 되었고, 그에 대해서는 아주 부드러운 태도를 취할 때가 많았으며, 잠자코 있어 주는 경우도 드물지 않았다. 때때로 제우스는 헤라의 저항과 참을 수 없는 고집에 대해서 심하게 불평을 했지만, 이것을 말로 누르기는 너무 힘든 일이었다(『일리아스』 5,892). 가축들의 보호자인 헤라가 아주 옛날에는 짝짓기의 여신이기도 했던 것처럼 보인다. 그녀가 제우스에 대해서 자존심을 강하게 내세우며 보이는 반응들은 이전에 자립적인 생활을 했던 사실에 원인이 있는 것이라고 추론할 수도 있다. 헤라가 얼마나 복수심에 불타는 인물이었던가 하는 것은 그녀와 아테네가 파리스의 심판에 대해서 보여 준 반응을 보면 알 수 있다. 파리스가 사과를 아프로디테의 것으로 선언하자 모욕감을 느낀 헤라와 아테네는 그로 인해 벌어진 트로이 전쟁에서 트로이인들에게 불리하도록 사악한 계획을 짰으며 그리스 군의 편에서 효과적으로 도와주었다(『일리아스』 24,25ff.). 그녀는 제우스가 항상 단기간 동안에 만 사랑을 선사했던 무수한 여신들과 지상의 여인들에 대해서 끊임없이 질투심을 느끼며 복수욕을 품었고, 이들을 상대로 자신의 복수욕을 식히는 일에 있어서도 지칠 줄을 몰랐다. 그녀는 심지어 자신의 자식들조차도 무자비하게 박해했다. 책 안에서 제우스는 다른 여인들과 사랑의 관계를 맺으면 몇몇 경우들에 대해서는 거리낌 없이 이야기하기도 했는데, 인간들 사이의 일부일처제의 보호자였던 헤라에게는 이러한 여인들이 항상 눈엣가시였던 것이다.

무엇보다도 조형예술에서 묘사됨으로써 가장 잘 알려진 케이스는 제우스가 황금비의 형상으로 공주인 다나에에게 접근한 사건이다. 이 결합에서 페르세우스가 태어났다.—피닉스의 딸은 유로파였다. 제우스는 황소의 형상으로 나타나 그녀를 크레타 섬으로 유괴했으며 그녀와의 사이에 라다만티스와 미노스를 낳았는데, 라다만티스는 저승세계의 판관으로 알려졌고, 미노스는 크레타의 왕이 되었다.—카드모스와 하르모니아의 딸인 세멜레는 제우스와 결합해서 디오니소스 신을 수태했다. 제우스가 세멜레의 소원대로 그의 신적인 광선, 즉 천둥과 번개를 동반하고 접근했을 때 그녀의 육체는 기력이 소진되어 버렸다. 헤르메스 신이 아직 태어나지 않은 아이를 마지막 순간에 어머니의 몸에서 꺼내자 제우스는 그 아이를 자기의 넓적다리에 집어넣고 꿰매게 했다. 석 달 후 디오니소스가 제우스의 몸에서 태어났다. 디오니소스는 바커스라고도 불렸으며, 포도주 양조법의 고안자이자 술과 환락의 신으로서 헬레니즘 세계 전체에서 만인의 신망과 특별한 인기를 누렸다.—데메테르도 제우스나 포세이돈과 마찬가지로 크로노스와 레아의 자식이었다. 그녀는 위대한 대지의 여신으로서 로마인들에게는 케레스라고 불렸고, 올림포스에서 가장 중요한 열두 신들 중에 속한다. 제우스는 그녀와 함께 페르세포네를 낳았는데, 페르세포네는 나중에 하데스(플루토)의 부인이 된다.

제우스의 아름다운 연인이나 부인들 목록에서 마지막으로 레토가 거론되는데, 레토는 거인인 카이오스와 포에베의 딸이었다. 질투를 느낀 헤라에 의해 레토는 특히 출산 직전에 박해에 시달려야 했다. 어떤 육지나 섬도 레토를 받아들이면 안 된다는 헤라의 엄명 때문에 레토는 이리저리 떠돌아다니다가 마침내 델로스에서 아흐레의 진통 끝에 출산을 했다. 이 섬은 당시만 해도 움직이는 섬이었다. 그녀는 쌍둥이 신인 아폴론과 아르테미스의 어머니가 되었다. 포세이돈은 출산 후에야 바다 바닥에 기둥을 하나 세워 이 섬을 움직이지 않게 만들어 주었다.—당연히 제우스는 또 다른 여성들과 아이들을 낳았으나, 이 신들의 아버지가 벌였던 애정행각의 기나긴 시리즈를 이 자리에서 더 이상 자세히 들어갈 수는 없을 것 같다.

제우스가 다양한 형태로 바람을 피우는 것에 대해서—호메로스 시대와 그 이후의 그리스인들에게 있어서 일부일처제라는 것은 원칙적으로 여성들만 구속하는 것이다—헤라는 꾀와 음모로 대응했다. 비록 이 부부가 서로에 대해 인격적으로 신뢰하는 관계는 아니었지만, 이들은 그래도 헤어질 수 없는 커플이었다. 제우스와 헤라가 호메로스의 서사시에서는 항상 싸우는데, 그들이 독자들에게 보여 주는 행동양식은 인간들과 대단히 유사하다. 남자와 여자가 맺는 관계의 어떤 속성들은 시대와 무관하게 나타날 수 있음을 보게 되는 것이다. 물론 신들 사이의 결혼관계들은 호메로스 시대에는 이미 상당한 과거지사가 되었던 영웅시대의 인간적 관계들을 시적으로 고양된 상태로 반영하고 있다. 하지만 제우스의 통치과정에는 실존적인 상황과 결부되면서 여성적인 요소도 함께 강력한 작용을 하고 있음도 알 수 있는 것이다. 제우스의 부인으로서 헤라는 여신과 여성들 중에서는 최초로, 자신이 어떤 경우에 그에 대한 설명을 들을 자격이 있는지를 알게 된다. 하지만 제우스가 단독으로 결정하는 것에 대해서는 그녀가 알려고 해서는 안 된다(『일리아스』 1,544ff.). 그는 그녀가 자신의 계획을 계략으로 무산시키는 것을 두려워하는 것이다(『일리아스』 8,408). "제우스는 최고의 신으로서도 그렇지만 남편으로서도 유동적인 구조로 이루어진 체계의 일부인 것이다. 그렇기 때문에 그는 자신의 위치를 유지하기 위해서 권력을 사용하는(또는 필요로 하는) 것이다."[42]

체격이 크고 당당하며, 당시에는 아름다운 것으로 간주되던 소의 눈을 하고 있다고도 이야기되는 헤라는 결혼생활에서 끊임없이 계획과 전략을 짰다. 그녀는 제우스를 이다 산으로 유혹하겠다는 결심을 하고, 계획에 차질이 없게 전대미문의 계략을 이용했다. 제우스가 동침 이후에는 한동안 아무것도 눈치 채지 못하도록, 다시 말하면 잠에 푹 빠지도록 했던 것이다. 트로이를 놓고 싸우는 그리스인들이 제우스가 자는 동안 포세이돈 신의 도움을 받으면서 트로이인들을 공격하여 성공적으로 격퇴시킬 수 있게 하기 위해서였다. 그녀는 이 일을 확실히 성사시키기 위해서—아마도 그녀는 자신의 고유한 매력에 대해 확신하지 못하고 있었던 듯하다—사랑의 여신 아프로디테로부터 허리띠를 빌렸는데, 이 허리띠는 다음과 같은 모든 마력을 담고 있었던 것이다. "사랑, 욕정, 혼을 빼는 사랑의 속삭임 / 아무리 이성적인 사람이라도 분별력을 잃게 하는 교태 섞인 애원."[43]

사랑의 행위를 할 때 여성이 하는 부드럽고 유혹적인 말들에 대해서는 놀라울 정도로 엄청난 의미가 부여되고 있다. 헤라는 에로틱한 분위기를 내는

---

42) Th. 로이허(1983), 293.
43) 『일리아스』 14,216, H. 루페 번역.

옷을 스스로 걸친다. 폭이 넓고 꽉 조이는 허리띠는 가려지지 않은 육체의 부분들을 그만큼 더 강조했다. 그녀의 작전은 성공하여 남편이 넋을 잃게 만들었고, 비의 신을 연상시킬 정도로 생명의 씨앗을 뿌리는 이 남자가 사랑의 행위 뒤에 잠이 들자 승리의 환호성을 올릴 수가 있게 된다. 14,346-351행까지의 구절은 『일리아스』에서 가장 유명한 구절이다. 신의 부부가 결합을 하자[44] 꽃이 피고 약초가 돋아나며 풀들이 솟아난다. 이 결합을 통해 생겨나는 대지의 비옥함은 하늘과 땅의 결합에 대한 상징으로 해석될 수 있다. 이 자리에서 아이헨도르프의 다음과 같은 시구들을 연상한다면 지나친 일일까? "마치 하늘이 / 대지에 말없이 입을 맞춘 것만 같아서 / 그녀는 피어나는 꽃들 속에서 그에 대한 꿈을 꾸지 않을 수 없었다네…."

헤라는 자기가 증오하는 트로이 사람들을 포세이돈의 도움을 받아 막대한 손상을 입히면서 격퇴시키기 위해서 제우스의 잠을 이용한다. 제우스는 깨어나서 트로이 사람들이 정신없이 도주하고 있음을 보게 된다. 그는 자신의 부인인 여신이 자신을 음험한 방식으로 속였으며 사랑의 행위도 그를 기만하기 위해서 동원된 것이었음을 깨닫는다. "제우스가 완벽한 사랑의 향락을 체험하는 바로 그 순간, 그는 기만당하고 있는 것이다."[45]

여기서 양성간의 원칙적인 대립도 간과할 수 없다. 오케아노스와 테티스는 사이가 멀어진 상태인데(『일리아스』 14,305f.) 화해할 생각이 있는 것처럼 보인다는 헤라의 암시도 마찬가지로 양성간에는 어떤 근원적 대립이 존재한다는 인상을 강화하는 것이다. 왜 헤라가 아프로디테의 허리띠를 빌렸는가 하는 것도 이제는 보다 분명해진다. 제우스는 강력한 사랑 또는 욕정에 이

---

44) 히에로스 가모스, 『파울리 소사전』 2(1979), Sp. 1139ff. 참조.
45) Th. 로이허(1983), 280f.

끌렸으며, 헤라는 그와 반대로 계산된 장면들을 연출한다. 사랑의 행위가 가능해지고 성사되는 그 순간에는 여성의 의지와 주도권이 결정적인 의미를 갖는 것이다. 하지만 그 다음에는 의견충돌이 생긴다.

헤라는 남편으로부터 거친 비난과 심한 위협을 받는다. 그녀는 구실을 대려고 하지만(『일리아스』 15,4ff. 14ff.) "여성이 자신의 (가부장적 가치체계에 의해 규정되지 않는) 목표설정을 관철하려고 시도하게 되면 자신의 의향을 고수하는 남편은 자기가 기만을 당하고 있는 것처럼 느끼지 않을 수 없게 되고, 그리하여 여성에게 야만적인 폭력을 쓰거나 굴욕감을 느끼게 함으로써 그에 대한 복수를 하는 것이다."[46]

항구적인 경쟁, 지속적인 상태로서의 불화 등은 호메로스의 문학에서 제우스와 헤라의 관계를 특징짓는 것들이다. 그녀는 그의 뒤를 캐거나 통제하려고 하며, 그는 그녀에게 거리를 두려고 애쓴다. 헤라가 장기적으로는 질 수밖에 없다는 사실에 대해서 그녀가 행동을 통해서 공공연히 인정하려고 하지는 않지만, 그녀도 그것을 알고는 있다. 그녀는 남편이 다른 여성들과 간통하는 것을 저지하지는 못하지만, 제우스는 지배욕이 강한 부인이 지속적으로 질투에 기인하는 행동들을 하는 것에 대해서 불쾌하고 짜증이 나면서도 참는다. 부부는 각자 상대방을 신뢰하지 않는다는 것을 서로 느끼게 한다. 트로이 전쟁에서 제우스는 대체로 트로이 사람들을 지원하고, 그에 반해 헤라는 항상 아카이아(그리스) 사람들을 지원한다. 이러한 대조적 상태는 결혼생활에서의 부부간의 태도와 일반적인 상황에서의 남녀간에 존재하는 근원적 불화를 상징적으로 보여 준다. 헤라는 제우스와의 결혼생활에서

---

46) Th. 로이허(1983), 280f.

어머니로서의 역할보다는 자신의 욕구충족과 개인적인 권력을 보다 더 추구했던 것처럼 보인다.[47]

그리스 신화에는 기원전 3000년과 기원전 2000년의 전반부에 있었던 그리스 이전 시대의 문화에 대한 기억이 들어 있다. 호메로스에게로 거슬러 올라가는 신화들은 대부분 기원전 2000년의 사건들을 반영한다. 고고학적 발굴 작업들은 그리스 이전 시대, 즉 크레타와 미케네에서 부흥했던 미노아-크레타 시대의 고도로 발달한 문화, 그러나 상당 부분은 미지로 남아 있는 문화에 대한 생생한 이미지를 오늘날의 우리들에게도 매개하지만, 그러한 이미지들조차도 제한적인 것이다. 크레타는 기원전 15세기 이후에야 미케네 문화의 권력자들에 의해 지배되었다. 플라톤[48]과 플루타르크[49]는 크레타 사람들이 조국이라는 말을 하지 않고 모국이라는 말을 썼다고 보고하고 있다. 크레타 선사시대의 유적지에서 발굴된 것들 중에 여신들은 무수히 많이 나오지만, 남신들은 없다. 그들은 태초에 있었던 대지의 어머니들을 숭앙했던 것이다. 이러저러한 사실들을 놓고 볼 때, 크레타 문화권의 선사시대는 여성들이 지배했던 시대라고 추론할 수 있다. 물론 여성 지배라는 개념에 대해서는 다양한 개념정의들이 있을 수 있겠지만 말이다. 나중에는 두 가지의 사회형식, 즉 크레타의 모계 사회와 그리스의 부계 사회가 대립하게 되었지만, 크레타의 모신 숭배는 그 후로도 한동안 지속되었던 것이라고 가정할 수 있을 것이다. 올림포스 시대의 부계제(제우스)가 피해 가야만 했던 올림포스 이전 시대의 모계제[50]의 위험한 유산들이 헤라의 태도에서도 인식

---

47) K. 케레니이, 『그리스 신화』([18]1999) 1,79 참조.
48) 『국가론』 9, 575d.
49) 『원로 한 명이 국가 대사를 이끌어 나가야 할 것인가』 17.
50) 히에로스 가모스, 『파울리 소사전』 2(1979), Sp. 1031 ; H.V. 카스트, 『커플들』(1985) 93f. 참조.

될 수 있었던 것은 아닐까? 헤라의 시대에는 모계제 사회의 영향력이 사라져 있었지만, 제우스는 모계제의 여파에 맞서 자신의 지배를 주장하려면 모든 면에서 예민해지지 않을 수 없는 것이다. 제우스가 부인의 협력 없이도 자신의 머리에서 바로 아테네를 낳고 자신의 허벅지(허리)에서 디오니소스(바커스)를 낳을 수 있었으며, 헤라는 그에 반해 제우스 없이 헤파이스토스와 티폰을 낳은 것도 이러한 관점에서 본다면 보다 더 잘 이해할 수 있다. 남성과 여성의 역할이 과도기적으로 바뀔 수도 있었던 것처럼 보인다는 것이다.

이러한 맥락에서 보자면 신화는 개념적인 언어로 일의적으로 번역될 수 있는 것이 아니다. 신화라는 것은 일의적으로 이해될 수 있는 것이 아니기 때문이다. 신화는 선사시대의 사람들이 외부 세계에 대한 인식을 원하고 추구하다가 생겨난 것이며, 그러한 것들을 거대한 이미지로 말하는 것이다. 그렇지만 신화에서의 인간들은 우리와는 다른 심리적 상태에서 살았다.[51]

"신화는 결코 이성에 호소하는 것이 아니라 감정에 호소하며, 감정에 의해 이해되는 방식으로 말한다."[52] 이러한 관점에서 보자면 호메로스에게 있어서의 제우스와 헤라의 관계를 위에서 말한 것처럼 이해하는 것은 일단 가설적인 것으로 보일 수도 있지만, 그러한 시각은 신화의 심층을 들여다볼 수 있게 해 주며 다른 해석 가능성들에 대해서도 배척하지 않는다. 그것은 부부의 태도방식을 이해할 수 있게 해 주고, 무엇보다도 서로 대립했다가 다시 서로에게서 물러서는 과정이 반복되는 것을 잘 파악할 수 있게 해 준다.

따라서 제우스와 헤라의 지속적인 갈등의 부부관계를 단순히 『일리아스』 안에만 나오는 현상으로 볼 것이 아니라 심층심리학적으로 치유되어야 하는

---

51) W.F. 오토, 『그리스의 신들』(³1947) 175 참조.
52) N. 비숍(2 2000), 330.

부부간 또는 파트너간 관계를 설명할 수 있는 대표적인 사례나 유사 케이스
라는 관점에서 관찰할 수도 있다는 것이다. 신화가 가지고 있는 비밀 중의
하나는 개인이 신화 안에서 자신의 모습을 재발견할 수 있다는 사실이다.
현대에도 신화가 시사하는 바가 많다는 것은 의심의 여지가 없는 일이다.

H.K.

Art Works 예술작품

출   처

호메로스(Homer), 『일리아스 Ilias』 1,560ff.; 8,457ff.; 14,292ff.

헤시오도스(Hesiod), 『신통기 Theogonie』 914ff.

조 각 , 암 포 라 , 동 전

고대의 가장 유명한 (금과 상아로 된) 제우스 동상은 조각가 피디아스(기원전 5세기)가 만든 것이고 올림피아의 제우스 신전에 있다.

〈제우스와 헤라의 성스러운 결혼 Heilige Hochzeit des Zeus und der Hera〉(부조), 셀리눈트에 있는 헤라 사원의 메토프, 기원전 460년경, 팔레르모 국립박물관.

〈오트리콜리의 제우스 두상 Zeuskopf von Otricoli〉(복제), 로마, 바티칸 박물관.

〈대관을 쓰고 있는 제우스와 헤라 Zeus und Hera, thronend〉, 니코세노스의 암포라.

〈말러스 Malers〉, 기원전 500년경, 뮌헨, 국립고대박물관.

〈제우스와 독수리 Zeus und Adler〉, 나우크라티스의 라코니아 스타일 접시.

〈말러스 Malers〉, 기원전 560년경, 파리, 루브르 박물관.

〈번개를 던지는 제우스 Zeus als Blitze-Schwinger〉, 도도나에서 발굴된 청동상, 기원전 470년경, 베를린, 샬로테 궁.

〈제우스 두상 Kopf des Zeus〉, 기원후 133년, 엘리스에서 발굴된 청동 동전, 베를린, 국립동전관리소.

〈피디아스 스타일의 제우스 좌상 Sitzbild des phidiasischen Zeus〉(청동 동전의 이면), 피렌체, 고고박물관.

〈유노 로도비시 Juno Ludovisi〉(두상), 기원후 40/50년경, 로마 국립박물관.

그　림

〈이다 산에 있는 제우스와 헤라 Zeus und Hera auf dem Ida〉, 로마 폼페이에서 발
　　굴된 벽화, 비극 시인의 집, 나폴리 국립박물관.
A. 샤보네(Schiavone, 1563년 사망), 〈유피테르의 탄생 Geburt Jupiters〉, 빈, 미술사
　　박물관.
파올로 베로네세(Paolo Veronese), 〈번개를 던지는 유피테르 Jupiter, Blitze
　　schleudernd〉, 1554, 파리, 루브르 박물관.
H. 반 발렌(van Balen, 1575-1632), 〈유피테르와 유로파 Jupiter und Europa〉, 빈, 미
　　술사박물관.
J.B. 피에르, 〈유피테르와 유노 Jupiter und Juno〉, 1748, 파리, 루브르 박물관.
A. 카라치(Carraci, 1560-1609), 〈유피테르와 유노 Jupiter und Juno〉, 로마, 보르게세
　　갤러리.
J. 브뢰겔(父)(Breughel, 1568-1625), 〈저승세계에 있는 유노 Juno in der Unterwelt〉,
　　드레스덴 미술관.
J. 보트(Both, 1610-1652), 〈자신의 공작새들을 장식하고 있는 유노 Juno schmuckt
　　ihre Pfaue〉, 뮌헨, 알테 피나코텍.
L. 코린트(Corinth), 〈제우스의 청춘시대 Jugend des Zeus〉, 1905.

온 라 인 　 박 물 관

www.artcyclopedia.com
　　검색창에 "Jupiter Juno"를 입력합니다. 라스트만(Lastman)의 〈Juno Discovering
Jupiter with Io 이오와 함께 있는 유피테르를 발견한 유노〉에서 제우스는 이오와 함께
있는 현장을 헤라에게 들키자 황급히 이오를 암소로 바꾸어 놓습니다.

운명에 희생당한 비극의 남녀

저승세계를 방문했다가 이오카스테의 그림자를 보게 되는 오이디푸스

이어서 에피카스테(이오카스테)가 왔다. 오이디푸스의 아름다운 어머니이며

마음에 눈이 멀어 끔찍한 범죄를 저질렀던 여인이다.

이 여인은 자기 몸에서 난 아들을, 그것도 아버지를 죽인 그 아들을

남편으로 삼았던 것이다! 그러나 신들은 바로 그 추악한 행위를 질책했다.

파멸을 내리기로 한 신들의 결의에 따라

오이디푸스는 근심에 가득 싸인 채

사랑하는 테베에서 카드모스의 후손들을 다스렸다.

그러나 그녀는 견고한 죽음의 문으로 내려섰고

절망에 찬 분노를 느끼면서 저 높은 들보에

목을 매는 밧줄을 스스로 걸고, 그 아들에게 말로 다 할 수 없는 비참함을

남겨 주었으니 근친상간의 죄를 저지른 어머니의 저주였다.

호메로스, 『일리아스』 11,271-280.

테베에서 추방된 라이오스는 펠로폰네스(펠롭스의 섬)에 있는 펠롭스의 집에서 머물렀다. 그곳에서 그는 펠롭스와 어느 님프의 아들인 크리시포스에게 마차 모는 법을 가르쳤다. 그러다가 이 아름다운 소년에게 열렬한 사랑에 빠져 이 소년을 테베로 유괴한 후 그를 더럽혔다. 그 이후 크리시포스는 수치스러운 나머지 자살했다고 한다(이 전설의 또 다른 버전에 따르면 그 일이 있고 난 후 바로 아버지에게로 돌아갔다고 한다). 펠롭스는 라이오스의 배은망덕에 격노한 나머지 끔찍한 저주를 퍼부었는데, 소년애에 대한 억제할 수 없는 충동에 굴복한 라이오스가 아들을 낳게 되면 바로 그 아들에 의해 라이오스가 살해되리라는 것이었다. 라이오스의 부인은 이오카스테였는데 메노이케우스의 딸이었다.

결혼생활에서 지금껏 아이가 없자 후계자 문제 때문에 걱정에 빠진 라이오스가 델피의 아폴론에게 물었을 때 전해들은 신탁에 의하면 그 저주는 유효했다. 라이오스가 아들을 낳으면 그 아들이 아버지를 죽이리라는 것이었다. 불길한 예언에도 불구하고 라이오스는 포도주를 상당량 마신 후에 부인과 잠자리를 같이 했고, 부인은 아들을 하나 낳았다. 그러나 이 부모는 신탁에 의해 예언된 위험을 피하고자 했으므로 태어난 지 삼 일 된 아기는 야생의 자연 속에 내버려질 운명이었다. 그전에 라이오스는 사냥에서 잡은 야생동물에게 하는 것처럼 쇠못으로 아들의 양 발꿈치를 뚫고 그것들을 한데 묶었다. 불구가 된 아이를 내다 버리면 다른 사람이 그 아이를 받아들이지 않을 것이기 때문이었다. 당시에는 장애 아동을 버리는 일이 결코 처벌의 대상이 아니었던 것이다. 이오카스테는 이 어린 아들을 어느 양치기한테 주면서 카타이론 숲에 아이를 버리고 그 이후는 그 아이의 운명에 맡기라는 주문을 내렸다(소포클레스, 『오이디푸스 왕』 1173-1174). 그런데 이 양치기는 동정심이 생긴 나머지 그와 이웃한 지역에서 가축을 방목하는 코린트 출신의 양치기한테 아기를 선물했다. 이 사람은 다시 이 소년을 코린트의 왕과 왕비였던 폴리보스와 메로페에게로 데려갔다. 이들은 아이가 없었기 때문에 이 길거리의 아이를 자신의 아이로 받아들였으며 발꿈치에 구멍이 났다 하여 '부푼 발', 즉 오이디푸스라는 이름을 지어 주었다. 오이디푸스는 자기 또래보다 훨씬 부지런했다. 그러나 그는 어떤 잔치에서 자신이 폴리보스의 진짜 아들이 아니라 슬쩍 바뀐 아들이라는 비난을 들어야 했다(소포클레스, 『오이디푸스 왕』 780). 그러나 그의 양부모는 그의 집요한 질문을 받고도 그의 출신에 대한 만족할 만한 답변을 주지 못했다. 오이디푸스는 충격을 받았으며 내적으로도 불안해져서 델피로 떠났다. 누가 그의 진짜 부모인지 신탁에 물어 보기 위해서였다. 신탁이 알려 준 예언은 참혹했는데, 그에게는 아버지를 죽이고 어머니와 결혼하는 운명이 정해졌다는 것이었다. 오이디푸스는 자신이 어찌할 수 없는 상황에 처해 있음을 알게 되었다. 신탁은 그의 의심을 제거해 주지 않았던 것이다. 그러나 그는 그에게 예언된 범죄를 피하기 위해서 코린트로, 즉 그의 부모라고 추정되는 폴리보스와 메로페에게로 되돌아가지 않고 테베를 향해 계속 나아갔다. 그러나 숙명이라는 것은 저지할 수 없는 법인 모양이다. 그는 테베로 가다가 어느 삼거리에서 고급 마차와 만나게 되는데, 그 마차의 마부가 그에게 길에서 비키라는 명령을 내렸다. 그래서 싸움이 벌어지게 되었고, 그 와중에 마차는 오이디푸스의 발을 치었다(히기누스, 『이야기』 67,3.) 마차에 타고 있던 손님이 지팡이로 오이디푸스를 내리치자 오이디푸스는 여행자용 지팡이로 그 마차의 승객을 쳤고, 이 손님이 마차에서 떨어져 죽고 말았던 것이다. 싸움이 계속되면서 그는 동행인 세 사람을 더 죽였고 한 명은 달아났다. 그런데 그에게 맞아 죽은 노인은 그의 진짜 아버지인 라이오스 왕이었던 것이다.—신탁에서 내린 예언의 제1부가 실현된 것이다. 물론 오이디푸스는 이 사실을 모르고 있었지만 말이다. 이 신탁은 이 사건의 지속이라는 과제를 넘겨받았다고 한다.—라이오스가 죽은 후에 테베에서는 이오카스테 왕비의 오라비인 크레온이 섭정의 자리를 차지했다. 당시에는 위험한 괴물인 스핑크스가 이 도시를 위협하고 있었다. 괴물의 머리는 여성의 얼굴 같은 생김새를 지니고 있었는데 말할 때의 목소리는 남자 같았다. 몸통은 날개 달린 사자 같았고, 꼬리는 뱀의 꼬리였다. 스핑크스는 테베 사람들의 밭을 황폐화했고, 그러지 않을 때는 도시 앞에 있는 바위 위에 도사리고 앉아서 지나가는 사람에게 수수께끼를 풀게 했다. 그것을 풀지 못한 사람은 그녀에 의해 찢겨지거나 낭떠러지 아래로 던져졌다. 누군가 이 수수께끼의 답을 제대로 알아맞혀야 자신은 이 도시에서 물러나겠노라는 내용을 스핑크스는 크레온에게 고지했다. 테베의 남자들이 계속해서 피를 흘리며 희생하는 것을 종식시키고 도시를 그 재앙으로부터 해방시키기 위해서 크레온은 그리스 전체에 다음과 같은 내용을 알리도록 했다. 수수께끼를 푸는 사람은 테베의 왕이 될 것이며 과부인 왕비 이오카스테와 결혼할 것이라고. 그런데 스핑크스가 뮤즈들에게서 배웠다는(헤시오도스, 『신통기』 326) 그 수수께끼의 내용은 이러했다. 목소리는 하나인데 네 다리로 걸었다가 두 다리로 걷고, 그 다음엔 세 다리로 가는 생물은 무엇인가? 세 다리로 걸을 때는 사지가 가장 느리게 움직인다.—테베로 가다가 스핑크스 곁을 지나가게 된 오이디푸스는 해답을 알아냈다. 그것은 인간인데, 인간은 아기일 땐 네 발로 기고, 자라서는 두

발로 걷다가 늙으면 지팡이에 의지하기 때문에 세 발로 움직이는 존재라는 것이다. 정답을 들은 것이 화가 난 나머지 스핑크스는 스스로 바위에서 떨어지고 말았다. 오이디푸스의 현명함은 그 이후로 속담처럼 회자되었다.[53]

테베는 이제 커다란 걱정거리로부터 해방되었다. 스핑크스를 이긴 자로 칭송받으면서 오이디푸스는 테베의 왕이자 이오카스테의 남편이 되었다. 그리하여 신탁의 예언 중 제2부가 실현되었던 것이다. 오이디푸스는 자신의 생모와 결혼을 했지만, 그 자신은 그것을 모르고 있었다.[54] 오이디푸스 신화에서 스핑크스의 본질과 기능은 여전히 밝혀지지 않고 있다. 그녀 스스로도[55] 이미 그녀의 외모를 통하여 수수께끼를 던지고 있는 것이다. 스핑크스는 악한 짓을 했다. 스핑크스는 누구이며 누구를 상징하고 있는 것일까? 스핑크스는 자신의 아들 오이디푸스를 내다 버리고 죽이는 것에 동의했던 이오카스테의 악함과 동시에 강한 힘에 대한 여성적 상징일까? 여기서 왕비가 먼저 스핑크스로 나타나는 것일까? 되돌아보면 이오카스테가 스핑크스의 역할을 넘겨받은 것일까? 그에 이어서 라이오스에 대한 살인과 이오카스테의 자살에 대한 이유가 나중에 밝혀지는 것은 수수께끼가 풀리고 스핑크스가 자살하는 것과 확연히 유사한 특징을 지닌다. H. 폰 호프만슈탈의 희곡 『오이디푸스와 스핑크스』에서 스핑크스는 오이디푸스를 알고 있으며, 그녀는 오로지 그만을 기다리고 있었다. "드디어 네가 왔구나"(3막). 스핑크스는 오이디푸스에게 이오카스테처럼 테베에서 왕이 되는 길을 열어 준다.

오이디푸스는 테베의 왕이 될 수 있기 이전에 스핑크스에 의해 제기된 조

---

53) 핀다로스, 〈4번째 피티아 송가〉, 263; 테렌츠, 『안드리아』, 194 참조.

54) 소포클레스에 대한 가설, 독재자 오이디푸스.

55) 스핑크스는 용의 머리를 한 괴물 티폰과, 반은 아름다운 눈을 한 소녀였고 반은 뱀이었던 에키드나의 딸이었다. 헤시오도스, 『신통기』 259ff. 헤라는 라이오스 왕이 크리시포스에 행한 범죄를 벌하기 위해 그녀를 보냈다.

건을 충족시켜야 한다. 이미 다른 많은 사람들이 좌절했던 수수께끼를 푼다는 것은 주목할 만한 지적 능력이 있음을 보여 주는 것이지만, 오이디푸스 자신은 아직도 그 심오한 의미를 이해하지 못한다. 그는 수수께끼의 이미지들을 해석하면서 인간의 육체적 발전단계뿐 아니라 연이어 나타나는 다양한 정신적 발전단계(의식단계)들도 인식하고 기술했었다. 영리함으로 수수께끼가 풀린다는 동화적 모티브는 오이디푸스에게 있어서 지금까지의 삶과 교대되는 그 다음 발전단계로의 중요한 진전임이 드러난다.

이제 오이디푸스는 수년 동안 테베를 지배했고, 이오카스테에게서 쌍둥이 아들인 에테오클레스와 폴리네이케스 그리고 딸인 이스메네와 안티고네를 낳았다. 심한 역병이 테베를 엄습하여―소포클레스의 오이디푸스 비극은 여기에서 시작된다―인간과 동물들의 목숨을 앗아가고 농토를 황폐하게 만들었을 때, 오이디푸스는 이제 통치자로서 다시 백성을 도와야 한다. 백성들은 그가 이미 한 번 이 도시를 구한 적이 있기 때문에 여전히 똑똑한 그로부터 도움을 받을 수 있을 것이라고 기대했다. 왕은 델피의 신탁 장소에 가서 역병의 원인을 물어 보게 했지만 전연 기대치 않았던 대답만을 듣게 되는데, 테베 위에는 살인죄가 드리우고 있다는 것이었다. 몇 년 전 라이오스 왕을 살해한 살인범이 벌을 받음으로써 그 죄가 속죄되어야 역병이 비로소 끝나리라는 것이었다. 그렇다면 역병은 은폐된 타락을 상징하는 것일까?[56] 그러나 신탁의 예언은 일반적으로 알려진 역병 퇴치수단을 알려 주지는 않는다. 사람들이 눈먼 예언자 테이레시아스에게도 정보를 달라고 요구하자 처음에는 눈에 띄게 망설이지만, 결국에는 살인행위는 오이디푸스 자신이

---

56) J. 슈타이너, 『영혼이 퇴락하는 장소들』(1998) 187 참조.

지은 죄라고 말했다. 왕은 당장에—여전히 못 미더워하면서—최대한 서둘러 뒷조사를 해 보게 한다. 여기서 그는 라이오스에 대한 범죄의 흔적이 그 자신에게로 이어지고 있다는 경악할 사실을 인식하게 된다. 태어난 지 삼일 된 아기를 내버리라는 명령을 받았던 첫 번째 양치기와 아기를 코린트로 데려갔던 두 번째 양치기가 불려 왔다. 이제 노인이 되어 있는 그들은 오랫동안 침묵했던 증인들로서 예언자의 비난이 맞다고 했다. 이 양치기들은 오이디푸스의 삶에서 결정적인 역할을 했다. 처음에는 그의 생명을 구해 주었고, 그 다음에는 그가 진실을 발견케 했다. 이오카스테는 이미 거듭해서 오이디푸스가 신탁 예언의 사실에 대해 회의하도록, 다시 말하면 신들에 대해 회의하도록 만들려고 했으며, 마찬가지로 테이레시아스와 크레온의 발언에 대해서도 의심하게 만들려고 했다. 그녀는 그로써 신탁을 내리는 신 아폴론에 대해서도 교만한 태도를 취했던 것이다. 그녀는 오이디푸스를 속이려고 했던 것인가, 아니면 신들의 권력에 대한 그의 믿음을 시험해 보려고 했던 것인가? 어쩌면 그녀 또한 최악의 상황으로부터 그를 구해 내려고 했던 것뿐이었는지도 모른다. 그렇지만 지배자로서 신들의 전지전능함에 대한 믿음을 의심하는 자는 그의 가족과 백성에게 불행을 가져온다. 이오카스테의 생각은 다름 아닌 정신분열증적 특징을 나타내고 있는 것처럼 보인다. 왜냐하면 그녀는 신들을 희생함과 동시에 아폴론으로부터는 그녀의 곤란한 처지에 대한 좋은 해결책을 간구하기 때문이다(소포클레스, 『오이디푸스 왕』 911ff.). 양치기들을 심문하는 과정에서 이오카스테는 점점 더 불안해졌다(1054-1059). 극도의 공황상태에 빠진 그녀는 오이디푸스에게 더 이상 캐지 말아 달라고 애원하고는—그녀는 진실이 드러나지 않기를 바랐던 것이다—성안으로 뛰어 들어갔다. "영원히 사실을 말하지 않겠다는"(1062) 이오카스테의 의지는 그녀의 아들이자 남편이 "무의식의 어두운 상태에 남아 있기를"[57] 원한다. 오이디푸스가 뒤늦게 진실을 알겠다고 광분하는 것과 날카로운 대조를 이룬다. 그는 의식의 명료함을 원하는 것이다. 이처럼 차이가 나는 양자의 태도는 그들의 상호관계도 특징짓는 것이다. 오이디푸스가—아마도 자신의 부인이자 어머니를 죽이기 위해서—궁 안으로 들어가 보니(1255ff.) 이오카스테가 침실에서 목을 매고 죽어 있는 것이다. 그러자 그는 자신의 옷에 있는 죔쇠로 두 눈을 후벼 판다. 오이디푸스는 자신이 (모르고) 저지른 범죄(부친 살해, 모친과의 근친상간)의 심각성을 인식하는 것이다. 그는 신탁 예언의 진리를 이해하지 못했고 신들의 뜻을 잘못 해석했으므로, 이러한 세상을 더 이상 보고 싶어 하지 않는다. 눈을 멀게 하는 행위는 상징적으로 보인다. 나의 인식은 피상적이며 나의 제한된 시각은 나를 엄청난 죄로 인도했으니, 내 스스로 그에 대한 처벌을 하겠다는 의미인 것이다. 오이디푸스는 테베 사회에서 자신의 행동이 알려지고 난 후 완전히 고립되며 시민사회로부터 배척된다. 네 명이나 죽인 사실이 그의 위에 드리웠기 때문이다. 그러나 이오카스테의 자살은—그녀는 과거에 자신의 아들을 죽이는 데 동의했었고(1173-1174), 세월이 지난 후에 자신의 성장한 아들과 네 명의 아이들을 낳았으므로 엄청난 죄를 지은 것이다—이 이야기의 두 번째 정점으로 간주될 수 있다.[58]

이오카스테 자신은 근본적으로 비극적 인물이 아니기도 하거니와, 오이디푸스 신화와 오이디푸스 비극을 해석하는 많은 사람들에게도 그녀의 운명은 주변으로 물러난다. 그 이유는 그들이 주된 관심을 오이디푸스에게 쏟기 때

---

57) H. 폴리처(1974), 37.
58) N. 비숍(²2000), 657. 『오이디푸스 비극의 구조분석』, 663.

문이다. 오이디푸스가 언젠가 아버지를 때려죽이리라는 것은 이미 그가 태어나기 전부터 확고한 사실이다. 그가 나중에 해석하는 바에 따르면 그 자신의 행동은 "신들에 의해 인도된" 것이다(소포클레스, 『콜로누스의 오이디푸스』 997). 한 인간의 운명은 이미 태어나기 전부터 그 기본 방향이 정해지고 예정된다는 것이 여기서 시사되고 있다.

오이디푸스, 이오카스테, 라이오스에게는 신들, 그중에서도 특히 델피의 전지한 아폴론(신탁)과 개인적인 운명이 영향력을 행사하고 있다. 운명(그리스어로는 모이라 moira)에는 제우스 자신도 복종하지 않을 수 없는 것이다. 하지만 신화에 나오는 인간들이 이러한 권력의 압력에 완전히 무의지적으로 내맡겨져 있는 것은 아니다. 그들의 개인적인 의지와 결단, 고통과 인내는 운명의 그물 안에서도 자신의 고유한 실존을 잘못된 길(예컨대 신의 의지를 무시하는 것)로부터 해방시킬 수 있는 일종의 기회를 부여하는 것이다. 물론 그러기 위해서는 자신의 지식과 생각이 지니는 한계 그리고 신탁 예언에 대한 그릇된 해석 등이 개개인에 의해서 극복되어야 한다. 라이오스, 이오카스테, 오이디푸스는 신탁의 고지에도 불구하고 그것을 스스로 처리하려고 했다.[59] 이 자리에서 오이디푸스의 영혼과 운명을 보다 자세히 살펴볼 필요가 있다.

젊은 오이디푸스가 신탁을 물으러 델피로 떠날 때—그는 아직도 완전한 성인 남성은 못 되며, 오히려 소년에 가깝다—그의 확고한 목표는 자신의 정체성 찾기였다.[60] 그러고 나서 델피에서 테베로 가는 도중에 그는 내면이 극도로 흥분한 상태에 있다. 그는 자신의 아버지가 누구인지를 알고 싶어

---

59) H. 플라샤, 『소포클레스』(²2000) 115.
60) N. 비숍(²2000), 640f.

한다. 완전히 인정받고 싶은 원초적인 욕구가 그의 마음속에 강력하게 자리 잡고 있는 것이다. 열등한 존재이면 어쩌나 하는 두려움은 그가 수수께끼를 푼 인물로서 이미 오래전부터 유명한 인물이며, 테베의 왕이자 이오카스테의 남편이 된 지금도 여전히 그를 괴롭힌다. 그는 그녀와의 결혼생활에서도 자신의 정체성을 발견하지 못했다. 무의식적인 죄가 드러나고 속죄될 때까지 그는 어떠한 휴식도 취할 수가 없는 것이다.

벌어질 일이라면 어서 벌어져라! 그래도 나의 출신에 대해서만은,
그것이 아무리 미천하다 할지라도 알아야겠다.
하지만 그녀(이오카스테)는—여자라서 허영심이 있으니까
어쩌면 남편이 고귀한 신분이 아니라고 부끄러워할지도 모르지.

소포클레스, 『오이디푸스 왕』 1076-1079.

갈림길에서 오이디푸스가 아버지를 공격한 것은 부분적으로 그 자신의 책임이지만, 부분적으로는 아니다. 갈림길에서는 거룩한 권력의 영역들이 교차한다. 그런 곳에서는 오이디푸스에게 그랬듯이 불행이 시작될 수 있다.[61] 삼거리라는 것은 상징적인 장소이다. 오이디푸스는 길에서 비키라는 요구를 받았으나 비키지 않았고, 그리하여 마차가 그의 발을 치었던 것이다. 고통은 오이디푸스를 분노케 했고 그의 공격을 촉발시켰으며, 귀족의 윤리는 코린트 왕의 양아들로 하여금 이왕 시작된 상황에서 물러나지 말 것을 요구했다. 이제 왕이 왕의 아들과 대결하게 되는 상황, 지위가 높은 자가 지위가

---

61) K. 휘프너(1985), 162.

미천해 보이는 인물과 대결하게 되는 상황 그리고 아버지가 아들과 대결하게 되는 상황에 이른 것이다. 덧붙이자면 마차를 모는 사람과 통행인이 대결하게 된 것이기도 하다. 어쨌거나 오이디푸스가 그 노인, 즉 라이오스 왕을 화가 난 나머지 죽이는 상황이 보여야만 하는 것이다. 삼거리에 서 있는 젊고 힘센 오이디푸스에게 오만이 과도하게 나타난 나머지 그는 일반적인 교통 원칙도—여기에 따르면 그가 비켜야만 했다—무시했다. 영리함과 더불어 자기 하고 싶은 대로 하는 이기주의가 여전히 그의 성격으로 남아 있는 것이다. 증오는 친근감과 사랑이 거부되는 것에 대한 반응으로서, 그리고 실존을 위협받는 체험들을 하게 됨으로써 생겨난다.[62] 오이디푸스는 폴리보스가 자기 아버지인지 아닌지가 불확실한 상태를 참을 수 없었다. 그의 진짜 부모는 신탁의 고지를 받고는 두려운 나머지 마음속으로부터 그를 거부했었다. 그들은 비록 지위가 높고 강력한 인물들이긴 하지만, 신탁에도 불구하고 자유로운 결단으로 모험을 감행하여 그 아이의 부모로 남아 있을 준비는 되어 있지 않았다.

　신탁에서 벗어나려 하는 자는 죄를 짓는 것이며 신탁을 실현하게 된다. 아이에게 가해진 표시, 즉 발꿈치에 구멍을 뚫어 놓은 것 때문에 오이디푸스는 표시가 된 인물이며 신체장애로 고생하는 인물이었다. 부풀어 오른 발꿈치는 부모가 그를 고립시켰다는 오점을 상징하는 것이다. 상처의 흔적은 나중에 그의 정체성을 확인하는 데도 기여한다. 예컨대 오이디푸스가 고향에 도착했을 때 늙은 유모 에우리클레이아는 상처로 인해 딱지가 생긴 것을 보고 그를 알아보았다. 폴리보스와 메로페가 오이디푸스를 완전한 가치가

---

62) 아르놀트, 『아이젱크』, 마일리(1988) 2,847.

있는 아들처럼 키웠는지 아닌지에 대해서 신화는 보고하고 있지 않다. 양친의 애정에 결함이 있을 수 있다는 가능성은 고려해 볼 수 있다. 그러나 그가어느 잔치에서 또래가 놀린 것을 너무 진지하게 받아들인 나머지 스스로도자신은 진짜 부모로부터 환영받지 못하여 버려진 아이라고 느꼈으리라는 것은 확실한 사실일 것이다. 특히 신탁에 물어 본 것이 오이디푸스로 하여금자신의 출신과 관련하여 심각한 회의에 시달리게 한 원인이 된다. 진짜 부모에 대한 공생적인 결속이라는 것이 오이디푸스에게는 없었다. 살인하는남자들은 유년기에 감정적으로 방치되었던 경우가 자주 있다.[63] 오이디푸스에게는 자신의 양친에 대한 그리움이 극복되지 않은 상태였기 때문에 교차로에서 만난 아버지 또래의 남자와 대결할 때 잠재된 채 쌓여 온 공격성이갑자기 터져 나왔던 것이고, 유년기에 갖지 못했던 어머니와의 결속감이 결국은 어머니와의 근친상간이라는 정반대의 현상으로 나타났을 가능성도 배제할 수 없는 것이다.

신화는 어떤 결과가 어떤 원인에서 출발할 수 있는 것인지를 보여 주려고한다. 심리적 측면까지 고려하면서 사건을 설명하는 것보다 더 마음을 압박하는 것은 신화[64]에서 벌어진 사건 자체이다.

아이로서 엄청난 불의를 당했고 그로 인해 삶의 과정도 죄악으로 이끌렸던 오이디푸스는, 그럼에도 불구하고 인상적인 성장과정들(1. 코린트에서머문 것, 무의식의 주도권, 2. 스핑크스에 대한 승리, 어머니와의 결혼과 그로 인한 어머니에 대한 승리, 근친상간으로 인한 죄 지음, 테베에서의 흑사병, 제한된 영리함의 시기, 3. 부친 살해자이자 근친상간으로 인한 남편임

---

63) 세로토닌 효소의 변화가 특정한 심리상태에서 행하는 역할은 여기서 상론하지 않기로 한다.
64) W. 슈미트바우어(1970), 128ff.는 오이디푸스 신화를 해석해서 다른 결론으로 이끄는 경우를 보여 주고 있다.

이 확인됨, 이오카스테의 자살, 스스로 눈멀게 함, 신탁 예언에 대한 이해, 의식의 단계로 넘어섬, 개인적인 죄에 대한 통찰, 콜로누스를 향해 감, 전체 연관관계의 인식)[65]을 거쳐 갔다. 눈이 먼 후에 오이디푸스는 크레온에 의해 테베에서 추방된다.

그는 그의 아들인 에테오클레스와 폴리네이케스가 그의 추방을 저지하지 않았다는 이유로 아들들을 저주하고, 딸인 안티고네가 동반하는 가운데 아티카에 있는 콜로누스로 향한다. 테세우스 왕에 의해 받아들여지자 그는 이곳에 있는 복수의 여신들이 사는 숲에 살면서 임종 직전에 신들에 의해 사라진다.

H.K.

신화의 강력한 사건들은 … 단순히 윤리적 척도의 불충분함을 보여 줄 뿐 아니라, 비극적인 해석에 의해서도 신들의 의지는 인간들이 인간들끼리 생각해 낸 모든 것을 능가한다는 사실을 암시하고 있다.

A. 딜레(1991), 138f.

---

65) Th. 디틀레프센(1990), 148ff. 참조.

오이디푸스 콤플렉스

문학작품들이 보여 주는 것처럼 태곳적부터, 그러니까 호메로스 이전 시대에도 이미 알려졌던 오이디푸스 신화가 어느 시대에나 유효한 현실적인 메시지들을 매개하고 있다는 것은 일찍이 인식되었다. 19세기 말에 프로이트의 연구들을 통해서 오이디푸스 신화는 병원에서 일하는 심리분석가들의 영역뿐 아니라 전세계적으로 주목을 받게 되었다. 프로이트는 자신의 관점과 당시의 연구상황에 의거하여 어린이의 발전단계에서 관찰할 수 있었던 현상을 '오이디푸스 콤플렉스'[66]라는 개념으로 설명했는데, 남자 아이는 대략 네 살부터(성기 및 구강기의 시작과 더불어) 어머니를 무의식적으로 욕망하고, 어머니의 애정을 얻기 위해서 아버지와 경쟁한다는 것이다. 그에 상응하여 딸도 자기와 다른 성(性)을 가진 부모 쪽(즉, 아버지)에 보다 많은 관심을 가지게 되는데, 이 관계에서 자기와 성이 같은 부모 쪽에 대해서는 경쟁자로 느끼게 된다(엘렉트라 콤플렉스). 어린 딸들이 종종 아버지 쪽에서 자신의 인격을 보다 존중해 줄 것을 원하고 찾는 반면, 아들들은 자신이 한 일에 대해서 특히 어머니 쪽에서 존중하고 경탄해 줄 것을 바라는 것은 살면서 경험하게 되는 일이다. 그러나 '오이디푸스 콤플렉스'에 대한 프로이트적 견해가 옳음을 무조건적으로 인정하는 것은 이제 과거지사가 되었다. 현대의 심리분석적 문학 안에서도 '오이디푸스 콤플렉스'라는 개념을 어느 정도로 상대화하고 보다 좁은 범위로 제한해야 할 것인가에 대한 논의가 점차로 증가되는 추세이다.

---

66) 여기에 대해서는 다음을 참조. 1897년 10월 3일과 15일 빌헬름 플리쓰에게 보내는 편지, 『꿈의 해석』(1899) 전집, ⁸1976, II/III 264; 270-271. 「성생활의 심리학에 대한 논문들」(1910), 『꿈의 해석』 전집 VIII 75, 「정체성 확인」, 『꿈의 해석』 전집 XIII 115.

Art Works 예술작품

출   처

호메로스(Homer), 『일리아스 Ilias』 23,679; 『오디세이아 Odyssee』 11,271-280.

소포클레스(Sophokles, 기원전 496-406년), 『오이디푸스 왕 König Oidipus』(기원전 428년경); 『콜로노스의 오이디푸스 Oidipus auf Kolonos』; 『안티고네 Antigone』.

에우리피데스(Euripides, 기원전 480-406년경), 『페니키아 여인들 Die Phoinikerinnen』.

L. 아나에우스 세네카(Annaeus Seneca, 기원후 4-65년), 『오이디푸스 Oidipus』(비극).

아폴로도로스(Apollodor), 『총서 Bibliothek』; 3,5,7ff.

히기누스(Hyginus), 『이야기 Fabulae』 66; 67.

화병 그림

〈오이디푸스와 스핑크스 Oidipus und die Sphinx〉, 기원전 440년, 베를린 국립박물관.

그   림

〈라이오스, 테베, 스핑크스 Laios, Theben, Sphinx〉, 헤르무폴리스에서 발굴된 고대 후기 프레스코, 카이로, 이집트 박물관.

G. 모로(Moreaux), 〈오이디푸스와 스핑크스 Oidipus und die Sphinx〉, 1864, 파리, G. 모로 박물관.

J. 앵그르(Ingres), 〈오이디푸스와 스핑크스 Oedipus und die Sphinx〉, 1908, 파리, 루브르 박물관.

희   곡

알렉산드로 데이 파치(Alessandro dei Pazzi), 『오이디푸스 왕 Oidipus Rex』, 1520년경.

한스 작스(Hans Sachs), 『불행한 왕비 이오카스테 Die unglückhafftig Königin

　　Jokasta』, 1550.

G. 가스코뉴(Gascoigne), 『이오카스테 Iocasta』, 1566.

A. 네빌(Neville), 『오이디푸스 왕 Oedipus Rex』, 1581.

W. 발둥(Waldung), 『오이디푸스 Oedipus』, 1596.

J. 프레보스트(Prevost), 『오이디푸스 Oedipe』, 1605.

P. 코르네유(Corneille), 『오이디푸스 Oedipe』, 1659.

N. 리(Lee) / J. 드라이든(Dryden), 『오이디푸스 Oedipus』, 1679.

볼테르(Voltaire), 『오이디푸스 Oedipe』, 1718.

J. 보드머(Bodmer), 『오이디푸스 Oedipus』, 1761.

F. 횔덜린(Hölderlin), 『오이디푸스 왕 König Oedipus』, 1804(소포클레스 희곡의 번역).

K.W.F. 졸거(Solger), 『오이디푸스 왕 König Oedipus』, 1805.

A. 클링에만(Klingemann), 『오이디푸스와 이오카스테 Oidipus und Iocasta』,
　　　1813.

P.B. 셸리(Shelley), 『독재자 오이디푸스 또는 부푼 발의 독재자 Oedipus Tyrannus
　　　or Swellfoot the Tyrant』, 1820.

A. 플라텐(Platen), 『낭만적 오이디푸스 Der romantische Oedipus』, 1828.

G.M. 스포어(Spor), 『오이디푸스 Oedipus』, 1858.

E. 피츠제럴드(Fitzgerald), 『오이디푸스 왕의 몰락과 죽음 The Downfall and Death
　　　of King Oedipus』, 1880.

J. 펠라당(Peladan), 『오이디푸스와 스핑크스 Oedipe et le Sphinx』, 1903.

G. 프렐비츠(Prellwitz), 『오이디푸스, 그 삶의 수수께끼 Oedipus, das Rätsel des
　　　Lebens』, 1898.

H. V. 호프만슈탈(Hofmannsthal), 『오이디푸스와 스핑크스 Oedipus und die
　　　Sphinx』, 3막 비극, 1906; 『오이디푸스 왕 König Oedipus』, 1909(소포클레스

희곡을 번안한 것).

R. 데겐(Degen), 『운명 Das Schicksal』, 1919.

F. 자브렐(Zavrel), 『오이디푸스와 이오카스테 Oedipus a Jokaste』, 1919.

J. 콕토(Cocteau), 『오이디푸스 왕 Oedipe-Roi』, 1928.

A. 지드(Gide), 『오이디푸스 Oedipe』, 1931.

J. 콕토(Cocteau), 『지옥의 기계 La Machine infernale(Die Höllenmaschine)』, 풍자
극, 1934.

T.S. 엘리엇(Eliot), 『노(老)정치가 The Elder Statesman』, 1958.

오 페 라

칼 오르프(Carl Orff), 〈독재자 오이디푸스 Oidipus, der Tyrann〉(텍스트는 소포클레스
의 희곡을 휠덜린이 번역한 것), 1959.

I. 스트라빈스키(Strawinsky), 〈오이디푸스 왕〉, 1928, 텍스트: 장 콕토.

G. 에네스쿠(Enescu), 〈오이디푸스 Oedipus〉, 1936.

W. 림(Rihm), 〈오이디푸스 Oedipus〉, 1987.

소 설

C. 비비히(Viebig), 『어느 어머니의 아들 Einer Mutter Sohn』, 1906.

P. 아돌프(Adolf) / G. 비더스하임(Wiedersheim), 『북쪽에 있는 오이디푸스』, 1907.

W. 스파이어(Speyer), 『오이디푸스 Oedipus』, 1907.

C. 모렉(Moreck), 『그 어머니 이오카스테 Jokaste, die Mutter』, 1912.

G. 레초리(Rezzori), 『스탈린그라드에서 승리하는 오이디푸스 Oedipus siegt bei
Stalingrad』, 1954.

영 화

〈오이디푸스 Oedipus〉, H. 에더(Eder), 독일, 1960.

〈오이디푸스 왕 Edipo Re〉, P.P. 파솔리니(Pasolini), 1967.

〈오이디푸스 왕 Oedipus The King〉, 영국, 1967.

〈오이디푸스 Ödipussi〉, 비코 폰 빌로(Vico von Bülow), 각본: 로리엇(Loriot), 독일, 1987.

온 라 인 박 물 관

www.artcyclopedia.com

검색창에 "Oedipus"를 입력합니다. 르누아르(Renoir)의 〈Oedipus Rex 오이디푸스 왕〉은 엄청난 진실을 깨달은 순간의 광란, 눈을 찌를 수밖에 없는 광기를 보여주고 있습니다.

떠나는 남자와 버려진 여자

아리아드네가 테세우스에게

오비디우스가 떠나는 아리아드네로 하여금 약속과 맹세를 저버린 테세우스에게 쓰게 하는 가공의 편지는 상대방을 여전히 사랑하는 여인의 모순에 찬 감정들을 반영하고 있다.

달빛이 비추더군. 나는 해변에서 그래도 뭔가 보일까 하여 뒤를 돌아다보았지.

내 눈이 어디를 향하든 보이는 것은 해안밖에 없더군.

이제 이곳까지 달려왔건만 저곳에 갈 생각은 하지 않았어.

그런데 깊은 모래가 이 여인의 발목을 잡더구먼.

그럼에도 나는 그동안 해안 전체를 돌아다니며 "테세우스" 하고 외쳤지만,

그대의 이름은 그저 텅 빈 바위에 부딪혀 메아리만 치더군.

내가 그대의 이름을 부르는 횟수만큼 이 장소도 그대의 이름을 불러 댔어.

바위들조차 이 가련한 여인에게 도움을 주고자 했던 건가 봐.

바로 지척에 산이 하나 있었는데 능선엔 잔 나무들도 거의 없는 산이었지.

이쪽에는 바위 하나가 가파르게 솟아나 있고, 파도들이 그 돌을 긁아 대고 있었어.

나는 그 위로 올라가서는―용기를 내자 힘도 나더군―이곳을 망루 삼아

바다가 얼마나 되는지를 눈으로 계속 재고 있었어.

매서운 바람도 버티면서 바라다보니 당신이 타고 가는 배의 돛이

훤하게 펼쳐져 있는 것이 보이더구먼. 남풍이 서둘러 그 배를 몰아가더군.

…

"어디로 달아나는 거야?" 하고 내가 외쳤지. "테세우스, 이 나쁜 놈아, 돌아와!

배를 돌리라고. 그 배에 못 탄 사람이 있단 말야!"

…

이미 당신은 내 시야에서 사라지고 없었어. 마침내 눈물이 났어.

…

테세우스, 우리 둘 다 살아 있어. 하지만 나는 당신의 여자가 아니야. ―

남자의 맹세를 파묻은 여자로서 살아가야 하겠지만.

오비디우스, 『헤로이데스』 X 17-28 ; 29-30 ; 35-36 ; 43 ; 75.

공동의 도주

가문의 치욕거리가 자라났다. 어머니의 끔찍한 간통은

흉악한 괴물로 태어난 아이 때문에 누구나 알게 되었다.

미노스는 이 스캔들을 자신의 방에서 내보내어

통로가 구불구불하고 안이 어두운 은신처를 지어서 그 안에 가두기로 결심했다.

수공업 기술 분야의 재능으로 유명한 다이달로스가

그 건물을 지었는데 안내 표시들을 바꾸어 놓고 다양한 통로들을 구부려 놓거나

잘못된 방향으로 우회하도록 만들어 놓아 시야를 잃게 만들었다.

프라기아의 멘데레스 강물이 흐르는 물줄기와 유희를 하다가

이리저리 미끄러지면서 되돌아 흐르고, 그리고는 다시 한동안 흘러가다가

마치 자기 자신과 만나는 것처럼 파도를 발견하게 되면,

파도가 솟구치며 때로는 물의 근원으로, 때로는 넓은 바다로 향하면서

강줄기가 한 방향으로만 흐르지는 못하게 하듯이

다이달로스도 많은 위장 통로들을 이 집에 만들어 넣었다.

그 자신도 다시 입구로 나오기가 어려울 정도로 그 건물은 사람의 눈을 현혹시켰다.

그가 황소와 사람의 모습이 뒤섞인 그 형상을 이곳에 가두었을 때는

이 녀석[67]은 이미 두 번이나 아테네 사람들의 피로 배를 불린 뒤였는데,

이제 9년 동안의 휴식 후에 세 번째 몫[68]을 배당받았다.

아이게우스의 아들은 그 처녀의 응원을 받으며

최근에는 거의 열어 본 사람도 없을 정도로 발견하기 어려운 문을

그 처녀가 준 실을 풀어 가면서 발견하자마자

그는 당장 미노스의 딸인 그 처녀와 함께 낙소스로 배를 몰았다.

그러나 그곳에 이르자 그는 이 동반자를 해안에 남겨 두고 떠나 버렸다.

---

67) 미노타우로스.
68) 테세우스.

버려진 채 울고 있는 이 여인에게 바커스가 다가와 포옹을 하고 도움을 주었다.

그녀가 빛나는 별자리로 영원히 환하게 빛날 수 있도록

그는 그녀의 머리에서 왕관을 빼내어 하늘로 던졌다.

왕관이 청명한 공기를 뚫고 날아가자 같이 날아가던 왕관의 보석들이

빛나는 섬광으로 변하고는 왕관의 모습을 지키면서 하늘에서 머무르니,

그곳은 무릎을 꿇고 있는 형상과 뱀 모양의 운반체 사이에 있었다.[69]

오비디우스, 『변신』 8, 155-182.

제우스는 하얀 황소의 모습으로 변신하고 티로스의 아게노르 왕(포이닉스)의 딸 에우로페를(호메로스, 『일리아스』 14,321f.) 크레타로 유괴하여 그녀와의 사이에 여러 자식들을 낳았는데 그중에는 미노스도 있었다. 그는 크노소스 시와 크레타 전체에서 가장 강력한 왕이 되었다. 그의 이름이 얼마나 중요했던가 하면, 오늘날에도 크레타의 옛 문화가 그의 이름을 따서 불릴 정도이다. 어느 희생제의에서 그는 포세이돈 신에게 아름다움으로 다른 모든 소들을 능가하는 황소 한 마리를 달라고 빌었다. 그러자 포세이돈은 바다의 심연으로부터 그에게 황소 한 마리를 보내 주었다. 그는 이 황소가 몹시 마음에 들어서 그가 약속한 대로 이 소를 신에게 바치지 않고 자기가 가지고 있으면서 그보다 가치가 덜한 다른 소를 제물로 바쳤다. 이런 속임수에 대해서 포세이돈은 지체하지 않고 벌을 내렸다. 미노스의 처인 파시파에가 그 가장 아름다운 황소에 대한 사랑에 빠졌던 것이다. 그는 예술가이자 건축사인 다이달로스에게 사랑의 고통에 빠진 자신을 도와 달라고 설득했다. 다이

---

69) 왕관, 무릎을 꿇고 있는 형상(헤라클레스), 뱀 모양의 운반체(배)는 별자리를 나타냄.

달로스는 그녀를 위해 바퀴 위에 목재로 된 암소 모형을 만들어 붙이고 그 위에 소가죽을 씌웠다(아폴로도로스, 『총서』 3,1,4). 파시파에가 황소의 비어 있는 몸속으로 미끄러져 들어가 바퀴가 초원 위를 구르게 하자, 황소는 그 허위의 암소에게 올라탔고 둘은 짝짓기를 했다. 이러한 합일의 결과는 소름이 끼치는 것이었으며 그 모습을 실제로 보는 것이 (불)가능했다. 이렇게 태어난 존재가 미노타우로스(아스테리오스, 『파우사니아스 II』 31,2)였는데, 머리는 사람의 머리인데 몸은 황소의 몸이었다. 이 황소의 아들은 부분적으로는 인간이고 부분적으로는 신적인 존재였다. 신과 유사한 지배자가 존재하는 것이 당연했던 선사시대 문화의 한 측면이 여기서 명백해지는 것이다. 신은 왕족의 여성 구성원과 결합한다. 그 이후 나타난 그리스적 사고방식은 크레타 시대의 사고방식과 달라지면서 미노타우로스를 괴물처럼 묘사한 것이다.[70]—위험한 괴물을 인간들로부터 멀리하기 위해서 이제 다이달로스는 미노스의 주문대로 미궁(Labyrinth)을 만들었는데, 이것은 일종의 감옥 같은 기능을 지니고 있었다. 빠져나올 수 없을 정도로 교차되는 통로들, 수백 개의 공간과 방들이 딸린 미궁의 한가운데 있는 공간에서 미노타우로스가 살았던 것이다. 그런데 일단 미궁에 들어선 사람은 방향감각을 잃고 더 이상 출구로 되돌아가는 길을 찾을 수 없었다.

미노스 왕은 아테네 사람들이 자신의 아들 안드로게오스를 죽인 것에 대한 책임을 물어 9년마다(플루타르크, 『테세우스』 15; 아폴로도로스, 3,15,8 참조. 히기누스의 책에서는(41,1) 매해 요구한 것으로 되어 있음) 공물로 소년 일곱 명과 처녀 일곱 명을 크레타로 보낼 것을 요구했고, 이들이 오면 미궁에 감

---

70) B. 오토(2000), 297 및 404.

금시켰다. 여기서 그들은 길을 잃었으므로 굶어 죽거나 미노타우로스에게 잡아먹혔다. 아이게우스(또는 포세이돈)와 아이트라의 아들인 테세우스는 그해에 다시 아테네에서 크레타로 보내질 소년들을 제비뽑기로 정할 때 자신도 그중의 한 명으로 갈 용의가 있다고 선언했다. 테세우스는 귀중한 인간 공물을 데리러 온 미노스에게 만일 자기가 미노타우로스를 이기게 되면 이제 세 번째로 거행될 예정이던 공물 행사를 끝내 달라고 당당하게 요구했다. 자신의 아버지인 아이게우스에게는 만일 자기가 선발된 열세 명의 소년 소녀들과 함께 행복하게 돌아올 경우 하얀 돛을 내걸겠다고 약속했다. 왜냐하면 죽음이 임박한 경우에는 애도의 표시로서 배에 검은 돛을 내걸기 때문이다. 테세우스는 출발 전에 아프로디테에게 공물을 바쳤다. 그러자 이 사랑의 여신은 크레타에서의 이 중요한 사건에 영향력을 행사하기 시작했다.

크레타로 항해하던 도중 테세우스는 옥쇄 반지 하나를 바다에서 건져 올리는데, 이것은 미노스 왕이 젊은 테세우스를 시험해 보기 위해서 던져 넣었던 것이다. 테세우스가 바다의 심연으로 잠수해 들어갈 때는 포세이돈의 아내 암피트리테가 도와주었으며, 그녀는 그에게 황금으로 된 화환까지 선물했다. 테세우스는 초인적인 잠수실력으로 미노스의 중요한 테스트를 통과했을 뿐만 아니라 자신이 신의 자손이라는 것을 입증함으로써 미노스를 아연실색하게 만들었던 것이다.

크레타에서 테세우스는 아리아드네를 만났다. 그녀는 미노스와 파시파에의 딸로서 크레타 지배권의 후계자였다. 젊은 영웅과 공주는 서로에 대한 사랑에 불타올랐고, 테세우스는 만일 그녀와 함께 아테네로 돌아갈 수 있다면 결혼하겠다는 약속을 했다. 그러자 아리아드네는 테세우스가 죽음의 미궁에 들어갈 때 실몽당이를 내주면서 이것이 있으면 되돌아오는 길을 찾을 수 있을 것이라고 말한다(플루타르크, 『테세우스』 29; 아폴로도로스, 『에피토메』 1,8). 이 실몽당이는 그녀가 미궁에 드나들 수 있도록 다이달로스가 만들어 준 것이다. 그녀는 테세우스를 사랑하는 마음에서 어느 공간에 가야 그녀의 이복 오라비인 미노타우로스가 미궁의 중심을 발견할 수 있는가 하는 것도 누설한다. 그녀는 테세우스에게 미노타우로스를 죽일 수 있는 칼도 하나 주었다. 테세우스는 실을 입구에 묶어 놓고, 미로가 뒤얽혀 있는 복잡한 체계의 아래로 내려가면서 그 실을 풀어 나갔다. 그가 암피트리테로부터 받았던 황금 화환은 저승세계와 필적하는 지하 통로의 어둠을 밝혀 주었다. 미궁에 도달한 테세우스는 끔찍한 형상의 미노타우로스를 죽이는 데 성공한다. 아리아드네가 준 실의 도움으로 그는 입구로 되돌아오는 길도 다시 찾았다. 그러자 테세우스는 곧바로 아리아드네와 함께 다른 구조된 젊은이들을 데리고 크레타로 출발했다. 아리아드네는 아테네에서 테세우스의 아내가 되고 싶은 동경으로 가득 차 있었다. 그러나 낙소스 섬에 이르자 테세우스는 그녀가 해변에서 잠든 사이 그녀를 남겨 두고 다른 사람들과 함께 항해를 속행해 버렸다.

테세우스가 아리아드네를 낙소스에 남겨 둔 동기가 무엇이었는지는 여전히 비밀로 남아 있다. 이미 고대에도 그에 대한 다양한 의견들이 있었다. 예를 들면 테세우스의 애정은 새로운 연인에게 쏠려 있었는데, 이 연인은 파노페우스의 딸 아이글레였다는 의견도 있었다(플루타르크, 『테세우스』 29). 또 다른 의견은 그가 아테네에서 스캔들이 생길 것을 두려워했기 때문이라는 것이다. 미노스는 아테네 사람들이 소년을 바치지 않으면 안 되었던 왕이었다. 그의 권력은 아테네 사람들에게 위험한 것일 수 있었던 것이다. 또 다른 의견에 따르면 디오니소스(바커스)가 그의 꿈에 나타나 아리아드네를 달라고 요구했다. 그 때문에 테세우스는 그녀를 신의 뜻에 맡겼다는 것이다. 테세우스는 아리아드네를 결코 사랑하지 않았으며 단순히 잊어버린 것이라는 의견도 있었다. 어쨌거나 아리아드네는 인적이 없는 해변에서 깨어나서 아테네 사람들이 자신을 놔두고 떠나 버렸다는 것을 알고는 경악하면서 큰 소리로 울부짖었다. 아리아드네는 자기가 미궁에서 애인의 생명을 구해 주었고 그 때문에 부모와 고향까지 버렸는데 왜 그 애인은 그녀에게 아무런 설명이나 작별인사도 없이 출발해 버렸는지를 이해할 수 없었다. 아리아드네가 테세우스를 사랑했던 정도로 테세우스도 아리아드네를 사랑했던 것은 아니었던 것이다. 그렇지만 그녀로서는 오라비의 죽음을 야기한 대역죄 때문에 아버지인 미노스에게로 되돌아갈 수도 없었다. 이때 새로운 신랑감으로 나타난 것이 디오니소스였다. 그는 소란스러운 수행원들인 사티로스 및 님프들과 함께 배를 타고 나타나 그녀에게 접근했다. 그는 아름다운 머리를 풀어헤친 이 젊은 처녀를 위로해 주고는, 그녀를 렘노스(아폴로도로스, 『에피토메』 1,9)로 데려가서 그곳에서 그녀를 아내로 삼음과 동시에 불멸의 존재로 만들어 주었다. 결혼잔치에서 이 신은 환호성을 지르며 자신의 왕관을 하늘로 던졌는데, 그렇게 함으로써 아리아드네를 영원한 존재로 만들었다(북의 왕관 별자리 모습).

아리아드네는 사랑에 빠진 여인이 고독한 해변에 버려져 격하게 울고 있는 이미지의 대명사로 문학과 예술에서 자리를 차지했다. 비통해하는 가운데서도 그녀는 애인에 대한 지조를 지킨다. 그녀는 격렬한 고통, 애도, 사랑의 고통 등과 동일시된다.[71] 신화에서 아리아드네의 실은 의사소통, 삶 그리고 사랑을 의미하는 것인데, 그 이후로는 연관관계의 상징으로 남았다.

신들은 테세우스가 벌을 받지 않고 빠져나오는 것을 허용하지 않았다. 그는 무사히 귀환하게 되면 뱃머리에 걸겠다고 약속했던 흰 돛을 거는 일을 잊어버렸던 것이다. 그의 아버지 아이게우스는 마침 배들이 오는지 내다보도록 하고 있는 중이었다. 검은 돛이 보였다. 그는 그것이 아들 및 희생자로 정해진 다른 아테네 젊은이들의 죽음을 고지하는 것이라고 생각하고는 절망한 나머지 바위에서 바다로 뛰어내리고 말았다. 이 사건 이래로 지중해 동쪽은 그의 이름을 따서 에게 해로 불렀다.

　테세우스는 아테네가 미노스에게 끔찍한 인간 공물을 바쳐 오던 관계를 종식시켰고, 이로써 크레타에 대한 종속상태로부터도 아테네를 해방시켰다. 그리고는 곧이어 아테네의 왕이 되었다. 미노타우로스에 대한 승리와 더불어 아테네는 크레타의 지배에 대항하며 자신의 독립을 관철할 수 있게 된 것이다. 테세우스가 크레타에서 영웅적 행위를 할 수 있었던 것은 아리아드네의 마음속을 움직이는 사랑의 여신 아프로디테의 도움이 있었기 때문이다.

　신들은 테세우스가 아리아드네에게 했던 약속을 위반한 것에 대해 그 자신의 오류를 통해, 즉 돛을 잘못 걸게 함으로써 징벌을 내렸다. 그리하여 그는 아버지를 죽음으로 몰아넣었고, 그로 인해 중한 죄까지 지게 되었다. 디오니소스는 아리아드네와 결혼함으로써 테세우스에 비해 우월한 자신의 권력을 과시했다. 그러나 테세우스는 아티카의 소규모 지역체제를 국가체제로 바꾸어 수도를 아테네(시노이키스모스)로 정했다. 그는 특히 아테네 사람들의 가장 큰 축제, 즉 '판아테나이'를 개최했다. 아리아드네에 대한 관계에 있어서도 테세우스에게는 국가지향적인 합리성이 개인적 결속보다 우위를 차지하고 있었던 것이다. 테세우스는 새로운 시대의 상징적 인물이 되었다. 전설에 따

---

71) 후고 폰 호프만슈탈, 〈낙소스 섬의 아리아드네〉, 오페라(1910) 참조.

르면 테세우스는 나중에 아리아드네의 자매인 파이드라와 결혼했다.

아리아드네의 실과 불가분의 관계로 연결되어 있는 것은 '미궁'이라는 개념이다. 미궁에 관한 전설의 성립과정은 오늘날에는 분명히 해명된 것으로 간주될 수 있다.[72] 이 개념의 기본이 되는 단어인 '라브리스'(labrys)는 쌍날 도끼를 의미하는데, 옛날의 지배세력이었던 크레타의 상징이다. 헤라클리온 고고학 박물관에 가면 미노아 문화 전성기의 숱한 고고학적 발굴물들과 더불어 그 옛날에 쓰였던 쌍날 도끼들을 볼 수 있다. 내지 복잡한 미로와 공간들로 엄청나게 거대한 궁전(미궁) 또는 그러한 건축물의 도로구조는 그 안에 들어서면 결코 통로를 찾을 수 없게 되어 있었다. 초기 그리스인들이 미궁이라고 생각했던 것은 크노소스에 있던 거대한 미노스 왕의 궁성이 파괴된 후에 드러났던 것처럼 통로와 지하실 그리고 계단들을 연장해 놓은 건축 시스템 같은 것이었을 것이다. 지배자 미노스가 주재(기원전 14-13세기)했던 쌍날 도끼 궁성은 전체적으로 조망하는 것이 불가능할 정도로 서로 이어지고 교차되는 수백 개의 통로들과 (약 1,300개의) 공간들을 지니고 있었기 때문에 당시의 사람들에겐 이러한 미로 안에서 이 공간을 잘 모르는 사람이 제대로 길을 찾는다는 것은 상상할 수도 없는 일처럼 보였을 것이다. 오비디우스가 미궁의 미로들을 메안더 지형인 멘데레스 강과 비교한 것은 독창적인 발상이었다. 메안더 지형은 물줄기들이 여기저기 반원형 또는 원형의 고리들을 만들면서 흘러가다가 하구에 가서 합쳐지면서 강물을 이루는 지형이다. 오늘날에는 대(大)멘데레스라고 불리는 이 지역은 터키 서부에 있는 고대 도시 밀레시아의 근처에 있으며, 지리학자와 관광객들에게 인기가 있

---

72) 빌라모비츠, 『그리스인들의 신앙』 I 112; B. 오토(2000), 58 참조.

다. 미로를 단순화한 형태의 도안으로 만들어 놓고 그 가운데 있는 공간을 목표지점으로 해서 길을 찾아 나가도록 하는 머리 쓰기 게임처럼 제공하고 있는 잡지들에서도 미로의 흔적은 계속해서 볼 수 있다. 아리아드네의 실이나 미로 같은 단어들은 세계의 어느 곳에서건 문화적 어휘로 간주된다. 이 두 개념은 선사시대 테세우스와 아리아드네의 전설과 관련하여 의미를 지녔던 것들인데, 오늘날 현대인의 의식 속에도 뚜렷한 의미를 지니고 있는 것이다.

H.K

Art Works 예술작품

출　　처

아폴로도로스(Apollodor), 『총서 Bibliothek』 III.1; 2; 4. 15, 8. 9.

카툴루스(Catull), 『시집 Gedichte』 64,50ff., 116ff.

오비디우스(Ovid), 『헤로이데스 Heroides』 X; 『변신 Metamorphosen』 8,176ff; 『달력 Fasti』 3,459-516.

히기누스(Hyginus), 『이야기 Fabulae』 40-43; 『디오도루스 시쿨루스 Diodorus Siculus』, 4,61, u. 77; 『필로스트라토스』(父), 1,16.

그　　림

〈낙소스의 디오니소스와 아리아드네 Dionysos und Ariadne auf Naxos〉, 로마, 폼페이에서 발굴된 벽화, 카사 델 치타리스타, 나폴리 국립박물관.

〈아리아드네를 떠나는 테세우스 Theseus verlässt Ariadne〉, 폼페이에서 발굴된 벽화, 카사 델 포에타 트라기코, 나폴리 국립박물관.

줄리오 로마노(Giulio Romano, 1492-1546), 〈파시파에와 나무로 만든 소 Pasiphae und die holzerne Kuh〉, 만투아, 카사 델 텔레마코스.

티치아노(Tizian), 〈바커스와 아리아드네 Bacchus und Ariadne〉, 1523, 런던, 내셔널 갤러리.

P.P. 루벤스(Rubens), 〈다이달로스와 미궁 Dädalus und das Labyrinth〉, 라 코르나.

A. 카라치(Carraci)의 프레스코, 로마, 파르네세 궁전.

틴토레토(Tintoretto, 1575-1642), 〈아리아드네와 바커스 Ariadne und Bacchus〉, 로마, 알바니 갤러리.

M. 반 비텐브뢰크(Wittenbroeck, 1590-1648), 프라하, 내셔널 갤러리.

G. 레니(Reni, 1575-1642), 〈바커스와 아리아드네 Bacchus und Ariadne〉, 로마, 알바니 갤러리.

F. 밀리오리 (Migliori, 1684-1734), 〈아리아드네를 발견하는 바커스 Bacchus findet Ariadne〉, 드레스덴 미술관.

C. 반 로 (van Loo, 1705-1765), 〈테세우스와 미노타우로스 Theseus und der Minotaurus〉, 브장송 박물관.

T. 슈토트하르트 (Stothard, 1755-1834), 〈테세우스와 아리아드네 Theseus und Ariadne〉, 취리히 미술관.

A. 카우프만(Kauffmann), 〈버림받은 아리아드네 Die Verlassene Ariadne〉(1782년 이전), 드레스덴 미술관.

H. 마카르트(Makart), 〈아리아드네의 승리 Triumph der Ariadne〉, 1893, 빈, 19세기 미술관.

L. 코린트(Corinth), 〈낙소스의 아리아드네 Ariadne auf Naxos〉, 1913.

P. 피카소(Picasso), 〈미노타우로스 Minotaurus〉, 1933.

오 페 라

C. 몬테베르디 (Monteverdi), 〈아리아드네 Arianna〉, 1608.

G.F. 헨델 (Händel), 〈크레타의 아리아드네 Ariadne auf Kreta〉, 1733.

J. 하이든 (Haydn), 〈낙소스의 아리아드네 Ariadne auf Naxos〉, 1791.

R. 슈트라우스 (Strauss), 〈낙소스의 아리아드네 Ariadne auf Naxos〉, 1912, 후고 폰 호프만슈탈 (Hugo von Hofmannsthal)의 텍스트, 1919.

D. 밀로 (Milhaud), 〈버림받은 아리아드네 L' Abandon d' Ariane〉, 1927.

B. 마르티누 (Martinu), 〈아리아드네 Ariadne〉, 1958.

희 곡

Th. 코르네유(Corneille), 『아리아드네 Ariane』, 1672.

Chr. H. 포스텔(Postel), 『아름답고 충실한 아리아드네 Schöne und getreue Ariadne』, 오페라 문학, 1691.

H.W. 폰 게르스텐베르크(Gerstenberg), 『낙소스의 아리아드네 Ariadne auf Naxos』, 칸타테, 1777.

A. 코체부(Kotzebue), 『낙소스의 아리아드네 Ariadne auf Naxos』, 트라베스티, 1803.

P. 에른스트(Ernst), 『낙소스의 아리아드네 Ariadne auf Naxos』, 1912.

F.G. 윙어(Jünger), 『변장한 테세우스 Der verkleidete Theseus』, 1934.

E.W. 에슈만(Eschmann), 『아리아드네 Ariadne』, 1939.

A. 지드(Gide), 『테세우스 Thesée』, 1946.

N. 카잔차키스(Kazantzakis), 『테세우스 Theseus』, 1953.

영　화

〈헬라스의 영웅 테세우스 Theseus, der Held von Hellas〉(원제: 테세우스와 미노타우로스의 대결 Teseo contro il Mitauro), 이탈리아, 1960.

온 라 인　박 물 관

www.artcyclopedia.com

검색창에 "Ariadne"를 입력합니다. 반덜린(Vanderlyn)의 〈Ariadne Asleep on the Island of Naxos 낙소스 섬에 잠들어있는 아리아드네〉에서 아리아드네는 잠들어 있고 멀리 테세우스를 태운 배는 떠나가고 있습니다. 왓츠(Watts)의 〈Ariadne 아리아드네〉에도 잠을 깬 테세우스가 떠났다는 사실을 알고 망연자실한 아리아드네의 모습이 그려져 있습니다. 반면 리치(Ricci)의 〈The Meeting of Bacchus and Ariadne 바쿠스와 아리아드네의 만남〉처럼, 디오니소스와 아리아드네의 결합을 그린 그림도 많이 있습니다.

역경을 이겨내고 이루는 사랑

비너스 여신의 분노를 일으키는 프시케

옛날 어느 도시에 한 왕과 왕비가 살고 있었는데 이들에게는 출중하게 아름다운 세 딸이 있었다. … 그러나 막내딸의 우아함은 너무나도 특별하고 너무나도 놀라운 것이라서, 그녀의 모습을 제대로 묘사하거나 충분히 칭송하기에는 인간의 언어가 너무 빈약할 정도였다. …

그리고 이미 그 옆 도시들이나 인접한 지역들에서는 이런 소식이 널리 퍼져 있었는데 … 태양이 아니라 대지가 하늘에서 떨어진 방울들을 새로이 받아 또 다른 비너스를 화사한 처녀의 아름다움으로 치장하여 내보냈다는 것이다.

이처럼 하늘의 영광이 필멸의 존재인 그 소녀에 대한 숭배로 무한정 이전되자, 진짜 비너스는 몹시 불쾌했다. 그리하여 그녀는 날개 달린 방탕아로 유명한 아들을 서둘러 불러내어 … 그 도시로 데려가서는 프시케—그 소녀의 이름이다—

의 얼굴을 가리킨다.

"애야, 제발 마지막으로 딱 한 가지만 부탁할 테니 들어 주렴. 그게 뭐냐면, 저 소녀가 아주 비천한 남자에게 불타는 사랑에 빠져서 쇠약해지도록 만드는 것이 란다. 어느 정도로 비천한 남자인가 하면 품위나 재산, 심지어 건강에서도 운명 의 여신에게 벌을 받았을 것 같은 남자라야 돼. 이 지상에서 그와 비교될 정도로 비천한 사람이라곤 발견할 수 없을 만큼 완전히 바닥인 남자라야 된단 말이지."

환락의 천국

신탁의 명령에 따라 프시케는 죽음의 신부로서 음산하게 치장을 한 채 산 의 정상에 내버려졌다. 무섭고 날개 달린 괴물인 신랑을 기다리기 위해서였 다. 그런데 갑자기 부드러운 대기의 숨결이 그녀에게 다가오더니 그녀를 어 느 사랑스러운 골짜기로 데려갔다.

용천수의 근처에 있는 숲의 한복판에 궁성이 서 있는데, 그것은 인간의 손에 의해 만들어진 것이 아니라 신의 기술에 의해 지어진 것이었다. … 그러한 공간 들의 매력에 유혹된 프시케는 더욱 가까이 다가갔다. …

맛있는 음식들을 먹었고 저녁도 다가왔으므로 프시케는 잠을 자러 간다. 그리 고 이만 밤도 이슥해지고 있던 참에 부드러운 목소리 하나가 그녀의 귀에 다가 온다. … 그리고 이제 미지의 남편인 그가 왔다. 그리고 침대로 올라오더니 프시 케를 아내로 만들었으며 날이 밝기 전에 황급히 다시 사라졌다. … 그렇게 그 일 은 한동안 계속 되었다. … 그리고 자연의 뜻이 그러하듯이, 그 새로운 생활은 지속적인 적응과정을 거치며 그녀에게 즐거움을 마련해 주었다.

방해

점차로 프시케는 고독을 참을 수가 없었다. 그녀는 자매들을 그리워하는데, 자매들도 이미 그녀를 찾고 있는 중이다.

그리고 얼마 시간이 지나지 않았는데 그녀의 남편이 평소보다 일찍 그녀에게로 와서는 여전히 울고 있는 그녀를 포옹한다. 그러자 그녀는 남편에게 부탁도 했다가, 안 들어 주면 자신은 죽어 버리겠다고 위협도 했다가 하면서 자신의 소원을 남편이 들어 주게 만든다. 그 소원이란 그녀가 자매들을 만나 상심도 덜고, 그녀들과 이야기도 하고 싶다는 것이다. … 그러나 그는 계속해서 그녀에게 경고하고 거듭 위협도 하는데, 그녀의 자매들이 나쁜 의도로 하는 말에 넘어가서 남편의 모습을 자세히 알아보려고 해서는 안 된다는 것이며, 그렇게 함으로써 이 엄청난 행복에서 추락하는 일은 없도록 하라는 것이었다. 왜냐하면 그렇게 할 경우 그녀는 두 번 다시 그를 안을 수 없게 되리라는 것이었다. … 그리고 그녀는 그를 설득하기 위해 무수한 키스를 퍼붓고 아첨하는 말을 속삭이다가 자신의 몸을 그의 몸에 비벼 대면서 그에게 압박을 가한다. … 사랑의 속삭임이 발휘하는 강력한 힘으로 인해 그녀의 남편도 자신의 의지와는 반대로 굴복했고 모든 것을 다 하겠다고 약속까지 했다. 그리고는 이미 날이 밝아 오고 있었으므로, 그는 부인의 팔에서 빠져나와 사라졌다.

결정적 행위

자매들은 프시케를 방문한 자리에서 그녀가 밤마다 만나는 애인은 실제로는 날개 달린 용인데, 이 용이 그녀와 그녀의 배 안에 있는 아이를 죽이려 한다고 말한다. 그녀들은 프시케에게 그가 잠든 사이 그를 죽이라고 설득한다.

평소에는 몸도 약하고 용기도 부족한 편인 프시케는 그럼에도 불구하고 새로운 힘을 얻는다. 가혹한 운명이 그녀에게서 이러한 힘들이 자라도록 했던 것이다. 그녀는 램프를 꺼내고 칼을 억지로 잡아 빼낸다. 그리고 이런 담대함은 그녀의 성격도 바꿔 놓는다. 그러나 빛을 받으며 침대의 비밀이 밝혀지자마자, 그곳에 누워 있는 존재는 모든 야생의 존재들 중에서도 가장 부드럽고 가장 달콤한 괴물, 다시 말하면 남편이 누워 있음을 보게 된다. 눈부시게 아름다운 신 큐피드가 평소와 마찬가지로 그토록 아름다운 모습으로 그곳에 누워 쉬고 있는 것이다. … 그녀에게는 암브로시아[73]에 취해 달콤한 냄새를 풍기며 자고 있는 남편의 황금 같은 머릿결과 환희로 가득한 모습이 보이고, 우유처럼 하얀 목덜미와 자줏빛 뺨이 보이는데, 아름답게 헝클어진 고수머리가 장난치듯 뺨 주위로 흔들거리고 있다. … 날개 달린 신의 어깨에는 이슬에 젖은 날개의 깃털들이 눈부시게 반짝이고 있다. … 그러나 몸은 매끈하고 윤기가 있다. … 침대의 발치에는 이 위대한 신이 사랑을 낳는 사격무기인 활과 화살통 그리고 활들이 있다.

파국

그러나 커다란 행복에 흥분되고 사랑에 병든 그녀가 아직도 결심을 못하고 흔들리고 있었을 때 … 램프에서 … 지글지글 끓어오르는 기름 한 방울이 이 신의 오른쪽 어깨 위로 떨어졌다. … 그리하여 기름에 덴 신은 깜짝 놀라 일어났으며,

---

73) 신들의 음식으로서 이것을 먹으면 불멸의 존재가 된다.

자신의 신뢰가 조롱당한 것을 보고는 죽을 정도로 불행한 부인의 키스를 뿌리치고 곧장 한 마디 말도 없이 날아가 버렸다. … 하지만 사랑에 빠진 신이 그녀를 버린 것은 아니었다. 그는 그녀가 바닥에 누워 있는 동안 가까이 있는 측백나무 위로 날아갔던 것이다. 그리고는 그 나무의 높은 우듬지에서 고통스러운 마음으로 그녀에게 말한다. "이 속없는 프시케야, 나는 내 어머니인 비너스의 명령도 듣지 않았단 말이야. 그 대신 사랑하는 사람으로서 직접 너에게 날아갔었지. 하지만 내가 그렇게 했던 것은 경솔한 일이었다는 것을 알고 있어. 그리고 꽤 유명한 궁수인 내가 나의 활로 나 자신을 맞혀 버렸어. 그리곤 너를 내 아내로 만들었던 거야. 물론 네가 나를 괴물로 생각하고 너에게 사랑에 빠진 이 두 눈을 가지고 있는 내 머리를 칼로 잘라 버리도록 하기 위해서였어. 그게 그랬던 거야. 나는 계속해서 네가 무엇을 조심해야 하는지를 충고했고, 그러지 말라고 너에게 경고했었어. 내가 너에 대해 좋게 생각하고 있었기 때문이지. 하지만 너에게 그 잘난 충고를 준 그녀들은 그 파멸의 충고를 해 준 대가를 당장 치르게 해 줄 거야. 하지만 너에 대해서는 내가 도주하는 것으로 처벌을 대신하겠어." 그리고 연설이 끝나자 그는 날개를 펴고 하늘로 날아올랐다.

그러나 팔을 뻗은 채로 바닥에 누워서 남편이 안 보일 때까지 바라보고 있던 프시케는 쓰라린 눈물을 흘리며 비통해했다.

비너스의 수중에 있는 프시케

프시케는 절망적으로 큐피드를 찾아다니다가 마침내 비너스의 공중에 있는 성에 도달한다. 하녀 한 명이 그녀를 붙잡아 그녀를 여신 앞으로 끌고 간다.

비너스는 그녀(프시케)가 안으로 끌려와 그녀 앞에 세워지는 것을 보자마자 …
소리를 질렀다. "결국은 이 시어미에게도 반갑게 인사할 가치가 있다는 생각이
들던? 아니면 너 때문에 상처를 입어 위독한 상태로 누워 있는 네 남편을 보러
온 거니? 하지만 걱정할 필요는 없어. 나는 이미 너를 받아들일 자세가 되어 있
으니까 말이야. 착한 며느리에게는 그래야 되는 것 아니겠어?" 그리고는 그들을
불렀다. "하녀들아, 고통과 슬픔은 어디 있지?" 그들이 불려 왔을 때, 그녀는 프
시케를 그들에게 내맡겨 고문하게 했다.

프시케의 죽음?

비너스와 화해하려면 프시케는 그녀의 하녀가 되어 네 가지 과제를 완수
해야 한다. 하지만 이 과제들이 노리는 것은 그녀와 그녀가 배고 있는 아이
를 없애는 것이었다. 하지만 그녀는 다양한 자연력의 도움으로 모든 위험들
을 극복한다. 마지막 과제를 수행하는 과정에서 그녀는 저승세계에서 페르
세포네의 향유를 가져다가 비너스에게 넘겨주는 일까지 완수한다.

"내가 이렇게 신처럼 아름다운 미모를 지니고 있으면서 저것을 조금 맛보는 일
조차 하지 않는다면 나는 바보란 말이냐? 어쩌면 그렇게 해서 그리도 아름다운
내 애인의 마음에 더 잘 들지도 모르는 거잖아?" 이렇게 말하면서 그녀는 통을
열었다. … 그러나 그 안에는 손으로 잡을 수 있는 것이라곤 아무것도 없었다.
아름다움도 없었다. 그 안에 들어 있는 것은 지옥 같은, 참으로 스틱스 강물 같
은 잠이었는데, 그것은 뚜껑에서 해방되자마자 그녀를 엄습하여 사람을 마비시
키는 두꺼운 안개처럼 그녀의 모든 사지 위로 퍼져 나가며 그녀를 완전히 휩싼

다. 그리하여 그녀는 길을 가던 도중에 그 자리에 푹 쓰러진다. 미동도 하지 않고 그녀는 누워 있었다. 바로 죽음의 잠을 자는 몸뚱이에 불과했던 것이다.

구원

상처에서 치유되어 회복되어 가는 중이었던 큐피드는 프시케를 오래 못 보는 것이 더 이상 참을 수 없었다. 그리하여 그는 자기가 갇혀 있던 탑 속 방의 높은 창문으로 몰래 빠져나갔고 … 프시케를 향해 달려가며 눈에서 잠을 조심조심 털어 내어 그것을 다시 통에 담아 숨긴다. … 그리고는 그의 화살로 가만히 찌르며 프시케를 불러 이렇게 말한다. "것 봐라, 너는 호기심을 참지 못해 다시 그렇게 사라져 버린 거야. 하지만 그 대신 너는 내 어머니가 지시하는 대로 과제들을 정성껏 풀기만 해라. 나머지는 내가 알아서 할 테니." 이 말을 하고 난 후 그녀의 애인은 날개를 흔들며 가볍게 날아오른다. 그러자 프시케는 서둘러 비너스에게 가서 페르세포네의 선물을 내놓는다.

영원한 동맹

그동안 큐피드는 올림프로 도망가서 신들의 아버지에게 도움을 요청한다. 유피테르는 그를 이해하면서 모든 신들의 회의를 소집한다.

… 유피테르는 숭고한 자태로 높은 왕좌에 앉아 이렇게 말한다. "그(큐피드)에게서 모든 기회를 박탈하고 어려서 마구 날뛰는 그 버릇에 대해서도 나귀의 노새를 채워 제어해야 된다. … 프시케의 품 안에서야 영원한 사랑의 즐거움을 즐

겼을지도 모르지만." 그리고는 비너스에게 얼굴을 돌려 이렇게 말했다. "그리고 내 딸아, 슬퍼하지 말라. 필멸의 존재와 결혼한다고 네 고귀한 가문이나 네 위치가 어떻게 되지 않을까 걱정하지도 말거라…" 그리고 그 자리에서 헤르메스에게 프시케를 붙잡아 하늘로 데려오게 한다. 그는 프시케에게 암브로시아 한 잔을 건네주면서 이렇게 말한다. "그것을 마셔라, 프시케. 너는 불멸의 존재가 되는 거야. 큐피드도 그 결혼에서 결코 벗어나지 않을 것이고. 너희들의 결혼은 영원히 존속되는 것이란다!"

그렇게 해서 프시케는 큐피드와 성대한 혼례식을 올렸고, 시간이 흘러 딸을 하나 낳았는데, 우리 인간들은 이 딸을 '환희'라 부른다.

아풀레이우스, 『변신』, 선집: IV 28-31; V 1-2, 4, 6, 22-25; VI 9, 20, 21, 23, 24.

"옛날 옛날에…" 이런 식으로 거의 모든 동화들은 시작된다. 큐피드와 프시케의 이야기는 동양의 이시스 신화와 민담적 모티브 그리고 그리스의 선례들로 소급되는 내용으로 이루어지는데, 고대의 동화로는 유일하게 완전한 형태로 남아 있다. 그의 저자인 아풀레이우스(기원후 125-180년경)는 만능인으로서—저술가에 웅변가요, 소피스트이며, 법률가이자 자연과학자였다—이 알레고리적 예술 동화를 액자소설처럼 만들어 그의 장편 소설인 『변신』의 한가운데 집어넣었다. 후에 교부 아우구스티누스는—추측컨대 독자들이 이 작품을 칭찬하면서 붙였던 이름을 이용하면서—이 작품의 이름을 '황금 당나귀'로 바꾸었는데, 그 이유는 이 소설의 주인공이 마법에 의해 숙명적인 변신을 하게 되어 인생의 대부분을 당나귀 모습으로 보내면서 대단한 모험을 겪어 나가기 때문이다.

그러나 '사랑과 영혼'을 의미하는 큐피드와 프시케는 행운과 복을 약속한다. 그렇지만 이렇게만 보는 것은 저자 자신에 의해 숨은 뜻이 많고 다층적인 이야기로 가공된 이 오묘한 테마를 지나치게 단순화하는 것이 될 것이다. 그도 그럴 것이 저자는 이 이야기를 심리학적 대작으로 완성한 것이기 때문이다.

그림같이 아름다운 공주였던 프시케는 비너스의 증오와 질투를 불러일으킨다. 그녀는 자매들과 마찬가지로 차라리 결혼을 하고 싶어 함에도 불구하고 어떤 구혼자도 나타나지 않는다. 그 대신 사람들은 그녀에게 신적인 영예를 부여하고 그녀를 제2의 비너스로 간주한다. 진짜 여신인 비너스에게 특히 더 치욕스러운 일은, 우라노스의 잘린 남근이 바다에 가라앉아 내뿜는 거품에서 생겨난 자신보다 "하늘의 방울을 받아 지상에서 태어난"(『변신』 IV 28,4) 이 경쟁자를 인간들이 더 좋아한다는 사실이었을 것이다. 비너스를 섬기는 장소들은 등한시되었고, 사원은 훼손되었으며, 그림이나 제단도 더 이상 장식되지 않았다.—인간들이 그 소녀를 숭배하기 때문이다.

프시케가 자신에게 주어진 영예를 싫어하면서 고독 때문에 울고 있는 동안, 질투심이 강한 비너스는 허영심에 심각한 상처를 입고 비열한 복수의 계획을 짠다. 이를 위한 도구로서 그녀는 자신의 아들 큐피드(그리스어로는 에로스, 라틴어로는 큐피도라고도 함)를 이용할 생각이다. 신들에게도 화살을 쏘아 대는 용감한 소년 큐피드로 하여금 프시케에게 이 화살을 정확히 쏘아 그녀가 이 지상에서 가장 영락한 인물에 대한 사랑에 불타오르도록 만들 예정인 것이다. 대상을 혼동하는 일이 벌어지지 않도록 비너스는 이 어린 신을 프시케가 사는 도시로 데려가 직접 그녀를 가리킨다.

그동안 프시케의 아버지는 아직도 프시케의 구혼자를 발견하지 못했기 때문에 아폴로의 신탁에 물어 보는데 다음과 같은 경악할 답변을 듣게 된다.

이 소녀를 죽음의 신부로 치장하여 산의 최정상에 세워 놓고 그곳에서 그녀의 신랑감을 기다리게 해야 하는데, 이 신랑감은 인간과 신들을 괴롭히는 저 끔찍한 날개 달린 괴물이라는 것이다.

이러한 '죽음의 혼례'는 신부를 죽으러 가는 사람으로 생각하는 경향이 있는 고대 신화의 잔재라고 이해할 수 있다. 프시케는 신탁의 배후에 있는 보다 깊은 맥락을 인식하면서 그 신탁의 예언을 받아들인다. 그녀가 속죄하고 희생되는 까닭은 인간들의 오만 때문이지 그녀 자신의 오만 때문이 아닌 것이다. 치명적인 고독 속에서 그녀는 음산하게 치장을 한 모습으로 그녀의 남편이 될 괴물을 기다린다.

이제 이 이야기에서 전형적으로 동화적인 사건이 벌어진다. 모두가 프시케를 떠나고 난 후 부드러운 서풍이 그녀를 붙잡더니 어느 외딴 곳에 있는 꽃이 만발한 골짜기로 그녀를 데려간다. 그녀는 호기심을 느끼며 어느 화려한 궁궐로 들어서는데, 그러나 이 궁궐에는 아무도 살지 않는 것처럼 보인다. 궁궐 안에 들어서자 부드러운 목소리들이 그녀가 이제 이곳의 주인이라고 선언한 후 그녀가 원하는 것이면 뭐든지 들어 준다.

무슨 일이 일어났던 것일까? 자존심에 상처를 입은 어머니를 위해서 복수를 수행해야 하는 큐피드는 프시케를 보자 화살을 자신에게 쏘았으며, 그녀에 대해 가장 참된 의미에서 '불멸의' 사랑에 빠진 것이다. 그는 남몰래 서풍을 보내어 그녀를 자신의 성으로 데려오게 했다. 한편으로는 그가 어머니의 명령을 무시했다는 것을 질투심 많은 어머니가 알지 못하게 하려는 것이었고, 다른 한편으로는 그가 프시케를 두고 떠날 수도 없었고 떠날 생각도 없었기 때문이었다. 그는 이미 자신을 그녀의 남편으로 생각하고 있었던 것이다. 대명천지에 프시케와 결합하면서 그 사실을 비너스가 알아채지 못하게 하는 것은 불가능했을 것이다. 따라서 남은 가능성은 어둠을 이용해 프시케에게 접근하는 것뿐이었다.

이제 독자는 어떻게 해서 프시케가 새로운 거처에서 보내는 첫날밤에 칠흑 같은 어둠 속에서 보이지 않는 남편에 의해 '부드러운 톤으로' 아내로 받아들여지게 된 것인지를 알게 된다. 아마 어느 신부도 그런 식으로 자신의 결혼식을 상상하진 않을 것이다. 미지의 이 연인이 어스름한 새벽녘에 사라지고 난 후 다시 그녀의 형체 없는 하녀들이 나타나 프시케를 위로하고 향유를 발라 준다. 그렇지만 저자가 이 이야기의 화자로 하여금 단언하게 하는 바는, 시간이 지남에 따라 이 공주도 점차 익숙해지면서 이 생활을 즐기기 시작했다는 것이다. 그럼에도 불구하고 프시케는 서서히 자신의 고독을 더욱더 의식하게 된다. 그녀는 점점 더 심하게 우울증에 빠져 든다. 이것도 놀랄 일이 아닌 것이, 도대체 어떤 여자가 매일 밤을 보이지도 않고 알지도 못하는 남자에게 헌신하고 싶겠는가. 그 남자가 아무리 부드럽게 대해 준다고 하더라도 말이다. 게다가 그녀로서는 어떤 인간과도 교류할 수 없는 상태이다. 그러므로 프시케가 애인에게 눈물을 흘리고 거듭 애원과 애교를 떨어 가며 자매들이 이미 자신을 찾고 있으니 그 자매들을 이 궁궐에 불러와 만나게 해 달라고 졸라 대는 것도 당연한 일이다.

큐피드는 내키지 않았지만 그의 공주에게 그러한 방문을 허락하면서 불안한 마음에 이런 경고를 덧붙인다. 그녀는 결코 자신의 진짜 모습을 알려고 해서는 안 되며, 이 사실을 지키지 않을 경우 모든 것을 잃게 된다는 것이었다.

그러나 뱀들이 두 자매로 위장했음이 드러나고, 이들은 프시케가 살고 있는 어둠의 궁궐을 파괴한다. 숙명은 뱀들을 통해서 예정된 방향으로 나아간다. 이들은 프시케를 방문한 자리에서 그녀가 밤마다 만나는 애인은 신탁의 예언에서 암시된 것처럼 추악한 용인데, 그 용이 결국은 그녀와 그녀가 배고 있는 아이를 노리고 있다고 설득한다. 남성 적대적인 모습으로 나타나는 이 자매들이 이 이야기에서 반영하고 있는 것은 억압된 모계제의 힘이다. 개인적인 차원에서 보자면 그녀들은 좌절한 유부녀로서 행동한다. 한 명은 더 이상 제공할 것이 없는 늙은 남자와 결혼했으며, 다른 한 명은 병 걸린 남편을 먹여 살리고 있다. 프시케가 행복하게 살고 있는 것처럼 보이는 호사스러운 환경을 보고 난 후 그들 자신의 비참한 처지와 더불어 프시케에 대해 엄청난 질투를 느끼게 되는데, 프시케의 성에는 모든 편안함이 다 갖추어져 있는 것처럼 보였기 때문이다. 그리하여 그들은 프시케를 불행으로 빠트리려는 계획을 확고히 한다.

그녀들은 프시케에게 감언이설로 어떻게 하면 그 비밀을 알 수 있는지 해결책을 알려 줄 수 있다고 하면서 그녀를 꼬드겨 끔찍한 행동을 하게 만든다. 그리하여 밤에 프시케는 그녀의 애인이 잠들기만을 기다린다. 애인이 잠들자 그녀는 날카롭게 벼린 칼과 숨겨 놓았던 기름 램프를 꺼내어 치명적인 일격을 준비한다. 아풀레이우스는 여기에서 처음으로 스스로 책임을 지는 여성으로서의 프시케를 묘사하고 있는데, 왜냐하면 그녀는 애인의 진짜 모습을 알기 위해 모든 것을 감행하기 때문이다. 이 시점까지 그녀는 어두운 환락의 천국에서의 도취 속에 사로잡혀 지냈었다. 그러나 이제 그녀에게는 익명의 남편에 대한 관계가 참을 수 없게 되어 버린 것이다. 그러므로 그녀는 의도적으로 어둠 속에서 밖으로 걸어 나오는 것이며, 남편과의 개인적 관계를 환한 불빛에 비춰 본다. 이제 그녀의 눈에 보이는 광경이 그녀를 황홀감에 떨게 한다. 신인 큐피드가 친히 그녀 앞에 누워 있는 것이다. 어떤 필멸의 존재도 상상할 수 없을 정도로 아름다운 모습으로 말이다. 그를 나타내는 표지들인 날개, 화살통, 화살과 활도 같이 있다. 프시케는 너무도 행복한 나머지 그 화살을 건드렸다가 상처를 입고 순식간에 사랑의 불길에 휩싸인다. 그런데 그녀가 밤에만 만나는 이 인물에게 빛을 가져왔던 램프에서 끓는 기름 한 방울이 큐피드의 어깨 위로 떨어진다. 신은 고통 때문에 잠에서 깨어나서 자신의 정체가 드러났음을 알게 된다. 이 상황에서 어찌해야 할지 몰랐던 그는 즉각 어머니의 나무인 측백나무 위로 도주한다. 안전한 거리를 두게 되자 그는 프시케의 호기심에 대해 신랄한 비난을 퍼붓는다. ─ 큐피드는 이 행동을 달리 이해하지 않는 것이다. 사실 프시케에게 중요했던 것은 어찌해서 그녀가 그와 밤에만 결합하는 사태가 벌어지는 것인지 그로부터 설명을 들어 보는 일이었을 것이다. 그렇지만 큐피드는 여전히 그의 질투심 많은 어머니에 종속되어 있는 상태이다. 그렇지만 않았더라도 그는 프시케의 행동에 대해 이해했을 것이다.

비난에 이어 큐피드는 그곳에서 달아나 프시케를 경악케 한다. ─그가 달아난 곳은 비너스의 궁성이었고, 비너스는 심한 욕을 하면서 그를 맞이한다. 그의 상처에 대해서도 상징적인 의미를 부여할 수 있을 것이다. 왜냐하면 큐피드에게 몹시 편했던 상황이 프시케의 행동 때문에 고통스럽게도 망쳐졌고 끝나 버렸기 때문이다. 그러므로 그는 이중적인 의미에서 시달리는 것이다. 그는 그녀에 대한 자신의 권력을 상실하게 되었다. 왜냐하면 그녀가 그의 명령을 듣지 않았고, 이로써 그에 대한 종속상태도 극복해 버렸기 때문이다. 프시케는 어둠 속에서는 그에게 종속되어 있기 때문에 그의 말에 순종하지만, 인식의 밝은 빛 안에서는 그를 의식적으로 사랑한다. ─그리고 이런 상태에서만 그녀의 사랑은 실제로 존재하는 것이 된다. "그러므로 이러한 행위는 개별화와 결부된 모든 고통들을 가져오는데, 이 속에서 개인은 자신의 파트너를 이전과는 달리, 다시 말하면 더 이상 오로지 자신과만 결부되지는 않는 존재로 경험하게 된다. 그러나 이처럼 이중으로 상처 입는 과정을 통해 비로소 사랑이 생겨나는 것이며, 그렇게 분리된 것을 다시 합치는 것이 이러한 사랑의 의미이다. 이러한 사랑과 더불어 비로소 개별적인 두 존재의 사랑을 가능하게 하는 전제조건으로서의 어떤 만남이 가능해진다. 플라톤의 『향연』에서 사랑의 신비적인 근원이라고 서술되었던 것—합쳐진 것이 이별하는 것, 그리고 이별한 것과 다시 새롭게 합치려고 하는 동경으로서의 사랑—은 개개인 안에서도 반복된다."[74]

그 결과로 프시케는 그녀의 자주적인 행동 때문에 야기된 이별을 고통과 투쟁을 통해 극복하려고 한다. 그녀는 큐피드를 찾기 위해 길을 떠난다. 그렇지만 그녀는 그전에 자매들에 대한 복수를 완수한다. 여기서도 그녀는 완전히 의식적으로 행동하고 있으며, 계략을 써서 언니들을 파멸 속으로 유혹한다. 자매들은 프시케의 말처럼 큐피드가 이제는 자기들을 돌봐 주려는 생각이라고 믿고 큐피드를 차지하겠다는 망상으로 한때 프시케가 내다 버려졌던 그 산 위로 올라간다. 그러나 이곳에서 그들은 죽음 속으로 추락하는데, 부드러운 서풍이 이번에는 신의 지시를 따를 필요가 없었기 때문이다.

그런 다음에 프시케에게는 고통의 길이 시작된다. 절망적으로 큐피드를 찾는 과정에서 프시케는 다른 신들에게 도와 달라고 몇 번이나 헛된 부탁을 한 후에 비너스의 궁궐까지 오게 된다. 그녀는 자발적으로 이 적대적인 여신에게 자신을 내맡긴다. 이 장면은 플라톤의 『파이드로스』를 연상시킨다. 거기서도 영혼이 신적인 것에 대한 갈망으로 가득 차 있는 동안에는 영혼이

---

74) E. 노이만(²1979), 94ff.

신적인 것의 "노예라도 될 각오가 되어" 있기 때문이다.[75]

이제 두 여성이 대립하게 되는데, 아무리 생각해도 그 이상 대립하기란 불가능할 정도이다. 한 여성은 자신의 애인이 누구인지를 알기 위한 행동으로 스스로를 희생해 가면서까지 고독한 사랑 속에 빠져 든, 부드럽고 아무런 권력도 없는 프시케이다. 다른 한쪽에 서 있는 여성은 거대한 어머니 비너스인데, 그녀의 본성이나 다산성의 원칙 안에서는 양성간의 결합이 동물간의 그것과 근본적으로 다르지 않다. 그러나 프시케는 이미 환락의 천국에서 그처럼 비교적 원시적인 존재방식을 극복하고, 이제는 보다 높은 사랑의 단계로 올라선 상태이다. 그 사랑에는 의식과 인식뿐 아니라 이별과 고통도 포함되어 있다.

두 여성의 사랑은 각자 독특한 방식으로 큐피드에게 향하고 있다. 그렇지만 큐피드는 이제 비로소 연인 같은 아들에서 사랑하는 남자로 변신하지 않으면 안 되는 것이다. 그러기 위해서는 위대한 어머니가 초개인적으로 지배하는 영역에서 빠져나와 인간인 프시케와의 개인적 관계 안으로 들어서야 한다. 이로써 프시케가 비너스보다 더 강한 것은 아닌가 하는 문제가 제기된다. 큐피드가 이미 어머니의 명령을 듣지 않고—비록 어둠을 이용하고 익명으로 한 것이기는 하지만—자신의 의지대로 사랑하는 프시케에게 접근했던 상태이기 때문에, 남편의 입장에서 프시케를 사랑하는 부인으로서 의식적으로 인식하고 받아들이는 것을 감행할 수 있을 만큼 자신을 더욱 발전시켜 나가는 일도 이제는 그에게 달린 문제다.

자신이 이미 아들에게 속았었다는 사실을 알게 된 비너스는 자신의 권력

---

75) G. 빈더와 R. 메르켈바흐(1968), 7.

이 시험당하고 있음을 인식하고, 모든 수단을 다해 이 시험을 통과하겠다고 생각한다. 그녀는 프시케에게 자기 자신도 풀 수 없으리라고 생각하는 네 가지 과제를 낸다. 목적은 이 젊은 여성과 그녀의 아직 태어나지 않은 아기를 파멸시키는 것이다.

하지만 비너스의 계산은 틀렸다. 왜냐하면 첫 번째 과제는 완전히 뒤섞인 여러 가지 곡식들을 제대로 분류하는 것이었는데, 무수히 많은 개미들이 절망에 빠진 프시케를 도와 과제를 풀게 도와주었기 때문이다. 이 장면은 '잿더미 아가씨'(Aschenputtel)에 대한 기억을 일깨우는데, 차이가 있다면 잿더미 아가씨는 비둘기들이 도와주지만, 비너스의 비둘기들은 그런 일을 하지 못한다는 것이다.

아풀레이우스에게서도 현자로 나오는 노인인 목신은 프시케에게 어떻게 하면 비너스가 준비하고 있는 그 치명적 위험과 만날 수 있는지를 조언해 준다. 비록 그녀는 그동안 절망한 나머지 자살을 할까도 생각할 정도였지만, 목표가 큐피드를 향해 집중되어 있고 또 그렇게 추구하는 그녀의 사랑 또한 확고부동하기 때문에 그녀에게 힘이 생기는 것이다. 그녀의 속마음은 자신이 여신과의 대결을 감당할 정도는 아니라는 것을 느끼고 있다. 그러나 다시 사랑의 힘이 부정적인 감정들을 누르고 승리한 것이다.

두 번째 과제에서 프시케는 햇빛이 있는 동안에는 살인적이 되는 숫양의 황금 털을 가져와야 했다. 이번에는 갈대가 그녀를 도와준다. 갈대는 밤이 되어 날뛰는 동물들이 잠들 때까지 기다리라고 충고한다. 그러면 무사히 양털 중의 하나를 뽑아 여신에게 가져갈 수 있다는 것이다.

프시케가 첫 번째 과제에서 사물을 질서에 따라 변별하는 감각을 발전시켰다면, 이번에는 그녀에게 인내심과 현명한 주의력이 요구된다. 그렇지만 비너스는 소리를 지르면서 그녀가 과제를 풀 수 있었던 것은 큐피드가 도와줬기 때문이라고 중상한다. 그가 아픈 상태이며 자신에게 잡혀 있는 몸이라는 것을 알고 있었음에도 불구하고 말이다.

고전적인 비너스는 민감하고 똑똑하며 사랑스러운 모습으로 나타나는 데비해, 아풀레이우스가 그의 소설에서 비너스에게 부여하는 역할과 모습은 못된 시어머니나 계모 또는 우리에게 알려진 동화에서 나오는 인물들처럼 배은망덕한 역할이며, 악의적인 마녀의 특징들도 지니고 있다. 이러한 관점에서 보자면, 비너스가 "그녀에게서 아들을 빼앗아 가려는" 경쟁자에게 항상 새로운 해코지를 생각해 내는 것도 놀라운 일이 아니다.

세 번째 과제로 비너스가 프시케에게 요구하는 것은 저승의 강물인 코키토스와 스틱스가 마시는 샘물을 크리스털 그릇에 채우는 것이다. 어쩌면 '이 생명수'가 큐피드를 낫게 할 수도 있기 때문이라는 것이다. 가장 높은 산의 정상에 있는 이 샘의 근원은 프시케로서는 도달할 수 없는 곳이다. 그곳으로 가는 길은 독사들이 지키고 있고, 그 물은 부글부글 솟아오르면서 그녀에게 이렇게 경고한다. "너는 죽을 것이다! 달아나라!" 프시케가 다시 절망에 빠지려는데, 갑자기 유피테르의 독수리가 나타나더니 그녀에게 요구된 물을 가져다준다. 이 독수리는 한때 신들을 위하여 지상으로부터 가니메데스를 납치했었는데 이때 큐피드의 도움을 받았던 것이다.

여기서 이미 유피테르가 프시케에게 호감을 갖고 있음이 드러나며, 결국 그녀는 행복한 결말로 인도된다. 최고의 신은 사랑에 빠진 상태가 무엇인지를 이해한다는 의미에서 큐피드에 대해서도 같은 남성으로서의 공감을 느끼고 있다. 하지만 이는 저 '위대한 여신'들의 지배욕에 대해 저항하는 것이기도 하다. 그들은 한편으로는 남편에게 사랑의 자유를 제한하는 헤라의 모습으로, 다른 한편에서는 아들에게 사랑의 자유를 제한하려고 하는 비너스로서 나타나고 있기 때문이다. 이번에 문제가 되는 것은, 군림하는 어머니로부터 연인 같은 아들 취급을 당하는 큐피드가 자유롭고 자립적으로 프시케와 관계 맺을 수 있도록 그를 해방시키는 것이다.[76] 프시케로서 유리한 것은 비너스가 프시케를 업신여기고, 프시케에게 그토록 강한 집요함과 용기 그리고 영리함이 있다는 사실을 믿으려 들지 않는다는 사실이다.

네 번째 과제에서 프시케는 비너스 및 페르세포네와 직접 대결하게 된다. 그녀는 저승세계로 가서 페르세포네가 비너스에게 주는 선물인 신들의 미용 향유를 밀폐된 통에 담아 가져와야 한다. 여기서 프시케는 다시 치명적인 위험들과 악의적인 함정에 빠져 들지 않도록 조심하지 않으면 안 된다. 괴팍한 사공인 카론에게는 1오볼로스[77]의 삯을 주어야 하며, 저승의 개인 케르베로스에게는 달콤한 빵을 주어 얌전하게 만들어야 한다. ―물론 이 모든 것들은 전래적인 모티브들이다.

'멀리까지 볼 수 있는 탑'이 다시 한번 절망한 나머지 떨어져 죽으려고 하는 프시케에게 조언을 해 주면서 이 마지막이자 가장 어려운 과제를 완성할 수 있도록 용기를 북돋는다. 그림자의 나라를 거쳐 가는 동안 그녀는 쓸데없는 연민에 빠져 들어 자신의 목표에서 벗어나지 않도록 주의해야 한다. 그리하여 그녀는 자신의 천성과는 달리 어느 불쌍한 당나귀 몰이꾼을 도와줘도 안 되고, 천을 짜는 여자들이 고통에 시달리는 모습을 보더라도 절대로 도움을 줘서는 안 되는 것이다. 이것은 '허용되지 않는 자비심'이라면 베풀지 말라는 것이다. 그녀가 비너스의 덫에 걸려들지 않으려면 자신의 중

---

76) E. 노이만(²1979), 114ff.
77) 고대 그리스의 소액 은화.

심을 잃지 않으려는 자세가 필요하기 때문이다.

마지막으로 프시케는 길을 떠난다. 이번에는 아무 도움도 받지 않고 전적으로 자신에게만 의지하고 있는 상태이다. 그녀는 이미 처음에도 그러했듯이 치명적인 상황에 내맡겨지지만, 더 이상 과거의 그녀가 아니다. 가장 어려운 과제들과 큐피드에 대한 동경 그리고 이별이라는 고통을 겪으며 정화되어 온 이 사랑은, 이 소박한 소녀를 의식적으로 사랑을 하며 시련을 겪어내는 여인인 동시에 용감하고 영리한 여인으로 변화시켰던 것이다. 그렇게 해서 그녀는 마지막 시험에도 잘 대처하면서, 페르세포네가 식탁으로 초대해도 응하지 않는다. 그렇지 않으면 페르세포네의 함정에 넘어갔을 것이다.

페르세포네의 미용 향유는 죽은 상태에서의 영원한 청춘을 보증하는 것이다. 동화에서는 유리관에서 잠을 자는 장미공주나 백설공주 이야기 등에서 알려진 모티브이다. 큐피드와 프시케의 이야기에서는 마신적인 시어머니의 노릇을 하는 비너스가 이러한 치명적 아름다움을 프시케에게 부여하려고 시도한다. 그녀에게 프시케는 죽어야만 하는 것이다. 마치 이 악랄한 계획이 성공을 거둘 것처럼 보인다. 영웅적인 행동의 마지막 단계에서 프시케는 병을 열지 말라는 탑의 경고를 무시하고 그 미용 향유를 자신에게 직접 뿌려보고 싶어 한다. 큐피드의 마음에 들기 위해서인 것이다. 그리하여 그녀는 모든 원칙들을 포기하고, 모든 경고와 이성에 반하는 행동을 하며, 그렇게 해서 무기력해진다. 그러나 바로 그 무기력해짐으로 인해 큐피드는 상처 입은 소년에서 구원하는 남성으로 변할 수 있게 된다. 왜냐하면 그가 프시케에게서 발견하는 사랑은 오로지 현세의 인간에게서만 존재하는 사랑으로서 죽을 각오도 되어 있는 사랑, 따라서 죽음보다도 강한 사랑이기 때문이다. 큐피드는 이러한 사랑을 어떤 여신에게서도 발견하지 못한다. 여신들은 필멸의 존재가 아니기 때문이다. 그러나 신들이 필멸의 인간들을 사랑한다면, 그들은 오로지 감각적 향락만을 경험하게 된다. 필멸의 부분인 인간에게는 예로부터 고통이 남겨져 있을 뿐이며, 따라서 이러한 사랑에서 대개 좌절하는 것도 인간이다. 그러나 여기에서는 사정이 다른데, 바로 자신이 무기력해지는 것을 통해서 프시케는 큐피드의 남성적 자립심을 자극하면서 그로 하여금 어머니로부터 해방되어 자신을 구원하고, 동시에 그녀를 구출하는 행위를 하도록 만들기 때문이다.

그런 식으로 프시케는 자신의 정신적 발전을 통하여 사랑이야말로 인간적인 영역에서든 신적인 영역에서든 최고의 힘이라는 것을 입증해 보였으며, 또한 사랑하는 큐피드를 그녀의 사랑에 걸맞은 존재로 만들기도 했던 것이다. 큐피트는 자신을 제한하는 모든 명령들을 의식적으로 거부하고, 스스로 속박에서 풀려나며, 자신의 전 존재를 투입하면서 프시케를 구원한다.

유피테르는 다시 한번 전지전능한 아버지로 나타난다. 신들의 음식인 암브로시아를 통해 그는 프시케를 여신으로 올려 주고, 그로써 그녀를 불멸의 존재로 만들어 준다. 그리하여 이제는 그녀가 하늘에서 큐피드와 결합하는 것에 대해 아무런 방해물도 없게 된 것이다.

올림포스 산에서는 떠들썩한 혼인잔치가 열린다. 식탁의 상단에는 큐피드가 앉아 있는데, 그는 자신의 품에 프시케를 안고 있다. 그 다음 자리는 유피테르가 헤라와 함께 차지하고 있으며, 다른 신들도 서열대로 자리를 잡는다. 유피테르에게는 가니메데스가 술잔을 따르고, 다른 신들에게는 바커스가 대접한다. 모든 것들은 장미를 비롯한 다채로운 꽃들로 장식되어 있다. 아폴로는 현악기에 맞춰 노래를 부르고, 사티로스 한 명은 플루트를 불며, 어느 작은 목신은 갈대 피리를 분다. 뮤즈들은 결혼 찬미가를 부르고, 비너스도 우아하게 춤을 추며 몸을 흔들고 있다.

비너스가 이토록 쉽게 화해에 응하는 것을 보면 놀랍다. 어쩌면 그녀도 사랑과 영혼—큐피드와 프시케—만이 진정으로 신적인 종합에 도달할 수 있다는 것을 인식했을지도 모른다. 이러한 결합으로부터 '환희'가 생겨난다는 것도 자명하다.

H.P.

Art Works 예술작품

출   처

아풀레이우스(Apuleius), 『변신 또는 황금 나귀 Metamorphosen oder Der
Goldene Esel』, 루돌프 헬름(Rudolf Helm), 다름슈타트, 1970.

조   각

아드리아엔 데 브리스(Adriaen de Vries), 〈헤르메스와 프시케 Merkur und Psyche〉,
1593, 파리, 루브르 박물관.

카노바(Canova), 〈큐피드와 프시케 Amor und Psyche〉, 1793, 파리, 루브르 박물관.

J. 깁슨(Gibson), 〈서풍에 실려 가는 프시케 Psyche von zwei Zephyrn getragen〉,
1822, 로마, 코르시니 궁전.

W. v. 호이어(Hoyer), 〈프시케 Psyche〉, 1842, 뮌헨, 노이에 피나코텍.

R. 베가스(Begas), 〈큐피드와 프시케 Merkur und Psyche〉, 1878, 베를린, 보데 박물관.

P. 데 비뉴(de Vigne, 1843-1901), 〈프시케 Psyche〉, 브뤼셀 박물관(청동 조각).

A. 로댕(Rodin), 〈프시케 Psyché〉, 1893, 파리, 루브르 박물관(대리석 조각).

그   림

라파엘(Raffael), 〈에로스와 프시케 Eros und Psyche〉, 1518, 로마, 파르네시나 별장
(천정 프레스코 연작).

줄리오 로마노(Giulio Romano, 1499-1546), 〈큐피드와 프시케의 결혼식과 혼인생활
Amors und Psyches Hochzeit und Ehe〉, 만투아, 팔라초 델 텔레마코스.

G. 다 아베라라(Averara, 1548년 사망), 〈큐피드와 프시케 Amor und Psyche〉, 베르
가모, 카사 모란디.

L. 카르디(Cardi, 1559-1613), 〈큐피드와 프시케 Amor und Psyche〉, 로마, 카피톨리
노 박물관(네 개의 프레스코).

A. 블뢰마에르트(Bloemaert, 1564-1651), 〈큐피드와 프시케 Amor und Psyche〉, 슈
    투트가르트 갤러리.

P.P. 루벤스 (Rubens), 〈큐피드와 프시케 Amor und Psyche〉, 1613, 스웨덴, 개인 소장.

M. 군델라흐(Gundelach), 〈졸고 있는 큐피드와 이를 보고 있는 프시케 Der
    schlummernde Amor〉, 1613, 아우구스부르크 갤러리.

G. 다 산 조반니(da San Giovanni, 1592-1636), 〈졸고 있는 큐피드와 이를 보고 있는 프
    시케 Der schlummernde Amor, von Psyche betrachtet〉, 뮌헨, 피나코텍.

A. 몰리나리(Molinari, 1665-1727 이후), 〈큐피드와 프시케 Amor und Psyche〉, 드레
    스덴 미술관.

C. 찰스(Charles), 〈큐피드와 프시케 Amor und Psyche〉, 1702, 낭시 대공 궁전.

Ch.-J. 나투아르(Natoire, 1700-1770), 〈졸고 있는 큐피드와 이를 보고 있는 프시케 Der
    schlummernde Amor, von Psyche betrachtet〉, 파리, 소비스 궁전.

P. 바토니(Batoni), 〈큐피드와 프시케의 혼례 Vermählung Amors mit Psyche〉,
    1756, 베를린 국립박물관.

F. 레이튼(Leighton, 1830-1896), 〈프시케의 목욕 Bad der Psyche〉, 런던.

G.F. 와츠(Watts), 〈프시케 Psyche〉, 1880, 런던. 테이트 갤러리.

희   곡

칼데론(Calderon, 1600-1681), 『프시케와 큐피드 Psiquis y Cupido』.

Sh. 마르미온(Marmion), 『큐피드와 프시케의 전설 Legend of Cupid and Psyche』,
    1637.

몰리에르(Molière), 코르네유(Corneille), 키노(Quinault), 『프시케 Psyché』, 1671.

W. 바이간트(Weigand), 『잠에서 깨어난 프시케 Psyches Erwachen』, 1912.

시

라 퐁텐(La Fontaine), 「프시케와 큐피드의 사랑 Les amours de Psyché et de
　　Cupidon」, 1669.

키츠(Keats), 「프시케에게 바치는 송가 Ode to Psyche」, 1820.

V. 라프라데(Laprade), 「프시케 Psyché」, 1841.

W. 모리스(Morris), 「큐피드와 프시케 Cupid and Psyche」, 『지상의 천국』에 게재,
　　1868-1870.

Th. 슈토름(Storm), 「프시케 Psyche」, 1875.

R. 판비츠(Pannwitz), 「프시케 Psyche」, 1905.

소　설

P. 루이스(Louys), 『프시케 Psyche』, 1925.

C. 스테이플스 루이스(Staples Lewis), 『우리가 얼굴을 가질 때까지 Till we have
　　faces』(독역: 『대답은 바로 너다 Du selbst bist die Antwort』), 1958.

교 향 곡

M. 아돌페(Adolphe), 〈프시케의 사랑 Les amours de Psyché〉, 1841, 텍스트: 뒤펜
　　티(Dupenty) & M. 델라포르테(Delaporte).

C. 프랑크(Franck), 〈프시케 Psyché〉, 1887-1888.

오 페 라

J.B. 륄리(Lully), 〈프시케 Psyché〉, 1678, 텍스트: 코르네유(Corneille) & 폰티넬
　　(Fontenelle).

A. 스칼라티(Scarlatti), 〈프시케 Psiche〉, 1683, 텍스트: N. 바카로(Vacaro).

A. 드라기(Draghi), 〈프시케와 큐피드 Psiche cercando Amore〉, 1688.

A. 칼다라(Caldara), 〈프시케 Psiche〉, 1720, 텍스트: 파리아티(Pariati).

J.J. 몽동빌(Mondonville), 〈큐피드와 프시케 L' Amour et Psyché〉, 1760.

A. 토마스(Thomas), 〈프시케 Psyché〉, 1857, 텍스트: 카레(Carré) & 바비어(Barbier).

E. 레이(Rey), 〈프시케 Psyché〉, 1898, 텍스트: G. 레이미(Lamey).

발 레

벤세라데(Benserade), 〈프시케와 큐피드의 힘 Psyché ou la puissance de l'
    Amour〉, 1656.

J.B. 륄리(Lully), 〈프시케 Psyché〉, 1671.

P. 주옹(Juon), 〈프시케 Psyche〉, 1906.

P. 리텔(Rytel), 〈목신(牧神)과 프시케 Faun und Psyche〉, 1931.

M. 티리에(Thiriet), 〈프시케 Psyche〉, 1957.

온 라 인 박 물 관

www.artcyclopedia.com

검색창에 "Psyche"를 입력합니다. 큐피드와 프시케의 이야기를 다룬 작품은 너무나 많습니다. 이야기의 구체적인 장면을 담은 작품으로는 헤일(Hale)의 〈Psyche at the Throne of Venus 비너스 왕좌 아래의 프시케〉, 워터하우스(Waterhouse)의 〈Psyche Entering Cupid's Garden 큐피드의 정원으로 들어가는 프시케〉 등이 있고, 보그로(Bouguereau)의 〈Le ravissement de Psyche 프시케의 환희〉나 카노바(Canova)의 〈Cupid and Psyche 큐피드와 프시케〉처럼 상징적인 사랑을 표현한 작품도 많이 있습니다.

완벽한 합일과 만족감

유피테르가 인간의 모습을 하고 이곳에 왔으며 그 뒤에는 아틀라스의 천사[78]가

지팡이는 들었지만 날개는 달지 않은 모습으로 아버지의 뒤를 이었다.

그들은 수많은 집들을 찾아다니며 하룻밤 묵어가게 해 달라고 빌었지만

그 집들은 모두 빗장을 잠갔다. 그런데 한 집만은 그들을 받아 주었다.

비록 작고 지붕은 짚과 갈대 줄기로만 덮여 있는 집이었지만.

경건한 노파인 바우키스는 동갑인 필레몬과 어린 나이에 결혼을 해서

같은 장소 같은 오두막에서 나이가 들었고, 가난도 문제가 되지 않았다.

가난한 삶을 결코 부끄러워하지 않았고 여유로운 마음으로 가난을 견뎠기 때

문이다.

---

78) 헤르메스. 아틀라스의 딸인 마이아의 아들이며 유피테르(제우스)의 전령으로 보통 전령의 지팡이, 여행용 모자 그
리고 날개 달린 신발을 지니고 다녔다.

그곳에서는 주인을 찾을 것인가 아니면 하인을 찾을 것인가는 중요하지 않았다.

집 전체가 주인이자 하인이고, 그들도 서로에게 주인인 동시에 하인이기 때문이다.

이제 하늘에 사는 신들이 이 작은 집에 다가와

고개를 숙이고 낮은 대문으로 들어섰을 때

의자에 있던 노인은 그들에게 의자를 내밀며 편히 쉬라고 하였고

부지런한 바우키스는 그 위에 소박한 수건을 걸쳐 놓았다.

…

이곳에서 신들이 쉬고 있으려니 식사 시간이 되었다. 앞치마를 두르고 떨리는 손으로

노파가 상을 가져왔다. 상의 셋째 다리는 좀 짧았다.

그렇지만 사금파리 하나가 균형을 잡아 주었다. 그것을 아래에 받쳐 놓으니

더 이상 상이 기울지 않았기 때문이다. 접시들은 신선한 민트 잎사귀로 깨끗하게 닦았다.

그 위에는 순결한 미네르바의 이색 과일과

효모액으로 절인 가을 버찌,

꽃상추 샐러드, 무 그리고 녹기 시작한 발효유 조각 몇 개를 놓고,

거기에다 미지근한 잿더미 위에서 두세 번 돌려 익힌 계란들을 얹은 것이

토기로 만든 그릇에 담긴 전부였다.

…

그 가운데는 황금빛 꿀도 있었다. 그러나 그들이 내놓은 것 중

최고의 것은 친절한 표정과 무엇이든 자꾸 대접하려고 하는 마음이었다.

그러다가 그들은 포도주 항아리가 비는 즉시

마치 저절로 그렇게 되는 것처럼 포도주가 새로 채워지고 있다는 사실을 알게 되었다.

이 기적을 보고 깜짝 놀란 두 사람은 겁을 먹고 간청하듯이 손을 위로 올리고는 더듬더듬 기도를 하기 시작한다. 바우키스와 필레몬 모두 겁에 질린 것이다.

그리고는 식사가 변변치 않은 것에 대해 용서해 달라고 빈다.

가축이라곤 유일하게 거위 한 마리가 있었는데, 이 작은 오두막을 지키는 녀석이었다.

집주인들은 이제 이 거위라도 손님인 신들에게 바칠 생각이었다.

그렇지만 거위는 잽싸게 날개를 퍼덕이며 달아났고, 느린 노인들을 지치게 만들면서

오래도록 노인들을 가지고 장난을 치더니 마침내 직접 신들에게로 도망가 피난처를 구하려는 것 같았다.

그러자 이 천상의 존재들은 이 동물을 죽이지 말라고 했다.

"우리가 신들이다!" 이제 그들은 이렇게 말하고 있었다.

"그리고 저 죄 많은 이웃들은 마땅한 벌을 받을 것이다.

하지만 그대들은 이 불행으로부터 면하게 해 주겠다.

그러니 당장 이 오두막을 떠나 우리의 걸음을 따라오라.

우리와 함께 저 산의 꼭대기로 오르도록 하라!" 두 사람은 이 말에 복종하여, 지팡이에 의지하여 한참 동안 올라가야 하는 산 위로 애를 쓰며 올라간다.

산의 정상으로부터 화살을 한 번 쏘아 맞힐 수 있는 정도의 거리만 남았을 때 그들은 뒤돌아보았다. 그러자 모든 것이 늪에 빠져 가라앉고 있는 것이 보였다.

오로지 그들의 오두막만이 화를 면하고 남아 있었다.

이들이 이 때문에 또 한번 놀라고, 이웃들의 운명을 슬퍼하며 울고 있는 동안

두 사람이 살기에도 너무 작았던 그 오두막은

사원으로 변한다. 말뚝 대신 기둥이 생기고,

짚은 적황색으로 빛나기 시작하며, 지붕은 금으로 변해 빛을 발하는 듯하고,

대문은 고상한 그림들로, 바닥은 대리석들로 뒤덮인다.

그런 후에 유피테르가 숭고한 목소리로 이렇게 말하기 시작했다:

"심성이 올바른 노인과 그에 걸맞은 부인이여, 그대들이 원하는 것을 말해 보라!"

그러자 필레몬은 바우키스와 약간 상의를 한 후

천상의 존재들에게 자신들은 똑같은 것을 원하기로 했다고 이야기했다.

"당신의 사제가 되어 당신의 사원을 지킬 수 있기를 저희는 간구하나이다.

또한 저희는 오랜 세월을 한마음으로 살아왔기 때문에

한날한시에 이승을 떠날 수 있기를 바랍니다.

제가 제 아내의 무덤을 바라보아야 하는 일이 없었으면 좋겠고,

제 아내가 저를 땅에 묻어야 하는 일이 없었으면 좋겠습니다!"

소원은 이루어진다. 그들은 살아 있는 동안 사원을 지키는 사람들이 되었다.

그리고 필레몬 노인과 바우키스는 고령이 되어 약해진 몸으로

어느 날 우연히 저 성스러운 계단 위에 서 있었다. 그리고는 이 장소의 운명을

다시 한번 이야기하고 있다가 서로의 몸이 푸른 잎사귀로 뒤덮이는 것을 보았다.

두 사람의 얼굴 위로는 나무들의 우듬지가 이미 자라나고 있었기 때문에

그들은 아직 이야기를 할 수 있는 동안 동시에 서로에게 말을 걸었다.

"그러면 잘 있어요, 여보!" 이 말과 함께 푸른 가지들이 그들의 얼굴을 가렸다.

오늘날에도 그곳에 가면 티네이아[79]가 고향인 사람이

---

79) 티니아: 보스포루스 민족.

두 몸에서 자란 두 나무가 서로 나란히 서 있는 것을 보여 준다.

오비디우스, 『변신』 VIII 626-640, 660-668, 677-720.

얼핏 보기에는 단순하고 동화적인 이야기이다. 변신 이야기를 주제로 선택한 대화 상대자들 중의 한 명인 렐렉스는 시작하자마자 소아시아 지역인 프리지아에서 벌어지는 나무 숭배를 지적한다. 참나무 한 그루와 보리수 한 그루가 서로 바싹 붙어 서 있는데, 두 나무의 잎사귀들이 붙어 있다. 참나무는 유피테르의 나무로서 남성적인 강함을 상징한다. 보리수는 연약한 재질과 섬세하고 하트 모양을 닮은 잎사귀 때문에 오히려 여성적인 모습을 나타낸다. 그곳에 사는 사람들은 이 나무들을 신처럼 숭배하고 있다(『변신』 VII 620).

이것은 오비디우스의 이야기가 필레몬과 바우키스의 동화적인 이야기에 연결되는 부분이다. 보다 정확히 관찰해 보면 아주 오래된 주제인 인류의 이야기가 다루어지고 있음이 분명해진다. 여기서 다루어지고 있는 것은 신들의 방문 이야기(신들이 인간에게 들르는 이야기로, 대개는 인간들의 심성을 시험해 보는 것이 목적)와 홍수의 전설이 주제이다. 홍수의 전설은 손님에게 후덕한 사람들이나 신앙심이 경건한 인간들은 보답하거나 구제하고 손님에게 불친절하거나 나쁜 사람들은 몰락하는 내용이다. 손님의 권리는 신성한 것이다. 예를 들면 『변신』의 1장 209쪽 이하의 내용에서도 유피테르는 리카온에 대한 벌로 그를 물어뜯는 늑대로 변신시킨다. 왜냐하면 리카온이 신성을 시험해 보기 위해 인육으로 만든 식사를 제공했기 때문이다. 그의 집은 벼락으로 박살난다.

비슷한 장면들은 성경에서도 발견되는데, 소돔과 고모라에 대한 보고가 그런 예이다. 야훼는 아브라함과 그의 처 사라로부터 푸짐한 대접을 받고 난 후에 자신의 방문 목적은 두 도시에 사는 사람들을 시험해 보기 위한 것이었다고 말한다(「창세기」 18, 20ff.). 그가 보낸 천사들은 롯의 집에서 손님으로 환영받는다. 롯은 악의적인 남색가들로부터 그들을 보호해 주기도 한다. 그 다음 날 천사들은 롯과 그 가족을 데리고 산으로 올라가며, 그렇게 해서 소돔과 고모라를 파괴하는 유황비와 불비로부터 그들을 구해 준다.

"손님에게 무도하게 공격하는 것이나 이타적인 희생정신을 발휘하는 것에서 인간들의 심성이 드러난다."[80] 오비디우스는 자세하게 서술하고 있는 한 작품에서 신들의 방문과 홍수의 재앙을 나무 숭배와 결부시켰다.

서로 사랑하고 신뢰하는 결혼생활을 하면서 늙은 필레몬과 바우키스는 완벽한 합일과 만족감 속에 살고 있다. 가난한 생활에 대해서도 그들은 평정하고 품위 있게 견딘다. 그들은 단순한 생활의 이상을 구현하고 있으며, 이는 헬레니즘 전통에 서 있는 많은 작가들에 의해서 계속해서 예찬되어 왔다. 놀라운 것은 '양성의 가치가 동등하다는 것'인데, 이는 아마도 가난의 결과일 것이다. 왜냐하면 변변치 않은 경제적 상황에서는 필연적으로 노동의 분화가 저절로 생겨나기 때문이다. 그래서 그들은 나란히 함께 일한다. 누구나 명령도 하고 복종도 한다. 그들은 궁핍한 생활을 근근이 이어 가지만 부러울 정도로 한마음이다. 이때 예기치 않았던 일이 생긴다. 두 명의 방랑자가 다른 모든 집들로부터 문전박대를 당한 후 이 집에 들른 것이다. 이렇게 나타난 그들은 유피테르와 그의 아들이며 신들의 사자인 헤르메스인데, 처음에는 아무도 그들이 누구인지 알아보지 못한다. 헤르메스는 특히

---

80) M. 벨러, 『유럽 문학에 나타난 필레몬과 바우키스』(1967) 13.

자신의 신발에서 날개를 떼어 냈다. 이제 두 노인의 진정한 심성이 나타날 것이다. 주인장들은 뜻이 있는 이름을 지니고 있다. 필레몬은 '사랑하는 남자, 손님에게 친절한 남자'라는 뜻이고, 바우키스는 '부드럽고 모성적인 여자'라는 뜻이다.

오비디우스는 이들이 손님을 맞이한 이야기를 모든 세부 사항을 다 곁들여 가며 기분 좋은 장면으로 형상화한다. 아직도 두 노인은 자기들이 누구와 상대하고 있는 건지를 모르고 있다. 그들은 자신들의 심성을 시험해 보려고 하는 두 명의 신들을 대접해야 한다는 것은 예감조차 못하는 것이다. 그러나 이 경건한 사람들에게 손님이란 성스러운 존재이다. 그 때문에 변변치 않은 살림일망정 내놓을 수 있는 것은 전부 내놓고, 최대한 정성을 기울여서 이 방랑자들이 가능한 한 편안하게 머물 수 있게 애쓴다. 식탁도 비록 단순하고 거친 것이지만 앉기에 편안하도록 배려하고, 식단도 소박하긴 해도 제대로 구색을 갖춘 상태로 차리는데 전채 요리, 구운 고기와 포도주가 나오는 주식, 그리고 후식으로 구성되어 있는 것이다. 시인은 계속 싱긋이 웃는 어조로, 밥상의 소박함을 강조하는 일을 소홀히 하지 않는다. 방석은 갈대 줄기로 채워져 있고, 잔은 나무로 만든 것이며, 탁자는 흔들거려서 사금파리로 밑을 받쳐 주어야 한다. 식탁에서 즐겁게 이야기하는 장면에 대해선 딱 한 줄로 보고하고 있는데, "그동안 그들은 이야기를 하면서 시간을 보낸다"는(VIII 651) 것이다. 주인들의 친절한 표정과 따뜻한 마음 때문에 분위기도 화기애애하다. 시시콜콜한 부분들도 많이 곁들여 가며 묘사한 이 시골의 식사 장면은 편안하고 고요한 삶의 이미지를 제공하는데, 이러한 이미지는 당시의 도시적 삶을 살던 로마인들이 동경했던 것이며, 그 시대의 시인들(호라티우스, 티불루스, 베르길리우스[버질], 마르티알리스 등)의 작품들에서도 아름답게 묘사되던 소재이다.

이처럼 겸손함과 신들의 법칙에 대한 존경심에 의해 각인된 세계에서 신들은 이제 그들의 신적인 본질을 계시하게 되는데, 포도주 항아리가 비자마자 저절로 다시 채워지도록 하는 것이다. 인간은 자연법칙이 효력을 발휘하지 않는 것처럼 보일 때 기적을 믿는다. 필레몬과 바우키스도 이러한 초현세적인 작용을 인식하고는 엄청나게 놀란다. 그들은 식사가 보잘것없었던 것에 대해 사과하고는 유일한 가축이며 오두막을 지키기도 하는 거위를 잡으려고 한다. 그런데 거위들은 매우 공격적일 수가 있다. 오비디우스는 두 노인이 날개를 퍼덕이며 달아나는 동물을 잡으려고 쫓아다니는 모습과 거위가 드디어 신들의 곁으로 도망가는 모습을 해학적으로 묘사하고 있다. 그러나 신들은 그러한 희생을 하지 말라고 한다. 비록 여기서는 손님에 대한 후덕한 대접이 거의 과도할 정도로 묘사되고 있긴 하지만, 노부부의 깊은 신앙심도 그만큼 더 분명하게 나타난다.

이제 신들은 분명한 말로 자신들을 알린다. "우리가 신들이다!" 이와 동시에 손님들에게 불친절했고, 따라서 신들에게 방자한 태도를 취했던 이웃들을 벌하겠다는 위협도 이어진다. 정의로운 자는 말하자면 신들의 행동도 알고 있는 자라는 것이다. 필레몬과 바우키스에게는 지체하지 말고 신들과 함께 근처에 있는 산으로 오르라는 명령이 주어진다. 독자는 이제 무슨 일이 생길 것인지를 알고 있다. 악인들은 벌 받고, 경건한 자들은 보답을 받을 것이다. 신들이 원한 징벌로 내려진 홍수의 재앙은 거의 모든 문화민족의 종교에서 발견되는 주제이다. 예를 들자면 그리스 신화에는 경건한 부부로서 유피테르에 의해 홍수의 재앙에 휩쓸리는 것을 면했던 데우칼리온과 피라의 전설이 있고, 성경에도 노아의 이야기를 들 수 있다.

필레몬과 바우키스는 천상의 존재들을 따라 힘겹게 산 위로 올라간다. 정상이 얼마 남지 않았을 즈음 그들은 뒤를 돌아본다. 그렇지만 그들은 롯의 처가 그랬던 것처럼 소금 기둥으로 굳어 버리는 것이 아니라 신을 믿지 않는 자들이 늪에 가라앉은 것을 눈으로 보게 된다. 이들은 마음이 여린 탓에 울음을 터뜨린다.

이어서 이들이 손님에 대해 친절한 대접을 한 것에 대한 보상으로 일종의 변신이 생겨난다. 초라한 오두막이 화려한 사원으로 변한 것이다. 그 밖에도 유피테르는―동화적인 모티브로서―두 노인에게 소원을 말하라고 한다. 이와 비슷한 것으로 그림 형제의 「가난뱅이와 부자」라는 동화에서도 가난뱅이는 소원대로 화려한 집을 받는다. 시인에 의해 사랑스러운 성격으로 묘사된 필레몬과 바우키스는 이번에도 완전히 한마음으로 결정한다. 그들은 새로 생겨난 사원의 사제가 되고 싶으며 그들이 오랜 동안 함께 살면서 지녀 온 무조건적인 사랑의 표시로서 언젠가 한날한시에 죽게 해 달라고 빈다.

그들의 소원은 충족된다. 그들은 한때 그들의 오두막이었던 유피테르 사원의 사제로서 장수하기 때문이다. 이는 어쩌면 프리지아의 아이톨 사원 신화가 보완된 것일 수도 있다. 이 신화는 나무 숭배에 대한 신화로서, 바로 이 지역에서 특별한 사랑을 받아 온 것이기 때문이다.

이 이야기는 또 한 번의 변신으로 끝난다. 고령에 다다른 두 노인이 또다시 사원의 계단에 선 채로(노인들이 즐겨 하는 것처럼) 이전의 사건들에 대해서 회고하는 동안 두 사람이 동시에 나무로 변신한다. 그렇지만 서로 사랑하는 사람끼리 작별의 인사도 건네지 못한 것은 아니다. "잘 가요, 여보!" 필레몬은 강력한 참나무가 되고, 바우키스는 섬세한 가지의 보리수가 된다.

말텐[81)]에 따르면 인간이 나무로 변신한다는 생각의 밑바탕에는 죽어 가는 사람의 피나 죽은 사람의 재를 먹고 식물들, 특히 나무들이 성장하고, 죽은 사람의 영혼은 그 안에서 계속 살아가게 된다고 하는 오래된 표상이 깔려 있다고 한다.

신화는 다른 변신의 이야기도 포함하고 있는데, 예컨대 다프네는 아폴로를 피해 도망가다가 월계수로 변했고, 그 이후로 이 나무는 신에게 바쳐진 나무가 되었다. 로도스의 아폴로니오스(2, 1231ff.)에 따르면 켄타우로스 키론의 어머니 필리라는 기형아를 낳은 것이 부끄러운 나머지 제우스에게 간청해서 보리수로 변했다.

오비디우스는 화자로 하여금 그가 한 이야기의 내용이 사실이라는 것을 강조하는 맺음말을 하게 한다. 화자는 프리지아 사람들이 나무신들을 기리는 축성식에 가 본 적이 있었는데, 서로 꼭 붙어 있는 두 나무 사이에 화환들을 세워 놓은 것을 보았다고 하며 이렇게 끝맺는다. "신들이 사랑했던 자라면 그도 신이다. 그리고 남을 존경했던 자는 스스로도 존경을 받는 법이다!"(VIII 724).

오비디우스 이후에 창작되었거나 변형된 이야기들 중에서도 괴테의 『파우스트』 제2부 제5막에 나오는 "필레몬과 바우키스 장면"은 오비디우스의 이야기에 대한 맞수라고 할 수 있을 정도로 걸출한 편이다. 이 장면의 처음에는 오비디우스의 묘사와 거의 유사한 서정적 분위기가 지배하고 있는 것처럼 보인다. 이번에는 오두막이 사구(砂丘) 위에 서 있고, 그 옆에는 두 노인이 보살피는 작은 예배당이 있다. 예전에 난파해서 고생하다가 필레몬과 바우키스의 집에서 신세를 졌던 나그네가 감사와 존경을 표시하기 위해서 다

---

81) L. 말텐, 『헤르메스』 74(1939), 193.

시 그 집에 들른다. 노인들은 이미 알려진 바대로 손님에 대한 후덕함을 다시 보여 준다. 그런데 그들은 식사를 하면서 파우스트가 지금 황제에게 해안 전체를 요구하고 있다는 이야기를 한다. 그들은 망루 보고 형식으로[82] 파우스트의 식민지화 활동을 상세히 묘사한다. 파우스트의 활동은 무자비함에 있어 근대의 많은 토지 침탈행위들을 연상시키는 것이다. 손님은 입맛이 싹 가신다. 그동안 파우스트는 자신의 궁성에 앉아서 메피스토의 폭력을 통해 획득한 부에 대해 생각중이다. 이때 예배당에서 울려 오는 저녁 종소리가 그의 신경에 거슬리는 동시에, 필레몬과 바우키스가 사는 작은 땅이 아직도 그의 소유가 되지 않고 있다는 사실이 의식된다. 화가 난 그는 메피스토에게 "노인들을 처리하라"(11,275행)고 한다. 오두막은 곧이어 이 '폭력배들'에 의해 불태워지고 노인들은 "신속히 치워지며"(11,361행) 나그네는 그에 맞서 싸우다가 죽음을 당한다. 파우스트는 메피스토의 폭력적인 하수인들에 의해 저질러진 이 야만적 사건에 대해 격노하고 "생각 없이 저지른 난동"(11,732행)에 대해 저주하지만, 결국 책임은 그에게로 돌아가는 것이다.

시커멓게 타 버린 오두막에서 연기가 뭉게뭉게 피어오르는 가운데 네 명의 마신적인 여성들이 둥실둥실 나타난다. 이들은 결핍, 빚, 곤궁, 근심이라 불린다. 근심이 파우스트에게 입김을 불어 대자 파우스트는 눈이 멀게 된다.

아르카디아적인 목가적 풍경도, 사랑하는 두 노인이 신들을 만났던 기적도 더 이상 아무런 흔적이 남아 있지 않다! 악의 권력과 대결하는 가운데 필레몬과 바우키스가 몰락해 가는 것이다. 경건한 사람은 한동안 신들의 보호 없이 살아야만 할 것처럼 보이며, 부정적이고 과도한 권력과 만나 좌초한

---

82) 연극에서 전투 등 무대 위에 올리기 어려운 장면을 누군가 망루에서 보며 이야기해 주는 방식으로 처리하는 것.

다. 하지만 여기서도 고령에 이른 노인들의 운명은 같은 시간에 죽음으로써 완성된다. 비록 그 죽음이 폭력적이긴 하지만 말이다.

1833년 6월 6일 괴테는 에커만에게 이런 말을 했다. "내가 그린 필레몬과 바우키스는 고대에 살았던 그 노부부나 그들과 결부된 전설하고는 아무 관련도 없어. 내가 그 부부에게 그런 이름을 붙여 주었던 것은 캐릭터를 좀 강하게 드러내기 위해서였을 뿐이야…."

위의 장면을 보면 근대 사회에서는 두 사람이 평화롭고 겸손하게 살아갈 수 있는 공간이 더 이상 존재하지 않는 것처럼 보인다는 사실을 깨닫게 된다. 그럼에도 불구하고 목가적인 생활에 대한 동경은 인간의 의식을 떠나 본 적이 없는 것이다.

Art Works 예술작품

출 처

오비디우스(Ovid), 『변신 Metamorphosen』, 뮌헨, 1986.

그 림

A. 엘스하이머(Elsheimer, 1578-1610), 〈필레몬과 바우키스를 방문중인 유피테르 Jupiter bei Philemon und Baucis〉, 빈, 미술사 박물관.

P.P. 루벤스(Rubens), 〈유피테르, 헤르메스, 필레몬과 바우키스 Jupiter, Merkur, Philemon und Baucis〉, 1620년경, 빈, 미술사 박물관.

J. 반 오스트(父)(van Oost, 1601-1671), 〈필레몬과 바우키스를 방문중인 유피테르와 헤르메스 Jupiter und Merkur bei Philemon und Baucis〉, 샌프란시스코, M.H. 드 영 기념박물관.

J. 반 덴 회케(van den Hoecke, 1611-1651), 〈필레몬과 바우키스를 방문중인 유피테르와 헤르메스 Jupiter und Merkur bei Philemon und Baucis〉, 프라하, 내셔널 갤러리.

렘브란트(Rembrandt), 〈필레몬과 바우키스 Philemon und Baucis〉, 1658, 뉴욕, 개인 소장.

J.B. 레스토(Restout), 〈필레몬과 바우키스를 방문중인 유피테르와 헤르메스 Jupiter und Merkur bei Philemon und Baucis〉, 투르 박물관.

희 곡

C.G. 페펠(Pfeffel), 『필레몬과 바우키스 Philemon und Baucis』, 1763.

M. 가왈레비츠(Gawalewicz), 『필레몬과 바우키스 Philemon i Baucis』, 1897.

K. 바케(Wache), 『바우키스와 필레몬 Baucis und Philemon』, 1954(희극).

L. 알젠(Ahlsen), 『필레몬과 바우키스 Philemon und Baucis』, 1957(제2차 세계대전

에서의 그리스 빨치산의 투쟁을 다룬 희곡).

시

J. 스위프트(Swift), 「바우키스와 필레몬 Baucis and Philemon」, 1709(트라베스티).

F. v. 하게도른(Hagedorn, 1708-1754), 「필레몬과 바우키스 Philemon und Baucis」.

J.H. 포스(Voss), 「필레몬과 바우키스 Philemon und Baucis」, 1785(목가).

오 페 라

Chr. W. 글루크(Gluck), 〈바우키스와 필레몬 Bauci e Filemone〉, 1769.

J. 하이든(Haydn), 〈필레몬과 바우키스 Philemon und Baucis〉(= 〈유피테르의 지상 여행 Jupiters Reise auf der Erde〉), 1773.

Ch. 구노(Gounod), 〈필레몬과 바우키스 Philémon et Baucis〉, 1860, 텍스트: 바르비에(Barbier)와 카레(Carré).

온 라 인 박 물 관

www.artcyclopedia.com

검색창에 "Baucis"를 입력합니다. 제우스와 헤르메스를 대접하고 있는 필레몬과 바우키스를 그린 엘스하이머(Elsheimer)의 〈Jupiter and Mercury at Philemon and Baucis 필레몬과 바우키스를 방문중인 유피테르와 머큐리〉가 대표적인 작품입니다.

받아들일 수 없는 이별의 고통

에우리디케를 잃은 후 저승세계로 내려가는 오르페우스

사태는 그러한 징후보다도 더 나쁜 결과로 끝났다. 왜냐하면 어린 신부가

물의 요정들에 둘러싸여 벌판 위를 걸어가다가

발꿈치를 뱀에게 물려 상처를 입고 죽었기 때문이다.

로도페[83]의 가수는 하늘을 우러르며 그녀의 죽음을 충분히 애도하고 난 후

모든 시도를 다 해 보기 위해, 심지어 그림자라도 도움이 된다면 이용해 보기 위해

테나루스 성문을 지나 스틱스 강물로 내려가는 모험을 감행했고,

이 슬픈 왕국의 주인으로 그림자들을 지배하는 하데스와 페르세포네에게로 내

---

83) 트라키아 지방에 있는 산맥.

려갔다.

그는 멜로디에 맞춰 리라를 울리며 이렇게 노래했다:

"우리는 그저 예속되어 있을 뿐인 저 대지의 아래에서

모든 필멸의 존재들을 창조하는 이 세계의 신들이시여,

저는 거짓 구실로 속임수를 쓰지 않고 진실만을 말하오니 부디 허락해 주시옵소서.

거짓을 말하려고 내려온 것이 아니며, 이 어두운 저승을 구경하려고 온 것도 아니고,

세 개나 되는 아가리에서 독사들이 뒤얽혀 나오는

저 메두사 가문의 괴물[84]을 포박하려고 온 것도 아닙니다.

제가 온 이유는 아내 때문인데, 아내는 독사를 밟았다가 발뒤꿈치를 물려

독사의 독이 퍼지면서 꽃 같은 청춘 시절을 빼앗기고 말았습니다.

나는 이 슬픔을 견딜 수 있기를 바랐습니다. 그렇게 하려고 시도도 했습니다만,

지상에서는 잘 알려진 큐피드 신이 승리를 거뒀지요.―

여기서도 그럴까요? 저는 아직은 모릅니다. 하지만 그러리라고 추측은 합니다.

저 옛날 태곳적에 있었던 약탈의 전설이 꾸며 낸 이야기가 아니라면

당신들도 사랑으로 맺어진 사이겠지요.―이 경악할 장소에 맹세코,

강력한 카오스에게 맹세코, 이 거대한 왕국의 침묵에 맹세코

당신들에게 간청합니다. 에우리디케의 끊긴 운명을 다시 이어 주소서!

무슨 일을 해서라도 은혜를 갚겠습니다. 잠깐 나가 살다가 조만간 나중에는

단 하나뿐인 이 공통의 거주지로 돌아오겠습니다.

---

84) 케르베로스. 지옥의 개로서 머리가 셋이고, 괴물인 메두사의 손자이다.

우리 모두는 이곳에 오려고 합니다. 이곳은 마지막 거처이니까요.

당신들은 인류에 대해 영원한 지배권을 행사하고 계십니다.

그녀도 주어진 세월을 충분히 다 살고 나면

당신들의 권리에 귀속될 것입니다. 부디 그러한 즐거움을 선사해 주십시오.

운명이 제 아내에게 그러한 것을 허락하지 않는다면, 저는 결단코

다시 돌아가지 않을 것입니다. 그러면 두 사람의 죽음을 기뻐하시게 되겠지요!"

그가 이렇게 노래를 부르면서 노래에 맞춰 현악기를 울리고 있는 동안

피도 없는 영혼들이 눈물을 흘렸고, 탄탈로스도 더 이상

잦아드는 물줄기를 향해 손을 뻗지 않았다. …

… 시시포스여, 그대도 바위 위에 앉아 있었구나.

그때 처음으로 복수의 여신들도 눈물로 뺨이 젖었다고 한다.

노래에 압도되어 그랬던 것이다. 왕의 부인도,

저승세계를 조종하는 왕도 이렇게 간청하는 사람을 당해 낼 재간이 없었다.

더 이상 시간을 끌지 않고 당장 에우리디케를 부른다.

에우리디케는 최근에 죽은 사람들의 그림자들 사이에 머물고 있었다.

여전히 상처가 남아 있는 발을 끌며 그녀가 들어왔다.

트라키아의 가수는 그녀를 맞이하는 동시에 지시사항들도 받는다.

아베른 골짜기[85]를 넘어서기 전까지는 뒤를 돌아보지 말라.

그렇지 않으면 선물은 무효가 될 것이다.

이제 그들은 아무 소리도 안 들리는 적막한 길을 올라갔다.

길은 가파르고 어두웠으며 음산한 어둠으로 가려져 있었다.

---

85) 옛날 사람들은 저승세계로 가는 통로 중의 하나가 남부 이탈리아의 아베른 호수 근처에 있다고 추측했다.

어쩌면 그녀가 제대로 따라오지 못할까 겁도 나고, 그녀를 보고 싶기도 하여

사랑으로 가득한 마음으로 그가 뒤를 돌아보니, 그 즉시로 그녀는 가라앉았다.

그는 그녀를 안고 그녀에게 안기려는 듯 팔을 뻗어 보지만,

이 불행한 사람의 팔에 잡히는 것이라곤 사라지는 공기들뿐이다.

그녀는 다시 죽어 가면서도 남편에 대해 아무 원망도 하지 않는다.

하기는, 자신이 사랑받았다는 것 외에 무슨 원망을 할 수 있을 것인가?

마지막으로 "안녕"이라는 한 마디를 해 보지만, 그에게는 거의 들리지도 않았다.

그리고 그녀는 그녀가 왔던 곳으로 다시 떨어져 갔다.

그는 다시 저곳으로 넘어가게 해 달라고 간청도 하고 거듭 시도도 해 보지만

허사였다.

사공은 그의 애원을 뿌리쳤던 것이다. 그래도 그는 칠 일 동안이나

슬퍼하며 앉아 있었다. 세레스의 선물들[86]을 조롱이라도 하듯 진창으로 가득한

강변에서.

가슴속에 있는 근심과 고통 그리고 눈물이 그의 음식이었다.

에레보스[87]의 신들은 잔인도 하구나, 하고 그는 비탄했다.

그리고는 북풍의 채찍을 받으며 달리는 배를 타고 로도페의 언덕으로 되돌아

간다.

오르페우스가 죽은 후 그의 그림자가 다시 저승세계로 온다.

---

86) 세레스가 대지와 곡식의 여신이므로 세레스의 선물이란 곡식 또는 곡식이 자라 있는 밭을 의미한다.
87) 암흑의 신으로 저승세계에 대한 비유로 쓰임.

그림자는 대지의 아래로 사라지면서 그가 전에 보았던

모든 장소들을 다시 알아보고, 경건한 사람들의 영역을 두루 찾아다니다가

에우리디케가 그곳에 있는 것을 발견하고는 뜨거운 열정을 느끼며 그녀를 포
옹한다.

이제 이곳에서 두 사람은 함께 약간 거닐어 본다.

때로는 그녀가 앞서고 그가 뒤를 따르며, 때로는 그가 그녀보다 먼저 가기도
하면서

이제 오르페우스는 아무런 위험도 없이 그의 에우리디케 쪽을 바라본다.

오비디우스, 『변신』 X, 8-42, 44-63, 72-77 ; XI, 61-66.

에우리디케의 죽음

오르페우스가 우아한 숲의 님프인 에우리디케와 결혼했을 때 음울한 전조
가 드리웠었다. 결혼식의 신이 직접 참여했지만 분위기가 전혀 뜨지 않았
다. 좋지 않은 결과는 미리 예정되어 있는 것처럼 보였다. 신부가 놀이친구
인 물의 요정들과 초원에서 즐기고 있었을 때 유명한 양봉가인 아리스테우
스[88]가 그녀를 보았던 것이다. 욕망에 사로잡힌 그는 이 어린 처녀에게 폭력
을 행사하려고 뒤쫓아 갔다. 그녀는 파랗게 질린 상태에서 그를 피해 달아
나다가 독사에게 물렸다. 그녀는 결혼식이 끝난 지 얼마 안 되어 죽었다.

---

88) 베르길리우스, 『아이네이스』 V 457-459.

오르페우스의 하강

오르페우스가 사랑의 욕구 때문에 초췌해지고 있는 동안 에우리디케는 그림자들의 세계로 가라앉아 간다.

가라앉힐 수 없는 슬픔의 기간을 보낸 후 오르페우스는 끔찍한 결심을 하게 된다. 에우리디케를 이승으로 되찾아 오기 위해서 그는 산 채로 죽은 자들의 세계로 내려가려고 하는 것이다. 고대 신화에서 필멸의 존재가 저승세계로 하강할 수 있었던 경우는 헤르쿨레스와 오디세우스 그리고 아이네이아스 등으로서 극히 드물었다.

살아 있는 몸으로 명부의 다양한 장애를 극복하려면 신의 도움이나 특별한 재능이 필요했다. 하지만 오르페우스는 이러한 능력을 소유하고 있었으니, 노래를 부르고 연주를 하면서 사자들이 사는 세계를 지나 저승의 신들인 하데스와 페르세포네가 있는 곳으로 가는 길을 열어 나가는 것이다. 오비디우스의 시대에는 음악이 오래전부터 하나의 자립적인 표현영역으로 되어 있었다. 오르페우스의 노래는 동시에 수사학적인 연설의 역할도 하는 것이다. 고대의 연설가들에게 흔히 그러했듯이 이 시인도 오르페우스를 일종의 캅타티오 베네볼렌티아에(Captatio benevolentiae), 즉 청중의 환심을 사려는 행동으로 시작하게 한다. 그는 저승세계의 존재들이 막강한 존재임을 인정하면서 그들의 호의를 확보하는 것이다. 이어서 그들을 설득시키는 논거를 대는데, 에우리디케는 그녀에게 주어진 명을 다 살지 못했고 자신도 그녀를 잃은 슬픔을 극복해 보려고 모든 노력을 다 했다는 것이다. 그러나 그의 주된 논거는 사랑이다. 다시 말해 올바르지 않은 운명에 대해 이의를 제기하도록 그를 강요하고 있는 것은 사랑이라는 것이다. 이 점에서 신화의 저술가는 하데스가 직접 페르세포네를 지상세계에서 납치해 왔다고 말한다.

이 노래하는 가수는 이러한 유괴와 관련된 야만성에 대해서는 언급하지 않는다. 그 대신 저승의 신들과 자신을 엮어 주는 공통의 경험이 있음을 드러내는 것이다. 여기서 저승세계가 에우리디케에 대해 내세울 수 있는 권리는 여전히 침해되지 않는다. 왜냐하면 그렇게 할 경우 그녀의 죽음이 단지 연기될 뿐이기 때문이다. 그러나 오르페우스는 존재하는 현실을 거스르고 싶어 하며, 정당한 권리를 제기할 수 있다고 믿는다. 자신은 사랑하는 부인에 대한 권리가 있고 그녀는 적절한 수명을 살 권리가 있으며 두 사람 모두 그들의 사랑을 누릴 권리가 있는데, 신부의 요절 때문에 그 권리를 놓쳤다는 것이다.

드디어 이 가수는 자신이 이러한 고소를 진지하게 생각하고 있음을 확언하기 위해서 사랑하는 사람이 없이는 되돌아가지 않겠다고 선포한다. 이것은 자살하겠다고 위협하는 것일 수도 있다. 운명의 부당함을 자신의 죽음으로 알리기 위해서 말이다. "사랑하는 대상과의 동일시가 지나치면 사랑하는 대상을 잃은 사실에 대한 비탄이 자신의 죽음에 대한 욕구와 뒤얽히게 된다."[89] 오르페우스는 살아 있는 몸이어서 저승에 필요 이상으로 머무를 수는 없었다. 그렇게 된다면 저승세계의 원칙이 무효가 될 것이기 때문이다. 오르페우스는 저승의 존재들에게 풀 수 없는 문제를 하나 제기한 셈이다. 그러나 시인은 이러한 계획에 대해 신들이 어떤 반응을 보였는지에 대해서는 말하지 않는다. 그 대신 오르페우스의 노래가 어떤 효과를 자아냈는지에 대해서 탁월하게 묘사하고 있을 뿐이다. 그리고 이제 결코 일어날 수 없는 일이 일어난다. 저승세계가 중심을 잃어버리고 있는 것이다. 한 사람도 예외

---

89) J. 되링(1996), 26.

없이 모두 엄청난 전율을 느낀다. 창백한 죽은 영혼들이 울고 있다. 원래 죽은 영혼은 감정이 없는 존재여야 하는 것이 아닌가. 자기 아들을 죽이고, 그 때문에 저 유명한 '탄탈로스의 고통'—결코 허기짐과 갈증으로 채울 수 없는 고통—으로 참회하고 있는 탄탈로스가 붙잡을 수 없는 과일과 잦아드는 물을 향해 손을 내밀던 것을 갑자기 중지한다. 다른 참회자들도 하던 행동을 멈추고, 심지어 천하의 사기꾼이었다가 끊임없이 산 위로 바위들을 굴려 올려야만 하는 시시포스조차 바위들을 세워 두고는 도발적으로 그 위에 걸터앉기까지 한다. 복수의 여신들도 그들의 존재 이래 처음으로 감동받아 눈물을 흘리는 모습을 보여 준다.

하데스에 대한 묘사는 호메로스에서 베르길리우스에 이르기까지 다른 그리스의 작가들에게서도 발견된다. 이 이야기들은 고대의 사후세계에 대한 표상을 지속적으로 각인해 왔으며 세계문학에서도 이 영향을 계속 받아 왔는데, 특히 르네상스 시기가 그렇다.

오비디우스의 이야기는 계속해서 생각할 여지를 다분히 주는 것이다. 예를 들어 오르페우스의 리라는 아폴론 신으로부터 나온 것이므로, 하데스와 페르세포네도 아폴론과 힘겨루기 하는 사태에 말려들고 싶어 하지는 않았을 것이라고 생각해 볼 수도 있다. 오르페우스의 모티브는 사랑인데, 이것을 구현하는 신이 아프로디테이다. 천상의 신들은 어둠의 권력보다는 근본적으로 우위에 있다. 저승의 신들도 이러한 사실은 의식하고 있었을 것이다.

비극적 종말

그들이 에우리디케를 사랑하는 남편에게 돌려주겠다고 하면서 충족할 수 없는 조건을 제시하는 것은 단지 이러한 갈등상태에서 벗어나 저승세계의 질서를 제대로 유지하기 위한 속임수에 불과했던 것일까? 아니면 오르페우스는 이런 방식으로 자신의 오만함에 대한 벌을 받아야 했던 것일까? 그렇지만 그는 자신의 소원이 달성되고 있다고 믿는다. 그가 부르는 노래의 힘은 죽음조차도 이겨 낸 듯이 보인다. 그러나 그의 노래가 멈추자 그 효력도 사라진다. 따라서 원래의 상태가 바로 회복되는 것이다. 형벌은 지속되며, 이 끔찍한 장소에는 다시 어둠과 정적이 지배한다. 오비디우스는 깊은 침묵, 음산함, 지상세계로의 힘겨운 상승 등에 대해서 풍부한 어휘력을 구사해 가며 묘사한다. 에우리디케는 발꿈치에 물린 상처 때문에 절뚝거리지만, 아무런 소리도 내지 않고 이 가수의 뒤를 따라간다. 아직도 그녀는 그림자인 것이다. 오르페우스는 그녀가 정말로 자신의 뒤를 따라오고 있는 것인지에 대해서도 확신할 수가 없다.

숙명은 예정된 길로 나아간다. 오비디우스는 왜 오르페우스가 뒤돌아보면 안 된다는 금령을 어기는지에 대해 두 가지 이유를 대고 있다. 사랑하는 부인이 제대로 따라오지 못하지 않을까 하는 두려움 때문에 그는 뒤를 돌아보는 것이지만, 그녀를 보고 싶은 불타는 욕망 때문에도 그렇다는 것이다. "사랑에 가득 차서" 그렇다고 시인은 말한다.

기원전 430년에 만들어진 헤르메스 부조에는 이 장면이 새겨져 있다. 오르페우스가 에우리디케 쪽으로 돌아볼 때 그녀의 뒤에는 영혼의 동반자인 헤르메스가 마치 유감스럽다는 듯이 주저하는 표정으로 서 있다. 그는 그녀를 다시 데려가기 위해 조심스럽게 그녀의 팔을 잡는다. 이 여성은 오르페우스 쪽을 쳐다보는데, 그녀의 시선에는 사랑을 하고 있는 여인이 그런 순간에 느낄 법한 모든 것을 담고 있다. 그녀는 오비디우스가 서술하고 있는 것처럼 오르페우스를 붙잡기라도 하겠다는 듯이 오르페우스의 어깨에 손을 걸쳤다. 사랑하는 이 여인은 그러나 그저 하나의 환영일 뿐이었다. 그러므로 그녀의 존재는 그에게도 느낄 수 없는 존재였던 것이다. 그녀는 "잘 가요!"라는 단 한 마디만 한다. 그녀는 원망하지 않는다. 왜 오르페우스가 뒤돌아본 것인지 알기 때문이다. 사랑하는 사람들은 한마음으로 서로를 이해하는 것이다.

시인인 베르길리우스는 이 장면을 이와는 다르게 이해하고 있다. 그는 오르페우스가 광기에 사로잡혀 주의력이 부족했다고 비난하면서 에우리디케로 하여금 심한 비난과 원망을 입에 담게 한다. 아마도 이러한 그의 생각은 많은 독자들의 기대와 어긋나는 것일지도 모른다. 그에 반해 오비디우스는 에우리디케의 두 번째 죽음을 대단한 감수성으로 묘사하면서 이 사건을 인간적인 비극으로 변형시키고 있다. 죽음은 제 권리를 요구하고, 저승세계의 현실 우선 원칙도 고수된다. 에우리디케가 죽은 자들의 세계에 속하는 것은 되돌릴 수 없는 사실인 것이다.

다시 오르페우스는 하데스로 가는 통로를 만들어 내기 위해 절망적으로 시도하지만 거절된다. 그는 경악한 나머지 돌처럼 얼어붙고, 칠 일 동안이나 어떤 음식도 입에 대지 않고 있다가 저승의 존재들을 원망하고 슬퍼하면서 고향의 산으로 되돌아간다.

그러나 오르페우스의 하강이 비극적으로 끝나는 것은 많은 후대의 작가들에겐 너무 불만족스럽게 보였다. 따라서 작가, 화가, 조각가, 작곡가, 연출가 등은 그 이후에도 참으로 무궁무진한 상상력을 동원하면서 이 이야기를 화해적인 결말로 바꿔 왔다.

오르페우스의 죽음

여성과의 불행한 사랑을 경험한 후로 이 가수는 어린이에게 성욕을 느끼는 성향을 지니게 되었다.[90] 오비디우스는 그 때문에 오르페우스를 믿을 수 없는 존재라거나 지조가 부족한 사람으로 간주하는 것이 아니라 오르페우스가 이렇게 함으로써 나름대로 슬픔을 극복하려는 것이라고 생각한다. 에우리디케는 앞에서 드러나지는 않지만 여전히 영향을 끼치는 존재로 남는 것이다. 그녀가 두 번째로 죽은 이후로 이 가수의 멜로디는 더 우수에 차게 되었지만, 그래도 계속해서 모든 자연을 만족시켰다. 그러나 그가 소란스러운 바커스 축제의 환락을 위해 리라에 맞춰 노래해 달라는 것을 거절했을 때, 그곳에서 흥분한 여성들은 마신적인 광분의 도가니에 빠져 들었다. 그녀들의 아우성은 그의 목소리를 압도했고, 그의 노랫소리도 들리지 않게 했다. 광적인 폭력의 난무 속에서 그들은 오르페우스를 여러 조각으로 찢어 놓았다. 그의 머리가 레스보스 섬을 향해 바다 위를 흘러가는 동안 그의 입은 계속해서 에우리디케의 이름을 불렀다고 한다.

실현

오르페우스의 종말은 동시에 또 다른 시작을 의미하기도 한다. 그의 그림자가 저승세계에 남아 에우리디케를 찾기 때문이다. 그는 그녀가 망부들의 극락에서 경건한 영혼들 가운데 있는 것을 발견하고는 마침내 아무런 조건 없이 그녀와 하나가 될 수 있게 된다.

---

90) 오비디우스, 『변신』 X 83ff.

이러한 위로야말로 운명의 아이러니이다. 헤어진 연인들은 죽어서 만나게 되
며, 살아 있을 때는 허용되지 않았던 소원도 실현되는 것을 경험하게 된다는.

H.P.

Art Works 예술작품

출 처

오비디우스(Ovid), 『변신 Metamorphosen』 X, XI.
베르길리우스(Vergil), 『게오르기카 Georgica』 IV.

조 각

〈오르페우스와 에우리디케 Orpheus und Eurydike〉, 세 인물의 부조, 기원전 430년
경, 나폴리 국립박물관(복제).
A. 카노바(Canova), 〈오르페우스와 에우리디케 Orpheus und Eurydike〉, 1773, 프
레다치, 팔리에르 별장.
A. 로댕(Rodin), 〈오르페우스와 에우리디케 Orpheus und Eurydike〉, 1894, 파리,
로댕 박물관.

모자이크

〈오르페우스와 동물들 Orpheus und die Tiere〉, 팔레르모 국립박물관.
〈동물들 가운데 있는 오르페우스 Orpheus unter den Tieren〉, 기원후 340년경, 블
랑지-레-피스메(엔).

그 림

L. 시뇨렐리(Signorelli), 〈저승세계에 간 오르페우스 Orpheus in der Unterwelt〉,
1470년경, 오르비에토 성당(프레스코).
N. 델라바테(dell' Abbate), 16세기, 〈뱀에게 물린 에우리디케 Eurydike von einer
Schlange gebissen〉, 런던, 내셔널 갤러리.
틴토레토(Tintoretto), 16세기, 〈저승세계에 간 오르페우스 Orpheus in der
Unterwelt〉, 모데나, 에스텐제 갤러리.

J. 브뢰겔(父)(Brueghel), 16세기, 〈동물들과 나무들을 감동시키는 오르페우스 Orpheus bezaubert Tiere und Bäume〉, 마드리드, 프라도 미술관.

P.P.루벤스(Rubens), 17세기, 〈저승세계에 간 오르페우스 Orpheus in der Unterwelt〉, 포츠담, 상수시 미술관.

N. 푸생(Poussin), 17세기, 〈뱀에게 물린 에우리디케 Eurydike von einer Schlange gebissen〉, 파리, 루브르 박물관.

G.B. 티에폴로(Tiepolo), 18세기, 〈에우리디케를 저승세계에서 데려오는 오르페우스 Orpheus holt Eurydike aus der Unterwelt〉, 베네치아, 스피넬리 궁전(천정 프레스코).

A. 포이어바흐(Feuerbach), 〈오르페우스와 에우리디케 Orpheus und Eurydike〉, 1872.

희　곡

A. 폴리치아노(Poliziano), 『오르페우스 Orfeo』, 1471.

칼데론(Calderon), 17세기, 『성스러운 오르페우스 El divino Orfeo』.

O. 코코슈카(Kokoschka), 『오르페우스와 에우리디케 Orpheus und Eurydike』, 1919.

J. 콕토(Cocteau), 『오르페우스 Orphée』, 1926.

J. 아누이(Anouilh), 『에우리디케 Eurydike』, 1941.

시

셸리(Shelley), 「오르페우스 Orpheus」, 1862.

L. 드 로네(de Launay), 「오르페우스 Orphée」, 1901.

R.M. 릴케(Rilke), 「오르페우스를 위한 소네트 Sonette and Orpheus」, 1923.

R. 헨츠(Henz),「오르페우스와 에우리디케 Orpheus und Eurydike」, 1956.

오 페 라

몬테베르디(Monteverdi), 〈오르페우스 Orfeo〉, 1607, 텍스트: 스트리지오(Striggio).

J.B. 륄리(Lully), 〈오르페우스 Orphée〉, 1690, 텍스트: 뒤 불레이(Boullay).

푹스(Fux), 〈오르페우스와 에우리디케 Orfeo ed Euridice〉, 1715, 텍스트: 파라아티
(Pariati).

Chr. W. 글루크(Gluck), 〈오르페우스와 에우리디케 Orpheus und Eurydike〉,
1762, 텍스트: 칼자비기(Calzabigi).

J. 하이든(Haydn), 〈오르페우스와 에우리디케 Orfeo ed Euridice〉, 1791, 텍스트: 반
디니(Bandini).

J. 오펜바흐(Offenbach), 〈저승세계에 간 오르페우스 Orpheus in der Unterwelt〉,
1858, 텍스트: 크레미외(Crémieux) & 알레비(Halévy), 트라베스티.

발 레

B. 그라시(Grassi), 〈오르페우스 Orfeo〉, 1631.

I. 스트라빈스키(Strawinsky), 〈오르페우스 Orpheus〉, 1947.

영 화

J. 콕토(Cocteau), 〈오르페우스 Orphée〉, 1950.

M. 카뮈(Camus), 〈흑인 오르페 Orfeo negro〉, 1960.

www.artcyclopedia.com

검색창에 "Orpheus" 또는 "Eurydice"를 입력합니다. 코로(Corot)의 〈Orpheus Leading Eurydice from the Underworld 지하세계에서 에우리디케를 이끌고 가는 오르페우스〉, 루(Raoux)의 〈Orpheus and Eurydice 오르페우스와 에우리디케〉는 지하세계로 내려가 에우리디케를 데리고 오는 오르페우스를 그리고 있습니다. 모로(Moreau)의 〈Orpheus at the Tomb of Eurydice 에우리디케 무덤 앞의 오르페우스〉와 코로(Corot)의 〈Orpheus Lamenting Eurydice 에우리디케를 애도하는 오르페우스〉는 에우리디케만을 생각하며 여생을 보내는 오르페우스의 모습을 보여줍니다.

거절당한 사랑에서 싹튼 증오

아프로디테는 자신의 의도를 설명한다

나는 키프리스[91]의 여신이라 불렸지. … 폰토스에서 아틀라스의 경계선에 이르기까지

이 지역에 살면서 태양빛을 바라보는 모든 사람들에게 나는 유명했어.

내 권력을 숭배하는 자에 대해서는 행복하게 해 주고 돋보이게 해 주지만,

나에게 맞서고 나를 우습게 여기는 자는 몰락할 것이다. …

테세우스의 아들이며, 아마존이 예전에 그를 낳아 준 어머니이며,

경건한 피테우스[92]의 제자처럼 살고 있는 히폴리토스가 …

사랑의 행복도 포기하고 어떤 여자도 건드리지 않으며

---

91) 아프로디테의 별명.
92) 신화에 나오는 트로이젠의 지배자.

그 대신 포이보스[93]의 누이인 아르테미스만 섬기고 있다. …
물론 그걸 시기하지는 않는다.─하긴 뭣 때문에 시기하겠나?
하지만 그가 내게 불손하게 대한 것에 대해서는
오늘 중으로 벌을 내리겠다. 대부분의 준비는
이미 오래전에 된 상태이니 많은 수고를 할 필요도 없다!
파이드라가 그를 보았을 때
그의 아버지의 고귀한 부인인 몸임에도
그녀의 가슴은 엄청난 사랑의 힘에 압도되고 말았지. 내 계획대로….
그 후로 그녀는 사랑의 고통으로 완전히 넋이 나가
말없는 비탄 속에 울면서 시간을 보내니, 가련한 여인이다.

에우리피데스, 『히폴리토스』 I 26, 10-11, 14-15, 20-24, 26-28, 37-38.

번역 : 요한 아돌프 하르퉁

남몰래 사랑을 고백하는 파이드라

아, 불행한 이 신세. 도대체 내가 무슨 짓을 저질렀던 것인가!
내 이성의 끈이 어디에서 끊긴 것일까?
신들에 의해 유혹되어 광분하다가 넘어지기도 했다. …
부끄러움의 홍조가 내 얼굴 위로 퍼져 가는구나. …
사랑에 상처를 받고 나는 고민했다. 어떻게 하면
이것을 아름답고 품위 있게 견딜까 하고. 그래서 나는

---

93) 아폴론의 또 다른 이름.

당장 아무 말도 하지 않고 내 원한을 감추기 시작했지. …

내가 세운 두 번째 계획은 이러한 광기를 명예롭게 견디며

정신을 차리고 그것을 다스리자는 것이었다.

그러나 이 두 가지 모두 키프리스를 이기는 데는 쓸모가 없었으므로

세 번째로는 죽는 것이 내게는 최선일 것 같았다.

아무것도 이 결심을 막지는 못하리라. …

내가 죽으려고 하는 이유는 또한 남편과 아이들에게

수치를 안겨 줄 수는 없다는 것이다. 그럴 수는 없다. 그들은 자유롭게

자존심을 내세우며 잘 살아가야 한다. 자부심이 강한 도시

아테네에서 살면서 어머니 때문에 욕을 먹어선 안 되니까….

『히폴리토스』 I 239-241, 246, 391-401, 397-401, 420-423.

히폴리토스의 대답을 같이 들어야만 하는 파이드라

아무 말도 하지 말라, 여인들이여. …

그리고 들으라. 이 집 안에서 어떤 소음이 울려 나오는가를!

말 잘 타는 아마존의 아들 히폴리토스가

큰 소리를 지르며 내 하녀에게 끔찍한 욕을 퍼붓고 있다. …

내 하녀보고 뻔뻔한 뚜쟁이라고,

주인의 남편을 유혹한 여자라고 못 박아 욕하고 있다. …

그래, 그녀가 내 상태를 알려 주긴 했지. 선의였어. 내 어려운 처지를 도우려는
거였지.

하지만 영리하지 못한 행동이었어. 나를 죽이는 거니까. …

신화와 문학에 나오는 인물들 **257**

단 한 가지 사실만은 나도 알아. 주저하지 않고 죽는 것만이

현재의 고통을 덜어 줄 유일한 수단이라는 것이지.

『히폴리토스』 I 566, 575, 581-582, 586-587, 595-596, 599-600.

여자들을 비방하는 히폴리토스

제우스 신이시여, 어찌하여 저 유혹적인 고통, 저 여성이란 존재들을

이 세상, 이 햇빛 비치는 곳에 보내셨나요?

종족번식이야 물론 인간에게 필요한 일이지만,

여성들을 통해서 이런 일을 할 수 있게 된 것은 좋지 않은 일입니다.

인간들은 금이나 은의 가치가 있는 것을 당신의 사원에 놓고,

그 대신 후손을 가질 수 있도록 해야 할 것입니다. …

단순한 사물 같은 여자, 정말 아무것도 아닌 여자를

자기 집에 앉혀 두고 있는 사람의 팔자가 아직은 제일 편합니다.

영리한 여자들은 위험하거든요. …

너희 여자들을 저주한다! 그렇다. 나의 여성 혐오는 결코 끝나지 않을 것이다. …

『히폴리토스』 I 616-623, 637-639, 664.

테세우스에게 진실을 말해 주는 아르테미스

오, 테세우스여, 네 불행의 상태와 원인에 대해 내가 하는 말을 들어라.

사정은 더 이상 나아지지 않고 그저 암울해질 뿐이더라도.

그래서 내가 나타난 것이다. 네 아들의 심성이 올바른 것이었음을 알려 주려고.

네 아들은 명예롭게 죽어 가며

네 아내의 미친 광기에 대해서도 그 나름대로 고귀한 마음을 잃지 않았다.

우리가 증오하는 여신의 가시에 찔려 상처를 입었어도 말이다. …

그녀는 네 아들을 사랑했다.

이성으로 그 병을 고쳐 보려고 애를 쓰다가

유모의 공격을 받고 죄도 없이 파멸해 갔다. …

하지만 그 사실이 폭로되면 창피를 당하지 않을까 두려워서

중상모략과 거짓으로 가득 찬 그 편지를 네 앞으로 썼던 것이다. …

『히폴리토스』 I 1296-1305, 1310-1311.

파이드라와 히폴리토스의 비극적인 이야기에 관한 한 시인들이 보고하고 있는 내용이 사실이라고 생각해야 한다. 왜냐하면 시인들의 보고 중 어떤 점에 대해서도 역사가들이 반박한 적이 없기 때문이다.

플루타르크, 『테세우스』 28.

고대 그리스·로마의 시인들은 파이드라와 히폴리토스의 관계를 놓고—이들은 커플이 아닌 커플이었다—다양하게 서로 겨루어 왔다. 그러한 작품들 중에서 지금까지 남아 있는 것들에 한해서 보자면, 기원전 428년에 에우리피데스가 쓴 희곡 『화관을 가져오는 히폴리토스 *Hippolytos stphanephoros*』가 중요한 의미를 지니는 것이다.

전설적인 아테네의 왕이며 위대한 그리스 영웅 중의 한 사람인 테세우스의 두 번째 부인이었던 파이드라는 자신의 의붓아들인 히폴리토스에 대한 불멸의 사랑에 빠져 들었다. 히폴리토스는 테세우스와 어느 아마존의 아들

이었다. 이러한 감정들은 비록 남편이 잠시 없는 동안 싹튼 것이라 할지라
도, 고독한 순간의 변덕에 다름 아니다. 파이드라는 깊은 열정으로 가득한
여인이다. 그녀는 미노스 왕가 출신이며 그녀의 어머니는 파시파에였는데,
포세이돈이 보낸 새하얀 황소에 성적으로 빠져 들었던 것 때문에 악명 높았
다. 그녀의 자매인 아리아드네는 테세우스를 사랑하는 마음에서 자신의 이
복동생인 미노타우로스를 테세우스가 죽일 때 도와주었던 인물이다. 그런데
파이드라가 히폴리토스에 대한 병적인 사랑에 빠져 든 것도 이 젊은이가 그
녀의 애정에 대해서 반응하지 않았기 때문이라는 사실은 의심의 여지가 없
다. 그는 파이드라가 자신 때문에 열정으로 불타오른다는 것을 알지 못한
다. 그녀는 심지어 사랑 때문에 병까지 들고 쇠약해져서 남들이 날라다 줘
야만 할 정도였다. 사랑이 병이라는 것은 고대에 잘 알려진 생각이기도 하
다. 사포, 아르킬로코스, 이비코스, 헤시오도스 등이 감동적으로 묘사했듯
이 에로스의 힘은 영혼만 사로잡는 것이 아니라 육체까지도 공격하는 것이
다. 셀레우코스 왕과 그의 아들 안티코스 그리고 왕비 스트라토니케의 이야
기는 이러한 생각의 대표적인 예라고 할 수 있다.[94]

　이러한 신화적 소재를 문학적으로 다룬 경우 그처럼 불운한 열정이 파이
드라에게 영향을 끼치는 방식은 작품들마다 상이하다. 그중 한 가지 해석방
식에 따르면, 그녀는 본능적인 욕구를 억제할 수도 없고 억제할 생각도 없
었다. 어두운 마신에 이끌려 욕망과 거부 사이를 왔다 갔다 하는 것이다. 심
지어 고대 크레타의 비밀 종교 제식에서 유래하는 마법의 힘들까지 파이드
라에게서 다시 살아나기도 한다. 그녀는 아프로디테의 성스러운 월계수 나

---

94) 플루타르크, 『데메트리오스』 38 참조.

무의 잎사귀를 바늘로 뚫는데, 이것은 살해의 욕구를 상징하기도 하지만 사랑의 맹세도 상징하는 마술적 행동인 것이다. 그녀가 히폴리토스에게 사랑을 고백하고 그를 유혹하려 하자, 히폴리토스는 그녀를 거칠게 거부한다. 그러자 그녀에게는 야만적인 복수의 감정이 생기기 시작하며, 집에 돌아온 남편에게 그의 아들이 자신에게 폭력을 행사하려 했다는 중상을 하게 된다(이것은 세네카의 비극 『파이드라』에 나오는 내용인데, 이 비극은 에우리피데스의 유실된 초기 희극 『숨겨진 히폴리토스 *Hyppolytos kalyptomenos*』에 의존하고 있는 것으로 추측된다). 테세우스가 성급하게 반응하여 아들을 죽이는 결과를 낳게 된 후 파이드라는 스스로 목숨을 끊는다.

이미 언급된 에우리피데스의 두 번째 희곡에서 나오는 파이드라의 행로는 좀 더 복잡하고 미묘하다. 여성 관음증 환자인 파이드라에게 처음에 허용된 것은 선수인 히폴리토스가 시합에 대비해 경기장에서 훈련하는 모습을 남몰래 관찰하는 것이었다. 신화나 문학에서 전해져 온 이야기에 압도된 파우사니아스가 기원후 2세기에 그 비극의 현장을 찾아보고 기록해 놓은 것을 쫓아가다 보면, 장면 묘사가 대단히 실감 있게 되어 있는 것을 알 수 있다. "펠로폰네스의 북동쪽 아르골리스 지방에 있는 도시 트로이젠이 바로 그곳인데, 아테네의 왕가가 테세우스의 부재중에 머무는 곳이다. 그 지역의 또 다른 곳에는 히폴리토스의 이름을 딴 경기장이 있다. 그 위에는 아프로디테의 신전인 카타스코피아가 서 있고, 경기장을 바라보는 아프로디테의 조각이 서 있다. 그리고 히폴리토스에 대한 사랑에 빠진 파이드라도 이곳에서 연습하고 있는 히폴리토스를 바라보았던 것이다."[95] 훨씬 뒤의 시대—역사

---

95) 파우사니아스, 『그리스 이야기』 II, 32, 3.

시대―의 관점에서 이처럼 냉정하게 보고를 한 후 왕비의 모습에 대한 묘사가 이어진다. 왕비는 아테네의 생활에 익숙하기 때문에 처음에는 지루해하지만 나중에는 점점 더 관능적인 매력을 느끼기 시작하며, 이 젊은 남성의 강건한 근육질의 몸이 움직이는 모습을 점점 더 욕망에 불타오르는 시선으로 쫓아간다.

파이드라의 내면에서는 금지된 사랑과 체면의식 사이에 격심한 투쟁이 벌어지고, 이로 인해 마음의 평화는 완전히 파괴된다. 여성들은 특히 성애적인 오류에 빠지기 쉽다는 것이 고대의 생각이었다. 이에 대립하는 감정으로 기여했던 것이 명예심이었다. 표 나게 수치심을 강조하는 문화가 발달했던 저 시대에는 명예가 자존을 위해서뿐 아니라 귀족주의를 스스로 내세우기 위해서도 없어서는 안 되는 구성 성분이었던 것이다. 여기서 파이드라는 결코 남자들을 삼켜 버리는 '팜므 파탈'이 아니라 위대하고 심오한 감정을 소유한 성숙한 여성이지만, 자신의 영혼적 분열에 대해서는 아무런 해결책도 발견하지 못하고 있을 뿐이다. 그녀의 유모는 현실적인 감각이 뛰어난 종족 출신으로서, 히폴리토스와 이야기하다가 의도적으로 그의 계모가 그 젊은이에 대해 느끼는 감정을 누설한다. 하지만 그로부터 호된 질책만 당한다. 이 젊은이에게는 아버지인 왕의 잠자리를 건드려선 안 된다는 것이 그 무엇보다도 중요한 일이지만, 그와 동시에 그가 여성을 싫어한다는 사실까지 드러나고 있는 것이다. 파이드라는 그렇게 해서 사랑의 충족에 대한 어떤 희망도 잃게 되었고, 자신의 감정이―그녀가 명시적으로 원한 것은 아니지만 대놓고 막지도 않았기 때문에―드러남으로써 명예도 손상되었으며, 히폴리토스 쪽에서 극히 심한 방식으로, 심지어 무자비하게 거절했기 때문에 완전히 비참하게 되었다고 생각하고는 자신에게 남아 있는 유일한 탈출구로서 죽음을 선택한다. 그녀는 목을 매기 전에 의붓아들을 거짓으로 모함하는 편지를 한 통 남긴다. 이러한 행동을 하는 동기는 분명 거절당한 사랑에서 찾아질 수 있지만, 그보다 더한 동기가 되었던 것은 상처 입은 자존심이며, 특히 무조건적으로 자신의 명예를—명예라는 것은 무엇보다도 사회로부터 존경을 받아야 생기는 것이다—회복하려는 노력에서도 그런 동기를 발견할 수 있을 것이다.

테세우스가 돌아오자 기대되었던 반응이 나온다. 그는 아들의 말은 듣지도 않고 나라 밖으로 아들을 쫓아내며, 심지어 포세이돈에게 아들을 죽게 해 달라고 빌기까지 한다. 이 신은 즉각 그대로 행동한다. 히폴리토스가 망명지를 향해 해변을 따라 몰고 있던 마차의 말들은 높이 솟구쳐 오르는 밀물에서 황소 한 마리가 내려오는 것을 보자 겁을 집어먹은 나머지 자신들의 마부를 질질 끌고 가 죽게 만든 것이다.

이러한 사랑의 비극이 오늘날까지도 시인들에 의해 계속 묘사되어 왔다면[96]—플루타르크의 견해대로라면 이러한 시인들이야말로 이 비극의 담당자이기도 하다—대부분은 파이드라가 전면에 서 있었다. 그러나 무뚝뚝한 히폴리토스는 정작 어떤 인물인가? 그가 남성들과 동등하게 겨뤘던 아마존 여왕의 아들이라는 사실도 우연은 아닐 것이다. 그가 보통 머무는 세계는 사람의 손이 닿지 않은 자연이며, 이곳에서 그는 생각이 같은 동료들과 함께 수렵도구를 만드는 즐거움에 몰두한다. 또한 그는 숙달된 마차몰이꾼으로서 말들과도 연결되어 있다. 아르테미스는 그가 정성을 다해 무조건적으로 섬기는—그는 아르테미스 여신처럼 자신의 순결을 보존하려고 하는 것

---

96) 근세 초의 가장 중요한 버전이라 할 수 있는 장 라신의 비극 『파이드라와 히폴리토스』(1677)에서는 히폴리토스가 다른 여성과 사랑에 빠짐으로써 원래의 갈등은 약화된다.

이다—여신인데, 아프로디테의 맞수이다. 이로써 파이드라와 히폴리토스에서는 서로 대립적으로 삶과 운명을 지배하는 두 권력의 대표들이 상충하고 있는 것이다. 이러한 변증법을 화해적으로 해결할 방법이란 상상할 수 없는 것이다. 에우리피데스는 이러한 사실을 고려하여 희곡의 첫 부분에는 아프로디테를, 그리고 끝부분에는 (테세우스에게 그의 아들이 죄가 없음을 증언하는) 아르테미스를 등장시키고 있다. 그럼에도 불구하고 자의식이 강한 것처럼 보이지만 대단히 상처도 잘 받고 끔찍한 죽음을 겪어야 하는 이 젊은 이의 모습에는 여러 가지가 수수께끼로 남아 있다.[97] 모티브의 변천이라는 맥락에서(요셉과 포티파르스 부인 이야기, 두 형제에 대한 이집트 동화, 파두나 왕자와 그 계모에 대한 고대 인도의 이야기 등) 모티브간의 관계를 정리하거나 트로이젠의 지역 신화들(예를 들면 히폴리토스를 추모하기 위해 신부들의 고수머리를 바치는 것[98])을 연구한 저작들도 그 이상의 설명을 해 주지는 못하고 있다. 이는 아마도 흔히 있을 수 있는 커플 관계들의 기본 모델들 중의 하나가—그 안에 포함된 수수께끼들도 포함하여—파이드라와 히폴리토스의 관계를 통해 표현되고 있다는 사실에 기인하고 있는 것인지도 모른다.

C.M.B.

---

97) 히폴리토스가 겁을 먹은 말들에게 끌려가다 죽는다는 사실은 그리스의 희생제의에 대한 하나의 기억이라고 평가할 수도 있을 것이다.

98) 에우리피데스는 트로이젠에서 흔히 있었던 숭배 찬가들로부터 자극을 받은 것처럼 보인다(1428–1430행 참조).

Art Works 예술작품

출   처

에우리피데스(Euripides), 『화관을 가져오는 히폴리토스 Hippolytos
　　　　Stephanephoros』.

오비디우스(Ovid), 『변신 Metamorphosen』 15,497-546.

베르길리우스(Vergil), 『아이네이스 Aeneis』 7,761-782.

세네카(Seneca), 『파이드라 Phaedra』.

조   각

고대 석관에서 자주 나오는 모티브.

그   림

〈히폴리토스와 파이드라에 관한 로마 벽화들 Romisches Wandgemalde
　　　　Hippolytos und Phaedra〉, 폼페이.

P.P.루벤스(Rubens), 〈히폴리토스의 죽음 Der Tod des Hippolytos〉, 1610/11, 캠브
　　　　리지.

N. 푸생(Poussin), 〈히폴리토스의 죽음 Tod des Hippolytos〉, 1640년경, 뉴욕.

P.N. 게랭(Guérin), 〈파이드라와 히폴리토스 Phaidra und Hippolytos〉, 1802, 파리.

희   곡

라신(Racine), 『파이드라 Phèdre』, 1677.

A.C. 스윈번(Swinburne), 『파이드라 Phaedra』, 1866.

G. 단눈치오(d'Annunzio), 『파이드라 Fedra』, 1909.

S. 케인(Kane), 『파이드라의 사랑 Phaedras Liebe』, 1996.

오 페 라

J.P. 라모(Rameau), 〈히폴리토스와 아리치에 Hippolyte et Aricie〉, 1733.
Chr. W. 글루크(Gluck) 〈파이드라 Fedra〉, 1744.
파이시엘로(Paisiello), 〈파이드라 Phaedra〉, 1788.

기 타 작 곡

F. 슈베르트(Schubert)의 가곡, 1826.
J. 마스네(Massenet), 콘서트 서곡과 라신(Racine) 희곡에 붙인 무대음악, 1873/1900.
A. 호네거(Honegger), 단눈치오(d'Annunzio)의 희곡에 붙인 무대음악, 1926.
B. 브리튼(Britten), 〈칸타테 Kantate〉, 1975.

온 라 인 박 물 관

www.artcyclopedia.com
　검색창에 "Phaedra"를 입력합니다. 드 루시-뜨리오송(de Roucy-Trioson)의 일러스
트 〈Phaedra Rejecting the Embraces of Theseus 테세우스의 포옹을 거부하는
파이드라〉를 볼 수 있습니다. 테세우스가 사냥을 나간 사이 히폴리토스에게 사랑을 고백
했던 파이드라는 테세우스가 돌아와 자신을 포옹하려 하자 이를 거부합니다. 또 검색창
에 "Phedre"를 입력합니다. 까바넬의 "Phedre"에서 병적인 집착에 빠진 파이드라의
하얀 몸에 대비되는 검은 눈을 볼 수 있습니다.

역사적 인물들

그리스 문화권
사포와 소녀
페리클레스와 아스파시아
알렉산드로스와 록산네

로마의 세계제국
디도와 아이네이아스
카이사르와 클레오파트라
안토니우스와 클레오파트라

시인들
카툴루스와 레스비아
프로페르티우스와 킨티아

율리우스–클라우디우스 지배자 가문
아우구스투스와 리비아
클라우디우스와 메살리나, 아그리피나
네로와 옥타비아, 포파에아

콘스탄티노플
유스티니아누스와 테오도라

여성들 간의 동경과 깊은 애정

내게는 그 남자가 신처럼 보이는구나.

네 맞은편에 앉아

네 달콤한 목소리를 가까운 곳에서 듣고 있는 그 남자는

너는 어쩌면 그렇게 사랑스럽게 웃고 있는지.

그러나 그것은 내 마음을 가슴속에서 얼어붙게 만들었다.

그도 그럴 것이, 네 모습을 아주 잠깐이라도 보기만 하면

나는 목소리가 아예 나오지를 않아.

그래, 내 혀는 마비된 듯하고,

가냘픈 불길이 피부 아래를 타고 흐른다.

내 눈엔 더 이상 아무것도 보이지 않고,

귓전은 온통 멍멍하다.

땀이 아래로 뚝뚝 떨어지고,

전율이 나를 온통 사로잡는다.

풀보다도 더 시들어 버린 나. 부족한 것도 별로 없건만

나는 죽은 사람처럼 보인다.

그러나 어떤 것도 견디게 되어 있다. 왜냐하면….

사포, 『송가』 2D.

여류 시인 사포는 기원전 6세기에 레스보스라는 섬에서 자기 주위로 젊은 여성들의 서클을 만들고는 장래의 결혼에 준비하도록 했다(일종의 비밀단체였음). 사포는 그녀들에게 문학 수업을 했고 세련된 사교형식을 가르쳤으며 결혼과 가족 그리고 가사를 위해 다양한 능력들을 배양했다. 남성들과 소년들 사이에는 원초적인 컬트 단체라고 할 만한, 이른바 티아소스라는 단체에 가입하는 것이 오래전부터의 관행이었다. 그런데도 사포의 '여성 단체'는 센세이션을 일으켰다. 여기에서는 노래와 무용으로 뮤즈의 여신들, 특히 사랑의 여신 아프로디테를 섬겼다. 이 예식에서 사포 스스로가 리라를 연주했다. 소녀들은 여러 해 동안, 다시 말하면 결혼하기 전까지 종종 그곳에 머물곤 했다. 이러한 공동체 생활에서 강력한 인간적 결속감이 발전한 것은 당연한 일이다. 그 당시 사포와 여자 친구들 간에 오늘날의 '레스비언적'이라는 개념과 같은 의미에서 에로틱한 결합 내지는 성적인 결합이 있었으리라는 것은 비록 입증되지는 않았지만 일반적으로 받아들여지고 있는 사실이다. 사포의 서정시는 그녀 자신의 독특한 언어를 구사한다. 감상적인 시들은 유감스럽게도 대부분 단편적으로만 보존되어 있지만, 여류 시인과 젊은 여성들 간의 억제할 수 없는 동경과 깊은 애정을 표현하고 있으며, 젊은 여

성들은 종종 이름으로 불리지만(디카, 아낙토리아, 이라나 등등) 때로는 익명으로 나타나기도 한다. 예컨대 앞에서 인용한 텍스트에서도 소녀의 이름은 알려지지 않고 있다.

「송가」 2D는 결혼식을 위한 송가인 동시에 작별의 노래이기도 하다. 왜냐하면 그 소녀는 사포와 그녀의 사랑하는 여자 친구들의 모임을 떠나서 결혼생활에 들어서기 때문이다. 당시에는 결혼이 대부분 신랑, 신부의 '혼인 의사'를 묻는 법 없이 부모들에 의해 교섭되었다. 이미 어린 시절부터 결혼시키기로 약속되어 있는 경우도 다반사였다. 그러므로 결혼 이전의 소녀들은 그들의 여선생에게 그만큼 더 감정적으로 밀착했다. 관련 인물 중에서 유일하게 강인한 인상을 주는 인물이었던 사포는 소녀들에게 부모나 형제자매 또는 미래의 신랑 이상의 의미가 있었던 것이다. 소녀들에게 향하고 있는 시들을 보면 그 관계가 내적인 사랑과 심오한 상호 소속감으로 지탱되었음을 알 수 있다. 그런 만큼이나 이별은 당사자들에게 더더욱 어려운 일이었다. 이에 대해 사포는 다른 자리에서 이렇게 쓰고 있다. "… 울면서 그녀는 나와 작별을 했다. 그리고 이렇게 말했다. '얼마나 많은 고통을 우리가 겪어야 하는 걸까요. 사포, 당신을 떠나기는 정말로 싫은데.'" 이것은 젊은 여성들이 그 시인과 얼마나 강렬한 결속감을 느꼈던가를 보여 준다. 그 소녀는 이러한 맺어짐에서 사포와 마찬가지로 고통스럽게 떨어져 나와야 한다. 사포는 이러한 이별을 스스로 체험한다. 그리하여 첫 번째 시행들은 신랑을 행복한 사람으로 찬미하고 있다. 왜냐하면 그는 신부와 가까이 있을 수 있기 때문이다. 그녀의 우아한 말투와 매력적인 웃음은 앞으로 오로지 그에게만 해당될 것이다.

시인은 그 시행에 바로 이어서 그녀의 상황이 어떤 감정들을 불러일으키는지를 생생하게 묘사하고 있다. 사랑하는 소녀를 영원히 잃어야 한다는 것을 의식하면서 그녀는 사랑의 병을 앓는다. 사랑의 병리학, 영혼이 겪은 충격이 육체적인 징후로 나타나는 사랑의 병리학이 문제되고 있는 것이다. 사포는 그 소녀를 보면 목소리가 잠긴다. 그녀의 피부가 불에 타 들어가는 것처럼 그녀는 문자 그대로 아무 소리도 못 듣고 아무것도 못 보며, 오한과 함께 벌벌 떨다가 죽은 듯이 창백해진다. 이러한 의식과 감정의 결합은 고대 그리스의 존재양식을 특징짓는 것이다.

다른 시들에서 사포는 사랑하는 소녀와 아프로디테를 비교한다. 이와 유사하게 여기서 당사자들에게 이 '여신'이 미친 영향에 대해서도 이해할 수 있다. '아프로디테'는 신랑을 신들의 등급으로 올려 주지만, 홀로 남은 시인은 죽음의 지경까지 추락한다. 참으로 비범한 사랑의 선언 아닌가!

이 시의 결구는 보존되어 있지 않으므로 환상을 가동시켜 볼 수도 있을 것이다. 사포는 그녀의 소녀에게 모든 것이 잘 되기를 바라고 소박한 사생활로 되돌아간다. 이것은 체념을 통한 해결책이다.

그녀는 자신과 소녀 모두 이별의 고통을 극복하리라고 믿는다. 왜냐하면 사랑은 원래부터 고통과 함께 하는 것이기 때문이다. 합리적인 해결책이다.

그녀는 또다시 아프로디테가 젊은 여성에게 결혼의 행복을 약속해 주고, 그들 두 사람에게는 이별을 극복할 수 있도록 도와주기를 희망한다. 종교적 해결책이다. 예컨대 "모든 것은 견딜 수 있다. 그러나 이러한 작별만은…" 이러한 의미의 부정적인 결말은 시인의 내면의 힘과 숭고한 영혼에는 부합하지 않는다고 추론할 수도 있다. 왜냐하면 그녀는 소녀와 함께 있었던 시간들에 대한 기억을 상처에 발라 주는 향유처럼 그녀의 시문학 속에 간직하고 있기 때문이다.

H.P.

Art Works 예술작품

출   처

사포(Sappho), 『송가 Ode』 2D.

그   림

〈사포와 알카이오스 Sappho und Alkaios〉, 고대 그리스의 항아리, 기원전 470년, 뮌
    헨 국립고대박물관.
〈여제자들과 함께 있는 사포 Sappho mit Schülerinnen〉, 고대 그리스의 물 항아리,
    기원전 430년경, 바리, 아테네 국립박물관.
페린트(Perinth)에서 발굴된 사포의 청동 두상, 기원전 4세기, 아테네 국립박물관.
〈사포 Sappho〉, 반지의 보석장식, 기원전 4세기, 트리어 주립박물관.
폼페이의 사포 부조, 기원후 1세기, 나폴리 국립고고박물관.

훌륭한 정치가의 영리한 여인

외관이나 통찰력을 통해서도 강력했고, 금전문제에 있어서는 깨끗하며 청렴했던 페리클레스는 자유로운 대중을 통제할 줄 알았고, 그들에 의해 이끌린 것이 아니라 스스로 그들을 이끌었다. 올바르지 않은 수단으로 권력을 장악하기 위해서 그들의 마음에 드는 말만 하지는 않았기 때문에 그는 자신의 명성에 기대어 한때는 그들의 분노를 도발하기도 했다. 그는 그들이 온당치 않게 교만함을 과시하는 것을 간파하게 되면 그때마다 매번 언변으로 그들을 두려움과 공포 속으로 몰아넣었지만, 그들이 무한정 두려움에 빠져 들면 그들을 일으켜 세우고 다시 용기를 불어넣었다. 그리하여 명목상으로는 민주주의였지만, 실질상으로는 제일인자의 지배였다.

투키디데스, 『펠로폰네소스 전쟁』 2,65,8-10.

아스파시아의 연설에 대해 이야기하는 소크라테스와 메넥세노스

소크라테스: 그러니까 메넥세노스, 이것이 밀레시아 사람인 아스파시아가 한 연설이란 말이야.

메넥세노스: 소크라테스여, 제우스 신에게 맹세코 아스파시아는 여성으로서 그러한 연설을 만들어 낼 수만 있어도 행복할 겁니다.

소크라테스: 그것을 못 믿겠거든 나와 함께 가세. 그러면 그녀 스스로 연설을 하는 것을 들을 수 있을 거야.

메넥세노스: 소크라테스 님, 저는 이미 아스파시아와 자주 함께 있었습니다. 그래서 그녀가 어떤 여성인지는 정말 잘 알지요.

소크라테스: 그래 어떤 여성인데? 그녀가 감탄스럽고, 그녀의 연설에 대해서 감사하는 마음이 들지 않아?

메넥세노스: 당연히 아주 감사하지요, 소크라테스 님. 남자가 했는지 여자가 했는지는 모르겠지만, 이런 종류의 연설을 했다면 말이죠. 소크라테스 님에게 이런 연설을 알려 준 사람이 누구든지 간에 이런 종류의 연설에 대해서는 남자이건 여자이건 당연히 감사를 하지요. 그 밖에도 그런 연설을 저에게 알려 주신 소크라테스 님에게야말로 누구보다도 감사드리는 중입니다.

소크라테스: 그것도 좋겠지. 하지만 자네가 그저 내 흉만 보지 않았으면 좋겠어. 그래야 내가 앞으로도 그녀가 국가에 대해서 한 아름다운 연설들을 많이 알려 줄 수 있으니까 말이야.

메넥세노스: 진정하세요. 저는 흉보지 않을 테니까 그 연설들이나 저에게 가르쳐 주세요.

소크라테스: 그렇게 하겠네.

플라톤, 『메넥세노스』 249D.

독역: F. 슐라이어마허.

플루타르크가 묘사하고 있는 아스파시아의 성격

그러나 사람들은 페리클레스가 사모스와 전쟁을 일으킨 것은 아스파시아 때문이라고 믿었다. 따라서 이 여성이 어떤 비범한 재주, 어떤 특별한 권력을 지니고 있었기에 제일 위대한 행정가들의 마음을 사로잡았으며, 심지어 철학자들에게도 그녀를 격찬할 많은 소재를 제공했던 것인가에 대해 이 자리에서 좀 더 자세히 살펴보는 것이 적절한 일일지도 모른다.

아스파시아는 모든 사람들이 똑같이 말하고 있듯이 밀레시아에서 태어났다. 사람들은 그녀가 타르겔리아라고 불리는 나이가 지긋한 이오니아 여성을 자신의 모범으로 삼고, 가장 강력하고 명망 있는 남성들에 대해서만 관심을 가졌다고 험담을 한다. 왜냐하면 타르겔리아라는 이 여성은 빼어난 미인으로서 육체적 매력 외에도 특출한 정신적 재능도 지니고 있었는데, 많은 그리스 남성들과 친숙한 관계를 맺으면서 그 연인들 모두를 대왕의 편으로 만들었고, 가장 위대하고 가장 강력한 남성들인 그들을 통해서 소아시아의 그리스 도시들 안에 메데 당파의 씨앗을 뿌려 놓았기 때문이라는 것이다. 어떤 사람들에 의하면 아스파시아가 페리클레스에게 높은 평가를 받았던 이유는 단순히 그녀의 지혜와 국가 대사에 대한 현명한 판단력 때문이었다. 왜냐하면 소크라테스도 때로는 제자들을 데리고 그녀를 방문했으며, 그녀의 지인들도 그녀에게 갈 때 종종 부인들도 함께 데리고 가서 그녀의 연설을 들었기 때문이다. 비록 그녀가 존경할 만하거나 풍기에 어긋나지 않는 영업이 아니라 많은 헤테레들을 먹여 살리는 영업을 하고 있기는 하지만 말이다. … 그리고 플라톤의 메넥세노스 편은 농담처럼 대화를 시작하고 있기는 하지만, 이 여성이 말솜씨가 좋아서 많은 아테네인들의 방문을 받을 정도로 알려져 있었다는 역사적 사실에 대해서는 적어도 진실을 말하고 있다.

아스파시아는 바로 이 시기에 신앙심이 없다는 이유로 법원에 출두명령을 받고 있었는데 고발장을 쓴 사람은 희극 시인인 헤르미포스였다. 그는 거기에 더해서, 노예가 아닌 몸으로 태어났음에도 불구하고 페리클레스와 금지된 관계를 맺었던 여성들을 그녀가 자신의 집으로 받아들였다는 죄까지 추가했다. …

아이스키네스가 말하는 바에 따르면 페리클레스는 심리가 진행되는 도중에 엄청나게 눈물을 쏟으면서 판사들에게 애원을 함으로써 가까스로 아스파시아를 구해 냈다고 한다. 그러나 그는 겁이 난 나머지 아낙사고라스를 억지로 끄집어 내어 시내까지 그와 함께 갔다.

플루타르크, 『페리클레스』 24 ; 32(축약).

기원전 493년에 태어난 페리클레스는 크산티포스와 그의 아내 아가리스테의 아들이었다. 그의 선생과 친구들 중에는 철학자이며 자연에 해박하고 대화상대에게 강하게 반박하는 기술로 유명했던 제논, 모든 것을 지배하는 정신(nous)이 의미심장한 세계 창조의 근거라고 생각했던 아낙사고라스 그리고 정치 이론가였던 다몬이 있었다. 페리클레스는 진지한 성격이었으며, 그의 걸음걸이는 침착했고, 공중 앞에 나타날 때도 대단히 평정한 모습이었으며, 목소리는 사람의 마음을 끌었고, 옷차림은 항상 단정했다. 그에게 상속된 재산은 상당한 양이었다. 페리클레스의 천성은 귀족적이었으나 급진 민주주의자들의 당인 개혁당의 편이었다. 이들은 디오니소스 축제에서 금전을 나누어 줌으로써 민중의 호감을 확보하려고 했다. 정치가들 중에서 아리스티데스가 죽고, 테미스토클레스는 파문되어 페르시아로 도망가고, 키몬은 패각 추방제에 의해 쫓겨난 후 수년 동안 군 사령관으로 선출되어 왔던 페리클레스가 아테네에서 막강한 영향력을 행사할 수 있게 되었다.

기원전 443년부터 그는 군 사령관으로서 도시의 운명을 이끌었다. 그는 민주주의를 강화했고, 협정정치를 통하여 되도록 많은 국가들이 아테네와 동맹하도록 했다. 어느 정도는 실패한 측면들이 있었음에도 불구하고 아테네는 페리클레스 밑에서 많은 동맹국의 수를 통하여 그리스 본토 중에서 가장 강력한 권력을 가진 국가가 되었다. 메가라는 아테네와 동맹관계였고 아르고스, 테살리아, 에우뵈아, 뵈오티아, 로크리스 그리고 포키스가 적어도 일정 시기 동안에는 아테네와 묶여 있었다. 해상강국으로서의 아테네는 페리클레스의 노련한 협정정치(아테네 델로스 해상 동맹)에 의해 점점 더 강력해졌다. 결국에는 동맹의 보물들까지도 사모스 섬에서 아테네로 옮겨졌다.

페리클레스는 국내의 문제뿐 아니라 아테네의 재정수단 사용 및 공공건물의 설계와 건설에 대해서도 책임을 맡았다. 나랏돈을 쓸 때는 청렴결백했기 때문에 사람들은 전반적으로 그를 인정하고 그의 가치를 높이 평가했다. 비록 그의 반대편인 귀족당과 보수적 성직자들로부터는 적대시와 고소도 당했지만 말이다. 그는 공공시설을 민주화함으로써 강한 남성들이 국가 일에 나서는 것을 고무했다. 이미 키몬이 아테네의 바다 쪽까지 보호하기 위해서 오래전에 시작했던 성벽 공사를 완성한 후에(460-445) 이 도시와 피레우스 항구를 확실히 결합시키기 위한 세 번째 성벽을 설치했다. 그와 친구였던 조각가 피디아스에게 총감독을 맡겨 아크로폴리스를 건설(447-438)하도록 한 일이나 파르테논 신전의 건립 그리고 프로필렌의 설치 등은 정치적인 조직력의 천재이며 달변으로 사람을 설득시키는 재주가 뛰어났던 페리클레스의 공로였다. 페리클레스는 비극 시인 소포클레스(496-406), 역사가 헤로도 토스(485-425) 등과도 우정으로 맺어진 사이였다. 무엇보다도 페리클레스의 정치가로서의 혜안 덕분에 아테네는 문학과 학문과 예술의 중심지로 부상할 수가 있었다. 그리하여 페리클레스의 시대는 아테네를 30년 이상(446-429) 지배했는데, 기원전 5세기는 그리스가 최고로 꽃피고 빛나던 고전주의 시대 였다.

페리클레스는 그의 친척이며 사랑하지 않았던 첫 번째 부인과 헤어졌는 데, 그녀는 그에게 크산티포스와 파랄로스 두 아들을 낳아 주었다. 이혼은 양측의 합의하에 이루어졌다. 그녀는 곧이어 다른 남자와 재혼했다. 이혼사 유는 페리클레스가 매력적이며 교양 있는 어느 헤테레[99]와 관계를 맺었다는 것이었다. 그는 이 아름답고 재기가 넘치는 밀레시아 여인인 아스파시아를 자기 집으로 들였고, 그녀는 그의 두 번째 부인이 되었으며(플루타르크, 『페 리클레스』 24,5), 그녀 또한 그에게 아들 하나를 낳아 주었지만 이들의 결혼 은 합법적인 것이 아니었다.[100] 아스파시아(470-410)는 449년에 밀레시아에 서 아테네로 옮겨 왔는데, 미모와 교양으로 이 시대의 중요한 남성들을 사 로잡았다. 그녀는 우아하고 유창하게 국가와 철학 그리고 예술에 대해서 수 다를 떨 줄 알았다. 그녀에게는 잘생긴 외모, 육체적 매력, 그때그때마다의 대화 파트너에게 맞춰 줄 줄 아는 능력, 상당한 지식, 재치 있는 논거 등이 사랑스러운 매력과 결합되어 있었다. 그러나 그녀의 대화술이야말로 그녀의 특성 중 가장 돋보였던 것처럼 보인다. 관능적인 사랑 그리고 한 여성과 영

---

99) 고대 그리스의 사교계 여성으로서 단순한 육체적 파트너가 아니라 남성들과 정신적인 대화상대자의 역할을 했다 는 점에서 일반적인 매춘부와는 구별되는 개념.

100) C. 라인스베르크(²1993), 82.

혼과 정신 모두를 함께 하고 싶어 하는 남성으로서의 충동이 페리클레스로 하여금 가족 안에서의 결혼생활이 주는 갑갑한 사슬을 뚫고 나가도록 했던 것이다. 정치가로서의 그는 대단히 지적이고 자신에게 영감을 불러일으켜 주는 이 헤테레와의 결합에서 고도의 정신적 발전 가능성, 충족감과 개인적 행복을 찾았고 또 발견했다. 그녀는 아테네 사회에서 평균적인 가정주부나 가문의 여주인들보다 더 자유롭고 자발적으로 움직였는데, 가정주부나 가문의 여주인들은 보다 큰 가사를 꾸릴 줄 알았던 반면, 그처럼 자유롭게 움직이는 것 자체가 이미 관습을 벗어나는 일처럼 여겼던 것이다.

그리스에서는 여성이 교육을 받고 기혼 여성으로서도 인정과 존중을 받으며 호의적인 도움을 받아야 한다는 자연스러운 권리가 수백 년 동안이나 억압되어 있었다. 헤테레 제도나 소년에 대한 사랑은 아마도 그러한 상태가 초래한 결과 중의 하나였을 것이다. 교육을 받은 남성이 자신에게 아이들을 낳아 주고 가정을 이끌어 가는 부인과 영혼과 정신 양면에서 비교적 깊은 관계를 맺는 경우란 대체로 드물었다. 철학적인 주제나 정치적인 주제 그리고 문학적인 주제가 문제될 경우 교육받은 그리스 남성이 그들의 부인들에게서 자신과 동등한 대화 파트너를 발견할 수가 없었던 것이다. 5세기에 이르자 그리스 사람들이 거주하면서 번창하는 도시들이 있던 소아시아의 해변 지역인 이오니아에서 보다 자유롭게 자라고 교육도 받은 소녀와 여성들이 그리스로 건너오게 되었고, 이들은 헤테레(헤테레의 어원은 '동반자' 라는 뜻이다)로서 뛰어난 행정가들과 정치가들, 모든 종류의 중요한 인물들을 사로잡았으며, 그로 인해 스스로도 사회적으로 중요한 존재가 될 수 있었다. 교양과 사교 매너 면에서 이들은 매춘부들과 근본적으로 달랐다. 헤테레들은 음악에서도 그리스 남성들을 즐겁게 해 주었고, 가정에서는 느낄 수 없었던

정신적 자극도 주었다. 남성들은 이러한 여성들과의 교제가 풍기 문란한 것
이라고는 생각하지 않았다.

아스파시아는 평범한 가정주부도, 단순한 섹스 대상도 아니었다. 그녀 스
스로 영리한 여자였기 때문에 남성들 중에서도 가장 강력하고 가장 명망이
높은 남성들에 대해서만 관심을 가졌다(플루타르크, 『페리클레스』 24). 페리클
레스는 무엇보다도 아스파시아의 지혜와 국가 대사에 대한 똑똑한 판단력을
높이 평가했고, 그녀의 견해를 많이 받아들였다. 소크라테스 자신도 때때로
제자들을 데리고 그녀를 방문하여 철학적, 수사학적 문제들에 대한 그녀의
명민한 발언들을 즐겨 경청하곤 했다(크세노폰, 『회고록』 2,6,36; 『외코노미쿠
스』 3,14; 루키아노스, 『이마기네스』 17). 그러나 페리클레스가 이 비범한 여성
과 오랫동안 지속되었던 애정은 아주 인격적이고 진정하며 전혀 제한이라고
는 없는 사랑을 바탕으로 하고 있었던 것처럼 보인다. 고대의 전기 작가 플
루타르크는 페리클레스가 광장에 나갔다가 다시 집에 돌아올 때마다 항상
그의 부인을 껴안고 키스를 했다고 보고하고 있다(플루타르크, 『페리클레스』
24).

널리 내다볼 줄 알고 아테네에서 영향력이 가장 막강했으며 남을 설득하
는 재주가 뛰어났지만 그럼에도 불구하고 민주적으로 통치했던 이 남성과,
여러모로 눈부시게 빛나는 캐릭터를 지녔던 그 여성에 대한 이 사회의 질투
는 여러 소문들을 유포시켰다. 페리클레스와 아스파시아의 집은 아테네 사
회의 중심지로 부각되었다. 질투하는 사람들도 이제 가만히 있지 않았으며,
페리클레스의 거대한 권력은 그들에게 눈엣가시였다. 그들은 페리클레스가
아스파시아의 부탁으로 밀레시아 사람들을 위해서 441년에 사모스를 대상
으로 전쟁을 일으킨 것이라고 비난하면서, 그녀의 사생활을 봐도 알 수 있

듯이 과도할 정도로 자립심이 강한 결과로 그런 일이 생긴 것이라고 생각했다. 강한 사모스는 프리에네 도시 때문에 약한 밀레시아와 전쟁을 벌이고 있었다. 페리클레스는 그의 함대를 이끌고 사모스로 가서 그곳의 과두정치를 철폐하고 민주주의를 도입했다. 사모스인들이 다시 독립해 나가자 페리클레스는 여덟 달 동안의 포위 끝에 그들을 정복했다. 하지만 이 전쟁은 아테네인들에게도 상당한 수의 인명 희생을 치르게 했다. 페리클레스는 아테네로 돌아온 후에 전사자들을 기리는 기념연설을 했는데(투키디데스, 『펠로폰네소스 전쟁』 2,34), 이 연설이 그에게는 상당한 명성을 가져다주었다. 그러나 민중들 사이에서는 이처럼 많은 것을 잃어야 했던 전쟁의 원인이 밀레시아 출신인 아스파시아 때문이라는 이야기가 나오고 있었기 때문에 페리클레스와 마찬가지로 아스파시아에게도 어두운 그림자가 드리우기 시작했다. 그녀는 신앙심이 없고 뚜쟁이 질을 한다는 혐의로 고발되었던 것이다(플루타르크, 『페리클레스』, 32f.).

페리클레스는 그녀에 대한 심리가 벌어질 때 재판관들 앞에서 열성적으로 동정심에 호소하여 겨우겨우 그녀를 구할 수 있었다. 희극 시인 헤르미포스의 고소내용은 그녀가 아테네 여성들을 부도덕한 생활방식으로 오도하고 있다는 것이었는데 영향력이 없지는 않았다. 하지만 자유인 신분으로 태어났으면서도 페리클레스와 금지된 교제를 했던 여성들을 그녀가 자신의 집으로 받아들였다는, 다시 말해 그녀가 일종의 유곽을 운영했다는 헤르미포스의 비난은 재판을 할 만큼 충분한 근거를 갖추고 있지 않았다. 심리는 중단되었다.

아스파시아는 흥분하지 않는 성격이었으므로 자신에 대한 비난에 대해서도 밖으로는 침착함을 유지하면서 견딜 수 있었지만, 내적으로도 아무런 타격을 받지 않은 것은 아니었다. 그녀가 그리스 여성들의 동등권을 위한 선구적 투사로 간주되었던 사실은 시기심으로 험담을 좋아하는 사람들에게는 불쾌한 일이었다. 사람들이 거론하는 것은 아스파시아였지만, 실제로 의미하는 것은 그 국가에서 가장 강력한 남성(Olympier)이었던 페리클레스였다(아리스토파네스, 『아카르니아 사람들』 530; 플루타르크, 『페리클레스』 8). 현대의 관찰자에게는 페리클레스처럼 뛰어난 인격체의 똑똑한 인생 파트너가 돈을 받는 고급 헤테레[101]의 원형처럼 취급되는 일이 어떻게 해서 가능해진 것인지가 분명해질 것이다.

이미 아리스토파네스의 희극 『아카르니아 사람들』(527f.)에서도 아스파시아는 포주로 나온다(아테나이오스, 569 참조). 시인인 에우폴리스는 그녀를 '창녀'라고 부른다(fr. 98). 그러나 이미 당시에도 시인들은 현대의 풍자극 배우들처럼 효과를 극대화하기 위해서 실제를 넘어서는 정도로 과장들을 했었다는 것은 다음의 사실들을 보면 알 수 있다. 페리클레스는 아스파시아와의 유사 혼인관계에서 아들(445년에서 440년 사이에 출생)을 얻었는데, 이 아들은 451/50년에 제정된 시민권법에 따라 아테네의 시민과 동등한 권리를 부여받지 못했다. 왜냐하면 그의 어머니가 아테네 시민권을 가지고 있지 않았기 때문이다(플루타르크, 『페리클레스』 37). 페리클레스가 첫 번째 결혼에서 얻은 아들들은 이미 죽은 상태였고, 페리클레스의 막내아들의 이름 역시 아버지의 이름을 따서 페리클레스였다. 페리클레스가 이 막내아들에게 완전한 시민권을 주게 된 것은 민중이 예외적으로 그러한 시민권을 인정해 주었기 때문이다. 이처럼 민중이 페리클레스에게 우호적이었던 것을 보면 페리클레

---

101) L.M. 귄터는 「아스파시아와 페리클레스. 고전적 아테네의 비방에 의한 살인」이라는 논문에서(실린 곳: 마리아 H. 데텐호퍼, 『순전히 남성들만의 일인가?』(1996), 41ff.) 아스파시아가 헤테레였다는 주장에 대해서 반박하고 있다.

스와 아스파시아가 부도덕하다고 했던 비난들은 적어도 의문의 여지가 있는 것처럼 보인다. 나중에 페리클레스의 아들에게는 심지어 총사령관으로 선출되는 명예가 주어지기도 했으니 말이다.

431년에 펠로폰네소스 전쟁이 시작되었고, 그 소용돌이에 거의 모든 그리스 세계가 휩쓸려 들어갔다. 거기에다 430년에는 갑자기 페스트가 퍼지기 시작했는데, 처음에는 항구인 피레우스에서 퍼지더니, 나중에는 아테네에서도 파괴적인 위력으로 날뛰었다. 많은 사람들이 끔찍하게 죽어 가는 상황에서는 의사들의 기술도 속수무책이었다. 대략 주민의 3분의 1 가량이 죽었다. 이 국가를 461년부터 이끌어 왔던 페리클레스도 페스트에 걸려서 429년에 죽음을 맞았다. 역사 서술가인 투키디데스는 그의 『펠로폰네소스 전쟁사』(2,47ff.)에서 이 역병의 특징과 확대과정을 인상적으로 서술하고 있다. 아스파시아는 페스트에서 살아남았고, 남편이 죽은 후에 남편의 정치적 동지였으며 양을 치는 사람이었던 리시클레스와 결혼했는데, 그러나 이 사람은 결혼한 해에 죽고 말았다. 아스파시아는 그에게도 아들 한 명을 낳아 주었다(428년). 그녀는 아테네 또는 아티카에서 그 후로도 계속 살았지만, 그녀의 죽음에 대해서는 아무런 보고도 남아 있지 않다.

위에서 거론된 출처들 외에도 크세노폰, 아이스키네스, 아테나이오스(13,569ff.)의 책에서 나오는 아스파시아에 대한 언급들은 후대에 그녀에 대한 의혹적인 명성을 부여하는 데 기여했다. 심지어 로마 사람이었던 키케로(기원전 106~43)조차도 그의 『착상에 관하여』라는 저작(1,52)에서 그녀에 대해 수사가 능하고 토론을 잘하는 여자로 묘사하고 있는데(퀸틸리안, 『연설가를 위한 교육』 5,11,27 참조), 이 글도 그녀의 인지도를 높여 놓았다. 그러나 무엇보다도 플루타르크가 그의 페리클레스 전기에서 아스파시아에 대해 상

론하고 있는 내용들은 그녀가 보낸 삶의 다양한 측면들이 단순히 문헌학자
나 역사가, 문화학자 등에게만 관심을 끄는 내용이 아니었던 것처럼 보이도
록 했다. 아스파시아에 대해 이야기되었거나 글로 쓰인 많은 것들은 전설이
며, 역사적 출처들에 의해 사실이 아니었던 것으로 밝혀지는 경우도 자주
있었다. 엄밀한 의미에서 학문적이지 않았던 문헌들 속에서 그녀가 얻고 있
는 명성에 따르면, 그녀는 오래된 것이지만 시대를 초월하는 에로틱한 경험
들에 대해서 타의 추종을 불허할 정도로 잘 알고 있었으며 그것을 가르치는
기술도 뛰어난 여성이었다.

고대의 문헌들이 그녀의 삶과 성공 그리고 그녀에게 가해졌던 비난들에
대해서 증언하고 있는 내용들을 들여다보면서 현대의 저자들이 읽어 내는
바에 따르면, 그녀는 여성의 심리를 정확히 알았고 관능적 욕구를 세련되게
할 줄 아는 모든 방법들을 주체적으로 통달해 나갔던 것으로 보인다. 그녀
는 모든 형태의 사랑에 대해서 열린 자세였다고 하며, 또한 그것을 전부 다
만끽했다고도 한다. 페리클레스의 시대에 여성의 영향이나 사랑 또는 섹슈
얼리티가 어떻게 정치와 결부되었는가, 또 얼마나 중요한 문제였던가 하는
것은 플루타르크의 진술들에서도 추론할 수 있다. 이 여성의 독보적인 교양
그리고 영리한 헤테레로서—시민이 아니었던 그녀는 아테네의 헌법에 따르
면 2등급의 여성이었다—아테네에서 가장 강력한 민중의 지도자 옆에서 자
신의 입지를 관철하는 재주 등은 놀라울 정도의 것이었다. 어떤 식으로 그
녀가 자신의 집을 수준 높게 이끌어 갔으며, 정치투쟁을 하는 남편에게 조
언하면서 그에 대한 영향력을 확보했었는가를 보면 심지어 경탄할 만도 하
다. 그녀는 내적인 강인함과 고도의 지성을 탁월하게 결합시켰으며, 그 결
과 만인이 보는 앞에서도 인습적인 사회적 제약들을 벗어나 활동할 수 있었

다. 그녀의 집에는 정신적으로 우수한 인간들이 모여들었다. 아스파시아는 그녀의 집에 드나들었다고 추정되는 시인 에우리피데스(기원전 480–406년경)[102]에게 영향을 미쳤고, 그 결과 에우리피데스의 작품에 나오는 심리적 형상화를 통하여 근대에 이르기까지 간접적으로 영향력을 행사하고 있다고 한다면, 이러한 평가는 그녀의 삶에 대해 최고로 인정해 주는 것일 것이다. 마들렌 M. 헨리는 아스파시아가 문학이나 예술 등에서 "애첩으로서, 여성 지배자로서, '여자 소크라테스'로서, 페미니스트 운동가로서, 어머니로서, 철학자로서, 매춘 여성으로서, 수사가로서, 페리클레스의 선생으로서, 주전론자로서, 페리클레스의 아내로서" 수용되는 양상을 서술하고 있다.[103] 그러나 휴머니즘적 지식을 갖춘 현대의 저자들이 관음증적으로 그들 자신의 포르노그래피적인 환상을 아스파시아의 삶에 투영하더라도, 긴장감을 유발하는 방식으로 썼다면 참아 줄 수는 있다. 그렇지만 역사적 전래사실들로부터 추론될 수 없는 것은 저자가 여러 내용을 조합하고 상상을 가미하여 나온 결과물이므로 그에 대한 신빙성을 고려하면서 신중하게 받아들여야 할 것이다. 물론 아스파시아만이 후세에 조잡하게 왜곡되면서 문학적 소비재의 유형처럼 격이 낮추어지는 일을 감수해야 했던 유일한 역사적 인물은 아니지만 말이다.

H.K.

---

102) 코르네만, 『고대의 위대한 여성들』(o. J) 75f. 참조.
103) M.M. 헨리, 『역사의 죄수들, 밀레투스의 아스파시와 그녀의 전기적 전통』(1995).

출   처

투키디데스(Thukydides), 『펠로폰네소스 전쟁 Der Peloponnesische Hrieg』.

플루타르크(Plutarch), 『페리클레스 Perikles』.

왕으로서의 남자와 왕의 아내로서의 여자

페르시아의 총독이자 박트리아의 제후였던 옥시아르테스가 알렉산드로스 대왕을 기리기 위하여 향연을 베푼다.

연회가 대단히 즐겁게 거행되고 난 후 연회의 주인은 뛰어난 여성 서른 명을 안으로 들어오게 했다. 그들 중에는 그 자신의 딸이었던 록산네도 있었다. 이 여성은 뛰어나게 아름다운 몸과 야만인들에게는 드물게 나타나는 우아한 자태로 인해 눈에 띄었다. 그녀는 선발된 여성들 가운데 섞여서 등장했음에도 불구하고 만인의 시선을 끌었다. 그녀가 특히 왕의 시선을 끌었던 이유는 행운이 그에게 유리하게 작용하는 것처럼 보인 이후로는 그가 자신의 욕정을 덜 억제했기 때문이다. 사실 인간의 본성이라는 것은 이러한 욕정에 저항할 수 있을 정도로 충분히 단련되어 있지는 못한 것이다. 그러므로 다레이오스의 부인이나, 미모에 있어서 록산네를 제외하면 아무도 비교될 수 없을 정도로 미인들이었던 다레이오스의 두 딸에 대해서도 아버지 같은 감정으로만 바라보았던 그가 지금은 저 왕들의 후손들(다레이오스의 두 딸)에 비교하면 평범한 출신에 불과했던 이 어린 처녀에게 얼마나 반했던지, 페르시아 사람들과 마케도니아 사람들이 결혼을 통해 맺어지는 것이 자신의 지배를 공고히 하는 데에 기여하는 것이라는 주장까지 하게 되었던 것이다. 오로지 이런 방식을 통해서만 패자에게는 수치를 덜어 줄 수 있고, 승자에게는 오만함을 막아 줄 수 있다는 것이다. 자신의 선조인 아킬레스도 전쟁포로였던 여성(브리세이스)과 결합했었다면서 말이다. 하지만 그녀를 그냥 데려오면 그녀가 그것을 부당하게 생각할지도 모르니까 그러지 않기 위해서 자신은 그녀와 정식 결혼을 체결하고 싶다는 것이다. 그녀의 아버지는 전혀 예기치 않았던 기쁨으로 어쩔 줄을 모르면서 그의 말을 받아들였다. 그리고 왕은 불타는 욕정으로 뜨거워진 상태에서 조상의 풍습에 따라 빵을 가져오라고 해서—마케도니아 사람들에게는 이렇게 하는 것이 혼사를 맺을 가장 성스러운 담보였다—그것을 칼로 잘라 두 사람이 함께 먹었다. 내가 아는 바로는, 이 풍습의 창시자들은 사람들이 재산을 합칠 때는 그것이 아무리 보잘것없더라도 만족해야 한다는 것을 이 단순하고 쉽게 만들 수 있는 음식을 통해서 보여 주고자 했던 것이다. 이러한 방식으로 아시아와 유럽을 지배하는 왕은 오로지 연회의 즐거움을 위해서 불려 왔을 뿐인 어린 여성과 혼인을 맺었던 것이며, 전쟁포로였던 그녀와 함께 아들을 낳아서 이 아들이 승자들을 지배할 수 있게 하려는 생각이었다. 그러나 그의 친구들은 그가 술자리에서 피지배자를 장인으로 선택했다는 것에 대해 수치스럽게 생각했다….

쿠르티우스 루푸스, 8,4,23-30.

페르시아 사람인 오르시네스는 알렉산드로스의 친구들에게 선물을 나눠 주면서 환관인 바고아스는 무시한다. 바고아스는 중상모략으로 그에게 복수한다.

"옛날 아시아에서는 여자들이 통치했었다는 이야기는 나도 이미 들었지만, 거세된 남자가 통치한다는 이야기는 들어 보지 못했다."
　(오르시네스가 처형되기 전에 바고아스에게 하는 말)

그러나 페르시아의 총독인 오르시네스가 그토록 활수하게 선심을 썼던 것이 이제는 그가 죽는 원인이 되고 말았다. 왜냐하면 그는 왕의 모든 친구들에게 그들이 원하는 것 이상으로 선물을 줌으로써 존경을 표시했지만, 자신의 신체를 포기함으로써 알렉산드로스의 사람이 되었던 환관 바고아스에게는 어떠한 종류의 경의도 표하지 않았기 때문이다. 이 사람도 알렉산드로스에게는 소중한 사람이라는 사실을 몇몇 사람이 오르시네스에게 상기시키자, 그는 자기가 우대하려고 하는 사람은 왕의 친구들이지 왕의 정부(情夫)는 아니며, 음탕한 짓으로 여자처럼 행동하는 사람을 남자라고 간주하는 것은 페르시아 사람들에게는 흔치 않은 일이라고 대답했다. 이 말을 들은 환관은 수치와 치욕으로 획득한 그의 권력을 그토록 고상하고 순결한 남자의 삶을 파괴하는 데 사용했다. … 그는 보는 사람이 없기만 하면 남의 말을 잘 믿는 왕에게 통사정을 했지만, 자기가 화난 원인에 대해서는 밝히지 않았다. … 수치심도 모르는 이 정부는 그 파렴치하고 음탕한 짓거리에 몰두할 때조차도 그의 복수극을 잊은 적이 없었다. 그는 왕의 욕정을 한껏 자극하고 나서는 매번 그때마다 오르시네스가 탐욕이 강하다고 비난하거나 때로는 배반하고 있다는 혐의까지 씌웠다.
　(알렉산드로스는 오르시네스에게 사형을 선고하고 그를 처형시켰다.)

쿠르티우스 루푸스, 10,1,25-27 ; 28-37.

대략 기원전 356년 7월 20일에 펠라에 있는 마케도니아의 왕궁에서 태어난 알렉산드로스 대왕은 세계사적인 중요성을 지니는 인물이다. 당시의 마케도니아는 그리스에서 그다지 중요하지 않은 주변 국가였다. 아버지인 필리페 2세가 336년에 살해된 후에는 알렉산드로스가 왕이자 사령관으로서 323년까지 통치했다. 20세의 나이에 넘겨받은 지배권은 13년 동안만 지속되었지만, 이 시기는 페르시아와 인도에 대한 원정, 다른 나라에 대한 정복, 점령, 약탈 그리고 승리와 (70개 이상 되는)도시들의 건설, 거대한 지역적 난관의 극복 등의 내용들로 채워져 있다. 그리고 이러한 역사는 바빌론에 마케도니아 고유의 수도를 건설하는 일에서 절정에 이르렀다.

알렉산드로스의 개입에 의해 규정된 역사적 사건들을 살펴보지 않고는, 그렇지만 또 이 젊은 왕이 성장한 가족사적 배경에 대한 인식이 없고서는 그가 여성들과 맺었던 관계들을 이해하기란 거의 불가능하다. 따라서 마케도니아 왕궁에서 있었던 내적인 긴장관계들에 대해 여기서 잠깐 정리하고 가자. 이미 열여섯의 나이에 부친으로부터 마케도니아가 지배하는 제국의 옥쇄와 무한한 전권을 지닌 대리인의 권한을 넘겨받았던 이 젊은 왕의 성격은 실행력, 환상 그리고 미래에 대한 비전이 있는 시각으로 특징지어진다. 그가 좋아한 책은 호메로스의 『일리아스』였다. 그는 334년에 일리온(트로이)에서 영웅 아킬레스의 묘비를 방문하고, 이 영웅에게 특별한 존경심을 표했다. 그 자신을 자극했던 것은 아킬레스와 마찬가지로 명예로운 행동들을 수행하리라는 소원이었다. 그는 이러한—그 자신이 보기에는—올바른 생각들에서 출발하여 망설임 없이 행동으로 나아갔다. 그가 가장 참지 못했던

것은 지체하는 것이었다(쿠르티우스 루푸스, 3,14; 디오도르, 17,16. 62). 그는
그를 존경하고 사랑했던 병사들에게 수년 동안 고급 군사훈련을 시켰다.

알렉산드로스의 어머니 올림피아스

알렉산드로스와 그의 어머니 올림피아스의 관계는 애매모호하게 남아 있
었는데, 올림피아스는 에피루스 왕의 딸이었으며 야심이 많았고 강한 마신
적 특성들을 가진 여자였다. 알렉산드로스의 삶에 있어서 그 어떤 다른 여
성들과의 관계보다 어머니와의 관계가 더 중요한 역할을 했다는 것은 의심
의 여지가 없다. 그는 계속해서 어머니에게 편지와 선물들을 보냈다. 어머
니에 대한 강한 애착과 요절했다는 사실에서 알렉산드로스와 아킬레스의 공
통점을 찾을 수도 있을 것이다. 올림피아스의 남편이자 알렉산드로스의 아
버지였던 필립 2세는 여러 명의 부인들을 두고 있었는데, 이들을 선택한 이
유가 무엇보다도 정치적인 것이었다는 사실도 의심의 여지가 없다.

올림피아스는 그래도 궁정에서 첫 번째 가는 역할을 했으며, 에피루스의
섭정이었던 남동생을 통해서 이웃 국가에도 지대한 영향력을 행사했다. 필
립이 결혼 외의 여자관계를 맺는 것에 대해서 올림피아스는 관용했던 것으
로 보인다. 그러다가 드디어 필립이 337년에 마케도니아의 상류 귀족 출신
이며 미모가 대단했던, 클레오파트라라는 이름의 젊은 여성을 결혼을 통하
여 그의 하렘에 들이는 시도(또는 실수)를 하기에 이른다. 알렉산드로스는
그 결혼잔치에 참석했다. 그런데 여기서 어떤 싸움이 벌어지게 되는데, 이
과정에서 필립이 칼을 들고 그의 아들을 공격했지만 포도주를 많이 마신
탓에 미끄러지면서 바닥에 쓰러졌다.—나이가 더 많은 올림피아스는 화를

내며 펠라에 있는 수도를 떠나 그녀의 고향인 에피루스로 돌아갔다. 결혼 생활에서 자기보다 어린 라이벌과 경쟁하는 것을 올림피아스는 혐오했던 것이다. 그러나 그녀의 남편 필립이 336년 암살에 희생되자, 그녀는 즉각 되돌아왔다. 필립의 죽음에 있어 알렉산드로스 또는 올림피아스의 개입 여부는 오늘날까지도 밝혀지지 않고 있다. 이제 아들이 왕인 궁정에서 올림피아스가 누리는 영향력은 막강했고, 그 결과 라이벌이었던 클레오파트라와 필립이 죽기 얼마 전에 태어난 어린 딸 에우로파가 죽음을 당했다. 야심 많은 어머니에 대한 알렉산드로스의 관계는 관대하고 사랑에 찬 것이었다. 비록 그녀가 그를 곤란하게 만들었고, 그 또한 그녀가 제멋대로 권력을 행사하는 것을 거부하긴 했지만 말이다. 알렉산드로스는 자신이 없는 동안 안티파테르에게 대리역할을 맡기고 있었는데, 안티파테르와 올림피아스 사이에도 마찰이 생겼다. 결국 알렉산드로스는 올림피아스가 국가의 일에 어떤 식으로든 간섭하는 것을 금지했다(플루타르크, 『알렉산드로스』 39). 물론 알렉산드로스는 지배욕이 많은 어머니와 안티파테르로부터 계속해서 탄원서를 받아야 했다. 올림피아스는 결국 다시 에피루스로 되돌아갔다. 그곳에서 지배하던 남동생이 살해되었으므로 그녀의 지배욕은 고향에서보다 쉽게 관철될 수 있었다. 알렉산드로스가 죽은 뒤에 올림피아스는 왕위를 놓고 그의 경쟁자들과 힘든 정치적 대결들을 했고, 마케도니아에서 상당한 권력을 획득하는 데 성공했다. 그러나 그녀는 마침내 316년에 그녀가 사주한 악행과 범죄 때문에 사형을 선고받았고, 약 60세의 나이로 돌에 맞아 죽었다.

록산네, 스타테이라, 파리사티스

알렉산드로스는 비록 천재적이었지만, 성격상으로는 대체로 합리적이었던 아버지보다는 어머니를 훨씬 더 많이 닮은 인물이었다. 이미 소년 시절부터 공부와 학문에 대한 욕심으로 그는 두각을 나타냈다. 그는 선생이었던 아리스토텔레스를 통해서 뛰어난 그리스의 교양을 획득했다. 일찌감치 모습을 나타낸 지배욕은 어머니를 닮은 것이었다. 그는 대단히 규율이 잘 잡힌 인간이긴 하지만, 만취하거나 불같이 화를 내는 성향이 있다는 것은 누구나 알고 있었던 사실이다(플루타르크, 『알렉산드로스』 4; 디오도르, 17,110. 117). 행동에 대한 꺼지지 않는 충동은 그를 원동지방까지 계속해서 몰아갔다. 록산네는 소그디안의 귀족이었던 옥시아르테스의 딸이었다. 알렉산드로스는 327년에 있었던 성대한 향연에서 이 아름다운 여성을 사랑하게 되었다. 그는 스물아홉 살이었고 첫눈에 정열적인 사랑을 느꼈다(쿠르티우스, 8,4,21f.). 알렉산드로스는 아버지의 동의를 얻은 후 박트리아의 총독령에서 고향의 의식대로 록산네와 혼례를 올렸다. 고향 사람들이나 마케도니아 사람들은 이처럼 보기 드문 사건을 매우 다양한 감정으로 받아들였다. 알렉산드로스는 마케도니아 또는 그리스 사람과 이란 여성이 결합하면 승자와 패자 간의 인간적 결합을 확고히 함으로써 새롭게 만든 왕국을 안으로부터 굳건히 할 수 있을 것이라고 생각했다. 그에 반해 마케도니아 사람들은 은근히 모욕감과 열패감을 느꼈는데 왕이 전쟁포로를, 게다가 이런 향연에서 같은 급으로 있을 수 있는 사람도 아니며 그리스인도 아닌 여성을 왕비로 선택했기 때문이다. 그녀는 이후부터 남편이 가는 원정마다 동행했다. 알렉산드로스는 3년 후에 또 다른 페르시아 공주와 결혼했다. 다레이오스 3세의 장녀인 스타테이라는 그 아버지가 이소스 전투에서 패한 후에 알렉산드로스에게 바친 것이었다. 알렉산드로스는 처음에 거절했으나 324년에 수사에서 결혼했다(디오도르, 17,107). 이러한 혼인을 통하여 페르시아인들에게 자신을 아카이메네스 왕조의 후계자로 천거하고 그들의 신뢰를 얻기 위해서였다. 그는 같은 해에 또다시 아르탁세르크세스 3세의 전임자인 다레이오스 3세의 막내딸 파리사티스와 결혼했는데, 그녀 또한 이소스 전투가 끝난 후 그의 포로가 되어 있었다(쿠르티우스, 3,13,12).

그러나 록산네는 그의 정식 본처로 머물렀다. 그녀는 알렉산드로스가 이런 결혼들을 한 것은 자신이 추진하는 정책을 유리하게 하기 위해서라는 것, 다시 말하면 마케도니아 지배를 확고히 하고 오리엔트의 관습을 존중함으로써 패자들의 호감을 얻어 내기 위해서라는 것을 이해했다. 알렉산드로스는 이미 록산네와 결혼할 때도 메데 및 페르시아 왕조의 궁정예식을 받아들였고, 마케도니아 및 그리스 사람들에게도 그의 사람(록산네)에 대해서 문화적 존경심을 표할 것을 요구했다. 이곳에서 관행이었던 예우방식은 왕 앞에 엎드려 머리를 바닥에 대는 것이었다. 그렇게 함으로써 지배자 앞에는 전적으로 몸을 낮추는 동시에 민족들간에는 동등성이 표현된다는 것이었다. 이런 식으로 존경심을 표현하는 것은 주로 페르시아의 모범에 따르는 것이었고, 그리스인들은 원칙적으로 거부해 오던 것이었지만, 알렉산드로스 이후로는 헬레니즘적 지배자 숭배의 표징처럼 되었다. 알렉산드로스는 권력을 연극적으로 연출하는 것을 좋아했다. 그가 마지막으로 한 두 번의 결혼식도 또 다른 방식의 시위성 행사로 진행되었다. 그는 그의 (80명이 넘는) 친구들과 가까운 수행원들 그리고 고위 장교들에게 가장 우수한 페르시아 여성들을 지정해 주고는 이들과 또 이미 전부터 오리엔트의 여성들과 함께 살아온 마케도니아 전사들을 위한 공동 결혼식을 수사에서 개최했는데, 여기에는 9천 명이나 되는 손님들이 초대되었다. 영향력이 큰 마케도니아—이란 통치 엘리트들을 만들어 내고, 단 하나의 나라에서 여러 민족들을 밀접하게 결합하는 것이 알렉산드로스에게는 최고의 정치적 목표였다. 물론 위에서 거론된 정책들뿐 아니라 다른 조치들도 모든 것보다 우월한 위치에서 독재적으로 통치하는 그 자신의 지배자적 속성에 근거했던 것이다.

알렉산드로스가 죽은 뒤 록산네는 자신이 항상 질투했던 스타테이라에게 가짜 편지를 보내 바빌론으로 유도한 후 공모자들을 시켜 살해했다.—알렉산드로스는 카리스마적 지배자 스타일이었고, 그의 남성다운 특성뿐 아니라 그의 매혹적인 권력 때문에도 남자와 여자들로부터 숭배와 갈망의 대상이었다. 그는 영리한 정치가였고, 집단 심리에 능통하고 널리 내다볼 줄 아는 문화 전파자였으며, 세계왕국의 이념을 실현하고자 했고, 자신이 신과 동등하다고 믿었던—또는 믿는 것처럼 보였던—사람이었지만, 좁은 가족의 테두리 안에서는 감수성과 사회적 사고방식이 현저히 결여된 인물이었다. 그는 가족을 위해서 시간을 내 본 적이 없었다(디오도르, 17,16). 어쩌면 그가 남성들과 내밀한 우정관계를 쌓고 있었기 때문에 여성들에 대해서는 다소 소극적인 자세가 되었을지도 모른다. 어쨌거나 그는 적기에 합법적인 후계자를 만들려는 노력을 별로 하지 않았다. 알렉산드로스가 죽고 석 달이 지난 후에야 록산네는 아들을 하나 낳았다. 그녀는 이로 인해 마케도니아 사람들로부터 대단한 존경을 받았다. 아이를 위해서는 섭정위원회가 도입되었다(유스티누스, 13,2,14). 안티파테르는 마침내 모자를 마케도니아로 데려왔다. 그들은 안티파테르가 죽은 후에 에피루스로 도망갔다가 나중에는 다시 마케도니아로 되돌아왔다. 알렉산드로스도 두려워했던 안티파테르의 반항적 아들 카산드로스의 지시로 310년에 록산네와 이미 청년으로 성장한 그녀의 아들 알렉산드로스 4세가 그동안 감금되어 있던 암피폴리스에서 살해되었다. 그리하여 마케도니아의 통치자 가문은 종말을 맞았다.

록산네는 알렉산드로스가 왕으로서 사회의 우려까지 무시하면서 마음의 소리에 따라 기사도적 충의를 표하며 부인으로 결정했던 여성이었고, 그 후에는 알렉산드로스의 유일한 법적 상속자의 어머니가 되었던 여성이었다. 록산네의 모습을 그린 그림이 남아 있지는 않지만, 록산네라는 이 유명한 이름만은 그 남편의 이름과 더불어 2천 년 이상이나 후대의 기억 속에 살아 있다.

Art Works 예술작품

출 처

디오도루스 시쿨루스(Diodorus Siculus, 기원전 1세기), 『역사적 기록들 Historische Bibliothek』.

플루타르크(Plutarch, 기원후 50-125경), 『알렉산드로스 Alexander』.

Q. 쿠르티우스 루푸스(Curtius Rufus, 기원후 1세기), 『알렉산드로스 대왕의 역사 Geschichte Alexanders des Grothen』.

위조(Pseudo) 칼리스테네스(Kallisthenes, 기원전 200경), 『민속적인 "알렉산드로스 이야기" Volkstümlicher "Alexanderroman"』.

율리우스 발레리우스(Julius Valerius, 기원후 338경), 『마케도니아의 알렉산드로스 이야기 Res gestae Alexandri Macedonis』.

아르키프레스비테르 레오(Archipresbyter Leo), 『알렉산드로스 이야기 Liber de preliis』(950경)(이 유명한 작품은 "알렉산드로스 이야기"를 라틴어로 번안한 것이며, 중세 알렉산드로스 이야기의 주요 출처가 되었다).

조형예술

〈알렉산드로스 석관 Alexandersarkophag〉, 고대 그리스 대리석 석관, 기원전 300경, 알렉산드로스 대왕의 이야기를 다룬 부조 그림, 이스탄불 고고박물관.

〈알렉산드로스 전투 Alexanderschlacht〉, 고대 모자이크, 기원전 2세기 말, 다레이오스 3세에 대한 알렉산드로스의 승리, 그리스 벽화의 복제품(기원전 4세기 말), 나폴리 국립박물관.

그 림

A. 알트도르퍼(Altdorfer), 〈알렉산드로스 전투 Alexanderschlacht〉, 1529, 뮌헨, 알테 피나코텍.

Ch. 르 브룅(Le Brun), 〈그라니코스에서의 아르벨라와 포로스의 전투: 바빌론 원정 Die Schlacht am Granikos, bei Arbela gegen Poros〉, 1665-1671, 루이 14세를 위한 그림, 파리, 루브르와 베르사유.

프 레 스 코

〈알렉산드로스와 록산네 Alexander und Roxane〉, 1516-1518, 소도마, 원래는 G.A. 데이 바치, 로마, 파르네시나 별장.

P. 다 코르토나(da Cortona), 원래는 베레티니(Berrettini), 1640-1647, 피렌체, 팔라초 피티.

유명한 알렉산드로스 서사시는 특히 알베리히 폰 브장송(Alberich v. Besancon, 11세기 말), 람프레히트 신부(Pfaffe Lamprecht, 1120-1130), 발터 폰 샤티옹(Walter v. Chatillon, 1170-1175), 울리히 폰 에센바흐(Ullrich v. Eschenbach, 1280년경), 루돌프 폰 엠스 (Rudolf v. Ems, 1230-1240경) 등에 의해 쓰였다.

희　　곡

J. 드 라 타이유(de la Taille), 『알렉산드로스 Alexandre』, 1602.

A. 하디(Hardy), 『알렉산드로스의 살해 Mort d' Alexandre』, 1621; 『다리우스의 살해 Mort de Darie』, 1628.

J. 릴리(Lyly), 『알렉산드로스 Alexander』, 1581.

J. 데스마레(Desmaret), 『록산네 Roxane』, 1639.

부아예 신부(Abbe Boyer), 『포로스 또는 알렉산드로스의 관대함 Porus ou la Generosite d' Alexandre』, 1647.

G. 치코니니(Cicognini), 『알렉산드로스와 록산네의 사랑 Amore di Alessandro e di Roxane』, 1651.

J.B. 라신(Racine), 『알렉산드로스 대왕 Alexandre le Grand』, 1665.

N. 리(Lee), 『라이벌 왕비들 The Rival Queens』, 1677.

로페 데 베가(Lope de Vega), 『알렉산드로스 대왕 Las grandezas de Alejandro』,
    17세기.

칼데론(Calderon), 『큐피드와 첼로스의 맹세 Certamen de amor y celos』, 17세기.

C. 랑엔베크(Langenbeck), 『알렉산드로스 Alexander』, 1934.

F. 포르스터(Forster), 『돌에 맞아 죽은 사람들 Die Gesteinigten』, 1946.

F. Th. 크소코르(Csokor), 『알렉산드로스 Alexander』, 1969.

소 설

J. 바서만(Wassermann), 『바빌론의 알렉산드로스 Alexander in Babylon』, 1905.

K. 만(Mann), 『알렉산드로스 Alexander』, 1929.

L. 쿠페루스(Couperus), 『알렉산드로스 Iksander』, 1920, 독일어본, 1925.

P. 구르크(Gurk), 『알렉산드로스 Iksander』, 1944.

G. 해프스(Haefs), 『알렉산드로스 Iksander』, 1993.

R. 드 페이레피트(de Peyrefitte), 『알렉산드로스의 청춘시대 La jeunesse d'
    Alexandre』, 1977; 『알렉산드로스의 정복 Les conquetes d' Alexandre』,
    1979; 『알렉산드로스 대왕 Alexandre le Grand』, 1981.

오 페 라

대부분 메타스타시오(Metastasio, 1698-1782)의 리브레토(Libretto)에 곡을 붙인 무수
한 작곡가들 중에서 두드러지는 작곡가들:

J.Ch. 바흐(Bach), 1762, 나폴리.

G.F. 헨델(Händel), 1731, 런던.

Ch. W. 글루크(Gluck), 1744, 토리노; 1765, 발레, 빈.

J.F. 아그리콜라(Agricola), 1753 & 1754, 베를린.

G.F. 헨델(Händel), 1736, 런던, 오케스트라콘체르트, J. 드라이든(Dryden)의 송가
　「알렉산드로스의 축일 Ode Alexander's Feast」에 곡을 붙인 것.

영　화

〈알렉산더 대왕 Alexander the Great〉(1956, 리처드 버튼 주연).

사랑이 전부인 여자와 전부가 아닌 남자

디도 앞에 나타난 아이네이아스

보라. 저기 아이네이아스가 눈부신 빛을 발하며 서 있는데
얼굴과 어깨가 신처럼 아름다웠다. 그도 그럴 것이 어머니가
아름다운 머리칼을 아들에게 주었고, 자줏빛 청춘의 광채와
쾌활한 사랑의 우아함을 직접 아들의 눈동자에 불어넣어 주었기 때문이다.

아이네이아스를 사랑하는 디도

그러나 이미 오래전에 고통스러운 사랑으로 상처를 입은 여왕은
혈관 속에 고통을 키우며 남모르는 열화 때문에 초췌해져 간다.
항상 정신적으로는 고귀한 이 남자의 미덕만 보이고,

마음에는 그의 모든 표정들과 말이 달라붙어 있으며,

그를 향한 동경 때문에 몸도 편히 쉬지를 못한다.

사랑의 결합

티루스 사람과 트로이 사람들이 함께 사냥을 나간 동안 유노 여신은 격한

비바람이 내리게 한다.

그런데 그사이 하늘이 위협적인 굉음을 울리며

어두워지기 시작하더니 우박과 뒤섞인 비가 억수로 쏟아진다.

티루스의 수행원들과 트로이의 젊은이들이 주변에서 뛰고

비너스의 다르다나에 손자도 서둘러 벌판을 가로질러 간다.

사람들은 잔뜩 겁을 먹고 숨을 곳을 찾는데, 산에서는 거센 물줄기가 쏟아져

내린다.

디도가 트로이 출신의 제후와 똑같은 동굴에 도달하니,

처음에는 대지의 신 텔루스가, 그 다음엔 결혼의 보호자인 유노가

신호를 보낸다. 하늘도 혼례의 증인으로 나타나 번개를 번쩍이는데,

위쪽에서는 님프들이 높은 우듬지에서 통곡하고 있었다.

그날은 죽음의 시작이었고 모든 고통의 기초였다.

왜냐하면 디도가 이제는 더 이상 체면이나 구설수에는 신경도 쓰지 않고

비밀스런 사랑의 기쁨도 더 이상 생각하지 않기 때문이다.

이제 그녀는 그것을 혼인이라 부르면서 죄를 미화하는 것이다.

아이네이아스에게 출발하라는 유피테르의 명령을 전달하는 헤르메스

갑자기 그가 호통을 친다. "너는 저 높은 카르타고를 건설하고

한 여자의 종처럼 이 훌륭한 도시를 짓는구나.

네가 너의 왕국과 너의 사명을 잊다니 저주 있을지라!

…

하지만 그렇게 빛나고 높은 사명조차 너에게 아무런 감동도 못 주고,

네 스스로 자신의 명예를 위해 그런 노력을 하지 않는다면,

저곳에서 자라고 있는 아스카니우스를 보고 상속자인 율루스의 희망을 생각하라.

너는 아직도 그에게 이탈리아 왕국과 로마의 대지를 건설할 의무가 있다."

…

그러나 아이네이아스는 이러한 현상에 너무 놀라 아무 말도 하지 못했다.

겁에 질려 머리끝이 쭈뼛해지고, 목소리도 잘 나오지 않았다.

그러나 이제 당장 도망쳐야겠다고, 이 나라를 떠나야겠다고 작심한다.

신들의 명령과 경고가 천둥처럼 그의 마음을 움직였던 것이다.

위기

그러나 여왕은 알고 있었다.—사랑하는 여인을 누가 속일 수 있으랴.—

오래전부터 그것은 거짓말임을. 그리고 새로운 국면이 임박하고 있다는 것도

알았다.

…

그녀는 마침내 아이네이아스에게 직접 다음과 같은 말을 한다.

"지조라곤 없는 인간이군. 게다가 그토록 엄청난 죄악을 숨길 수 있으리라고

생각했단 말이지? 아무도 몰래 내 나라를 벗어날 수 있으리라고 생각했단 말

이지?

우리의 사랑도, 언약도

비참하게 죽어 가는 디도도 당신을 붙잡을 수 없다는 건가?

…

아, 우리의 결혼에 맹세코, 이제야 비로소 시작된 이 결혼에 맹세코

내가 당신에게 좋은 대접을 받을 만한 가치가 있다면, 디도에게 그 어떤 점이

라도

당신의 마음에 드는 것이 있다면 무너져 가는 이 집을 동정이라도 해 줘.

아, 이렇게 사정하는 것이 조금이라도 의미가 있다면, 제발 마음을 다시 돌려줘!"

…

그녀는 그렇게 말했다. 그러나 아이네이아스는 유피테르의 경고 때문에

굳어진 시선을 풀지 않았고, 마음속에서 일어나는 사랑의 동경도 완강하게 억

눌렀다.

마침내 그가 짧게 대답했다. "오, 여왕이여, 결코 나는 당신이 자부하는 만큼

내게 해 준 좋은 일들을 부인하지 않을 것이오. 또한 결코 후회하지도 않을 것

이오.

내가 제정신으로 남아 내 마음대로 육신을 움직일 수 있는 한

엘리사,[104] 당신을 기억할 것이오.

…

대(大)이탈리아에서는 아폴론이 그리네우스[105]라고 불렸는데

---

104) 디도의 별명.
105) 아폴론의 별명. 소아시아의 도시 그리니움에 그의 신탁이 있어서 붙여진 이름.

리키아의[106] 예언은 나더러 이탈리아로 오라는 것이었소.

내 마음은 그곳에 있고, 내 조국도 그곳에 있소.

…

아스카니우스도 나에게 그렇게 하도록 강요하고 있소.

신들이 약속한 서쪽 나라를 내가 건설하지 않는다면 그 아이에겐 마음 아픈 일이 돼.

…

하지만 그렇게 비탄하면서 내 마음과 당신 마음을 괴롭히는 짓은 제발 그만두오.

내 스스로 원해서 이탈리아로 가는 것은 아니니까."

디도의 죽음

디도는 자매에게 어떤 구실을 대면서 장작더미를 쌓아 달라고 부탁한다.

그러나 디도는—고통에 시달리고 운명에 충격을 받아—

죽었으면 좋겠다고 생각하며, 둥그런 하늘을 바라보기도 두려워진다.

…

"궁성의 안뜰에다 남들 몰래 장작더미를 하늘 높이 쌓아 주렴.

그 위에는 그 남자의 무기들을 놓아 줘. 그 못된 남자가 방에다 걸어 둔 채 그냥 두고 갔으니까. 옷들도, 나에게 파멸을 가져온 결혼생활의 침대도 모두 갔다 쌓아라.

---

106) 리키아의 도시 파타라에서 아폴론이 내린 신탁의 예언.

그 흉악한 인간을 생각나게 하는 것이라면 뭐든지 없애 버리고 싶어.

그렇게 하라는 것이 사제의 뜻이란다!"

…

이제 여왕은 망루에 올라, 하늘이 이제야 어슴푸레 밝아 오는데

함대는 이미 돛을 활짝 올린 채 저 멀리 나아가고 있는 것을 보았다.

해안은 텅 비었고 항구에도 돛이라곤 보이지 않았으며

…

그녀는 왕궁의 안뜰로 뛰어 들어가 분노로 길길이 뛰면서

높이 쌓은 단 위로 올라가 아이네이아스의 칼을 쑥 빼 든다.

그녀가 그렇게 쓸려고 이 선물을 간청했던 것은 아니었건만.

…

여자들은 칼 아래서 그녀가 푹 쓰러지는 것을,

칼날에 피거품이 흐르고 손에도 피가 튀어 있는 것을 보았다.

통곡 소리가 높이 치솟아 높은 곳에 있는 방들까지 들리고

소문은 삽시간에 도시로 퍼져 온 도시가 깊은 충격에 떨었다.

…

그러나 전능한 유노는 이 끔찍스러운 죽음의 고통이 지속되자 마음이 아파

이리스를[107] 하늘로부터 내려 보내면서

고통스럽게 싸우고 있는 저 영혼을 육체의 속박으로부터 풀어 주라 했다.

---

107) 신들의 여자 전령으로 날개를 달고 있으며, 특히 유피테르와 유노의 명령을 수행한다.

저승세계에서 디도를 만나는 아이네이아스

"참으로 불쌍한 디도. 신들의 메시지가 옳았단 말인가?

당신이 죽게 된다고, 바로 그 칼로 당신의 종말을 준비하게 될 거라고 했는데.

참으로 고통스럽다. 내가 당신이 죽은 원인이었단 말인가? 별들에게 맹세하

건대,

…

나는 당신의 해안을 떠나기가 정말 싫었소.

그러나 신들의 명령이 …

억센 힘으로 나를 몰고 간 것이오. 정말이지 단 한 번도

내가 떠남으로써 당신에게 그렇게 큰 고통을 마련해 주리라곤 생각지도 못했소."

…

디도가 몸을 돌렸지만 눈은 바닥만을 응시하고 있었고,

표정도 그가 말하기 시작한 이후로 조금도 변하지 않았다.

…

그녀는 적개심에 불타며 정신을 차린 후 그늘진 숲 속으로 도망가 버렸다.

옛 남편 시케우스가 그녀의 괴로움을 함께 하며

그녀의 사랑에 대해 마음속에서 우러나는 애정으로 보답해 주는 그 숲 속으로.

그러나 아이네이아스도 마찬가지로 그 슬픈 운명에 깊은 충격을 받아

눈물을 흘리며 오래도록 그녀의 뒤를 쫓아가면서 그녀가 사라진 것을 슬퍼한다.

베르길리우스, 『아이네이스』 I 588-591 ; IV 1-5, 160-172, 265-267, 272-276, 279-282,
296-297, 304-308, 316-319, 331-336, 345-347, 354-355
360-361, 450-451, 494-498, 586-588, 645-647, 664-666
693-695 ; VI 456-458, 460-461, 463-464, 469-470, 472-476.

아우구스투스 시대(기원전 31-기원후 14)에 로마 시인 베르길리우스는 호메로스의 『일리아스』와 『오디세이아』에 의존하여 그의 민족, 특히 황제가 오랫동안 원해 왔던 민족 서사시 『아이네이스』를 창조했다. 경건한 영웅 아이네이아스의 이야기는 로마 제국의 종교적 건국사이다. 왜냐하면 그는 최고신의 손자로서 이탈리아에서 언젠가 세계를 지배할 민족을 건설하도록 운명에 의해 선택되었기 때문이다. 아우구스투스는 수백 년 동안 지속된 전쟁이 끝난 후 로마 제국에 마침내 평화를 가져왔고, 이로 인해 그에게는 '평화의 황제'라는 별명이 붙었다. 로마인들은 그의 시대에 운명이 실현될 것이라고 생각했다. 그리스인들에게 오디세우스가 그러했던 것처럼 아이네이아스는 로마 사회의 우상이 되었다. 황제가 무슨 조치를 해도 쇠퇴하는 것을 막을 수 없었던 모든 미덕들을 그는 구현하고 있었던 것이다.

아이네이아스는 마지막까지 살아남은 트로이 사람으로서 트로이 민족이 몰락한 후 자신에게 주어진 사명을 실현하면서 오디세우스와 비슷하게 수많은 위험과 표박(漂泊)을 극복했다. 그는 바다에서 도주하던 도중 트로이 사람들을 매우 싫어했던 유노가 일으킨 폭풍 때문에(『아이네이스』 I 50ff.) 북아프리카의 해안까지 표류해 갔다. 그곳에는 남편인 시케우스가 살해된 뒤 스스로 티루스로부터 도망쳐야 했던 페니키아 여왕 디도가 이제 막 새로운 도시를 건설하고 난 참이었다. 그 도시가 카르타고이다(『아이네이스』 I 298ff.). 그녀의 운명도 일단은 트로이 영웅의 운명과 비슷해 보인다.

아이네이아스가 디도 앞에 등장하는 장면과 더불어 베르길리우스는 나에비우스의 역사 서술을 떠나서 헬레니즘 시대의 선구자들, 특히 로도스의 아폴로니오스에 의존하면서 이 소재를 대단히 인상적인 비극으로 변환시킨다.

이제부터 줄거리를 규정하는 사건들이 잇따라 벌어지기 시작하는 것이다.

유노는 새로운 트로이가 건설되는 것, 즉 이후의 로마가 건설되는 것을 저지하기 위해서 기회를 엿보며 가능하다면 아이네이아스를 디도에게 묶어 두려고 한다. 유노의 맞수는 다름 아닌 아이네이아스의 어머니 비너스이다. 그녀는 아버지인 유피테르의 기질을 물려받아 영리할 뿐 아니라 유혹적이다. 따라서 그녀는 유노의 제안을 받아들이는 척한다(『아이네이스』 IV 127-128). 비너스는 오래전부터 유노의 계획을 간파했었으며, 그 계획을 자신의 방식대로 이용하고자 하는 것이다. 그녀는 다만 시간을 끌고 싶어 한다. 바다에서 폭풍 때문에 고생한 아들과 아들의 부하들이 디도에게 환대를 받으며 새로운 함대도 하나 얻게 되기를 바라기 때문이다. 아이네이아스가 왕궁에서 여왕 앞에 나타날 때 비너스는 아들이 대단히 매력적으로 보이게 해주며, 그 효과는 디도에게서 금방 나타난다. 밤의 향연에서 아이네이아스는 감동적인 언어로 트로이가 몰락하고, 그 이후 자신이 표박하게 된 과정들을 보고한다. 말하자면 로마 시인의 시각에서 쓰인 『일리아스』와 『오디세이아』인 것이다. 여왕은 그 이야기에도 감동하지만, 이야기를 하는 사람에 대해서는 더더욱 감동한다(『아이네이스』 IV 76ff.). 비너스의 꾀 많은 아들 큐피드가 여분의 조처를 취하니, 디도는 사랑에 불탄다. 그녀는 양심의 가책에 빠지는데, 왜냐하면 그녀의 감정 안에서 죽은 남편의 자리를 아이네이아스가 조만간 차지하게 될 것이기 때문이다. 한때는 남편에게 영원히 지조를 지키겠다는 맹세까지 하지 않았던가. 여성의 심리를 잘 아는 베르길리우스는 당혹해하는 그녀의 심리를 모든 뉘앙스를 살려 가며 묘사하고 있다.

이어서 사랑의 병에 걸린 여왕은 불안하게 왕궁 안을 헤매고 다닌다. 생각은 오로지 아이네이아스 주변을 맴돌고, 마음은 그에게만 쏠려 있다. 그녀의 정신적 고통은 이미 그녀의 사랑과 삶이 동시에 비극으로 끝나리라는 것을 예감케 한다. 역사학적인 의미에서는 세계의 권력인 로마에 의해 카르타고가 멸망하는 과정이 암시되고 있음을 알 수 있다.

그러나 아이네이아스도 디도에 대해 깊은 인상을 받은 것처럼 보인다. 그는 이 여성에게 불가항력적으로 끌리고 있음을 느끼며, 자발적으로 운명의 요구에 거스르려는 참이다. 그의 보고를 들으면서 여왕은 사실 그가 신으로부터 위임을 받고 있는 몸이라는 것을 알았어야 했다. 그러나 그녀도 위압적인 열정을 억누를 수 있는 처지가 못 되는 것이다. 서로 가까워짐에 따라 두 사람은 점점 더 운명과의 갈등에 빠져 든다.

사랑의 관계를 확고히 하기 위해 다시 유노가 개입한다. 디도와 아이네이아스가 함께 사냥을 나갔다가 비바람을 피해 숨을 곳을 찾을 때 유노는 이 두 사람이 같은 동굴에 들어가게 함으로써 더 이상 '혼약'에 방해될 것이 없게 된다. 결혼한 사람들을 보호하는 유노가 증인이 되고, 대지의 신 텔루스와 인격화된 하늘이 가세함으로써 두 사람의 사랑의 결합은 우주적인 사건이 된다. 그런데 님프들의 통곡 소리가 함께 따라오면서 불행한 운명이 임박하고 있음도 다시 고지된다.

사랑의 행위를 한 후 여성의 내면은 완전히 변했다. 이제는 그 남자에게 얽매인 몸처럼 느껴지고 양심의 갈등도 더 이상 느끼지 않는다. 예전에 시케우스에게 지조를 지키겠다고 했던 맹세와 좋은 평판도 잊어버린 듯하다. 아이네이아스와의 결합은 디도에게 결혼을 의미하는 것이기에 실제로도 아이네이아스에게 종속되어 버렸던 것이다.

그동안 아이네이아스도 여왕의 남편이라는 새로운 역할을 완전히 받아들인 것처럼 보인다. 그는 왕의 칼도 차고 어의도 걸친다. 이제 디도와 함께 카르타고 시를 다시 건설하는 것이다. 그는 자신의 사명을 잊어버린 것일까?

유피테르는 부인인 유노의 계략을 눈치 채지 못하고 있었던 것 같다. 왜
냐하면 디도에게 청혼했다가 퇴짜 맞은 아프리카 왕 야르바스가 원한에 사
무친 기도를 하며 그에게 도움을 요청할 때에야 비로소 이 사태에 주목하기
때문이다(『아이네이스』 IV 214ff.). 아프리카 왕은 아이네이아스를 가리켜 '노
예인 디도의 주인'이며 '제2의 파리스'로 지칭하고, '파리스만큼 유약한
인물'이며 '제2의 헬레나인 디도의 납치범'이라고 부른다. 이로써 국면이
전환되기 시작한다. 최고신은 즉시 행동을 개시하여 신들의 전령인 헤르메
스를 보냈으며, 헤르메스는 의무를 망각하고 있는 영웅에게 호된 말로 그의
의무를 상기시킨다.

천둥신의 메시지는 효력을 발휘한다. 아이네이아스는 충격을 받아 처음에
는 어찌할 줄 모르고 있다가 곧 열심히 출구를 찾는다. 그러나 양심의 갈등
에 빠지지는 않는데, 신의 명령은 그에게 최고의 의무인 동시에―그가 양
심의 가책을 느끼고 있다는 증거로서―디도에 대한 책임에서 모면될 수 있
는 적절한 핑계가 되기도 했기 때문이다.

출발을 위한 정리와 준비는 아무도 모르게 진행되는데, 이런 태도는 용기
가 있는 것도 아니고 여성에 대한 예의도 아니다. 하지만 아이네이아스의
부하들은 "즐겁게"(『아이네이스』 IV 295) 그 명령을 수행한다. 아이네이아스
가 마침내 자신의 임무를 다시 찾았기 때문이다. 여기서 시인은 그를 가리
켜 "경건한" 사람이라고 하는데, 이는 아이네이아스의 특성을 적확히 나타
내는 표현인 것이다.

고대 시대의 로마인에게는 신들의 의지와 공통의 복지가 모든 것보다 근
본적으로 우위에 서는 것이었다. 따라서 미래의 세계 지배자들의 선조인 아
이네이아스가 이런 특성을 구현하고 있다는 것도 놀라운 일은 아니다. 그러

나 바로 여기서 커다란 위기가 생겨난다. 다시 한번 정치적 내지 남성적 이성이 여성적 원칙과 대립하는 것이다. 디도는 격노한 반응을 보이며 아이네이아스가 신으로부터 받은 소명에 대해서는 전혀 이해하려 들지 않는다. 그녀에게 중요한 것은 사랑뿐이다. 그녀를 떠나기로 한 아이네이아스의 결단을 그녀로선 이해할 수가 없다. 시인은 비참해진 이 여성의 마음속에서 벌어지는 사건들을 감정이입하면서 섬세하게 분석하여 묘사하고 있다. 그녀는 정신이 확 깨면서 실망을 느끼고, 이 실망이 다시 깊은 절망으로 바뀌며, 절망은 차차 불쾌함으로 이어지다가 증오로 바뀐다. 왜냐하면 아이네이아스가 그녀의 설득에 대해 아예 귀를 막고 있다는 것을 인식하지 않을 수 없었기 때문이다. 지조가 없는 이 남자에 대한 증오는 점차 자신에 대한 증오로 변하기도 하는데, 이것이 결국은 자살로 이어진다. 디도의 반응은 저절로 이해되는 것이다. 그러나 이 영웅을 도덕적인 잣대로 판단할 수 있는 것일까? 그는 운명에, 신들의 의지에 묶인 몸이다. 그러므로 그가 자유롭게 결정할 수 있는 여지는 제한되어 있다. 그에 반해 여신들의 음모의 희생물인 디도는 오로지 자신의 감정에 의해서만 지배되며, '아이네이아스의 보다 높은 동기들'은 그녀에게 아무런 인상도 주지 못한다. 심지어 그의 정당화도 그녀의 화를 더욱 돋울 뿐이며, 결국 그녀는 이 관계를 정말로 청산하기 시작하면서 그가 약속을 위반하고 마음이 독하며 배은망덕한데다가 겁쟁이라고 비난한다(『아이네이스』 IV 362ff.). 아이네이아스는 이런 비난에 대해 거의 할 말이 없으며 고통스러운 마음이지만, 용기를 내어 자신의 사랑을 누르고 운명이 요구하기 때문에 어쩔 수 없다고 한다. 그를 유일하게 구속할 수 있는 것은 운명이기 때문이다.

독자는 이제 이 비극이 전환점에 서 있음을 보게 된다. 아이네이아스는 새로운 왕국을 건설하기 위해 출발하며, 이로써 디도에 대한 자신의 사랑도 거두어들인다. 홀로 외롭게 남은 여인은 더 이상 살 의욕을 못 느끼고 죽음으로 빠져 든다. 카르타고는 나중에 로마의 권력욕에 희생되는 것이다.

광기에 빠진 여왕은 여사제가(아마도 아프리카의 여자 마법사였을 것이다) 자신을 사랑의 고통에서 벗어날 수 있게 하기 위해 지시했다는 구실을 대면서 궁궐 안뜰에 장작더미를 세우라고 한다. 절망적인 상태에서 자매와 이야기하면서 밝힌 대로, 그녀는 아이네이아스를 상징적으로 떠올리게 하는 모든 대상들을 장작더미 위에 쌓아 놓고 불태워 버리고 싶어 한다. 말하자면 일종의 대리희생을 치름으로써 자신을 사랑하는 사람에게로 얽어매는 모든 것으로부터 벗어나려고 하는 것이다.

그녀는 어두운 밤에 홀로 자신과 쓰라린 독백을 하면서 상황을 정리하다가 결국은 자살을 할 수밖에 없는 이유들을 생각해 내고, 마지막으로는 아이네이아스와 그와 함께 가는 사람들 모두에게 격렬한 저주를 퍼붓는데, 그녀의 민족과 아이네이아스의 민족 사이에는 결코 평화가 있어서는 안 된다는 것이 그 내용이다. 여기서도 다시 로마와 카르타고의 대결이 표현되고 있다. 역사적으로는 3차에 걸친 포에니 전쟁이 끝나고 카르타고가 기원전 146년에 청년 스키피오에 의해 파괴되는 것으로 이 대결은 절정에 이르렀고, 또한 그와 동시에 종결되었다.

여왕은 새벽녘에 트로이 사람들의 배가 이미 바다 저 멀리로 나가 있는 것을 보고 자신이 버림받았음을 마침내 깨닫고는 "화가 나서 제정신이 아닌 상태에서" 장작더미를 쌓아 놓은 단 위로 뛰어 올라가 아이네이아스의 칼로 자신의 배를 찌른다. 독자는 장작더미가 결국 불타오른다는 사실을 제5권의 도입부에 가서야 알게 되는데, 배를 타고 가던 아이네이아스가 뒤돌아 성벽을 보니, 성벽은 이미 불행한 엘리사가 지른 불길에 의해 활활 타오르고 있었던 것이다.

디도가 죽음과 힘겹게 벌이는 싸움을 끝내 주라는 유노의 명령을 받고, 신들의 여자 전령인 이리스가 저승의 여신인 페르세포네에게 내려가 디도의 곱슬머리 하나를 건네주면서 이 여왕을 위해 죽은 자들의 나라로 가는 문을 열어 주게 하는 유명한 장면으로 희곡은 끝난다. 말하자면 저승을 위한 일종의 공양물을 바친 셈이다.

"마치 인간들과 인간들의 마음속에 있는 고귀함이 냉혈한 계획과 법칙에 희생되는 것처럼 보인다. 베르길리우스는 그가 묘사한 인간들에게 이러한 고통을 극단적일 정도로 인내하도록 했다. 이는 본질적으로 인간의 존재로 인해 기인하는 것이기 때문이다."[108]

아이네이아스는 저승세계로 내려가는 도중에 죄를 짓지 않았는데도 너무 일찍 죽은 영혼들이 거주하는 영역에서 디도와 직접 만나게 된다. 사랑이 가득한 마음으로 그는 디도에게 말을 걸고—디도가 아직 상처가 아물지 않고 있는 상태이기 때문에 잘못을 깨달아서 그랬는지 동정심에 그랬는지—자신에게 죄가 있음을 고백하지만, 그럴 수밖에 없었던 이유를 예전과 똑같은 방식으로 설명한다. 자신이 그렇게 떠나가 버림으로써 어떤 고통을 디도에게 주었는지 예감하지 못했다고 하는 그의 말을 믿어 줄 사람이 과연 얼마나 될까. 여왕의 반응은 대단히 차갑다. 어두운 표정으로 그에게는 한 번도 시선을 주지 않으며 고통 때문에 돌처럼 굳어 버린 듯한 인상을 준다. 이는 예전에 아이네이아스가 간청하는 그녀에게 얼어붙은 시선으로 반응한 것

---

108) F. 클링그너(⁵1965), 201.

에 대한 그녀의 대답인 것이다. 아이네이아스는 디도의 마음을 움직여 화해하려고 하지만 실패한다. 영웅이 여왕의 슬픈 운명 때문에 흘린 눈물은 진심일까? 마음이 여린 독자들에게는 불행한 디도가 옛 남편의 사랑을 통해 원한을 누그러뜨리게 되는 과정이 위로가 될 수 있을 것이다.

디도라는 인물형이 유럽 문학에서 수용되어 온 과정에 대해 P. 폰 마트는 다음과 같이 요약하고 있다. "디도에게는 그러나 자살이 빠질 수 없는 요소이다. 그녀는 사랑에 배신당하고 격심한 정신적 동요를 겪은 후에 벌어지는 모든 자살의 원조와 같은 인물이다. 버림받은 여인이 문학의 테마로 된 이래로 이러한 경향은 근세에 와서 점점 더 강해졌으며, 문학적 형상화 방식은 다를지라도 배경에는 항상 디도적인 이야기가 있는 것이다. 이는 무엇보다도 중세에는 『아이네이스』가 성경과 더불어 가장 중요한 책이었으며, 디도는 그 안에서 걸출한 여성으로 나온다는 사실과 관련되는 것이다. 단테에 의하면 정열을 자제하지 못했던 사람들은 지옥의 두 번째 권역에 몰려 있게 되는데, 단테가 이 중에서도 선두의 위치에 세미라미스와 함께 그녀를 세워 놓은 것을 보더라도 디도의 전형적 성격이 명백하게 드러난다."[109]

---

109) P. v. Matt([5]2001), 98f.

Art Works 예술작품

출　처

로도스의 아폴로니오스(Apollonios v. Rhodos), 『아르고선 Argonautica』(여기서는 야
　　손과 메데아 Jason und Medea).

그나에우스 나에비우스(Gnaeus Naevius), 『포에니 전쟁 Bellum Punicum』.

오비디우스(Ovid), 『헤로이데스 Heroides』 7.

타실로 폰 셰퍼(Thassilo v. Scheffer), 『베르길리우스, 아이네이스, 로마 민족 서사시
　　Vergil, Aeneis, Das romische Nationalepos』, 뮌헨, 1944.

베르길리우스(Vergil), 『아이네이스 Aeneis』, 완판, 파더보른, 1986.

조　각

A. 까이요(Cayot), 〈장작더미 위의 디도 Dido auf dem Scheiterhaufen〉, 1711, 파
　　리, 루브르 박물관.

그　림

리베랄레 다 베로나(Liberale da Verona), 〈디도의 죽음 Tod der Dido〉, 1470년경,
　　런던, 내셔널 갤러리.

A. 샤보네(Schiavone), 〈뇌우를 피해 도망치는 아이네이아스와 디도 Aeneas und
　　Dido Flüchten vor dem Gewitter〉, 1560, 슈투트가르트 갤러리.

P.P.루벤스(Rubens), 〈디도와 아이네이아스 Dido und Aenas〉, 1630년경, 프랑크푸
　　르트, 슈테델 박물관.

S. 부르동(Bourdon), 〈디도의 죽음 Tod der Dido〉, 1650년경, 레닌그라드, 에레미타주.

G. 콜리(Coli), 〈디도의 죽음 tod der Dido〉, 1670년경, 로스앤젤레스 주립박물관.

A. 반 데어 베르프(van der Werff), 〈슬퍼하는 디도 Trauernde Dido〉, 1700년경, 브
　　라운슈바이크 대공 미술관.

U. 글란슈닉(Glantschnigg), 〈장작더미 위의 디도 Dido auf dem Scheiterhaufen〉, 1700년경, 인스부르크, 페르디난데움.

J. 레이놀즈(Reynolds), 〈디도의 죽음 Der Tod der Dido〉, 1780년경, 런던, 버킹검 궁전.

J.H. 티슈바인(父)(Tischbein), 〈아이네이아스와 디도 Aeneas und Dido〉, 1773, 카셀 갤러리.

W. 터너(Turner), 〈디도 Dido〉, 1814, 런던.

희 곡

조델(Jodelle), 『디도의 희생 Didon se sacrifiant』, 1552.

G. 데 카스트로 이 벨로이스(de Castro y Bellois), 『디도와 아이네이아스의 사랑 Los amores de Dido y Eneas』, 1600년경.

A. 하디(Hardy), 『디도의 희생 Didon se sacrifiant』, 1603.

J.E. 슐레겔(Schlegel), 『디도 Dido』, 1744.

J.L. 겔렌(Ghelen), 『버림받은 디도 Die verlassene Dido』, 1747.

샬로테 폰 슈타인(Charlotte von Stein), 『디도 Dido』, 1794.

A. 켈너(Kellner), 『디도 Dido』, 1884.

E.J. 밀러(Miller), 『디도 Dido』, 1900.

W. 베커(Becker), 『디도 Dido』, 1914.

M. 하트비치(Hartwich), 『디도 Dido』, 1918.

A. 뮐러(Müller), 『디도의 죽음 Didos Tod』, 1941.

A. 클라에스(Claes), 『디도의 죽음 didos Tod』, 1962.

서사문학

하인리히 폰 벨데케(Heinrich von Veldeke), 『아이네이아스 Eneit』, 1190년 이전.

G. 초서(Chaucer), 『여성들의 전설 Legend of Women』, 1380년경.

한스 작스(Hans Sachs), 『디도 여왕 이야기 Historia, die Königin Dido』, 1557.

A. 폰 플라텐(Platen), 『카르타고의 건설 Gründung Karthagos』, 1832.

오 페 라

H. 푸르첼(Purcell), 〈디도와 아이네이아스 Dido und Aeneas〉, 1689, 텍스트: N. 타
  테(Tate).

A. 스칼라티(Scarlatti), 〈미친 디도 Didone delirante〉, 1696, 텍스트: A. 프란체스키
  (Franceschi); 〈버림받은 디도 Didone abbandonata〉, 텍스트: 메타스타시오
  (Metastasio, 이 텍스트는 거듭해서 곡이 붙여짐: A. 스칼라티(Scarlatti), 1724; A. 베르
  나스코니(Bernasconi), 1739; T. 트라에타(Traetta), 1757; J. 하이든(Haydn),
  1778 등).

T. 블란기니(Blangini), 〈디도 Didon〉, 1866, 텍스트: A. 벨로(Belot).

G. 샤르팡티에(Charpentier), 〈디도 Didon〉, 1887, 텍스트: 라수스(Lassus).

D. 라브랑가(Lavranga), 〈디도 Didone〉, 1909, 텍스트: 아르칼(Arkal).

F. 후멜(Hummel), 〈디도 Dido〉, 1912, 텍스트: 아우서러(Außerer).

온 라 인 박 물 관

www.artcyclopedia.com

검색창에 "Dido"를 입력합니다. 까이요(Cayot)의 〈The Death of Dido 디도의 죽
음〉은 장작더미 위에서 자신의 가슴을 찌르는 디도의 모습을 극적으로 표현한 조각 작품
입니다.

권력자를 사로잡은 야망의 여자

카이사르의 부인들

그러나 카이사르는 코르넬리아 대신 퀸투스 폼페이우스의 딸이며 루치우스 술라의 손녀였던 폼페이아와 결혼했다. 나중에 그는 그녀가 푸블리우스 클로디우스와[110] 간통을 했다는 혐의로 이혼했다. 보나 데아 축제[111] 의식이 공식적으로 벌어지는 동안 클로디우스가 여자 옷을 입고 그녀의 집에 몰래 들어갔다는 소문이 얼마나 집요하게 퍼졌던가 하면, 원로원이 그러한 종교적 악덕에 대해 조사해 보라는 지시를 내렸을 정도였다.

그의 아내인 폼페이아와 간통한 것으로 알려진 푸블리우스 클로디우스가 종교

---

110) 푸블리우스 클로디우스(클라우디우스) 풀체르는 귀족주의자였으나 평민층으로 넘어갔으며, 무리를 이끌고 로마를 공격하는 정치적 모험가의 삶을 살다가 기원전 52년에 있었던 한 시가전에서 밀로에게 맞아 죽었다.
111) 보나 데아(선한 여신) 축제에서는 여자들만 집 안에 있을 수 있었다.

적 악덕을 저질렀다는 혐의로 고소를 당하고 카이사르가 증인으로 소환되었을 때 그는 이 사실에 대해 아무 이야기도 들은 바 없다고 선언했다. 그의 어머니 아우렐리아와 누이인 율리아가 동일한 재판관들 앞에서 이미 모든 것을 사실대로 진술했음에도 불구하고 말이다. 그렇다면 무엇 때문에 부인을 내쫓았느냐는 질문에 대해서는 그는 이렇게 대답했다: "나의 식구들은 범죄를 저질러서도 안 되지만, 마찬가지로 그런 의심을 받아서도 안 된다는 것이 내 생각이기 때문이오."

수에토니우스, 『카이사르의 생애』 6,2. 74,2.

꿈에서 경고를 받는 칼푸르니아

그의 아내 칼푸르니아가 꿈을 꾸었는데, 집의 박공이 함몰하고 남편은 그녀의 품에서 단도에 찔려 살해되는 내용이었다. 그리고는 갑자기 그녀가 자고 있는 침실 문들이 활짝 열리는 것이었다.

수에토니우스, 『카이사르의 생애』 81,3.

… 그리고 나서 카이사르는 보통 때처럼 그의 부인 옆에 자려고 누웠다. 갑자기 침실의 모든 문과 창문들이 활짝 열렸다. 이러한 소음과 그 위로 쏟아져 들어오는 밝은 달빛에 깜짝 놀라 벌떡 일어난 그는 칼푸르니아가 비록 깊은 잠에 빠져 누워 있지만 알아들을 수 없는 많은 단어들과 한숨을 내쉬고 있는 것을 깨달았다. 그녀는 살해된 남편을 품에 끌어안고 울고 있는 꿈을 꾸고 있었던 것이다.

플루타르크, 『카이사르』 63.

카이사르와 니코메데스

카이사르가 전쟁에서 첫 번째 공훈을 세운 것은 집정관인 마르쿠스 테르무스의 수행원으로 아시아에 갔을 때였다. 집정관이 함대를 끌어 오도록 카이사르를 비티니아[112]로 보냈을 때 그는 왕인 니코메데스 곁에 오래 머물렀으며, 이로 인해 그가 왕에게 순결을 바쳤다는 풍문이 떠올랐다. 이 소문이 커진 것은 그가 며칠 지나지 않아 다시 비티니아를 방문했기 때문이다. 방문의 구실은 그의 피보호자로 있는 사람이 석방되었으므로 이 사람이 진 빚을 회수하러 간다는 것이었다.

수에토니우스, 『카이사르의 생애』 2,1.

그와 니코메데스의 관계 외에는 아무것도 그가 순결하다는 명성을 해치지 않았다. 그러나 그 관계는 심각하고도 지속적인 비난으로 남았으며, 이로 인해 그는 모든 사람들에게 욕을 먹는 상황에 처하게 되었던 것이다. …

마지막으로 갈리아의 개선 행진을 할 때 그의 부하들은 개선 마차를 뒤따르면서 이런저런 해학 가요들을 부르다가 마지막에는 누구나 잘 알고 있는 다음 가사들도 노래로 불렀다.

"카이사르는 갈리아를 눕혔지만 한때는 니코메데스가 카이사르를 그랬지. / 보라, 갈리아를 눕힌 카이사르는 이제 개선 행진을 하는데 / 카이사르를 눕힌 니코메데스는 개선 행진을 하지 않네."

그가 성적으로 방탕한 생활을 하는 경향이 있었으며, 그럴 때면 낭비를 심하게 했다는 것은 지배적인 생각이다. 그가 무수히 많은 상류 여성들을 유혹했으며, 그 가운데는 … (다섯 명의 결혼한 여성들의 이름) … 그러나 무엇보다도 그는 마

---

112) 터키 북부에 있는 지역. 80/79년에 외교사절을 보냈을 때 카이사르는 왕의 친절한 대접을 받았다. 플루타르크, 『카이사르』 1 참조.

루쿠스 브루투스의 어머니인 세빌리아를 사랑했다. 그는 처음으로 집정관 생활
을 할 때 그녀에게 진주 장신구를 사 주었고 … 그는 여왕들도 사랑했으며 그중
에는 무어인의 왕 보구드[113]의 부인이었던 에우노에도 있었다. 나소 마르쿠스 악
토리우스 나소[114]가 보고하는 바에 의하면 카이사르는 그녀와 그녀의 남편에게
거대한 선물들을 무수히 보냈다. 그러나 그가 가장 많이 사랑했던 것은 클레오
파트라였다. 그가 그녀와 더불어 향연을 베풀면 날이 샐 때까지 향연을 연기하
는 일이 자주 있었다. 그는 그녀와 함께 호화선인 칼라메구스를 타고 나일 강을
여행하면서, 그의 군대가 계속해서 그를 따라가는 것을 거부하지만 않았더라면
이집트를 지나 거의 에티오피아까지도 나아갔을 것이다. 결국 그녀를 로마로 데
려온 후에 다시 그녀를 되돌려 보냈지만, 그녀가 커다란 영예와 온갖 선물도 없
이 되돌아간 것은 아니었다. 그는 나중에 그녀가 낳은 아들이 자신의 이름을 따
르는 것도 승인했다.

수에토니우스, 『카이사르의 생애』 49,I; 4. 50,1–2. 52,1.

알렉산드리아 전쟁(기원전 48년에서 47년까지)

카이사르가 알렉산드리아에서 휘말려 들었던 전쟁에 대해서 어떤 사람들은 이
전쟁이 결코 필요해서 생긴 것이 아니라 클레오파트라에 대한 사랑 때문에 발발
했던 것이며, 따라서 카이사르에게는 치욕과 위험만을 가져다주었다고 주장한
다. 다른 사람들은 모든 책임을 대신들에게로 돌리며, 특히 가장 강력한 영향력
을 행사했던 환관 포테이노스의 책임으로 돌린다. 이 자는 폼페이우스도 죽이게

---

113) 북아프리카에 있는 모리타니의 왕.
114) 카이사르의 동시대인으로서 카이사르에 대한 역사서를 썼다.

했고 클레오파트라를 몰아냈던 자로서 여전히 비밀리에 카이사르에 대한 온갖 사악한 계획을 짜고 있었다. 그 때문에 카이사르는 그 후 그러한 추적으로부터 의 안전을 위해서 향연이나 유흥의 자리에서 밤 시간을 보냈다고 한다.

플루타르크, 『카이사르』 48.

클레오파트라와 카이사르의 첫 만남

공주는 수행원 중에서 시칠리아 출신의 아폴로도로스만 데리고 가서 작은 배 위에 탔다. 그리고 어둠이 시작되는 무렵 왕궁 근처에 정박했다. 그녀는 들키지 않고 왕궁 안으로 들어갈 수 있는 다른 방법은 전혀 몰랐으므로 자신이 거적 속 에 들어가 세로로 드러누웠고, 아폴로도로스는 이 거적을 둘둘 만 후 끈으로 묶 어서 문을 지나 카이사르에게로 들고 갔다. 대담한 정신의 소유자라는 것을 보 여 주는 이러한 책략으로 인해 카이사르는 사람들이 말하듯이 일단 그녀에 대한 호감을 느꼈으며, 그 밖에 그녀의 사교방식이나 매력이 그에게 대단한 인상을 주었기 때문에 그녀를 그녀의 남동생과 화해시켰다. 조건은 그녀가 남동생과 공 동으로 통치해야 한다는 것이었다.

플루타르크, 『카이사르』 49.

로마의 권력정치가이며 장군이고 나중에 로마의 독재자가 되는 카이사르 와 이집트의 젊은 여왕 클레오파트라는 사랑의 커플로서 〈시저와 클레오파 트라〉(영국, 1945, G.B. 쇼의 연극 대본에 따른 시나리오), 〈줄리어스 시저〉(미 국, 1953, 말론 브랜도와 제임스 메이슨 연기), 〈클레오파트라〉(미국, 1963, 엘리 자베스 테일러와 리처드 버튼 연기) 등의 영화를 통해 전세계에 알려져 있다.

인상적이며 남성적인 캐릭터, 세련되게 반응하는 여왕의 이국적인 미모, 거대한 무대 세트, 인상적인 대형 화면 등이 영화 관람객과 텔레비전 시청자들의 기억에 남아 있다. 영화에서 벌어지는 사건의 중심에는 항상 권력, 섹스, 지배의 문제가 서로 뒤얽히면서 긴장감을 자아낸다.

기원전 100년 7월 13일에 태어나 기원전 44년 3월 15일에 살해된 가이우스 율리우스 카이사르(시저)는 아주 오래된 귀족 가문인 율리우스 가문 출신으로, 세습귀족으로서 로마 원로원의 멤버였으며 기원전 59년에는 집정관이었고, 그 다음엔 갈리아 키살피나 지방과 트란살피나 지방의 총독이었다. 기원전 55년과 53년에 전투력이 뛰어난 군대를 이끌고 라인 강을 넘어서 당시에는 거의 연구된 적이 없던 게르마니아 지역으로 진군했고, 기원전 55년과 54년에는 원래 영국 원정의 목적으로 구성된 함대를 이끌고 영국으로 건너갔다. 카이사르는 많은 전투에서 성공과 승리를 거둠으로써 유명해졌지만, 로마에서는 그에 반대하는 세력이 점점 더 많아지는 결과를 초래하기도 했다. 제1차 삼두정치[115]에서 카이사르와 처음에 동맹을 맺었던 크라수스가 기원전 53년에 카르 해에서 파르티아 사람들과 전투를 벌이다가 전사하고, 동맹에서 세 번째였던 폼페이우스가 카이사르에게서 등을 돌려 원로원 쪽에 합세한 후에 원로원과 카이사르 사이의 긴장이 너무 고조되자, 카이사르는 내전이 불가피하다고 생각했다. 카이사르는 기원전 49년 1월 10일에서 11일로 넘어가는 밤에 그의 무리를 이끌고 로마와 갈리아 지방 사이의 국경을 이루는 작은 강인 루비콘을 건너—"Alea iacta est"[116]—로마를 향해 진격했다(플루타르크, 『카이사르』 32). 그는 이 도시와 이탈리아 전체를 쉽게 정복했

---

115) 기원전 60년에 맺어진 동맹으로서 세 명 중 누구라도 반대하는 일이 국가 안에서 벌어지지 않도록 하는 것이 목적.
116) "주사위는 던져졌다." 수에토니우스, 『카이사르의 생애』 32; 플루타르크, 『카이사르』 32,5; 『폼페이우스』 60, 4.

고, 기원전 48년 8월 9일에는 테살로니아에 있는 파르살로스에서 폼페이우스의 군대와 싸워 승리를 거두었다. 카이사르의 정치적 맞수였던 폼페이우스는 도주하던 도중인 기원전 48년 9월 28일에 이집트에 상륙하다가 아직 미성년인 이집트 왕 프톨레마이오스의 섭정인 포테이노스의 지령에 의해 살해되었다. 폼페이우스를 추적하던 카이사르는 이집트에 상륙해서 알렉산드리아 북동쪽에 있는 왕궁에 들어와 주둔했다. 열세 살밖에 안 되는 남동생 프톨레마이오스와 이집트의 지배권을 놓고 경쟁했던 클레오파트라 7세는 포테이노스의 사주로 기원전 49년에 폐위되고 추방되어 그때는 어느 비밀 장소에서 머무르고 있었다. 국가 대사는 영향력이 막강한 섭정위원회가 포테이노스의 지휘를 받으며 수행했다. 카이사르가 이런 대결상황에서 클레오파트라의 편을 들게 된 데는 감정적인 이유가 결정적이었다. 카이사르와 젊은 여왕 사이에는 로맨스가 시작되었고, 이것은 모험적인 주변상황과 이국적인 분위기와 연관되면서 2천 년 동안이나 역사가, 극작가, 소설가, 화가 그리고 영화 제작자들의 환상을 자극하여 끊임없이 새로운 작품들이 나오게 되는 계기가 되었던 것이다.

  개인으로서의 카이사르는 어떤 모습이었으며, 그에게서 지속적으로 나타나는 태도는 어떤 것인가? 카이사르의 사생활은 알렉산드로스 대왕과 마찬가지로 어렸을 때부터 정치적인 맥락, 대결, 사건들에 의해 각인되어 왔으며, 특히 성년이 된 이후로는 정치가이자 장군이며 관료로서 행해야 했던 의무들과 분리될 수 없는 것이다. 이집트 여왕과 애정관계가 시작될 무렵의 그는 결코 여성과의 관계에서 아무 경험도 없는 전사가 아니었다. 카이사르는 로마에서도 세 번이나 결혼을 했었던 것이다. 기원전 84년에—로마 기사의 딸이었던 코수티아와의 약혼관계를 그전에 파기한 상태에서—치나의 딸인 열여섯 살의 코르넬리아와 결혼했다. 그 당시의 권력자였던 치나는 마리우스처럼 인민당에 동조하는 사람이었으며, 재능 있는 사위가 장차 획득하게 될 중요성에 대해서 일찌감치 알아보았다. 그 다음 해에 딸 율리아가 태어났고, 카이사르는 이 딸을 나중에 서른 살 가량이나 더 많은 폼페이우스와 결혼시켰다. 그녀는 기원전 54년에 산욕중에 죽었으며, 아기는 어머니가 죽은 지 이삼일도 채 안 되어 죽었다.

카이사르가 이 소식을 접한 것은 영국에서 막 갈리아로 돌아왔을 때였으며, 폼페이우스와 마찬가지로 대단한 충격을 받았다(플루타르크, 『카이사르』 23). ―마리우스의 정치적 맞수이며 귀족주의적 독재자였던 술라(82-79)가 카이사르에게 코르넬리아와 이혼할 것을 요구했을 때 카이사르는 거부했다. 이러한 거부는 남편으로서뿐 아니라 정치가로서의 그의 특징을 드러내는 것이다. 그는 그 결과로 로마를 떠나야 했지만, 결국은 술라에 의해 다시 사면되었다. 코르넬리아는 아주 일찍(69년에) 죽었다. 카이사르는 장례식에서 부인을 애도하는 연설을 했는데, 이 연설은 그의 고통을 표현하는 것이기도 했지만 인민당 당원들에 대한 공감도 공공연히 표현하고 있는 것이었기 때문에 눈에 띄는 것이었다.

카이사르는 그 다음 해에 퀸투스 폼페이우스 루푸스의 딸 폼페이아와 재혼했다. 두 번째 부인은 출신 면에서 첫 번째 부인과는 본질적으로 달랐다. 술라의 조카였던 그녀는 보수적인 귀족주의의 명망가 출신이었다. 인민당의 핵심인물인 마리우스의 조카였던 카이사르는 혈통귀족에 속하는 가문의 딸을 아내로 선택했던 것이다. 양 정치진영의 적대감도 완화된 것처럼 보였다. 그런데 어쩌면 카이사르의 동기는 사랑이었을지도 모른다. 그러나 폼페이아가 보나 데아 축제 때 여자 옷을 입고 카이사르의 집에 몰래 들어온 악명 높은 클로디우스와 스캔들에 휘말려 들게 되자 카이사르는 폼페이아와 이혼했다. 다시 말하면 이혼할 때의 관행대로 그녀에게 이혼 편지를 보낸 것이다. 그는 그녀가 클로디우스와 간통을 저질렀을 거라는 의심을 품고 있었다.

항상 5월 1일에 열리는 보나 데아 축제에서 남자들은 배제되었다. 그 때문에 클로디우스는 종교적 악덕을 저질렀다는 죄목으로 고소를 당했다. 카이사르의 어머니와 누이인 율리아가 증인 심문과정에서 모든 것을 사실대로 진술했을 때 카이사르는 그 어떤 사실도 자신에게는 알려진 바가 없노라고 선언했다. 그는 이혼사유를 묻는 질문에 자신의 가족이라면 범죄를 저질러서도 안 되지만, 마찬가지로 그런 의심도 받아서는 안 된다고 생각하기 때문이라고 대답했다. 이 사건은 그로선 몹시 불편한 것이었다. 늙은 귀족주의자들과의 관계가 매우 악화되어 있었기 때문이다(키케로, 『아티쿠스에게』 I, 12,3; 플루타르크, 『카이사르』 10; 키케로, 28 참조). 그는 자신이 귀족 동료들에 의해 배척되었지만 그들보다 우월하다고 느꼈다.

세 번째의 결혼식에서 카이사르와 혼인한 상대는 루치우스 칼푸르니우스 피소의 딸인 칼푸르니아였다(플루타르크, 『카이사르』 14). 카이사르의 새로운 장인은 기원전 58년에 집정관이었으므로 카이사르의 전임자였던 셈이고, 인민당에서 대단한 명성을 누리고 있었다. 카이사르가 기원전 58년부터 갈리아에서 게르마니아와 브리타니아로 원정을 떠나 있을 동안 칼푸르니아는 로마에 머물렀다. 카이사르는 정치적 고려 때문에 그녀와 결혼했었다. 이 부부에게는 아이가 없었다. 집 밖에 있을 때면 카이사르는 기회가 있을 때마다 부인을 속이는 짓을 했지만, 두 사람은 로마에서 한 지붕 아래에 살았다(플루타르크, 『카이사르』 50-52). (니코메데스 집을 방문했던 것처럼) 카이사르의 동성애적 성향은 이미 유년기부터 나타났고 그의 비평가들도 계속해서 언급하는 것이지만, 카이사르가 성년기에 이른 후에는 더 이상 이러한 성향을 추구하지 않았던 것처럼 보인다.

기원전 48년 8월 2일, 다시 말해 폼페이우스가 살해된 지 삼 일이 지나 카이사르는 알렉산드리아로 왔는데, 여기서는 열세 살 된 프톨레마이오스 8세와 그보다 여덟 살 위인 누나 클레오파트라 사이에 왕위계승을 둘러싼 싸움이 불타올라 있었다. 프톨레마이오스 8세는 그의 후견인으로서 노련한 대신이며 장관인 환관 포테이노스의 결정에 따르고 있었다. 이집트 왕 아울레테스 프톨레마이오스 7세가 로마에 남겨 둔 유언장에 따르면, 그가 죽은 후에는 클레오파트라가 남동생과 함께 지배하도록 되어 있었다. 그러나 어린 왕은 48년에 누이이자 아내인 그녀를 쫓아냈으며, 카이사르가 그를 데려다가 클레오파트라와 화해하도록 강요하고 나서 풀어 준 후부터는 카이사르에 맞서 싸웠다. 47년 3월 27일, 카이사르는 이집트 군대와의 결정전에서 승리했다. 프톨레마이오스 8세는 도주하다가 나일 강에서 익사했다(카이사르, 『내전』 3, 103; 107; 109). 알렉산드리아는 항복했다. 카이사르는 이집트에 대한 지배권을 이제는 프톨레마이오스 8세의 59년생 남동생과 누나인 클레오파트라에게 넘겨주었다. 클레오파트라는 그녀의 남동생 프톨레마이오스 9세와 가짜 혼약을 맺었다. 남동생은 아직 어렸기 때문에 허수아비 또는 인형에 불과했던 것이다. 클레오파트라 7세는 단독 군주가 되었다. 왕조제의 이유로 맺어졌던 남매간의 혼인은 고대 이집트에서 드문 일이 아니었다.

클레오파트라가 그녀의 남동생이며 남편이었던 프톨레마이오스 8세에 의해 추방되었을 때 그녀는 망명을 하다가 알렉산드리아 근처에 진을 쳤었다. 이제 그녀에게 남은 문제는 자신의 궁성에 머무르는 카이사르를 어떻게 하면 자기편으로 만들 수 있느냐 하는 것이었다. 그녀는 얼마나 영리했던지 자신이 들어가 있는 침낭을 둘둘 말게 해서 카이사르에게 선물할 값비싼 양탄자가 들어 있는 것처럼 꾸며 가신 한 명을 시켜 궁성으로 운반하게 했다(플루타르크, 『카이사르』 49). 그렇게 긴장감 넘치는 방법으로 궁성의 보초들과 경호원들을 속이고 나자, 그녀가 카이사르와 직접 대면하게 될 순간이 왔다. 현대의 어떤 영화감독도 그러한 상황에서 그 이상 어이없는 개그를 생각해 내진 못할 것이다. 갑자기 바닥에 놓여 있던 선물의 껍데기 속에서 매혹적으로 차려 입은 젊은 여왕이 카이사르의 놀란 시선 앞에 솟아 나왔다. 그녀의 담대함을 나타내는 이러한 책략과 그녀의 교양 그리고 당당하게 등장하는 자세를 통해 그녀는 신속하게 카이사르의 마음을 사로잡았다. 이 시대의 이집트의 지배계급은 그리스인들에게 교육받았다. 클레오파트라는 이집트인이 아니었다. 그녀의 모국어는 그리스 어였지만 이집트 어, 에티오피아 어, 아람 어, 시리아 어, 메데 어, 파르티아 어 그리고 그 밖에 다른 언어들도 구사했다(플루타르크, 『안토니우스』 24,4).

카이사르와 클레오파트라는 이제 같은 궁에 살게 되었는데, 거처는 달랐어도 거의 함께 지냈다. 이후부터 카이사르는 지적이며 매력적이고 사회적으로 높은 지위인 이 젊은 여성의 사교 모임에 찾아가기를 좋아했다. 클레오파트라는 고대의 파리라고 불리는 대도시 알렉산드리아에서 성장했다. 듣기 좋은 목소리와 호감을 주는 사교방식도 지니고 있었다. 그녀의 외모에 대해서는 동전에 새겨진 모습을 근거로 뚜렷한 상을 그려 낼 수 있을 것이다. 미모보다 더 눈에 띄는 것은 깎아 놓은 밤처럼 반듯한 이목구비이다. 동전에 새겨진 초상들을 보면 코는 약간 매부리코이며, 턱은 약간 날카롭고, 입술은 두툼하다는 것을 알 수 있다. 이 여성의 매력을 보다 많이 보여 주는 것은 세련되게 화장한 얼굴과 격조 높은 헤어스타일의 조화, 과장하지 않으면서도 좋게 반응해 줄 것 같은 자연스런 표정술, 거리를 두면서도 동시에 유혹하는 듯 보이는 몸의 자세 등이었던 것이다. 클레오파트라는 대부분의 로마 여성들보다 더 개방적이고 외향적인 성격이었다. 헬레니즘 세계 전체에서 그러했던 것처럼 이집트의 상류 여성들에게서도 볼 수 있는 고도로 발달된 화장술, 값비싼 보석장식의 머리띠, 번쩍이는 보석, 황금 팔찌, 사치스러운 의상, 베일의 사용, 등장할 때의 과장된 포즈 등은 그녀의 뛰어난 감수성을 인식시키는 데 기여했다. 로마의 남자들은 포식한 것 같은 귀부인들을 거부했던 것과 마찬가지 이유로 그녀에 대해서는 매력적이라고 생각했다. 그녀는 과장된 포즈로 등장하는 기술을 나중에 안토니우스와 함께 살면서 더욱 강화시켰다. 클레오파트라 7세는 22년간의 생애를 사는 동안 산전수전 다 겪은, 급한 경우에는 양심도 저버리는 지배자였고, 궁정의 음모들도 자신에게 유리한 쪽으로 노련하게 이용했다. 그녀는 사랑에 있어서 관능적인 동시에 까다로웠지만, 그녀의 마음에 든 남자에 대해서는 누구보다도 행복하게 만들어 줄 수도 있는 여자였다. 평소 남들에게 거리감을 두는 전형적 로마인이었고 의지력이 강했던 카이사르도 그녀에 대한 사랑에 빠져 들었다. 비밀스럽고 역사적 전통 때문에 고생하는 나라의 지배자라는 그녀 자신의 위치가 총사령관인 그에게 달려 있었던 상황에서 젊은 여왕이 서른한 살이나 연상인 그 남자에게 사랑을 느꼈다는 것은 권력을 위한 하나의 게임이었다. 다시 말하면 경쟁관계를 끝내고 왕조의 지속성을 유지하며 정치적인 영향력을 확보하기 위한 게임이었던 것이며, 그리고 당연히 그녀 자신의 개인적 야심을 만족시키기 위한 게임이기도 했던 것이다. 그녀는 로마의 지원을 받아야만 자신이 지배할 수 있음을 알고 있었다. 그렇게 함으로써 그녀는 정치적으로 쇄락해 가는 도중이며, 카이사르에게 많은 빚을 지고 있는 그녀의 나라가 로마의 일개 지방으로 전락하는 것도 막아냈다. 프톨레마이오스의 유산을 지키는 것은 그녀의 아버지였던 아울레테스뿐 아니라 그녀 자신에게도 주요 목표였던 것이다.[117]

클레오파트라의 사교 모임에서 카이사르는 많은 밤들을 환상적이며 이전에는 본 적이 없을 만큼 능숙한 연주들을 들으며 즐겼다. 음란하고 방탕한 일들도 벌어졌다. 이럴 때에도 카이사르는 항상 교만한 로마인들에 대해서 거부적인 태도를 취하는 이집트의 궁정 관료들로부터 암살당하지 않도록 조심해야 했다. 클레오파트라의 호사스런 유람선인 탈라메고스는(수에토니우스, 『카이사르의 생애』 52) 비교적 큰 해상 여행을 할 수도 있는 일종의 수상 빌라였는데, 이 사랑에 빠진 커플은 선발된 사람들과 함께 이 배를 타고 47년 4월과 5월에 걸쳐 나일 강 위쪽으로 가는 여행을 시작했다. 이것은 알렉산드리아 전쟁을 치르느라 고생한 후에 원기회복을 위한 일종의 휴가여행이었다. 이것이 신혼여행이기도 했을까?

이 무렵의 클레오파트라는 자신이 임신한 사실을 오래전부터 알고 있었다. 그 외에도 그녀에게는 이 여행이 이집트 백성들에게 새롭게 선출된 통치자로서의 위상을 강화시켜 주는 것이기도 했다. 카이사르는 사치스러운 궁정생활과 그를 둘러싼 풍경 그리고 사람들의 이국적인 면모를 즐겼다. 그들은 에티오피아까지 갈 생각이었으나 막판에 군대가 육로로 계속 총사령관을 따라가는 것을 거부했기 때문에 여행이 중단되고 말았다. 클레오파트라의 통치권을 안전하게 해 주기 위해서 카이사르는 세 개의 군단을 점령군으

---

117) M. 그란트, 『클레오파트라』(1977) 90 참조.

로 이집트에 남겨 놓았다. 이집트 왕국의 질서는 카이사르가 수권자로서 지배하는 로마의 간섭에 의해 복구되었다. 47년 5월 말 또는 6월 초에 카이사르는 정예 군단을 이끌고 시리아로 떠났고, 그곳에서 다시 파르나세스 왕과의 전투를 위해 소아시아로 나아갔다. 47년 9월 6일에(다른 계산에 의하면 6월 23일에) 클레오파트라는 카이사르의 아들을 낳았고, 알렉산드리아 사람들은 이 아들을 카이사리온(어린 카이사르)이라고 불렀다.

카이사르가 이집트의 클레오파트라 곁에서 평소와 달리 오래 머문 이유에 대한 문제는 오늘날의 역사학에도 여러 가지 수수께끼를 던져 주는 문제이다. 소아시아에는 다른 시급한 정치적, 군사적 과제들도 그 앞에 산적해 있었고, 로마에서도 그가 있는 것이 필요했을 것이기 때문이다. 사실 그로서는 그토록 오래 이집트에 머물 시간도 없었을 것이다. 이미 이집트에서부터 카이사르에게 초대를 받았던 클레오파트라는 아기와 함께 46년에서 44년에 걸쳐 로마로 왔다. 아들에게 그의 이름을 붙여 주는 것을 허락받기 위해서였다. 그녀는 티베르 강의 건너편에 위치한 카이사르의 정원에 있는 별장에서 살면서 동양적 사치를 부리며 많은 사람들과 연회를 개최했다. 그녀는 카이사르의 집에서도 받아들여졌다. 그러나 이곳에서는 칼푸르니아가 발언권을 쥐고 있었다. 카이사르는 이 시기에 여러 달 동안 로마를 떠나 있었다. 그는 여왕에게 경의를 표하기 위하여 카이사르 광장에 신축된 비너스 제네트릭스 사원 안에 클레오파트라의 황금 동상을 세우게 했다. 그렇게까지 외국 여성을 섬기는 일은 그때까지의 로마에서는 있어 본 적이 없는 일이었다. 로마의 귀족들로부터 의심과 불신의 시선으로 관찰 당했던 여왕은 장차 로마인들로 인해 생길지도 모르는 이집트 합병을 막아 그녀를 보호해 주겠다는 내용의 계약을 체결하였고, 카이사리온이라는 이름에 대해 카이사르의 승낙도 받아 냈으며, 많은 선물까지 들고는 카이사르의 암살이 있고 얼마 후에 그녀의 나라로 되돌아갈 수 있었다. 그녀가 카이사르와 혼례를 맺으면서 왕조제로 통치되는 세계제국의 건설을 생각했던 것이 아닌가 하는 추측도 쉽게 할 수 있다. 그녀의 귀국 직후에 남동생인 프톨레마이오스 9세가 죽었다. 어쩌면 그는 그녀의 사주로 살해되었을지도 모른다(요세푸스, 『유대전쟁』 1,18,4). 그녀는 자신과 카이사르 사이에 태어난 이제 막 세 살이 된 어린 아들을 프톨레마이오스 15세로 봉하고 공동 통치자로 만들었다. 자존심이 강한 태도 때문에 심지어 로마인들에게서도 존경을 받을 정도였으나 권력에는 굶주렸던 이 여왕의 역사적 역할은 카이사르가 기원전 44년 3월 15일에 모반자들의 칼에 찔려 암살되었어도 끝나지 않았던 것이다.

　카이사르의 죽음은 로마 공화국이 끝나고 로마의 제정이 시작되는 것을 의미했다. 기원전 43년에서 31년까지 새로 시작된 내전의 혼란을 치른 후 기원전 27년부터 원로원의 결정에 따라 아우구스투스로 불렸던 옥타비아누스가 유일 통치자로서의 위치를 고수하게 되었다.

H.K.

Art Works 예술작품

출   처

카이사르(Caesar), 『내전 Der Bürgerkrieg』 III 103ff.

위조(Pseudo) 카이사르(Caesar), 『알렉산드리아 전쟁 Der Alexandrinische Krieg』.

플루타르크(Plutarch), 『카이사르 Caesar』; 『안토니우스 Antonius』.

플라비우스 요세푸스(Flavius Iosephus), 『유대 전쟁사 Geschichte des Jüdischen
    Krieges』.

희   곡

F. 페트라르카(Petrarca), 『승리 Trionfi』, 1370.

M.A. 무레트(Muret), 『카이사르 Caesar』, 1550.

E. 조델(Jodelle), 『클레오파트라 Cléopàtre』, 1552.

K. 브륄로(Brülow), 『카이사르 Caesar』, 1616.

F. 보몽(Beaumont)/J. 플레처(Fletcher), 『미덥지 못한 사람 The False One』, 1620.

P. 코르네유(Corneille), 『폼페이의 살인 La mort de Pompée』, 1643.

G. 채프먼(Chapman), 『카이사르와 폼페이 Caesar and Pompey』, 1631.

D.C. 폰 로엔슈타인(von Lohenstein), 『클레오파트라 Cleopatra』, 1661.

W. 셰익스피어(Shakespeare), 『줄리어스 시저 Julius Cesar』, 1559(카이사르를 다룬 희
    곡 중 가장 중요한 작품).

볼테르(Voltaire), 『카이사르의 살인 La mort de César』, 1731.

J.J. 보드머(Bodmer), 『줄리어스 시저 Julius Caesar』, 1763.

G.B. 쇼(Shaw), 『시저와 클레오파트라 Caesar and Cleopatra』, 1901.

C. 노르위드(Norwid), 『카이사르와 클레오파트라 Caesar i Kleopatra』, 1872.

O. 코라디니(Corradini), 『율리우스 카이사르 Giulio Cesare』, 1902(1914년 영화화).

H. 레베르크(Rehberg), 『G.J. 카이사르 Caesar』, 1942.

B. 폰 하이젤러(von Heiseler), 『카이사르 Caesar』, 1941, 1953.

Th. 와일더(Wilder), 『3월 15일 The Ides of March』, 1948(카이사르의 생애를 허구적
　　으로 구성한 다큐멘트).

B. 브레히트(Brecht), 『율리우스 카이사르 씨의 사업 Dei Geschäfte des Herrn
　　Julius Cäsar』, 1949.

W. 옌스(Jens), 『공모 Die Verschworung』, 1969(텔레비전 드라마).

오 페 라

A. 사르토리오(Sartorio), 〈이집트의 율리우스 카이사르 Giulio Cesare in Egitto〉, G.
　　F. 바사니(Bassani)의 리브레토, 1677. 동일 제목으로 다양하게 각색된 오페라들:
　　G.F. 헨델(Händel), 1724, 런던; L.A. 프레디에리(Predieri), 1728, 로마; G. 지아
　　코멜리(Giacomelli), 1735, 밀라노; A. 콜롬보(Colombo), 1744, 베네치아; G. 사
　　르티(Sarti), 1763, 코펜하겐; N. 피치니(Piccini), 1770, 밀라노.

C.H. 그라운(Graun), 1742, 베를린, G.G. 보타렐레(Bottarelli)의 리브레토(코르네유의
　　텍스트)에 따라 곡을 붙인 것.

G.V. 알드로반디니(Aldrovandini), 〈알렉산드리아의 카이사르 Cesare in
　　Alessandria〉, 1701, 나폴리.

이 주제로 오페라를 만든 기타 작곡가들: G. 트리토(Tritto), E. 파가니니(Paganini), G.
파치니(Pacini), G.F. 말피에로(Malpiero), 1935, 밀라노, G. 클레베(Klebe), 1959, 에센.

에 세 이

G. 보카치오(Boccacio), 『유명한 여인들에 관하여 De claris mulieribus』(이 중에 클레
　　오파트라에 관한 것도 들어 있음), 1356-1364.

소　설

라 칼프레네드(La Calprenède), 『클레오파트라 Cléopàtre』, 1647.

M. 옐루시흐(Jelusich), 『카이사르 Cäsar』, 1929(13개 언어로 번역됨).

H. 슈트레자우(Stresau), 『갈리아의 독수리 Adler uber Gallien』, 1942.

O. 폰 한슈타인(von Hanstein), 『클레오파트라 Kleopatra』, 1928.

Fr. 크세나키스(Xenakis), 『아, 클레오파트라여 ― 이집트 여왕은 어떻게 가부장제하에
　　　서 몰락해 갔는가 O Mann, Kleopatra ― Wie die ägyptische Königin
　　　unter das Patriarchat fiel』, 1987.

Th. 고티에(Gautier), 『클레오파트라와의 하룻밤 Eine Nacht mit Kleopatra』, 1845.

온 라 인　박 물 관

www.artcyclopedia.com

검색창에 "Cleopatra"를 입력합니다. 카이사르와 클레오파트라에 대한 그림과 안토니
우스와 클레오파트라에 대한 그림들을 모두 찾아볼 수 있습니다.

권력과 남자가 동시에 필요했던 여자

안토니우스의 성격

로마 병사들의 눈에는 그가 가장 빛나는 특성을 가진 사람처럼 보였다. 이와
결부된 것은 안토니우스의 외모에서 나타나는 고귀한 품위였다. 아름답게 자란
수염, 훤한 이마, 매부리코는 그의 얼굴에다 헤라클레스의 그림이나 조각에서
볼 수 있는 남성적 외양까지 나누어 준 것 같았다. 안토니우스 가문은 헤라클레
스의 후손에 속하며, 헤라클레스의 아들인 안톤이 그 시조라고 하는 오래된 전
설도 있었다. 이 전설은 이미 그의 육체적 형상만으로도 어느 정도의 무게를 얻
고 있었는데, 그는 여기에다 옷차림까지 더해서 이 전설이 사실임을 보여 주려
고 했다. 왜냐하면 그는 무리 앞에 모습을 나타내야 할 때마다 매번 바지를 허리
까지 추켜올려 띠로 단단히 매고 옆에는 커다란 칼을 찼으며 그 위에 두껍고 투
박한 외투로 몸을 가렸기 때문이다. 다른 사람들에게는 불쾌하고 무례하게 보였

던 것, 즉 그의 자화자찬, 조롱하기 좋아하는 버릇, 만인이 보는 앞에서 진탕 마시는 것, 병사들이 식사할 때 그 옆에 앉거나 병사들의 식탁으로 가서 같이 식사하는 것조차도 병사들에게는 호감을 불러일으키는 것이었고, 이해할 수 없을 정도로 병사들이 그를 추종하게 만드는 것이었다. 그가 사랑에 빠지는 것조차도 뭔가 호감을 주고 사람의 마음을 끄는 데가 있었다. 이를 통해서도 그는 많은 사람들을 자기편으로 끌어들였는데, 다른 사람들이 연애를 하면 기꺼이 도와주었고 자신의 연애에 대해 하는 농담들도 좋게 받아들였기 때문이다.

그러나 그 무엇보다도 병사들이나 친구들에게 선물을 줄 때 아끼거나 인색하지 않았던 그의 활수함이야말로 그에게 최고의 권력으로 나아가는 길을 열어 주었던 것이고, 그가 위대해진 후에는 그가 가진 권력을 떠받쳐 주었던 것이다.

플루타르크, 『안토니우스』 4.

에페소스에서의 안토니우스

에페소스로 진군해 들어갈 때 여자들은 바커스의 무녀처럼 변장하고 남자들과 소년들은 사티로스나 목신처럼 변장해서 그의 앞에서 걸어갔다. 도시 전체가 송악이나 바커스의 지팡이로 뒤덮였고 하프, 플루트, 갈대피리의 소리가 도처에서 메아리쳤다. 사람들은 요란한 환호성을 올리며 그를 가리켜 기쁨을 주는 자, 자비로운 디오니소스라고 불렀다. 그러나 그가 이런 역할을 했던 것은 몇몇 사람들에 한해서였다. 대부분의 사람들에 대해서는 그의 행실이 얼마나 나빴던지, 오히려 오메스테스(끔직한 자)나 아그리오니오스(거친 자)라는 별명이 그에게는 마땅할 정도였다.

플루타르크, 『안토니우스』 24.

기원전 41년에 로마의 속지였던 킬리키아에 있는 타르소스에서 안토니우스와 클레오파트라가 만난다. 안토니우스는 카이사르의 추종자였다. 그는 이러한 추종관계를 극단적으로 몰아갔고, 결국은 카이사르에게 왕관을 씌워 주려고까지 했지만, 카이사르에 의해 거부되었다. 안토니우스는 44년에는 카이사르와 공동 집정관이었다. 카이사르가 죽은 후 안토니우스는 43년 11월 27일에 나중에 아우구스투스가 되는 젊은 옥타비아누스 및 레피두스와 함께 이른바 제2차 삼두정치를 5년 동안 하기로 합의했다. 로마에서는 경악할 추방사태들이 벌어졌다. 결국 카이사르의 편에 있던 사람들이 기원전 42년 트라키아의 필리피에서 연이어 있었던 두 번의 전투에서 카이사르의 암살자인 브루투스와 카시우스를 물리쳤다. 이어서 영향권의 범위를 분할하게 되면서 41세의 안토니우스는 로마 제국의 동쪽에 있는 모든 속지들의 지배권을 넘겨받았고, 그보다 스무 살 어린 옥타비아누스는 서쪽 영역의 지배권을 받았다. 안토니우스는 41년에 타르소스에서 클레오파트라와 좀 더 친해지게 되는데, 여왕은 그의 요구에 따라 임박한 파르티아 원정에서 어떤 태도를 취할 것인지를 설명하고 교섭하기 위해서 그곳에 와 있던 참이었다. 안토니우스는 어려운 이번 원정을 위해서 부유한 이집트로부터 물질적 후원이 필요했던 것이다. 클레오파트라는 이미 전에도 알렉산드리아와 로마에서 안토니우스를 만난 적이 있었다. 타르소스에 등장하면서 그녀 자신이 추구했던 목표는 카이사르가 죽은 후에 안토니우스를 자신의 정치적 동맹세력으로 만드는 것이었다. 그녀가 개최한 화려한 음식대접은(아테나이오스, 4,147e–148b) 안토니우스를 유혹하려는 목적도 없지 않았지만, 그 다음 몇 해 동안 로마 제국의 동쪽 절반에서 벌어지는 사건에 영향을 미쳤다. 두 사람의 애정관계는 알려졌다. 아프로디테(클레오파트라)와 새로운 디오니소스(안토니우스)의 결합은 당장 타르소스에 사는 사람들의 화젯거리가 되었으며 그 다음엔 킬리키아에서, 그 다음엔 제국 전체에서 화제의 대상이 되었다. 클레오파트라는 자신을 그리스의 아프로디테와 마찬가지로 이집트의 여신 이시스와 동일시했다. 그리스에 우호적인 안토니우스는 이시스의 화신처럼 보이고 싶어 했던 클레오파트라의 정신세계에 대해 완전히 열린 자세를 취했다. 로마에도 클레오파트라 7세보다 이미 오래전에 이시스 숭배의 추종자들이 있었으며, 이집트적인 것이라면 모든 것이 그곳에서 유행처럼 되었다.[118]

안토니우스는 스물여덟 살인 클레오파트라의 매력에 굴복했고, 41년에서 40년으로 넘어가는 겨울에 그녀를 따라 알렉산드리아로 갔다. 여기서 그는 여왕의 육체적 매력을 즐겼고, 일단은 흥청망청한 생활에 즐거움을 느꼈다. 40년 가을에 클레오파트라는 그에게 쌍둥이를 낳아 주었는데, 쌍둥이에게는 알렉산더 헬리오스와 클레오파트라 셀레네라는 이름이 주어졌다. 그러나 안토니우스는 이미 40년 봄에 클레오파트라와 헤어진 상태였으며, 정치적으로 활발하게 활동했던 아내 풀비아가 죽자 로마에서 점점 강력해져 가고 있던 옥타비아누스의 젊고 아름답고 지적인 누이 옥타비아와 결혼했다. 양 가문의 가족적 결속은 그들의 정치적 결속을 확고히 해 줄 것이었다. 40년 10월에 체결된 브린디시움 조약에서 옥타비아누스가 안토니우스와 함께 향후 5년 동안 삼두정치를 하기로 확인되었고, 레피두스는 아프리카를 유지했다.

안토니우스는 과부로서 세 아이를 결혼생활에 함께 데려왔던 옥타비아와 이제는 아테네에서 주재하면서 높은 명망을 누리고 있었다. 37년 타렌트에서 다시 33년 말까지로 연장되었다. 삼두정치는 37년 가을에는 옥타비아가

---

118) M. 그란트, 『클레오파트라』(1977), 170ff.

안토니우스에게 낳아 준 두 아이와 함께 다시 로마에 있었다. 안토니우스는 그동안 클레오파트라에게 안티오키아로 와 줄 것을 부탁했다. 이미 41년에도 그랬던 것처럼 그가 계획하고 있는 파르티아(오늘날의 이란에 있는 지방) 원정을 위해서 부유한 이집트의 후원을 확보하려는 생각이었다. 이 지방은 위협적으로 서방 진격을 함으로써 로마의 속지들을 위험에 몰아넣었던 것이다. 이 시기에 안토니우스는 그의 파트너에게 오늘날의 이스라엘을 둘러싼 로마 속지들의 일부와 여러 해안 도시들 그리고 킬리키아의 일부와 키프로스의 영토를 양보했다. 그는 37년에서 36년으로 넘어가는 겨울을 함께 타르소스에서 보냈다. 이제 그는 점점 더 로마적 본성과는 소원해져 가고 있었고, 정신적으로 클레오파트라에게 종속되었다. 부드러운 헬레니즘적 생활에 맛을 들였으며 자신을 신적인 지배자로 느끼고 있었던 반면, 클레오파트라는 자신을 새로운 여신 이시스로 숭배하도록 했다(플루타르크, 『안토니우스』 54). 36년 3월 중순에 유프라테스 강변의 도시 제우그마로부터(클레오파트라는 이곳까지 그와 동행했었다) 군대를 이끌고 파르티아 사람들에 의해 지배되던 아르메니아를 향했고, 그리고는 다시 메디아를 향한 원정을 시작했다. 당시 클레오파트라는 안토니우스의 세 번째 아이를 임신중이었다. 그렇지만 복수의 원정은 초기에 성공을 거둔 후에는 좌절되는데, 이 원정은 처음에는 북부 지역을 상대하고 그 다음에 파르티아 사람들을 상대할 예정이었으며, 이미 카이사르에 의해 계획되었었던 것이다. 퇴각하는 도중 로마 군대는 겨울의 영향으로 추가적인 인력 손실에 시달렸다. 이러한 군사 원정이 있고 나서 안토니우스는 35년 1월에 페니키아 해안에서 다시 클레오파트라를 만났다. 그곳에서 그는 그녀로부터 병사들의 급료와 보급품을 위해 시급히 필요한 돈을 받았다. 그동안 그녀는 그에게 세 번째 아이를 낳아 주었고, 이

아이에게는 프톨레마이오스 필라델포스라는 이름을 지어 주었다. 안토니우스와 클레오파트라의 결합은 상호간의 애정을 통해 계속 확고했다. 그녀 이전에는 어떤 여성도 로마 사령관의 곁에 등장하여 그의 정치적, 군사적 결정에 영향력을 미치지 못했다.

같은 해 봄에 안토니우스는 여왕과 함께 알렉산드리아로 옮겨 갔다. 35년에서 32년까지 그는 이곳과 시리아의 안티오키아에서 교대로 주재했다. 이 시기에 그는 메디아로 원정도 갔지만, 그러나 계속해서 파르티아로의 새로운 진격을 준비했다. 34년 봄에는 마침내 그의 군대를 이끌고 아르메니아를 공격하기 위해 북쪽으로 출발했다. 클레오파트라는 놀랍게도, 그러나 동시에 그녀답게도 유프라트까지 그를 따라갔으며(요세푸스, 『유대 전쟁』 15,97-103), 그 다음엔 되돌아왔다. 아르메니아를 굴복시키려는 이 시도는 성공적으로 진척되었다. 안토니우스는 승자로서 알렉산드리아로 돌아왔다. 34년 가을에 알렉산드리아에서 개선행진을 할 때 포로가 된 왕족도 같이 끌려왔는데 여기서 안토니우스는 로마의 사령관으로서가 아니라 헬레니즘 세계에서 가장 숭배되던 신인 디오니소스의 역할을 하며 등장했다(벨레이우스 파테르쿨루스, 2,82,4). 이삼일 후에 있었던 성대한 축제에서는 클레오파트라의 아들 카이사리온(율리우스 카이사르와의 관계에서 낳은 아들)과 안토니우스에게서 낳은 세 자녀(막내아들인 프톨레마이오스 필라델포스는 이제 겨우 두 살이었다)에게 영토가 수여되었다. 클레오파트라는 '왕들의 여왕'이라는 칭호를 얻었다. 어쩌면 안토니우스와 클레오파트라는 미래를 위해 하나의 프톨레마이오스 왕국을 염두에 두고 있었을지도 모른다. 이 왕국을 부분적으로 다스리는 왕들은 클레오파트라와 프톨레마이오스 15세의 통치권 밑에 종속되어 있었다. 이러한 맥락에서 카이사리온이 그의 아버지인 율리우스 카이사르의

적자로서 인정되었다면, 로마에 있는 옥타비아누스는 그것을 선전포고로 간주할 수 있었다. 왜냐하면 그 자신도 카이사르의 유언장에는 유일한 상속자이자 후계자로 설정되어 있었기 때문이다.

로마의 속지들을 안토니우스와 클레오파트라의 자녀들에게 수여한 것은 옥타비아누스와 로마 원로원 의원들의 저항을 불러일으킬 수밖에 없었다. 로마에서는 이 거대 왕국의 동쪽이 하나의 대극(對極)처럼 발전하고 있음을 인식했다. 안토니우스에 대해서는 그가 자신의 능력범위를 넘어서면서까지 로마 영토들을 포기한 것이라는 거센 비난이 일었다. 옥타비아누스와 안토니우스의 직접적 대결은 불가피했고, 목하 코앞으로 닥쳐오고 있었다. 33년에서 32년으로 넘어가는 겨울에 안토니우스와 클레오파트라는 에페소스(터키 서부)에 그들의 사령부를 건설했다. 거대한 함대 한 척이 제조되었고, 약 30군단으로 구성된 군대가 아르메니아에서 철수했다. 전쟁준비를 위해 재정을 조달하고 함대를 준비하는 일은 클레오파트라가 맡았다. 그녀는 모든 중요한 문제들에서 안토니우스에게 조언했고, 그녀의 존재는 이집트 함대의 충성심을 담보하는 것이기도 했다.

사령부는 이제 사모스로 옮겨졌다가 다시 아테네로 옮겨졌다. 그러므로 군대도 그리스로 건너갔다. 이탈리아에서는 이미 침공을 두려워하고 있었다.[119] 그러나 안토니우스는 그리스에서 기회를 기다리고 있었다. 그는 자기가 클레오파트라와의 관계 때문에 이탈리아에서는 적대시되고 있다는 것을 알고 있었다. 그가 제국의 동쪽에서 취했던 조처들과—호라티우스의 시에서도 알 수 있듯이—로마에서 클레오파트라를 공격할 목적으로 만들어진 선전들은

---

119) 호라티우스, 『시집』 1.37,16; 프로페르티우스, 『비가』 3,11,29ff. 38ff.; 47ff.

그의 위상들을 현저히 손상시켜 왔던 것이다. 그와 클레오파트라의 배들은 이제 펠로폰네스의 북서쪽에서 코르푸까지 위치를 잡고 있었다. 안토니우스는 옥타비아누스의 조종으로 로마 원로원에 의해 면직되었고, 클레오파트라에게—안토니우스가 아니라—전쟁이 선포되었다. 32년 9월과 10월에 안토니우스와 클레오파트라는 사령부를 다시 서쪽으로, 즉 파트라에(파트라스)로 옮겼다. 상황은 첨예화되었다. 옥타비아누스가 육로로 북쪽에서 접근해 오고 그의 장군인 아그리파가 메토네를 접수한 후에 파트라에와 레프카스의 근처로 바짝 다가오자, 암브라키아 만(灣)에 있던 안토니우스와 클레오파트라는 그들의 배들과 함께 치명적인 덫에 걸려들었다. 31년 9월 2일에 악티움(그리스 서쪽 프레베자 근처)에서 아그리파가 지휘하는 옥타비아누스의 함대와 안토니우스와 클레오파트라의 함대 사이에 결정전이 벌어졌다. 전투가 점차 격렬해지는 가운데 클레오파트라는 갑자기 그녀의 배 60척과 함께 안토니우스의 배들과 로마 배들의 대열을 돌파하더니 도주하기 시작했다. 안토니우스는 다소 비합리적인 결정을 내리는데, 그의 배들 중에 약 4분의 1을 데리고 그녀의 뒤를 따랐다. 함대의 나머지와 육군은 포기한 것이다. 도중에 그는 클레오파트라의 배로 갈아 탈 수 있었지만, 그녀와 아무런 접촉도 하지 않은 채 배의 선수에 홀로 머물며 사흘을 보냈다. 화가 나서 그랬는지, 아니면 클레오파트라 앞에서 부끄러워 그랬는지 알 수 없지만 말이다(플루타르크, 『안토니우스』 67). 도주는 두 사람을 이집트로 이끌어 갔다. 그런데 이곳에서 그의 군단들은 그에게서 떨어져 나갔다. 30년 8월 1일에(그러니까 악티움 전투가 있은 지 약 1년 후에) 승자인 옥타비아누스가 그의 전투병들을 이끌고 알렉산드리아로 쳐들어 왔다. 안토니우스는 클레오파트라가 죽었다는 오보를 듣고 스스로도 칼 위에 엎드려 자결하려 했다. 그때 새로운 소식이 그에게 도착하는

데, 클레오파트라가 아직 살아 있다는 것이었다. 그는 심하게 다친 몸으로 그녀가 예전에 바리케이드를 쳤던 저 튼튼한 왕릉으로 자신을 데려가라고 지시한다. 그는 자신이 사랑했던 여성의 품에 안겨 죽었다.

카이사르의 예리한 후계자였고 필리피 전투에서 전략적 재능을 입증했던 안토니우스의 군사적 능력은 유감스럽게도 대부분 악티움에서의 대패에 대해서만 평가된다.[120] C. 율리우스 카이사르는 클레오파트라와의 사랑의 관계에서도 항상, 그리고 우선적으로 로마의 사령관이자 독재자였다. 그에 반해 안토니우스는 교양 있고 재능 있는 개인주의자였다고 볼 수 있는데, 군주제 형태가—군주제의 대변자들은 이 체제의 정당성을 신들에게서 끌어왔다—로마의 세계제국을 위한 미래의 국가형태가 될 것임을 인식했던 사람이다. 그러나 그 자신은 동양에서 전개된 호사스러운 생활의 외중에서—결국 클레오파트라에 대해서는 약한 성격으로 나타나면서—그에게 엄습하는 멜랑콜리에 맞설 힘을 더 이상 발견하지 못하고 체념했던 것이다.

안토니우스는 아들인 안틸루스를 옥타비아누스에게로 보냈었는데, 아들은 아버지가 시키는 대로 옥타비아누스에게 관직을 내놓고 사생활로 물러나겠다고 제안했다. 이 제안은 거절되었다. 클레오파트라도 거액의 돈과 함께 사절들을 옥타비아누스에게로 보냈지만, 자신의 아이들을 왕위 후계자로 승인하도록 그를 움직이지는 못했다. 옥타비아누스는 병사들에게 급료를 지불하기 위해서 시급히 돈이 필요했기 때문에 처음에는 이집트의 국가 소유 보물들을 전부 압류할 생각이었다(플루타르크, 『안토니우스』 74). 여왕은 이것을 미리 그녀의 왕릉으로 옮겨 놓았던 것이다. 그 후에도 옥타비아누스와 클레

---

120) 아우구스투스의 프로파간다에 영향을 받은 시인들의 시각에서 묘사한 악티움 전투. 호라티우스, 『시집』 1,37; 베르길리우스, 『아이네이스』 VIII 671ff.

오파트라 간에 교섭이 있었으며, 그녀는 그를 자기편으로 끌어들이려고 했다는 이야기도 있다. 그런데 다양한 저자들이 이 만남을 묘사하고 있는 내용이 서로 모순되는 것을 보면(플루타르크, 『안토니우스』 83; 플로루스, 2,21,9; 디오 카시우스, 5,12f.), 두 사람간의 만남이란 문학적으로 지어 낸 이야기일 거라는 추측도 있을 수 있다.

권력지향적인 동시에 계산적이고 미리 내다볼 줄도 알았던 클레오파트라는 옥타비아누스가 로마에서 개선행진을 할 때 포로의 몸으로 거리를 따라다니는 수모를 피하고 싶었다. 그리하여 서른아홉의 나이로 하녀 두 명이 있는 가운데에서 30년 8월 10일에 자살했는데, 독사로 하여금 자신의 몸을 물게 했던 것이다. 옥타비아누스는 클레오파트라를 안토니우스 곁에 영예롭게 묻으라고 지시했다. 이집트의 여왕을 이겼던 이 승자는 나중에 로마에서 개선행진을 할 때 클레오파트라의 초상화가 따라오게 하는 것으로 만족해야 했는데, 초상화에는 그녀의 팔을 휘감았던 살무사 한 마리를 볼 수 있었다. 안토니우스가 먼저 풀비아와 살았을 때 낳았던 아들과 카이사르의 아들 카이사리온은 옥타비아누스의 명령에 의해 살해되었다(수에토니우스, 『아우구스투스』 17; 플루타르크, 『안토니우스』 54; 81).

안토니우스와 클레오파트라의 나머지 아이들은 목숨을 유지했고, 옥타비아누스는 이들을 자기 집에 받아들였다. 전에는 로마의 보호 아래 있었던 이집트 왕국이 이제는 제국의 속지가 되었다. 무자비한 옥타비아누스의 의지에 의해 이집트의 마지막 여왕이 되었던 클레오파트라는 자신의 매력적인 여성성을 정치적 목표를 위해 의식적으로 투입할 줄 알았던 명예욕이 강하고 똑똑한 여성이었다. 카이사르가 짧은 기간 동안 가장 개인적인 행복을 느꼈던 것은 그녀 곁에서였지, 그가 그전에 결혼했던 다른 여성들 곁에서가 아니었다. 카이사르가 3월 보름에, 다시 말해 그가 파르티아 원정을 시작하기 위해 동양으로 떠나기 삼 일 전에 살해된 것은 어쩌면 클레오파트라가 로마에 있었던 사실과 관련되었을 수도 있다는 점에서 위대한 사랑의 힘은 창조적이기도 하지만 동시에 파괴적일 수도 있음이 입증된다. 공모자들은 스스로를 로마 공화정의 대변자로 생각했으나 자의식이 강한 여성이 카이사르에게 영향을 미치는 것을 두려워했다. 어쩌면 카이사르의 살해를 통해 그의 일인 지배체제가 저지되었을 뿐 아니라 (로마 외에) 동쪽에 있는 제2의 중심지, 즉 알렉산드리아를 포함한 새로운 제국 영역이 성립되는 것도 저지되었을지 모른다. 클레오파트라는 정치와 사적인 관계를 맺어 나가는 기술의 대가였다. 그 시대 로마에서 가장 강력한 두 명의 정치가 C. 율리우스 카이사르와 마르쿠스 안토니우스를 열정으로 자기한테 묶어 놓고, 그 다음엔 옥타비아누스를 맞수로서 대적하는 능력은 그녀가 세계사적인 중요성을 지니는 여성임을 보여 주는 것이다. 그녀는 자신의 죽음도 자긍심과 품위 그리고 자신에 대한 냉정함으로—그리고 옥타비아누스에 대한 경멸감으로—형상화했다. 클레오파트라의 특성에는 활력, 유혹하는 기술, 여성이자 지배자로서의 자질 외에 인간적인 위대함도 있다. 이 점에서는 카이사르나 안토니우스와 동등했지만, 그들과 완전히 달랐던 것은 가족적, 문화적, 역사적 배경이었다.

H.K.

Art Works 예술작품

출   처

키케로(Cicero), 『안토니우스에 대한 탄핵 Philippische Reden gegen Antonius』.

플루타르크(Plutarch), 『카이사르 Caesar』; 『안토니우스 Antonius』.

수에토니우스(Sueton), 『카이사르 Caesar』; 『아우구스투스 Augustus』.

플로루스(Florus), 2,13,53ff.; 21,11.

벨레이우스 파테르쿨루스(Velleius Paterculus), 2,84-87.

디오 카시우스(Dio Cassius), 36-54.

루칸, 『내전 Der Bürgerkrieg』 제10권.

안토니우스와 클레오파트라의 생애를 주제로 그림을 그린 주요 화가

F. 트레비사니(Trevisani, 1705-10); G.B. 피토니(Pittoni), 1730년경; G.B. 티에폴로
(Tiepolo), 1743/1744; J. 스틴(Steen), 1667; N. 푸생(Poussin, 1625); 일 게르치노(Il
Guercino), 1640; A. 투르키(Turchi), 1640; A. 리스(Liss, 1597-1629/30); A.R. 멩스
(Mengs, 1728-1779); J.H. 티슈바인(Tischbein), 1769; G. 레니(Reni), 1625-1642; A. 카
우프만(Kauffmann), 1770; H. 마카르트(Makart), 1876.

희   곡

E. 조델(Jodelle), 『매혹적인 클레오파트라 Cléopàtre captive』, 1553.

G.B. 지랄디 친치오(Giraldi Cinzio), 『클레오파트라 Cleopatra』, 1555.

C. 피스토렐리(Pistorelli), 『마르쿠스 안토니우스와 클레오파트라 Marc Antonio e
    Cleopatra』, 1596.

H. 작스(Sachs), 『로마인 안토니우스와 함께 있는 클레오파트라 여왕 Die Königin
    Cleopatra mit Antonio dem Römer』, 1560.

R. 가르니에(Garnier), 『마르쿠스 안토니우스 Marc Antonio』, 1578.

N. 데 몽트뢰(de Montreux), 『클레오파트라 Cléopàtre』, 1595.

W. 셰익스피어(Shakespeare), 『안토니우스와 클레오파트라 Antony and Cleopatra』, 1606/1607(두 인물을 위대한 사랑의 커플로 묘사하는 작품).

Th. 메이(May), 『이집트 여왕 클레오파트라의 비극 The Tragedy of Cleopatra』, 1626.

J. 메레(Mairet), 『마르쿠스 안토니우스이냐, 클레오파트라이냐 Le Marc-Antoine ou la Cléopàtre』, 1630.

Ch. 세들리(Sedley), 『안토니우스와 클레오파트라 Antony and Cleopatra』, 1677.

J. 드라이든(Dryden), 『사랑을 위해 모든 것을 All for Love』, 1677.

부아스텔 드웰레(Boistel D' Welles), 『안토니우스와 클레오파트라 Antoine et Cléopàtre』, 1741.

C. 시버(Cibber), 『이집트의 카이사르 Caesar in Egypt』, 1724.

D. 가릭(Garrick), 『안토니우스와 클레오파트라 Antony and Cleopatra』, 1758.

H. 부룩스(Brookes), 『안토니우스와 클레오파트라 Antony and Cleopatra』, 1778.

V. 알피에리(Alfieri), 『안토니우스와 클레오파트라 Antonio e Cleopatra』, 1775.

마레스칼키(Marescalchi), 『안토니우스와 클레오파트라 Antonio e Cleopatra』, 1788.

A. 폰 코체부(von Kotzebue), 『옥타비아 Oktavia』, 1799.

M. 버츠(Butts), 『클레오파트라의 생애에서 나온 이야기들 Scenes from the Life of Cleopatra』, 1935.

순진한 사랑을 믿었던 어린 남자

사랑의 휘청임 『카르미나』 5

나의 레스비아, 우리 같이 살며 서로 사랑합시다.

불평 많은 노인들이 아무리 숙덕거려도

조금도 신경 쓰지 말고.

태양 같은 나날은 사라질 수도 있고 되돌아올 수도 있어요.

하지만 우리들의 짧은 인생 빛이 꺼져 버리면

끝없는 하룻밤을 자는 것처럼 되겠지요.

그러니 내게 천 번의 입맞춤을 해 주오. 그 다음엔 백 번,

그 다음엔 다시 천 번, 그리고 또다시 백 번,

그리고 계속해서 천 번, 그리고는 백 번.

그 다음엔 우리가 수천 번을 다 해냈다면,

우리가 잘못 세고 있는 거지요. 더 이상은 알 수도 없어요.

아무리 악당이라도 그 때문에 우리를 시기할 수는 없을 거예요.

그도 그렇게 많은 입맞춤이 있다는 것은 알고 있으니까요.

실망 『카르미나』 58

카엘리우스여, 나의 레스비아, 저기 있는 레스비아,

저 레스비아는 카툴루스가 자신이나 가족보다 더 사랑하는 유일한 사람이었지.

갈림길이건 골목이건, 어디서든지

이제 그녀는 대범한 레무스의 손자들에게 돈을 뜯고 있구나.

분열 『카르미나』 85

나는 증오하고 사랑한다. 내가 왜 그러느냐고 너는 어쩌면 물을 테지.

나도 몰라. 그래도 그런 일이 벌어지고 있다는 것은 느껴―죽도록 괴롭게.

절망 『카르미나』 76/17-26

신들이여, 당신들이 동정이라는 것을 느끼거나 극도의 어려움에 처한 인간들,

심지어 죽어 가는 인간들에게 이제까지 한 번이라도 도움을 준 적이 있다면,

이 비참한 나를 좀 바라봐 주소서. 내가 내 인생에 죄를 짓지 않고 살아왔다면,

이 역병으로부터 나를 구해 주소서. 나에게서 이 파멸을 막아 주소서.

무슨 마비 증상처럼 내 골수와 사지 안으로 스며 들어와

내 마음에서 어떤 기쁨도 몰아내고 있는 이 파멸을.

더 이상 빌지 않을 것입니다. 그녀가 나를 다시 사랑하게 해 달라거나,

가능하지도 않은 일이지만 그녀가 행실 바른 사람이 되고 싶어 하도록 해 달라고는.

나 스스로 회복되어 이 끔찍한 고통으로부터 자유로워지고 싶습니다.

신들이여, 제 경건함에 대한 보답으로라도 이것만은 제발 허락해 주소서.

카툴루스의 생애는 그와 생각이 같았던 시인들과의 교류와 더불어 귀족 출신의 여성에 대한 열정적인 사랑에 의해서도 각인되었는데, 이 여성은 나이, 경험, 치밀한 사고 등에서 그보다 훨씬 우월했다. 그녀가 클로디아였다. 시인은 레스보스의 사포를 섬기는 것처럼 '레스비아'라고 불렀다. 그녀에게는 무수한 연애사건, 간통, 방탕한 향연, 음란한 목욕 등의 꼬리표가 따라다니고 있었다. 키케로는 어느 고발 연설에서 그녀에게 '콴두란타리아', 즉 싸구려 창녀라고 욕하고 있다.[121] 칭찬을 받은 것은 그녀의 눈에서 나는 광채다. 그녀의 유혹적인 우아함은 특히 젊은 문학적 인재들을 매료시켰다. 아직 경험이 부족한 카툴루스는 그녀의 고혹적인 미모와 뻔뻔한 성격에 자신을 포기할 정도로 빠져 들었다. 무수한 시들이(『카르미나 *Carmina*』) 이 변화무쌍한 관계를 숨김없이 들여다볼 수 있도록 해 준다.

처음에는 사랑의 도취가 있다. 삶―레스비아―사랑은(『카르미나』 5) 시인에게 하나의 통일체로 결합된다. 사랑하는 사람들은 인습에 대해서는 거들떠보지 않는 법인데, 늙은 불평가들이나 입맞춤을 "함께 세어 보는 사람들"에 대해서는 무시한다. 카툴루스는 서로 사랑했던 이 시기를 "태양 같은 날들"이라고 부른다. 계속해서 그녀는 그를 자기에게 불러들이며, 그가 살갑

---

121) 프로 카엘리오, 62.

게 대해 주기를 바란다. 그도 함께 있는 것을 마음껏 즐긴다(『카르미나』 8). 행복은 그것이 헛되다는 것을 안다고 해서 흐려지지 않는다. 오히려 그 반대다. 끝나지 않는 입맞춤에 대한 요구가 계속 이어지는 것이다. 여기서 숫자의 상징은 사랑하는 사람들의 물릴 줄 모름과 파도처럼 움직이는 행복감의 고조를 표현한다. 시인의 깊은 열정은 연인과의 행복한 체험으로부터만 생겨날 수 있었던 것이다.

그가 숭배하는 여성이 곁가지로 또 다른 직업에도 종사하면서 "대범한 레무스의 손자들"에게, 즉 로마의 남자들에게 비싼 비용을 치르게 했다는 것을 갑작스럽게 알게 된 것은 그만큼 그에게는 충격이었다(『카르미나』 58). 그는 베로나 친구인 카엘리우스에게 소리치며 도움을 구한다. "나의 레스비아, 저기 있는 레스비아, 저 레스비아"라는 표현은 그와 연인 사이에 벌어진 내면의 간극을 보여 준다. 그럼에도 불구하고 그는 그녀와 떨어질 능력이 없다. 거듭 그녀는 그에게 자신의 사랑을 확인시켰다. 그녀가 말한 바에 따르면, 그를 대신해서 유피테르가 온다 해도 두 팔에 안고 싶지는 않다는 것이다. 카툴루스는 체념하면서 이런 사실을 확인한다. "여성이 그녀에게 매달리는 정부(情夫)에게 하는 말은 조금도 믿을 바가 못 된다"(『카르미나』 70).

레스비아가 그가 써 준 사랑시를 되돌려 주기를 거부하자 그는 거친 욕을 퍼붓는다. "역겨운 창녀, 쓰레기, 비열한 인간!"(『카르미나』 42). 그리고는 다시 톤이 바뀌는데, 레스비아는 모든 여성들 중에서도 가장 매력적이고 가장 아름다운 여성이라는 것이다(『카르미나』 86). 연적들의 이름이 거명되고, 욕이 가해지고, 카툴루스의 레스비아를 떠나라는 경고 또는 부담스런 요구가 이어진다. 연인이 그를 중상하지만, 그에게는 이것도 사랑의 표시라고 생각된다!(『카르미나』 92) 그렇게 그녀의 진짜 성격에 대해서는 무시하려고 해 보지만 결국은 안 된다. "이제 당신을 알게 되었네요. 설령 내가 훨씬 더 열정적으로 타오른다고 할지라도, 당신은 훨씬 더 하찮고 가치 없는 존재일 뿐이야"(『카르미나』 72). 시인은 출구가 없는 분열상태로 빠져 든 것이고, 이는 그의 가장 유명한 경구들을 통해 독특한 방식으로 드러난다. 그는 자신의 내면이 찢겨져 있음을 인식한다. 자아발견인 셈이다. 증오와 사랑 사이에서 이리저리 흔들리다가, 자신이 해결될 수 없는 이성과 감정의 갈등에 빠져 들었음을 알게 되면서 죽음의 고통을 느낀다.

레스비아는 그를 전혀 이해하지 못한다. 그렇다면 어째서 그렇게 모순적인 감정들이 가능한 것이냐는 소박한 질문을 하는 것도 그 때문이다(『카르미나』 72). 그녀가 정신적인 결속을 맺을 줄 모르고 오로지 관능적 도취에만 탐닉하는 반면, 카툴루스의 사랑은 원래부터 포괄적이고 절대적이며 종종 종교적인 것에 바탕을 둔다. 사랑이라는 단어가 '경외, 신실, 인간적 결속' 등의 개념으로 대치되는 경우도 빈번하다.

레스비아가 이기적이고 피상적이며 육체적인 관계를 넘어서는 보다 심오하고 정신적인 관계를 맺을 줄 모른다는 것을 그가 인식하게 될수록 마음속의 결속도 끊어진다. 그럼에도 불구하고, 또는 이제야 비로소 그에게는 연인이 그만큼 더 욕망할 가치가 있는 존재처럼 여겨진다. 그러나 그녀에게는 그가 그저 많은 사람 중의 한 명일 뿐이다.

깊은 절망과 자신의 무력함에 대한 인식은 인간들을 신적인 힘에게로 가도록 지시하는 것들이다(『카르미나』 76). 이제 카툴루스는 레스비아가 정말로 자신을 사랑하지 않으며 결코 행실을 바르게 할 '능력도', 그에게 지조를 지키려는 '의지도' 없다는 것을 안다. 아무런 희망도 없는 잘못된 길로 빠져 들었다는 사실 때문에 그가 얼마나 고통을 느꼈던가는 그가 절망적으로 신들에게 도움을 요청하는 것에서 드러난다. 이때 그는 자신의 사랑에 대해 사람을 파멸시키는 독소이며 끔찍한 병이라고 정의하면서, 이런 상태로부터 자신을 구해 줄 수 있는 존재는 오로지 천상의 신들뿐이라고 한다.

현대의 문학 연구자들은 카툴루스의 생애와 그의 작품을 직접적으로 연관시키는 것을 낡은 사고방식으로 간주한다. 그들은 오히려 실제 작가와 시적 자아를 구분해서 설명한다. 레스비아라는 인물을 통해 클로디아가 표현되고 있다는 사실도 상대화된다. 시인도 그의 텍스트 뒤로 숨고 있다. 그럼에도 불구하고 그의 텍스트는 이 시인이 사회규범에 대해 거칠게 조롱하는 사람이자 혹독하게 비판하는 사람일 뿐 아니라 인간 상호간에 겪게 되는 근본적 경험들을 열정적인 시문학으로 바꾸어 놓을 줄 아는 감수성이 풍부한 사람이라는 것을 인식하게 한다.

H.P.

Art Works 예술작품

출　　처

카이우스 발레리우스 카툴루스(Caius Valerius Catullus), 『카르미나 Carmina』.

영향을 받은 작품들

G.E. 레싱(Lessing), 『입맞춤, 어느 작은 미인에게 Die Küsse, An eine kleine Schöne』.

E. 뫼리케(Mörike), 다양한 『카르미나 Carmina』들을 번역함.

K.W. 라믈러(Ramler), 『카르미나 Carmina』, 1998.

손톤 와일더(Thornton Wilder), 『3월 15일 Die Iden des März』, 1948.

음　　악

칼 오르프(Carl Orff), 〈카툴루스의 카르미나 Catulli Carmina〉, 1943; 〈아프로디테의 승리 Trionfo di Afrodite〉, 1953.

열렬한 사랑에서 냉정한 경멸까지

킨티아와 동맹을 맺고 있는 큐피드

킨티아는 눈빛으로 나를 묶어 버린 첫 번째 여성이다.

그전에는 한 번도 사랑의 충동을 느껴 본 적이 없던 나를.

오만한 나의 시선을 땅으로 떨어뜨리도록 강요한 것은 큐피드였다.

큐피드는 버티는 나의 고개를 깊숙이 숙이게 만들더니

내 머리 위에 그의 발을 올려놓았다.

그리곤 마침내 나에게 무자비하게 가르치는 것이었다. 정숙한 처녀들을 경멸
하고

뚜렷한 목표도 없이 되는 대로 의미 없게 살아가는 법을.

킨티아

테세우스의 배들이 사라졌을 때 자고 있던 아리아드네처럼

…

킨티아가 부드러운 졸음에 빠진 것처럼 숨을 쉬면서

수그러지는 머리를 한 손으로 불안하게 괴고 있었을 때

나는 잔뜩 마신 포도주에 취해 비틀거리며 집으로 가고 있었고,

노예들은 늦은 밤길을 밝히려고 횃불을 흔들어 대고 있었다.

그런데 나는 아직도 정신을 완전히 잃은 것은 아니라서

침대를 살금살금 더듬으면서 그녀 곁으로 다가가려 하고 있었다.

여기에서는 큐피드, 저기에서는 바커스 때문에

나는 갑절로 뜨거워진 상태였다.

하지만 무자비하기 짝이 없는 이 신들이

턱 괴고 있는 손을 바꿔 가면서 쉬고 있는 그녀를 슬쩍 건드려 보라고,

그녀에게서 키스를 훔치고 욕망을 즐겨 보라고 나를 다그친다 할지라도,

나는 여주인의 잠을 감히 방해하지는 못했을 것이다.

그녀의 싸움 잘하는 성질이, 빈번하게 겪었던 그녀의 분노가 무서웠기 때문에.

…

드디어 달이 나타나 그녀 맞은편에 있는 창가를 지나갔다.

달은 서두르는데, 달빛은 머무르고 싶어 하더니

광선을 번쩍 비추면서 그녀의 감긴 눈을 열어 놓았다.

깨어난 그녀는 불룩한 침대에 팔을 괴면서 말했다:

"다른 여자가 욕을 하니까 드디어 내 침대로 돌아오는 거야?

그 여자가 당신 앞에서 문을 잠그고 당신을 쫓아내던가?

이 밤에 집에 있지 않고 도대체 어디에서 시간을 낭비하다가

잔뜩 녹초가 되어 가지고 별빛도 사라져 가는 이 시간에야 오는 거지? 내가 미쳐.

이 나쁜 놈아, 앞으로도 밤 시간을 이렇게 보내면서

나를 비참하게 만들면 가만 두지 않을 거야.

그러면 나도 당장 자줏빛 실을 감고 있는 물레로 자는 척해 놓고

오르페우스의 리라에 맞춰 나오는 노래를 찾아다니며 녹초가 될 거라구.

네가 다른 여자들 집에서 그렇게 자주 오래도록 사랑 속에 머물러 있으니까

나는 이제 버림받은 몸이라고 가끔씩 혼자서 비탄도 했어.

드디어 피곤해진 나를 살랑대는 졸음이 부드럽게 건드릴 때까지 말이야.

나의 눈물을 덜어 주고 위로해 주는 것은 그것밖에 없었으니까."

실망

나의 사랑하는 여인은 이미 오래전부터 내게서 달아나고 있다.

그런데도 친구여, 자네는 내가 그녀 때문에 눈물을 흘려서는 안 된다는 것이냐?

…

심지어 그녀가 다른 사람의 품에 안겨 누워 있는 것까지 보게 되는 것은 아닐까?

지금까지는 내 여자였지만, 곧 다른 사람의 여자가 되는 것은 아닐까?

모든 것은 변하기 마련이다. 사랑하는 감정도 바뀌는 법이다.

너는 지든지 이기든지 할 것이다. 그게 사랑하는 사람들이 겪는 과정이다.

내가 그녀에게 어떤 선물을 주었던가. 어떤 노래를 지어 왔던가.

그래도 그녀는 여전히 무쇠 같았다. "당신을 사랑해요"라고 말해 본 적도 없었다.

…

프로페르티우스여, 너는 이 젊은 나이에 벌써 죽어 가는 것이냐?

그렇다면 지금 죽어라. 저 여자가 네 죽음을 기뻐할지도 모르니까 말이다.

킨티아로부터 돌아섬

유프라테스 강과 오론테스 강이 내게 보내 준 처녀들에게서

즐거움을 찾을 것이다. 이제 더는 순결한 가정의 잠자리를 찾지 않을 것이야.

사랑에 빠진 사람한테는 자유라는 게 남아 있지 않고,

사랑을 갈구하는 사람은 자신의 주인이 되지 못해.

"자네는 그 책 때문에 유명해져 이미 도시의 화젯거리인데도 그런 말을 하는

건가?

시장 전체가 자네의 『킨티아』를 읽고 있는데도?"

…

킨티아가 내게 일말의 사랑이라도 주었을 때는

사람들이 나를 경박함의 왕이라 부르지는 않았어.

나도 도시 전체에서 그런 악평이 나지는 않았겠지.

사랑에 병들었을 때 나는 언어로 사람들을 기만했어.

그러니 자네도 내가 싸구려 여자들만 찾는다고 해서 놀라지는 말란 말이다.

치욕을 당할 일도 그만큼 적어질 테니까. 그렇지 않은가?

…

킨티아를 위해 쓴 돈 때문에 화가 날 때는 죽고 싶을 지경이었어.

하지만 이제는 내 짝이 아닌 여자 때문에 바보짓을 했다는 게 부끄러울 따름이지.

경멸

술자리에서는 모두들 나를 비웃었어.

누구나 기분 내키는 대로 나에 대한 이야기를 할 수 있었어.

그래도 나는 실로 5년 동안이나 당신만을 사랑하면서 봉사할 수 있었어.

그런데 당신은 아직도 나의 지조가 그리워 손톱을 깨물며 울 때가 자주 있다고!

눈물 흘려도 소용없어. 이런 잔꾀는 나도 예전에 써 봤던 것이니까.

그건 항상 악의가 있는 거거든. 킨티아, 당신이 울 때는 말이야.

나도 헤어질 때는 눈물이 나오지만, 모욕감을 느낄 땐 억지로 울어.

두 사람이 제대로 맺어진 사이라면 당신 같은 성격은 있어선 안 되지.

자, 그러면 문지방아, 잘 있어. 너도 내 말을 들으면서 울었었지.

잘 있어라, 대문아. 화가 나 있을 때도 내 손은 너를 부숴 버리지는 않았어.

하지만 당신, 당신은 그 세월 동안 나의 존재를 부인했으니 이제 확 늙어 버릴 거야.

못생긴 주름살이 생기면 당신의 미모도 버티기 어려울걸!

그리고 흰머리가 생기면 당신은 뿌리째 뽑아내고 싶겠지.

하, 거울이 당신의 주름살을 조롱하면서 당신 눈앞에 보여 줘도

내쳐진 여자로서 오만과 자부심을 유지하겠다면, 그거야 당신 마음이고.

당신이 예전에 했던 행동을 늙어서 후회하면 너무 늦지.

이 힘든 운명이 내게 어떤 것이었던가에 대해서는 책으로 당신한테 알렸어.

당신의 미모가 사라지거든 당신의 운명을 두려워하는 것도 좀 배워 봐.

프로페르티우스, 『비가』 I/1, 1-6; 1/3, 1, 7-18, 31-46; II/8, 1-2, 5-8, 11-12,
17-18; II/23, 21-24, u. 24/1-2, 5-10, 15-16; III/25.

섹스투스 프로페르티우스(기원전 50-15년경)는 로마의 가장 중요한 비가 시인이다. 유복한 부모의 아들로서 이미 젊었을 때부터 수사학을 공부하러 수도로 왔다. 이곳에서 그는 부도덕하고 완전히 퇴폐적인 사회의 유혹에 직접 빠져 들었다. 그는 곧이어 공부를 포기하고 시문학에만 몰두했는데, 특히 시인 코르넬리우스 갈루스(기원전 26년에 죽음)가 로마인들에게 이미 가르쳤던 사랑의 비가에 몰두했다. 모든 영역에서 급변이 일어나고 있던 시대였다. 공화제 후기 또는 아우구스투스 시대 초기의 정치상황에 대한 깊은 거부감과 결부된 젊은 세대의 불만으로부터 시작되어, 개인적인 체험들이나 내적인 풍요로움을 통해 삶에 새로운 의미를 부여하고자 하는 움직임이 시작되었다. 그리하여 비가 문학은 개인적인 삶과 사랑의 경험을 표현하는 수단이 되었다. 그 밖에도 비가 문학은 실제의 경험을 바탕으로 하는 것이건 허구적인 것이건 간에 특정 목적을 지닌 저널리즘의 기능을 했다. 사랑하는 여인에게 구애를 하고 그녀의 불멸성을 약속하는 시를 읽으며 독자는 거기에서 교훈을 얻고, 고통 받는 시인의 처지에 감동되어 공감을 표시하거나, 심지어 자신을 시인과 동일시하기도 하는 것이다. 많은 비가들은 초개인적 느낌을 표현할 수 있는 '서정적 자아'를 통하여 한편으로는 자서전의 기능을 하고, 다른 한편으로는 간접 체험을 가능하게 하는 서정시의 역할을 한다. 시인은 실제 현실과 직접적으로 관련된다기보다는 머릿속에서 생각해 낸 장면들을 통해서 자신의 감정을 계시하는 것이다.

프로페르티우스 스스로도 말하고 있듯이(I, 1), 이번에 큐피드의 화살에 정통으로 맞기 전에도 소년티를 거의 벗어나지 못한 나이로 리치나와 단정치 못한 관계를 가졌었다. 리치나는 그가 숭배했던 여성의 몸종이었다. 이 은밀한 관계가 끝난 것은 킨티아가 그의 구애를 일 년 동안이나 거부하다가 마침내 그의 말을 들어 주었을 때였다. 문필가인 아풀레이우스의 주장에 따르면, 원래 그녀의 이름은 호스티아였다. 그러나 프로페르티우스는 카툴루스가 그의 연인에게 사포를 연상시키는 가명을 지어 주었던 것을 본받아, 델로스 섬에 있는 킨토스 산에서 태어났기에 킨티오스라는 별명을 가졌던 아폴로를 연상시키는 이름으로 킨티아라는 이름을 지어 냈던 것이다. 이와 동시에 시인은 이 이름을 가지고 그의 연인에게 음악적 재능이 있다는 것을 강조한다. 왜냐하면 그녀는 노래를 부르고 현악기인 라우테를 연주하며 시도 지을 줄 알았기 때문이다. 카툴루스의 레스비아는 결혼한 몸이었고 이른바 상류 사회에 속했던 반면, 방탕한 여성이었을 가능성이 다분한 미혼의 킨티아는 로마의 화류계에서 움직였다. 그럼에도 불구하고 그녀는 정신적인 장점 때문에 일반적인 매춘부와는 구별되었다. 그녀와의 담소는 유쾌한 것이었고, 그녀의 마음이 내키면 대화가 상당히 생기발랄하게 진행되기도 했다. 프로페르티우스는 그녀의 상상력과 풍부한 착상을 칭찬한다. 이런 점에서 그녀가 주는 이미지는 그리스 사람들이 알고 있었던 헤테레의 이미지와 같은 것이고, 페리클레스의 헤테레였던 아스파시아, 철학자 아리스티프의 상대였던 라이스, 조각가 프락시텔레스의 상대였던 프리네와 비교될 수 있다.

킨티아는 이제부터 프로페르티우스의 삶과 창작을 규정하며, 그가 처음 발표한 시 모음집들의 제목이자 내용이 된다. 이 시집들이 발표된 후에 그는 천재성을 인정받았고, 곧이어 아우구스투스 황제의 마에케나스 서클에 받아들여졌다. 그곳에서 그는 특히 베르길리우스 쪽의 사람이 되었다. 베르길리우스는 그가 마음 깊은 곳에서부터 존경하던 시인이었기 때문이다. 그는 오비디우스와도 절친한 친교관계를 맺었다. 나중에 그는 자기보다 나이가 어렸던 이 시인 앞에서 자신의 사랑 비가를 낭송하기도 했다(오비디우스,

『트리스티아』 IV 45). 그로부터 영감을 받아 그는 연애편지 같은 독자적인 창작을 하게 된다. 그렇지만 사랑을 섬기기보다는 차라리 아우구스투스 서사시를 지어 황제를 섬기라는 마에케나스의 간청을 프로페르티우스는 정중히 거절했다. 서사시를 쓰기에는 자신의 재능이 부족한데다가 자신은 큐피드의 마법에 걸려 있는 상태라서 그가 숭배하는 여성을 위한 시만 쓸 수 있다는 것이 이유였다. 킨티아는 그의 뮤즈이며 영감의 원천이라는 것이다. 그는 킨티아와 절교한 후에 쓴 후기 『비가』에 와서야 다른 주제들에게도 관심을 돌릴 수 있게 된다.

킨티아가 유일한 주제였던 프로페르티우스의 『모노비블리오스 *Monobiblios*』는 바로 로마 사회의 지배적인 대화주제가 되었다. 로마인들은 전쟁과 영웅들의 행동에 대한 책을 읽는 것에 질렸던 것이다. 킨티아는 이제 만인의 이야깃거리였다. 독자는 프로페르티우스의 『비가』들을 통해서 그녀가 어떻게 살았으며, 어떤 존재인가를 경험한다. 그녀는 정리된 집안을 꾸려 나간다. 그에 적절한 하인들도 데리고 있다. 집에는 물레도 한 대 갖추어져 있으며, 그녀도 가정주부들의 방식대로 물레에서 작업한다. 그녀의 집은 볼 만하고 세련되게 꾸며져 있으며, 그녀는 정부들을 그녀의 집에서 맞이한다. 물론 남자들의 호의 덕분에 생활이 유복했고 호사스러운 것을 좋아해서 옷을 입을 때도 가능한 한 눈에 띄도록 속이 비치는 비단이나 자줏빛의 소매 없는 옷, 즉 투니카를 입는다. 그녀는 위에 더 걸친 것 없이 달랑 투니카만 입고 사람들 앞에 나서기도 한다. 그러나 이것은 그녀의 사회적 위치를 보여 주는 것이기도 하다. 왜냐하면 존경받는 로마 여성이라면 매번 웃옷을 걸치기 때문이다. 킨티아는 키가 크고 흔들리는 듯한 걸음걸이로 걸으며, 머리칼은 어두운 금발이고 손은 가늘다. 진정한 미인으로서 등장할 때부터 사람의 마음을 잡아매며, 표정이나 몸짓이 고혹적이고, 매혹적인 목소리와 불타는 듯한 눈을 가졌으며, 그러나 변덕스럽기도 하고 군림하는 자세를 취하기도 하며, 성마르고 제멋대로이기도 하다. 그녀는 화를 참지 못하고 욱하는 성격이며 철두철미하게 이기적이다.

『비가』의 제1권에서 제3권까지는 시인의 특별한 열정의 모든 국면을 보여 준다. 킨티아는 어린 프로페르티우스를 제 기분대로 다룬다. 그에 맞게 시행의 분위기도 변화를 보이는데, 이는 그의 감정을 표현하는 것이다. 그렇지만 상대방이 자신의 사랑에 대해 마찬가지의 사랑으로 응해 주기를 바라는 소원대로 사랑이 충족되었다는 느낌이 시행을 통해 아주 강하게 표현되고 있지는 않다. 사랑의 환호가 터져 나오는 얼마 안 되는 비가들에서도 사랑하는 사람을 잃게 되지는 않을까 하는 두려움과 거듭해서 모욕을 당하게 되는 것에 대한 고통이 분위기를 압도하고 있다. 때때로 시인은 그로테스크하게 느껴질 정도로 연인에게 절대적으로 빠져 드는 상태, 즉 라틴어로 'servitium amoris'라고 하는 상태에 처하게 되는데, 이러한 상태에서는 실제 체험과 자신에 대한 반어적 성찰, 허구적 표상이 서로 뒤얽히게 된다. 이러한 영혼의 분열상태로 인해 그는 자주 고통을 받는다. 예컨대 킨티아가 대법관과 함께 일리리아로 여행 갈 계획을 세우면(I, 8), 프로페르티우스는 질투에 눈이 먼 나머지 아픈 모습을 보이며 자신의 사랑을 맹세하고는 로마에 머물러 달라고 간절히 부탁하면서, 폭풍우가 치는 바다 위를 여행하는 것이 얼마나 위험한 일인지를 그녀의 눈앞에 그려 보이는 것이다. 결국 그녀가 그의 아첨하는 시행들 때문에 마음을 돌려 계획을 포기하면, 그의 절망은 열광으로 바뀐다. "그녀는 이곳에 있을 거야! 이곳에 머무른다고! 그렇게 한다고 약속했거든! … 내가 이겼어! 나의 간절한 소원에는 그녀도 저항할 수 없었던 거지!" 그리하여 그의 창작은 새로운 국면을 맞게 되고, 이는 항상 다시 연인의 호감을 사는 데에 도움이 된다. 다른 구절들에서는 자기의 화난 마음을 털어놓기도 한다. 그녀는 정부들을 바꾸고(II 9), 오로지 이익만 생각하고 교양에는 신경도 쓰지 않으며(II 16), 항상 선물을 요구한다(II 24). 창가 앞에서는 그녀의 숭배자들이 그녀의 관심을 사기 위해 싸운다(II 19). 하지만 질투에 시달린 그가 새벽녘에 갑자기 찾아가 보니 그녀밖에는 아무도 없다는 사실을 알았을 때, 그녀의 눈부신 미모에 너무나 압도된 나머지 그녀에게 무슨 훈계를 하려고 했었는지도 잊어버린다. 그와 반대로 킨티아는 그의 의심 때문에 화가 나서 버럭 욕을 하며 그에 대한 벌로 몇 날 밤을 자기 곁에 오지도 못하게 한다.

사랑에 빠진 시인은 완전히 모순 덩어리가 된다. 킨티아의 무절제한 태도에 모욕감과 동시에 질투도 느끼면서, 킨티아에게 구애하기 위해 공공연히 접근하려고 하는 친구에게는 그러한 행위를 못 하도록 겁주기 위해서 자신이 사랑 때문에 어떤 고통을 겪고 있는지를 그의 눈앞에 생생하게 묘사한다(I 5). 그러나 킨티아가 어쩌면 또 다른 정부와 멀리 있을 때조차도 그는 자신을 노예처럼 느끼며 로마를 떠나지 못한다. 그녀가 그를 잊어버릴지도 모른다는 두려움이 그를 괴롭히고 있는 것이다. 그러나 그 자신은 그녀의 곁을 굳건히 고수한다. "나의 운명은 다른 어떤 여자도 사랑하지 않고, 이 여자를 떠나지도 않는 것이다. 나는 킨티아를 맨 먼저 사랑하는데, 킨티아는 나를 맨 나중에 사랑하는구나"(I 12).

여기서 이 개방적인 여성은 자신의 섹슈얼리티를 자신이 절대적으로 규정하면서 이를 이기적이고 임의대로 이용하는 반면, 그녀가 만나는 남성은 의지 없는 노예처럼 그녀에게 굴복하고 그녀의 호의를 먹고 살아가며 그녀의 변덕도 비굴하게 참아 내는 그런 남자이다. 지속적인 관계를 맺을 기미는 전혀 보이지 않는다.

시인은 자신의 사랑이 어느 정도인지를 표현하기 위해서 자주 신화의 도움을 받는다. 예컨대 완벽하게 아름다운 킨티아를 처음 보는 순간 마법에 걸려든 것처럼 그녀에게 꼼짝 못하게 되었다는 것을 표현하기 위해서 조형 예술가들이 자주 형상화했던 잠자는 아리아드네의 이미지를 이용한다(I 3). 괴테도 이 『비가』로부터 영감을 얻어 「방문」이라는 시를 지었다. 사랑하는 남자는 졸고 있는 처녀—크리스티아네—의 고혹적인 모습(킨티아)에 압도되지만, 그녀의 잠을 깨우고 싶지가 않아서 결국은 재회를 기대하며 그곳을 몰래 떠난다.

그러나 킨티아는 달빛을 받으며 잠에서 깨어나자, 시인이 늦게 온 것에 기분이 상해서 욕을 퍼부어 댄다(I 3). 비록 프로페르티우스는 그녀의 비방을 사랑의 증거라고 생각하지만, 여기서 분명하게 드러나는 것은 킨티아의 이기주의와 무신경이다. 그녀는 시인에게 지조가 없다고 욕하지만, 지조 없음이야말로 그녀의 가장 명백한 특성인 것이다.

그에 반해 프로페르티우스는 철석같은 지조를 굳건히 고수하지만, 결국에는 서서히 정신을 차리기 시작한다. 시인이 아무리 연인에게 몸 바치고 있는 상태라고 하더라도, 그의 사랑이 점차 차가워지고 열정이 사라지는 것은 놀라운 일이 아니다. 빈번한 퇴짜와 모욕 그리고 결국에는 입증된 킨티아의 지조 없음이 효과를 나타냈던 것이다. 시인의 감정도 소원해지기 시작한다.

그러므로 제2권의 끝부분에 가면 이제까지와는 다른 어조들을 듣게 된다. "처녀 한 명만으로는 너무 적어!"(II 2) 시인은 다른 여성들을 사귐으로써 자신을 위로한다(II 30). 이 점에서 이 시인은 고통스러운 사랑과 레스비아를 향해 헛되이 지조를 지키다가 무너졌던 카툴루스와 구별된다. 프로페르티우스에게는 시문학이 주관적 표현들을 통해 고통을 극복하는 수단인 것이다.

처음에 프로페르티우스가 킨티아에게 부여했던 빛나는 광채도 점점 더 흐릿해진다. 그는 자신의 연인이 확고한 결속을 맺을 준비도, 능력도 없다는 것을 인식한다. 깊이 실망한 그가 이 사랑의 고통으로부터 치유되는 방법은 시를 쓰는 것이다. 친구들과 더불어 포도주를 마시며 필요한 경우에는 새로운 연인과 함께 말이다(II 33).

그의 무시당한 사랑에 드물지 않게 동반하는 현상은 죽음에 대한 동경이다. 프로페르티우스가 자신의 죽음을 언급하는 시도 자그마치 11편이나 된다. 일종의 예감이었을까? 그러나 이러한 내면의 당혹감도 결국에는 생존을 유지해야 한다는 본능 앞에서 무기력해진다. 킨티아와 결별하기로 결심한 것이다. 그는 연인에게 확고한 작별의사를 밝힌다. 킨티아가 그를 바보로 만들었으며(II 24), 온 세상이 그를 비웃고 있다는 것이다. 이처럼 냉정해짐에 이어서 냉랭함과 거부감이 생겨난다. 그는 증오심으로 가득한 작별의 말을 시작하면서(III 25), 이로 인해 연인에게 주름살이 생기고 머리가 희어지기를 바란다. 왜냐하면 그녀는 미모를 빼면 내놓을 것이 더 이상 없기 때문이다. 그러면 모든 사람이 그녀를 경멸할 것이다. 이제 시인은 그녀를 이상화했던 것에 대해서도 부끄러워한다. 열정적인 사랑이 종말을 맞은 것이다.

그럼에도 불구하고 킨티아의 이름은 때때로 『비가』의 제4권에도 나온다. 4권의 8쪽에서는 연회 장면이 묘사되는데, 시인은 두 명의 미인과 즐기고 있다. 그런데 멀리 있다고 믿었던 연인이 어느새 돌아옴으로써 잔치는 엉망으로 끝난다. 그녀는 거리낌 없이 두 처녀와 시인에게 화를 내고 맞붙어 싸우기까지 함으로써 최악의 모습을 보여 준다.─프로페르티우스에게 결코 지조를 지킨 적이 없는 그녀는 죽고 나서야 유령의 모습으로 그의 꿈에 나타나 자신의 지조를 맹세한다(IV 7). 이런 점에서 볼 때 비록 킨티아에게 결별을 선언했지만 인간적 의무는 죽음도 넘어서는 것이라는 로마인적 생각의 흔적이 시인에게도 여전히 유지되고 있었던 것처럼 보인다.[122]

프로페르티우스는 행복한 사랑을 해 보지 못했다. 오히려 쓰라린 비탄이나 채워지지 않는 동경 그리고 변화무쌍한 분위기에서 드러나는 사랑이 그의 비가들을 인상적으로 만드는 것들이다. 그러나 변함없이 독자를 사로잡는 것은 그의 살아 있는 언어, 다채로운 서술방식이다. 그는 인간 감정이 변할 수도 있다는 것을 개인적인 경험을 바탕으로 설득력 있게 그려 낸다. 고대에도 오늘날처럼 이른바 '킨티아의 책'이라는 것이 친구들에게 주는 선물로 자주 이용되었다. 이 『모노비블리오스』는 독자들에게 대단한 인기가 있었다. 폼페이우스 별장의 벽에는 프로페르티우스의 시를 새겨 놓은 곳도 볼 수 있다.

특히 괴테는 자신이 그로부터 얼마나 감명을 받았던가에 대해 이렇게 묘사하고 있다. "프로페르티우스의 『비가』를 크네벨[123]의 번역으로 거의 대부분 다시 읽었는데, 이런 종류의 작품들이 흔히 그렇듯이 내 마음에 대단한 전율을 일으켰다. 그리고 뭔가 비슷한 것을 만들어 봐야겠다는 생각도 들었다."[124] 괴테의 『로마 비가』는 괴테가 1788/1790년에 이탈리아 여행을 다녀온 직후에 탄생했다.

H.P.

---

122) M. v. 알즈레히트(1994), 619.

123) 칼 루드비히 폰 크네벨: 바이마르에서 괴테의 가장 오랜 친구이며 프로페르티우스의 비가를 번역했다(1798).

124) 프리드리히 빌헬름 리머, 『괴테에 대한 보고』 II, 646.

Art Works 예술작품

출 처

섹스투스 프로페르티우스(Sextus Propertius), 『비가 Elegien』, W. 빌리게(Willige) 판, 뮌헨, 1950.

프로페르티우스에게 영향을 받은 작가들

F. 페트라르카(Petrarca, 1304-1374), 일 칸초니에레(Il Canzoniere, 『마돈나 라우라의 삶과 죽음 In vita di Madonna Laura und In morte di Madonna Laura』).

P. 데 롱사르(de Ronsard, 1521-1585), 『헬레네를 위한 사랑의 소네트 Les Amours, Sonnets pour Hélène』, 비가.

괴테(Goethe), 『로마 비가 Römische Elegien』(1789/1790) 외.

A. 셰니에(Chénier, 1762-1794), 『장브 Jambes』.

E.L. 파운드(Pound, 1885-1972), 「섹스투스 프로페르티우스 찬가 Homage to Sextus Propertius」(1919, 『페르소나에, 모음시집 Personae, the Collected Poems』, 1926 중에서).

위대한 제왕과 지혜로운 왕비

아우구스투스의 외모

아우구스투스는 비범할 정도로 훌륭하게 자랐고, 그의 성품은 평생 사람의 마음을 끄는 것이었다. 그러므로 그는 허영심이 없었다. … 그가 말을 하건 침묵하건 간에 그의 얼굴은 침착한 쾌활함을 발했다. … 그의 눈은 얼마나 밝게 빛났던지 많은 사람들이 그 눈에서 신적인 힘이 나온다고 믿었을 정도였다. 그는 누군가가 그의 날카로운 시선을 받고 태양빛에 눈부셔서 그러는 것처럼 눈을 감으면 기뻐하기도 했다. … 그의 치아는 작고 틈이 벌어져 있었으며 … 그의 코는 윗부분이 앞으로 나오다가 아래쪽으로 가면서 구부러졌으며 … 체격은 오히려 작은 편이었다. … 그렇지만 이러한 결함도 균형 잡힌 사지 때문에 메워졌다….

수에토니우스, 『아우구스투스』 79.

리비아가 아우구스투스와 결혼하기 이전에 살았던 삶

리비아는 저명하고 용감한 드루수스 클라우디아누스의 딸이었고 출신, 성품, 외모가 로마 여성들 중에서 가장 뛰어났다. 우리는 그녀를 나중에는 아우구스투스의 부인으로, 그 다음엔 신격화된 아우구스투스의 여사제로 보았다. 과거에 그녀는 미래의 남편이 될 카이사르의 군대들을 피해 도주한 적도 있었다. 팔에 안고 있었던 아기는 나중에 로마 제국의 보호자로, 그리고 카이사르의 미래의 아들이 될 두 살배기 티베리우스 카이사르였다. 그녀는 외딴 길들을 택해 병사들의 칼을 피했다. 도주를 남들이 모르게 하려고 동행인도 한 명만 두었던 것이다. 바다에 도착한 후에 그녀는 남편 네로와 함께 시칠리아로 건너갔다.

벨레이우스 파테르쿨루스 2,75.

아우구스투스에 대한 리비아의 영향: 키나 사건

신적인 아우구스투스는 우리가 그를 원수(元首)로서의 처신에 근거해 판단하는 한에서 부드러운 원수였다. … 나이 마흔이 되었을 때 … 그는 멍청한 남자인 루키우스 키나가 자신을 함정에 빠트리려고 계획했음을 알게 되었다….

아우구스투스는 밤새도록 이 반란자에 대해 어떤 벌을 내려야 할지 고민했다.

마침내 그의 부인 리비아가 그에게 와서 이렇게 말했다: "여자가 하는 충고도 허용하시나요? 그렇다면 의사들이 보통 하는 것처럼 해 보세요. 의사들은 흔히 쓰는 처방이 안 들으면 그 반대로 해 보려고 하잖아요. 당신은 엄격하게 해 봤지만 별로 효과가 없었으니까 ⋯ 이제는 좋게 대해 보세요. 루키우스 키나를 용서해 주라는 거죠. 그는 붙잡혔으니까 이제 더 이상 당신에게 해를 입히지도 못할 거예요. 하지만 당신의 명성에는 그가 유용할 수도 있어요." 아우구스투스는 충고를 받게 되어서 기뻤고, 부인에게 감사했다. ⋯ 그리고 키나를 불렀다. ⋯ "나는 자네를 위해 애썼는데 자네는 나를 죽일 계획을 세웠더군⋯." 그는 장소, 날짜, 공모자들의 이름을 거론하고, 누구에게 그 칼이 넘겨졌는지도 이야기했다. 키나가 바짝 얼고 ⋯ 양심의 가책 때문에 아무 말도 못하는 것을 보자 그가 말했다. "왜 그런 짓을 하는 거냐? 그렇게 하면 네 스스로 원수가 될 수 있을 것 같아서? 나 외에 다른 사람이 일을 하게 되면 필시 로마 백성들에게는 좋지 않은 일이 될 것이다. ⋯ 네 목숨을 ⋯ 살려 주기로 하겠다. ⋯ 오늘부터는 우리 사이에 우정이 지배하도록 하는 거야. 누가 더 호감을 보여 주는지 내기를 해 보자고."

　그 이후부터는 아무도 그에게 귀찮게 하는 사람이 없었다.

세네카, 「온화함에 대하여」 I, 9.

　아직은 옥타비아누스라는 이름으로 불리고 있던 스물네 살의 아우구스투스가 기원전 39년 9월에 로마에서—그의 생일 때문에—있었던 잔치에서 아직 열아홉이 채 안 되던 리비아를 알게 되면서 어느 모로 보나 제정신이 아닐 정도로 그녀에 대한 사랑에 푹 빠졌을 때, 이러한 만남에서 생겨난 두 사람의 결속이 평생 동안이나—그것도 이혼과 재혼이 일상사였던 사회에서—지속되리라곤 당시에는 아무도 예견하지 못했을 것이다.[125] 옥타비아누스는 리비아를 만났을 때만 해도 네 살이 많은 스크리보니아와 결혼한 몸이

---

125) 예컨대 폼페이우스 대왕은 다섯 번, 카이사르는 세 번이나 결혼했다.

었다. 그가 이 여성을 선택한 것은 정치적인 고려로 인한 것이었는데, 왜냐하면 그녀는 그의 경쟁자들 중의 한 명이었던 섹스투스 폼페이우스의 부인의 이모였기 때문이다.[126] 이제 리비아와 결혼할 수 있기 위해서는 그와 살면서 율리아라는 딸을 하나 낳은 스크리보니아에게 이혼 편지를 내밀어야 할 뿐만 아니라, 그와 마찬가지로 이미 결혼해서 둘째 아이를 이제 막 임신하기까지 한 리비아도 그녀의 남편인 테베리우스 클라우디우스 네로에게서 자유롭게 만들어야 했다. 이러한 상황에서 옥타비아누스가 리비아를 당장 자신의 집으로 받아들인 것이 스캔들처럼 되었던 것은 놀라운 일이 아닌 것이다. 그러나 그는 여기에 대해서 별로 신경 쓰지 않고 이혼을 성사시켰고, 이미 38년 1월 17일에는 결혼식도 거행했다. 신부를 데리고 입장한 사람은 리비아의 첫 번째 남편이었는데, 그는 두 아이들도 자신이 맡아 키우다가 몇 해 지나지 않아 죽었다. 결혼식은 수수한 로마의 전통 혼례방식으로 거행되었던 것으로 보인다. 그 대신 나중에는—정월 초하루였을 것으로 추정되지만—스캔들에 휩싸일 정도의 화려한 연회가 거행되었는데, 여기서 리비아는 유노의 가면을, 옥타비아누스는 아폴로의 가면을 쓰고 나타났다.

그와 같은 종류의 일은 이 시기 옥타비아누스의 생활방식에는 오히려 부합하는 것이었다. 이때에는 그도 카이사르의 다른 후계자들처럼 헬레니즘의 모범들을 따르고 있었기 때문이다. 기원전 44년 3월 15일에 카이사르가 암살되었을 때 열아홉 살이었던 옥타비아누스는 그 직후에 종조부이자 양부였던 카이사르의 유산을 요구했고, 그 후로는 카이사르의 죽음으로 다시 불붙은 로마 국가에서의 일인 지배를 위한 투쟁에 열렬히 참여했다. 이 젊은이

---

126) 그전에는 이미 또 다른 경쟁자였던 마르크안토의 의붓딸과 결혼했었지만 결혼생활이 이어지진 않았다.

는 탁월한 권력지향적 인간이었음에 틀림없다. 왜냐하면 그로부터 얼마 지나지 않은 시기에 지배권을 놓고 경험 많은 경쟁자들을 상대할 수 있을 정도의 능력을 갖추고 있었기 때문이다. 그가 처음에 했던 결혼들도 그런 맥락에서 이루어진 것으로 간주할 수 있다. 따라서 리비아와 사랑해서 한 결혼도 오로지 감정적인 결단으로만 이루어진 것이라고 생각해서는 안 될 것이다. 요컨대 리비아는 로마에서 가장 오래되고 가장 영향력이 막강한 두 가문, 즉 클라우디우스 가문과 리비우스 가문에 연결된 몸이었던 것이다. 그녀가 클라우디우스 가문과 맺어진 것은 출산과 결혼을 통해서였고, 리비아의 가문과 맺어진 것은 그녀의 아버지가 이 가문의 양자였기 때문이다. 비록 부유한 가정 출신이기는 하지만, 새 부인처럼 선조 중에 내세울 만한 권력자가 없었던—아피아 대로(Via Appia)를 건설했던 아피우스 클라우디우스 카에쿠스 같은 인물 정도가 거론될 수 있을 것이다—옥타비아누스 같은 남자에게는 로마의 세력판도에 수백 년 전부터 뿌리내려 온 영향력을 지닌 그런 가문과 친척관계가 되는 것이 굉장히 유용했을 것이다. 리비아 편에서도 가장 강력한 장군과의 결혼은 얼마 전까지는 상상도 할 수 없었을 정도로 생활이 나아지는 것을 의미했다. 왜냐하면 그녀는 그녀의 삶뿐 아니라(그녀의 아버지는 정치적으로 박해를 받다가 자살했다) 열다섯의 나이에 맺어진 결혼에서도 숱하게 고생했었기 때문이다. 그녀는 남편과 나중에 티베리우스 황제가 되는 어린 아들을 데리고 시칠리아와 그리스로 도망가야 했다. 남편이 마르쿠스 안토니우스의 편이며, 한때는 섹스투스 폼페이우스의 편이기도 했기 때문에 옥타비아누스에 의해 추방되었기 때문이다. 기원전 40년에 체결된 브린디시움 강화조약과 기원전 39년의 미세눔 강화조약에 따라 대사면이 내려진 후에야 그들은 로마로 되돌아올 수 있었고, 옥타비아누스와의 만남도 이루어졌던 것이다. 나이도 좀 더 많고 이미 병들어 있던 정치적 망명자의 부인이—말하자면 기습적으로—그 반대편의 젊고 전도유망한 리더의 부인이 되었던 것이다.

아우구스투스와 리비아의 관계가 시작되었을 때 에로틱한 매력, 열정 같은 것도 중요한 요인이었을 것이다. 왜냐하면 리비아는 그녀에 대해 호의적으로 말해 주는 사람들뿐 아니라 비판적으로 바라보는 사람들도 인정했던 대단한 미인이었기 때문이다. 필시 아우구스투스도 눈부신 승자의 모습으로 나타났으리라고 말할 수 있을 것이다. 게다가 두 사람의 정치적 배경도 극도로 조화를 이루었다. 그러니 두 사람이 조화롭게 살았던 것도 놀랄 일은 아니다. 또한 둘의 결속이 42년이 넘는 세월 동안 지속된 후에 임종을 맞은 아우구스투스가 이렇게 말할 수 있었던 것도 그만큼 당연한 것이다. "리비아, 우리의 결혼을 생각하며 살아가기 바라오. 그리고 잘 있기를!"[127] 그로서는 그렇게 감사할 충분한 이유가 있었던 것이다.

그가 기원전 31년 악티움 전투에서 승리함으로써 그의 마지막 경쟁자들이었던 마르쿠스 안토니우스와 클레오파트라가 경주에서 떨어져 나가고(두 사람은 자살로 끝났다), 내전이 종식되었음을 선언할 수 있게 되었을 때 그는—27세에 숭고한 사람이라는 의미의 아우구스투스라는 이름을 얻으며 존경받았다—원수직을 신설했다. 이것은 그를 위해 만들어진 지배체제로서 사실상 군주제였다. 다만 카이사르가 일찍이 일깨웠던 두려움이 다시 떠오르지 않도록 하기 위해 그 위로 공화제라는 베일과 상징들을 덮어 놓았을 뿐이다. 그리고 종교와 윤리, 미덕과 품위의 갱신을 목표로 하는 포괄적인 문화

---

127) 수에토니우스, 『아우구스투스』 99.

정책적 프로그램이 공포되었다. 이를 위해 나이 든 원수가 직접 시책을 고안해 낼 필요는 없었고, 공화국 후기에 점점 더 커지고 있던 문화비판적 목소리들을 이용하기만 하면 되었다. 전적으로 복고적인 관념들에 따라 방향이 설정된 이 개혁들을 관철하기 위해서는 지원들이 필요했는데, 가장 효과적인 지원을 해 준 사람은 리비아였다.

이미 카토[128] 이래로 신들에 대한 경배가 등한시되고 있는 것이 윤리와 질서의 타락을 가져오는 주요 원인 중의 하나라고 간주되고 있었기 때문에 '피에타스', 즉 신에 대한 외경심을 새롭게 부흥시키는 일이 중요하게 생각되었다. 그러기 위해서 사원과 예배소를 위한 대규모 건설 프로그램이 계획되었는데, 리비아도 이 프로그램에 참여했다. 그녀는 '푸디키티아 플레베이아'(Pudicitia Plebeia)의 성물함과 보나 데아 사원을 복구하게 했고 '콘코르디아' 대로에 제단을 세우게 했다. 결혼의 화합을 위한 이 기념비가 특별한 주목을 받은 것은 1월 17일에 아우구스투스와 리비아의 결혼식이 거행되었을 때였다. 이런 제식뿐 아니라 다른 종교적 제식에서도 자주 여성들의 협력이 필요했다. 이로 인해 대외적인 생활에서의 리비아의 위치도 계속해서 강조되었다. 단정, 순결 등의 여성적 미덕과 가정의 조화라는 이상들을 높이 평가하고 있던 당대의 맥락에서 아우구스투스에 의해 촉진되었던 제식에 대한 관심을 바라본다면, 오비디우스가 리비아를 "단정한 어머니들의 베스타"라고 평가했던 것도 이해할 수 있을 것이다.[129]

피에타스와 밀접하게 연관된 것은 '조상들의 윤리'(mores maiorum), 다시 말해서 소탈함, 윤리적 엄격성, 근면, 용감 등 사실상 오래전에 사라진

---

128) 마르쿠스 포르키우스 카토: 로마의 정치가이며 저술가.
129) 오비디우스, 『흑해에서 보내는 편지』 IV 13, 29.

사회의 가치들이었다. 이러한 목표에 제일 먼저 기여했던 것은 아우구스투스에 의해 제정되어 기원전 18년에 공표된 결혼법이었다. 과거에는 불문율처럼 되어 왔던 것을 이제 법률형태로 만들어 그 효력을 다시 살리자는 것이었다. "그 중심에 서 있는 것은 주부이자 어머니로서의 여성에 대한 로마의 전통적 이상이었지 … 개인적으로 행동하는 사람으로서의 여성은 아니었다…."[130] 아우구스투스는 지치지도 않고 로마의 도덕적 갱생을 위해 전력하고, 그 스스로도 최고의 본보기를 보였다.[131] 그는 자신과 가족이 본보기를 보여 주는 것이야말로 로마 사회에서 복고적 이념들을 관철하기 위해 필요한 추진력이 될 수 있을 것이라고 믿었던 것처럼 보인다. 따라서 그와 가족들의 모범적 기능은 그에게 엄청나게 중요했다. 이러한 맥락에서 그는 자신의 토가는 부인이 직접 짰다는 것을 사람들에게 알리면서, 자신의 생활방식의 단순함을 거듭 강조하기도 했다. 그러나 리비아가 나이가 들어서 풀어준 노예가 약 천 명이나 되었다는 것을 고려한다면, 그런 활동을 위해서 대기시키고 있던 여자 노예들의 수가 어느 정도였을지 어림잡을 수도 있을 것이다.

리비아가 남편을 위해 한 역할은 원수(元首)의 부인으로서 공적인 생활에서 흠이 없게 행동하는 믿을 만한 지주의 역할에만 국한된 것은 아니었다. 내전 시대에 목표를 향해 가차 없이 행동했던 이 군사 지도자를—악명 높은 사례를 하나 들자면, 기원전 40년 페르시아에서 그의 명령으로 이루어진 학살사건이 있다. 여기서 그는 신으로 숭배되고 있던 카이사르의 재단 앞에서 3백

---

130) H. 템포리니 그래핀 비츠툼, 『로마 황제의 부인들』, 뮌헨, 2002, 45.
131) 따라서 왜 아우구스투스가 경박한 생활에 간통까지 저지른 그의 딸 율리아에 대해서 비록 그 자신은 이 딸을 매우 사랑했음에도 불구하고 그토록 화해할 수 없다는 자세를 취했는지도 이해할 수 있는 것이다.

명의 포로들을 학살하도록 명령했다—세네카가 『온화함에 관하여』 라는 논
문에서 모범적인 인물로 상정할 만큼 절제 있는 지배자로 만드는 데에는 그
녀의 영향이, 또는 어쩌면 그녀의 개인적인 훌륭함도 기여했던 것이다. 아우
구스투스는 부인의 조언을 아주 진지하게 받아들였기 때문에 다른 중요한 협
상들이 있을 때와 마찬가지로 그녀와 대화하기 전에도 메모를 해 가며 준비
했다. 그러나 그가 그녀에게 결코 고분고분하지 않았다는 것은 여러 사례들
에서 알 수 있다. 그는 그녀의 생각에 따를 것인지, 아니면 거부하거나 수정
할 것인지 신중하게 저울질했다. 그녀가 그의 공적인 생활에서도 어떤 의미
를 지니고 있었는가에 대해서는, 그가 장기간에 걸쳐 떠났던 두 번의 여행길
에 그녀가 동반했던 데에서 미루어 짐작할 수 있을 것이다. 첫 번째 여행은
기원전 22년에서 19년까지 제국의 동쪽으로 갔던 것이고, 그 다음엔 기원전
16년에서 13년까지 갈리아로 갔던 여행이었다.

아우구스투스적인 프로파간다에 의해 그토록 높이 평가되었던 어머니의
역할과 아이를 많이 낳는 것의 중요성은 기원전 17년에 있었던 '백년제(百
年祭)를 위한 경기'(ludi saeculares)에서도 전면에 부각되었다. 호라티우스
는 원수의 주문에 따라 「백년제에 부치는 카르미나 carmen saceculare」를
썼다.[132] 이로써 아우구스투스와 가까웠던 시인에 의해 선포된 '황금시대'[133]
가 공식적으로 시작된다는 것이었다. 기원전 9년에 봉헌된 평화의 제단에
있는 부조의 형상들도 새로운 시대의 보증인이었던 아우구스투스의 가족을
변용하고 있다. 아우구스투스는 이 시점까지만 해도 자신의 위치를 왕조처
럼 확고히 했다고 믿고 있었다. 원수에게는 그의 가족이 왕조로 확대되는

---

132) 호라티우스, 『카르미나』 4,5.
133) 베르길리우스, 『아이네이스』 VI 791-794, 제4목가 참조.

것이 그의 권력체계에서 가장 중요한 부분이었던 것이다. 그러나 이는 결혼 초부터 상처였던 부분이기도 하다. 아우구스투스와 리비아는 아이가 없었던 것이다.

주목할 만한 사실은 아우구스투스가 많은 다른 지배자들이 선택했던 해결책, 즉 이혼을 선택하지는 않았다는 것이다. 그는 그 대신에 남자 친척 가운데에서 그의 후계자가 될 만한 후보들을 찾았다. 처음에는 그의 누이 옥타비아의 아들인 마르켈루스가, 그 다음엔 그의 딸 율리아와 그 남편 사이에서 태어난 두 아들 가이우스와 루키우스가 물망에 올랐다. 그러나 세 명 다 일찍 죽었다(기원전 20년, 기원후 4년 및 2년). 아그리파의 죽음(기원전 12년) 후에 그는 리비아스의 아들들인 티베리우스와 드루수스에게 군대 지도자의 과제를 맡겼는데, 두 사람 모두 과제를 성공적으로 수행했다. 드루수스는 아우구스투스에게 형보다 더 총애를 받았다고 하는데, 기원전 9년 게르마니아에서 말에서 떨어졌을 때 생긴 상처 때문에 죽었다. 티베리우스가 후계자로서 시야에 들어온 것은 두 손자가 죽고 나서였다. 이러한 비극적 사건들은 리비아의 악의에 찬 음모가 그 배후에 있었던 것이 아닐까하는 생각의 계기가 되었다. 그녀는 독살자들의 도움을 받아 자신의 아들 티베리우스의 길을 열어 주려고 했다는 소문이 났던 것이다. 이러한 '검은 전설'(leyenda negra)[134]은 여러 뿌리를 지니고 있다. 그러한 뿌리의 한편을 차지하는 것은 리비아가 클라우디우스 귀족 가문에 속해 있었다는 사실 때문인데, 이 가문은 오래전부터 험담의 대상이 되어 온 오만함 때문에 로마에서 비방문의 표적이 되는 일이 많았다. 이런 것을 출처로 해서 후대의 역사가들도(예컨대 타

---

134) 이와 비견될 만한 엽기적 동화의 정수처럼 된 이 표현은 스페인의 필립 2세에 대해 영국에서 만들어 낸 프로파간다와 관련된 것이다.

키투스) 이야기를 만들어 내었을 것이다. 아우구스투스에게는 그토록 가혹했던 사건들을 그런 식으로 설명하는 것이 옳다는 근거는 사실상 전혀 없다.

다른 한편으로는 리비아를 의심할 또 다른 계기가 있었다. 그녀는—이미 공화국 후기에 여성들이 점점 더 중요한 역할을 하고 있었다는 사실을[135] 일단 무시하고 본다면—공식석상에 모습을 나타낸 최초의 로마 여성이었다. 이것은 전통적인 의식을 고수하고 있는 측에게 많은 두려움과 걱정을 야기했고, 이러한 두려움은 리비아를 음모와 독살 혐의로 기소하는 것에서 절정에 이르렀다. 여성으로서 공식적으로 등장하는 새로운 형식을 만들어 내는 일은 그녀에게 명백히 어려운 일이었음에 틀림없다. 왜냐하면 그 점에서 그녀보다 앞서 갔던 여성들이 없었기 때문이다. 항상 냉정하게 계산하는 현실주의자였던 아우구스투스는 자신이 그녀에게서 어떤 이익을 보고 있는지 분명히 잘 알고 있었을 것이다. 왜냐하면 그녀는 자신을 그의 정치적 프로그램과 완전히 동일시했기 때문이다. 이는 무수히 그녀에게 쏟아진 명예나 특권 또는 법률적 칭호에서만 간취할 수 있는 것은 아니다.[136] 그녀는 많은 동전에서도 화합, 평화, 경건함, 정의의 상징으로 그려졌다. 특히 제국의 동쪽에서는 헬레니즘 전통에서 볼 수 있듯이 그녀를 살아 있을 때부터 제식을 통해 숭배했고(마치 황제들이 그러했던 것처럼), 헤라나 아프로디테 같은 여신들과 동일시했다. 이러한 경향의 최후의 대미를 장식하듯 그녀는 황제의 유언을 통해 (카이사르의) 율리우스 가문에 양자로 받아들여졌고, 숭고한 여성이라는 의미인 아우구스타라는 이름을 얻게 되었다. 아우구스투스는 그의

---

135) 예컨대 카이사르가 그의 젊은 부인을 위해서 그랬던 것처럼, 이 시기에 처음으로 여성들도 공식적으로 매장되었다는 사실에서도 알 수 있다(플루타르크, 『율리우스 카이사르』 5).

136) 리비아는 이미 일찍부터(기원전 35년에) 신성불가침권(sacrosanctitas)을 얻었는데, 이는 호민관의 신성불가침권을 능가하는 것이었다. 그리고 베스타의 여사제들처럼 공식적인 행사참석에서는 형사집행관이 그녀를 동행했다.

삶과 업적에서 리비아가 해냈던 독보적인 역할을 그의 죽음 이후에도 이러한 법률적 행위를 통하여 강조했던 것이다.

C.M.B.

Art Works 예술작품

출　처

아우구스투스(Augustus), 『역사 Res gestae』.

벨레이우스 파테르쿨루스(Velleius Paterculus), 2, 59-123.

수에토니우스(Sueton), 『아우구스투스 Augustus』.

카시우스 디오(Cassius Dio), 46-56.

타키투스(Tacitus), 『연감 Annalen』.

세네카(Seneca), 『관용론 De clementia』.

조　각

〈아우구스투스 Augustus〉, 기원후 20년, 바티칸.

〈머리를 가리는 토가를 입은 아우구스투스 Augustus in Toga mit verhülltem Haupt〉, 기원전 17년경, 로마.

〈아우구스투스 Augustus〉, 거대 동상, 바티칸.

〈아우구스투스 Augustus〉, 흉상, 기원전 17년경, 파리.

〈아우구스투스 Augustus〉, 십자가의 카메오, 기원전 20년, 아헨.

〈리비아 Livia〉, 대리석 흉상, 기원후 4-14, 코펜하겐.

〈리비아 Livia〉, 대리석 두상, 옥스퍼드.

〈리비아 Livia〉, 대리석 두상, 볼티모어.

〈리비아 Livia〉, 흉상, 에페소스.

〈리비아 Livia〉, 전신상, 코펜하겐.

〈리비아 Livia〉, 좌상, 트리폴리스.

〈여신이자 여사제로서의 리비아 Livia als Göttin und Priesterin〉, 사르도닉스(Sardonyx)에서 나온 카메오, 기원후 14년, 빈.

그　림

R. 반 데르 바이덴(van der Weyden), 〈블라델린 제단 Bladelin-Altar〉, 1460년경, 베
　　를린.

지를란다이오(Ghirlandaio), 프레스코, 1485년경, 피렌체.

J. 틴토레토(Tintoretto), 〈아우구스투스 Augustus〉, 1550-1555년경, 파리.

J.H. 티슈바인(父)(Tischbein), 〈아우구스투스의 미덕 Die Tugenden des
　　Augustus〉, 1769, 카셀.

프라고나르(Fragonard), 〈아우구스투스 Augustus〉, 1796, 파리.

앵그르(Ingres), 〈『아이네이스』에서 아우구스투스 부분을 낭송하는 베르길리우스
　　Vergil liest Augustus aus der *Aeneis vor*〉, 1812년경, 브뤼셀.

희　곡

W. 셰익스피어(Shakespeare), 『줄리어스 시저 Julius Caesar』, 1599; 『안토니우스와
　　클레오파트라 Antonius und Kleopatra』, 1607.

P. 코르네유(Corneille), 『키나 Cinna』, 1643.

오　페　라

C.H. 그라운(Graun), 〈키나 Cinna〉, 1748.

소심한 남자와 욕망에 찬 여인들

클라우디우스의 유순함

클라우디우스의 가장 두드러지는 특성은 겁이 많고 의심을 잘 하는 것이었다. … 어떤 의심이건, 어떤 비방이건 … 그를 겁나게 했고 복수를 하게 만들었다. … 그래서 아피우스 실라누스도 목숨을 잃어야 했다. 왜냐하면 메살리나와 나르치수스가 그를 제거하기로 결의했기 때문이다. 이른 아침에 나르치수스는 완전히 공포에 질린 모습으로 주인의 침실에 뛰어 들어와 원수(元首) 님께서 아피우스에게 시해되는 꿈을 꾸었노라고 알렸다. 그러자 메살리나는 그녀도 이미 수일 전부터 그런 꿈에 시달려 왔다고 보고했다. … 당장 원수는 아피우스를 처형하라는 명령을 내렸다. 클라우디우스는 자기가 그 다음 날 … 원로원에서 … 이 자유노예에게 감사해야 한다고 확신했다. 그가 꿈속에서도 주인의 안전을 지키고 있었다는 것이 그 이유였다.

수에토니우스, 『클라우디우스』 35, 37.

메살리나의 책동

이제 메살리나는 스스로도 방탕한 생활을 할 뿐만 아니라 다른 여성들에게도 같은 행동을 하라고 강요했다. 그녀는 그들 중 많은 여성들을 움직여 남편이 있는 자리에서도 … 간통을 하게 만들었다. 거기에 동의하는 남자들에 대해서는 좋게 평가하며 보상도 해 주었다. 그러나 자기 부인들에게 그런 것을 허용하려고 하지 않는 남자들은 증오하면서 박해하고 해를 입히려고 했다. 이러한 일들이 공공연히 벌어지고 있었음에도 불구하고 클라우디우스는 오랫동안 여기에 대해 아무 말도 듣지 못했다. 메살리나가 그의 잠자리를 위해 다양한 노예들을 붙여 주었고 보상을 통해서건, 위협을 통해서건 아무도 그에 대해 누설하지 못하도록 했기 때문이다….

카시우스 디오, 60, 18.

자신의 활시위를 지나치게 당기는 메살리나

이제 메살리나는 로마에서 가장 잘생긴 젊은이였던 C. 실리우스에 대한 열정에 빠졌다. 그로 인해 그의 결혼생활은 파괴되었고, 그가 이혼하자 그녀는 그를 자신의 정부로 만들었다. … 그녀는 결코 남몰래 그를 찾는 것이 아니라 완전히 공공연하게 … 그의 집에서 만났다. 그녀는 그가 외출할 때도 항상 그의 곁에 머물렀으며 그에게 많은 선물을 했다. … 결국은 노예들과 자유노예들, 심지어는 원수의 궁정 전체가 그 정부의 곁에 모여드는 지경까지 이르렀고, 그래서 사람들은 그가 이미 지배권을 넘겨받은 것이라고 말할 수 있었던 것이다.

타키투스, 『연감』 11, 12.

자신의 경쟁자들을 제거하는 아그리피나

아그리피나는 … 롤리아 파울리나가 무거운 혐의로 기소를 받게 만들었다. 그녀는 롤리아에 대해서 끔찍한 복수욕에 사로잡혔던 것이다. … 왜냐하면 그녀는 원수와 결혼할 때 그녀의 경쟁자였기 때문이다. 원고는 그녀가 … 마법사들과 어울려 왔다는 혐의를 씌워야 했다. 클라우디우스는 피고 자신의 말은 들어 보지도 않고 그녀가 공공복지를 위협하는 계획들을 품어 왔다고 원로원에서 진술했다. 그래서 그녀가 다시 어떤 범죄라도 저지를 수 있는 기회를 주어선 안 된다고 했다. … 그녀는 추방되어야 한다는 것이었다. … 고명한 여성이었던 칼푸르니아도 추방당했다. 원수가 지나가는 말처럼 그녀의 미모를 강조했던 것이 화근이었다. … 게다가 아그리피나는 롤리아에게 호민관까지 보내어 자살 하도록 강요했다.

타키투스, 『연감』 XII 22.

로마 황제 클라우디우스가 49년 1월 1일에 서른세 살의 아그리피나와 결혼했을 때, 그는 58세였고 이미 세 번의 결혼을 겪은 후였다. 이미 아이들도 다섯이나 있었다. 원수의 직위가 모든 사람들에게(아마도 그 자신에게도) 뜻밖의 선물처럼 마흔한 살의 그에게 주어졌다. 원래 율리우스-클라우디우스 왕조 안에서의 서열상 그는 중요한 위치가 결코 아니었다. 그는 드루수스(기원전 38-39)와 안토니아의 아들이었고, 안토니아는 옥타비아가 마르쿠스 안토니우스와의 결혼에서 낳은 딸이었다. 그러니까 그는 리비아의 손자이며 아우구스투스의 조카의 아들이었다. 그런데 그에게는 핸디캡이 하나 있었다. 태어날 때부터 장애인이었던 것이다. 현대 의학적 관점에서 보면 클라우디우스에게는 출산과정에서 손상을 입어 부분적 신경마비가 생겼으며, 이는 우반신 손상(그는 오른쪽 다리를 절었다), 경련성 징후, 언어장애로 이어졌다. 그러한 아동들에 대해 당시의 사람들은 육체적인 쇠약이 정신적인 능력의 제한에도 영향을 미칠 것이라고 추론하는 경향이 있었다.[137] 사람들은 그가 공공의 장소에 나가지 못하게 했다. 그를 부끄럽게 여겼기 때문이다. 이를 전형적으로 보여 주는 것이 이 열다섯 살 소년에게 '토가 비릴리스'(toga virilis: 성인 남자용 토가)를 내주는 일(로마의 성년식 행사)도 밤중에 거행되었다는 사실이다.[138] 그렇지만 그에게 존재하는 총명함이 시간이 지남에 따라 명백히 드러났던 것만은 틀림없다. 왜냐하면 그는 역사가 리비우스의 요구에 따라 에트루리아 역사, 카르타고 역사, 최신 로마 역사에 대한 글을 썼을 뿐 아니라 수사학에 대한 글도 썼기 때문이다. 그렇게 입증된 정신적 역량에도 불구하고 티베리우스는 이 젊은 청년에게 아우구스투스의 죽음 후에도 지금까지와 마찬가지로 중요치 않은 직위만을 제공했다. 클라우디우스가 그에게 나열한 광범위한 소원들에 대해서도 이 새로운 원수는 퉁명스레 거절했다.

그동안 클라우디우스는 두 번의 파혼 후에 두 번의 결혼을 했었다. 그의 첫 번째 부인은 그의 할머니인 리비아의 여자 친구의 손녀였던 플라우티아

---

137) 수에토니우스의 『클라우디우스』 3쪽에 따르면, 그의 어머니는 아들에 대해 자연에 의해 완성된 것이 아니라 시작만 되고 만 괴물이라고 했다.
138) 수에토니우스, 『클라우디우스』 2 참조.

우르가날릴라라는 이름의 여성이었는데, 그녀로부터 클라우디우스는 아이때 죽은 아들 한 명과 딸을 하나 얻었었다. 이 여성과 이혼하고 난 후에는 아엘리아 파에티나와 두 번째 약혼을 하는데, 그녀도 그에게 딸을 하나 낳아 주었다. 그녀와 11년 동안의 결혼생활 끝에 이혼한 것은 어쩌면 그의 조카인 칼리굴라가 37년에 즉위하면서 그의 위치가 상승된 것과 관련 있을지도 모른다. 새로운 지배자는 클라우디우스를 집정관으로 만들어 주었기 때문이다. 비록 두 달 동안이긴 했지만 말이다. 그의 위상이 이후로도 얼마나 보잘것없었던가 하는 것은, 원로원에서 그에게 의견을 물어 오는 순서가 항상 맨 마지막이었다는 사실을 보면 알 수 있다.[139) 그럼에도 불구하고 그의—필경 37년에 했을—세 번째 결혼은 발레리아 메살리나와 이루어졌는데, 그녀는 그의 할머니인 옥타비아의 증손녀였으며 그녀의 부모 모두 율리우스 가문 사람이었다는 점에서 그가 대충 48세나 되는 나이이며 지금까지 아무런 성과가 없었음에도 불구하고 여전히 권력체계에서의 지위상승을 희망하고 있었다는 것을 추측할 수 있게 해 준다. 물론 성적으로 끌린 것이 결정적인 역할을 했을 수도 있다. 왜냐하면 메살리나라는 이름은—문학적 증언들을 신뢰할 수 있는 한에서—지당하게도 과도한 성욕과 동의어처럼 되었기 때문이다. 그녀가 정말로 유혹적인 미인이었는지, 결혼 당시 나이는 얼마였는지 하는 것은 알려져 있지 않다. 분명한 것은 그녀가 클라우디우스보다 훨씬 어렸다는 것이고, 어쩌면 클라우디우스가 갑절이나 나이가 많았을 수도 있다는 것이다. 무엇 때문에 그녀가 다른 사람 아닌 그와 결혼했는가 하는 것은, 그가 일반적으로 우스꽝스러운 인물로 간주되었으며 장래에

---

139) 수에토니우스, 『클라우디우스』 9. 이를 호의적으로 해석하는 것도 타키투스의 『연감』 1권 74쪽에 의한다면 가능할 것이다.

뭐가 될 것 같은 비전도 전혀 없었다는 점에서 여전히 수수께끼이다. 그녀는 그에게 두 아이를 낳아 주었는데 40년에 브리타니쿠스를 낳고, 41년에 옥타비아를 낳았다.

그가 2년 후에—칼리굴라의 살해 후에—근위병들에 의해 새로운 집정관으로 뽑혔음이 선포된 것은 완전히 예기치 않은 일이었는데, 이는 아마도 그의 형이었던 카리스마적 군사지도자 게르마니쿠스(19년 사망)의 전설적인 명성 때문이었을 것이다. 그렇지만 클라우디우스가 품위 있고 인기도 없지만은 않았던 사람으로서의 모습도 과시했을 것이라는 것은 확실하다. 자주 장애 때문에 놀림감이 되어야 했던 이 남자가 얼마나 투철한 목적의식에 따라 반응할 줄 알았던가 하는 것은, 반대하는 원로원을 교묘하게 따돌렸던 그의 정치감각이 보여 준다. 원로원의 세력이 약화된 것은 전문 장관처럼 그의 직무를 대행하는 자유노예들과, 특히 메살리나가 결정적인 역할을 했던 새로운 권력구조와 결부되어 있었다. 그런데 이는 정치적으로 무능하지는 않지만 남들로부터 쉽게 영향 받는 클라우디우스가 점차적으로 이러한 조력자들에게 점점 더 종속되는 결과를 가져왔다.

여기서 메살리나를 단지 성적인 욕구에 의해 움직이는 여자로 보는 것은 잘못일 것이다. 그녀가 남자들을 집어삼키는 섹슈얼리티에 과도하게 탐닉했던 것은 사실로 입증된 것처럼 보이긴 하지만, 이 경우 그녀에게 문제가 되는 것은 항상 자신의 권력을 확대하는 것이거나 또는 유지하는 것이었고, 이것이 원수의 이익과 철저히 부합되는 경우도 많았다. 클라우디우스가 점점 더 모반에 대한 두려움 속에 살았기 때문에(두려움과 불신은 유년기부터 따돌림을 당했던 경험의 결과로서 그에게는 제2의 천성처럼 되어 있었다) 메살리나가 그를 위해 방심하지 않는 감시인이자 단호한 대리인으로 등장했던 것이다. 그녀는 다가오는 모든 위험도 미리 인식하고 사전에 제거하려고 애썼다. 이삼 년이 지나자 모반에 대한 클라우디우스의 두려움과 메살리나의 성격(욕심, 질투, 복수심)으로 인해 무수한 희생자들(죽은 원로원의 의원들만 해도 35명)을 낳았다. 이러한 일은 보통 음모를 통해 벌어졌는데, 이런 사태에 있어서 점점 더 중요한 역할을 했던 것은 예컨대 멍하니 정신을 잃고 있는 것과 같은, 나이가 듦에 따라 원수에게 뚜렷하게 나타난 쇠약증이었다.[140] 개개의 경우들에 있어서 과연 얼마만큼이나 늙어 가는 클라우디우스의 망상만이 문제되는 것이었는지, 아니면 실제로 위험이 있었는지 하는 것은 현존하는 사료들만 가지고는 대부분 알 수 없다. 비록 메살리나가 때로는 단 한 명의 경쟁자만 나타나도 제거하려고 했고(예를 들면 리빌라가 그런 경우였는데, 그녀는 황제의 질녀로서 황제와 마음이 잘 통했으나 사람들은 메살리나의 명령에 따라 추방상태에 있던 그녀를 굶어 죽게 했다), 또는 순전히 소유욕 때문에 누군가를 파멸시키기도(가장 잘 알려진 사례는 부유한 발레리우스 아시아티쿠스의 몰락인데, 메살리나는 그의 정원을 노리고 있었다) 했지만 말이다. 그녀가 그렇게 능숙하게 이용했던 음모들은 한 여성이 그녀의 위치에서 목표를 달성하기 위해 사용할 수 있는 유일한 도구였다. '권력체제'라는 형식적 의미에서의 권력에 대해서는 그녀가 지배할 수 없었기 때문에 그녀로서는 클라우디우스에게 영향을 행사하는 것밖에 달리 할 수 있는 일이 없었던 것이다. 이를 위해 그녀는 그의 성격에서 상처 있는 부분을 철저히 이용했다.

이 결혼의 가장 극적인 결말로 이어졌던 사건들은—적어도 그 맥락에 따라서 볼 때—극도로 복잡하다. 메살리나는 실리우스라는 남자와 사랑에 빠

---

140) 수에토니우스, 『클라우디우스』 39 참조.

져 공공연하게 그와 결혼식을 올렸던 것이다. 지배자를 이처럼 엄청나게 도발한 목적이 무엇이었겠는가 하는 것은 오래전부터 추측의 대상이었는데, 그중에서도 이 사건을 가장 높이 평가하는 경우는 이것이 폭동의 서막이었을 것이라고 생각하는 것이다. 추측컨대 이 사건은 점점 더 거리낌이 없어져 가는 메살리나가 부주의하게 행동했던 것 이상은 아니었으리라고 생각된다. 그녀는 자신의 활시위를 지나치게 당겼던 것이고, 그 때문에 스스로 몰락해 갔던 것이다.

메살리나의 '처형'(재판도 없이 진행된 살인) 후에 홀아비가 된 황제에게 당장 다양한 새 혼처들이 제공되었고, 이에 대해 황제의 관심을 일깨운 사람들은 그의 자유노예들이었다.[141] 낙점을 받은 것은 그의 형 게르마니쿠스의 딸이었던, 다시 말해 그의 조카였던 아그리피나였다. 그녀는 두 번이나 결혼한 적이 있었고 아들도 한 명 있었는데, 이 아들이 나중에 네로 황제가 된다. 그녀는 오라비였던 칼리굴라의 치세 시절에 추방당했었으며, 47년이 될 때까지 오랜 세월을 로마 밖에서, 아마도 소아시아의 속지들에서 거주했던 것으로 보인다. 삼촌과 조카 사이의 결혼이 금지된 것은 조카가 누이의 딸인 경우뿐이었다. 그 외에는 근친상간으로 간주되지 않았다.

아그리피나(주니어)는 그녀의 아버지 게르마니쿠스가 니더라인 지역에서 원정을 수행하고 있었을 때인 15년에 아라 우비오룸(Ara Ubiorum)에서, 즉 나중에 쾰른이 되는 곳에서 태어났다. 아그리피나의 성격에 대해서는 그녀가 그녀의 어머니, 즉 아그리피나 시니어를 닮았었다고 하는 이야기를 들으면 감이 잡힐 것이다. 그녀의 어머니는 당시 도주중이던 군단의 병사들을

---

141) 타키투스, 『연감』 XIII 1-2 참조. 여기에는 결혼 후보들의 경쟁에 대해 상당히 반어적으로 서술되어 있다.

베테라(크산티엔) 다리에서 오로지 말주변만으로 저항하게 만들었던 인물이다. 아그리피나의 삶은 변화무쌍했고 항상 부침이 있었다. 의지가 되었던 것은 그녀의 유일한 아들 네로였으며, 이 아들을 위해서 그녀는 무한한 야심을 품었다. 이러한 야심은 그녀 자신도 충족시켜 주었지만 여성으로서는 한계가 있었다.

아그리피나는 클라우디우스와의 결혼 초부터 한 가지 목적만 파고들었다. 그것은 네로를 새 남편의 후계자로 만드는 일이었다. 그녀는 무조건적인 미인은 아니었지만 한창때는 정말로 훤칠한 여성이었던 것 같으며, 자신의 여성적 매력을 항상 매우 의도적으로 사용했다. 메살리나가 그랬던 목적은 욕정의 충족이었다지만, 아그리피나의 목적은 그것이 아니라 권력이었다. 황제의 '재무장관'으로 영향력이 컸던 자유노예 팔라스와 내연관계를 맺었던 것도 이러한 목적에 기여했다. 그녀는 일단 클라우디우스의 딸인 옥타비아의 약혼자를 상대로 음모를 꾸몄다. 근친상간이라는 비난은 원로원에서 그가 추방되는 결과로 이어졌고, 결국은 그를 자살로 몰아갔다. 그리하여 네로는 53년에 옥타비아와 결혼할 수 있었다. 이미 3년 전에 클라우디우스는 네로를 양자로 삼았고, 그 자신의 아들인 브리타니쿠스는 후계자 서열에서 맨 뒤로 제쳐 놓고 있었다. 그 다음으로 그녀가 신경 썼던 일은 클라우디우스에 대한 자신의 영향력을 위협할지도 모르는 모든 요인들을 제거하는 일이었다. 이를 위해 그녀는 그녀보다 먼저 원수와 결혼했던 여자들이 썼던 것과 동일한 수단을 사용했다. 요컨대 음모를 꾸몄던 것이다. 네로의 입양과 함께 아그리피나도 황제의 부인으로서 '아우구스타', 즉 숭고한 여성이 되었다. 속지의 주민들에게 자신의 새로운 위치를 과시하기 위해서 그녀는 그녀의 출생지에 으뜸가는 식민지(Colonia Claudia Ara Augusta Agrippinensium)를 건설하는 준비를 했다. 이 식민지가 오늘날의 쾰른이다. 그녀가 마치 클라우디우스와 동등한 파트너라도 되는 것처럼 공중 앞에 나섰던 것은 리비아가 한때 누렸던 많은 특권들을 훨씬 능가하는 것이었다. 그럼에도 불구하고 그녀 자신은 예전의 황제비와 법적으로도 동등한 지위에 도달하지는 못했다. 그리하여 그녀에게는 리비아와 아우구스투스의 누이가 소유했던 호민관의 신성불가침 같은 것은 주어지지 않았던 것이다.

53년부터 아그리피나의 위치에 변화가 뚜렷이 나타나기 시작했다. 그녀와 예전에는 사이가 좋았던 원로원이 그녀가 이기려고 애썼던 재판에서 그녀에게 반대되는 결정을 내렸던 것이다. 그 다음 해인 54년에는 클라우디우스가 자유노예를 마주한 자리에서 아그리피나에 대해 분노하고(팔라스와 그녀의 내연관계를 클라우디우스가 그동안 알게 되었던 것 같다), 심지어는 그녀와의 결혼 및 네로의 입양까지도 후회하면서 브리타니쿠스에게 아직 제 나이가 되기도 전에 '토가 비릴리스'를 수여하려고 하자, 아그리피나는 어떻게 행동해야 좋을지를 모르는 상태에 빠졌던 것으로 보인다. 일단 그녀는 메살리나의 어머니이자 브리타니쿠스의 할머니이며 아그리피나가 추방되어 있는 동안에는 어린 네로를 돌봐주었었던 도미티아 레피다가 마녀 행위를 했다는 혐의로 사형을 선고받도록 일을 꾸몄다. 그리하여 도미티아 레피다에게 많은 은혜를 입었던 네로가 그녀에게 불리한 진술을 했던 것이다. 그 다음에 그녀는 원수와 흉허물 없는 사이인 자유노예 나르시수스를 투옥시켜 가혹행위를 당하게 하고, 그렇게 해서 그를 죽음으로 몰아갔다. 클라우디우스가 54년 10월 13일에 갑자기 죽은 것도 그렇게 될 수밖에 없는 것이었다고 생각하지 않을 수 없다. 신뢰도가 조금 떨어지는 사료에 근거하자면, 그는 버섯 요리를 먹고 죽었다. 이 요리는 로마에서 악명 높은 약사(독살가)였던 로쿠스타가 아그리피나의 주문을 받고 준비했던 것이라고 한다. 그에 대한 증거들은 없다. 어쩌면 로마의 역사 서술가들이 강하고 권력지향적이었던 한 여성에 대해 품고 있던 원망이 그러한 종류의 주장을 하게 만들었던 것은 아닐까. 어쩼거나 아그리피나가 클라우디우스와 결혼했던 목적은 달성되었다. 네로는 황제가 된 것이다.

C.M.B.

Art Works 예술작품

출   처

세네카(Seneca), 『아포콜로킨토시스 Apocolocynthosis』.

타키투스(Tacitus), 『연감 Annalen』 11-13.

수에토니우스(Sueton), 『클라우디우스 Claudius』.

카시우스 디오(Cassius Dio), 60.

조   각

〈유피테르의 모습을 한 클라우디우스 Claudius als Jupiter〉, 부조, 트리폴리스.

〈브리타니아를 정복하는 클라우디우스 Claudius unterwirft Britannia〉, 부조, 아프
로디시아스, 소아시아.

그   림

F. 파루피니(Faruffini), 〈메살리나 Messalina〉, 1850년경.

A. 베어슬리(Beardsley), 유베날 삽화, 여섯 번째 풍자, 1897.

희   곡

시라노 드 베르주라크(Cyrano de Bergerac), 『아그리피나 Agrippina』, 1653.

D.C. 폰 로엔슈타인(von Lohenstein), 『아그리피나 Agrippina』, 1665.

A. 뒤마(Dumas), 『클라우디우스의 여인 La Femme de Claude』, 희극, 1873.

P. 코사(Cossa), 『메살리나 Messalina』, 1876.

A. 자리(Jarry), 『목신(牧神) Pan』, 1901.

기타 문학작품

A. 스윈번(Swinburne), 「베르사브의 여왕 The Queen of Bersabe」, 시, 1866.

R. 랑케–그라베스(Ranke-Graves), 『나, 클라우디우스는 황제요 신이다 Ich Claudius,
　　Kaiser und Gott』, 소설, 1953.

오 페 라

C. 팔라비치노(Pallavicino), 〈메살리나 Messalina〉, 1680.
L. 다네시(Danesi), 〈메살리나 Messalina〉, 1877.

영 화

V. 코타파비(Cottafavi), 〈메살리나 Messalina〉, 1959.

폭군과 불행한 여인들

옥타비아의 운명

그러므로 네로는 옥타비아를 판다테리아 섬으로 추방했다. 이전에 추방된 사람들 중에 그 누구도 … 그 이상으로 사람들의 동정을 일으킨 적은 없었다. 아직도 여전히 몇몇 사람들은 클라우디우스가 추방했던 아그리피나, 티베리우스 그리고 … 율리아를 기억하고 있었다. 그렇지만 두 여성은 비교적 성숙한 나이라는 것이 다행이었다. 그들은 행복했던 과거를 생각하면서 현재의 어려움을 더 잘 견딜 수 있었기 때문이다. 그렇지만 옥타비아에게는 그녀의 결혼식 날이 이미 제삿날처럼 나타났었다. 비애와 슬픔만이 그녀를 기다리고 있는 집 안으로 들어서는 그런 제삿날처럼 말이다.

타키투스, 『연감』 XIV 63..

옥타비아의 비탄

나는 견딜 수 있기만 하다면 뭐든지 견딘다.

하지만 죽음만이 내 고통을 끝내 주는 거야.

살인자의 손에 의해 내 어머니와 아버지가 쓰러졌고,

오라비도 그쪽에 의해 빼앗겼다.

원통함과 비참함을 가눌 길이 없다.

남편에겐 끔찍한 존재요, 노예에겐 하녀라니.

그러니 내가 삶을 증오하는 것도 당연.

내 심장은 항상 뛰지만 죽음이 두려워서가 아니라

흥분되어서 뛴다. 보다 더 혐오스런 상황 앞에서는 떨지 않을 수가 없어.

죽음보다 더 나쁜 것은 고통인 것 같다.

그 폭군을 봐야 한다는 고통 말이다….

익명(세네카?), 『옥타비아 이야기』 1,2.

독역: 바클라프 알로이스 스보보다.

포파에아의 상승

사비나 포파에아는 T. 올리우스의 딸이었지만 이름은 명망 있는 집정관이었던 외조부로부터 받았다. … 이 여성은 모든 것을 가졌다. 단정한 몸가짐과 체면만 빼고 말이다. 그녀의 어머니는 자신의 미모를 … 그녀에게도 물려주었다. 그녀의 사교술은 뛰어났다. … 그녀는 평소 수줍고 겸손한 듯이 행동했으나, 실제의 삶은 고삐 풀린 망아지처럼 살았다. … 루프리우스 크리스피누스가 아직 그녀의 남편이었을 때도 오토에게는 청춘의 힘과 낭비하는 생활방식으로 그녀를 유혹하는 것이 어렵지 않았다. 그가 네로와 가까운 친구라는 것도 한몫했을 것이다.
… 포파에아는 궁정에 출입할 수 있게 되자마자 마치 네로의 미모에 반한 것처
럼 행동하면서 애교로 달라붙을 줄 알았다. 그런 다음 원수가 그녀에 대한 사랑
에 빠지게 되자 … 쌀쌀맞은 태도를 취했고 … 자신은 결혼한 몸이라는 것을 분
명하게 지적했다. … 오토는 … 결국 그의 질투를 로마 사람들에게 알리지 못하
도록 속지인 루시타니아의 행정직을 수여받았다….

타키투스, 『연감』 XIII 45-46.

포파에아의 꿈

오오, 유모, 간밤에 본 헛것 때문에 심란하고

소름이 끼쳐 여기저기 비틀거리며 돌아다니던 중이야. …

내 말 잘 들어 봐! 즐거운 낮 시간이 별들에게 자리를 내주자

나는 네로의 팔에 안겨 잠이 들었지.

그런데 오래도록 이 휴식을 즐기지 못했어.

왜냐하면 말이야, 상을 당한 사람들의 무리가

나의 신방 주위로 서 있는 것 같았거든. …

게다가 끔찍하고 전율이 이는 튜바 소리가 울리는 가운데

신랑의 어머니가 위로 올라오더니

시뻘겋게 불타는 횃불을 휘두르는 거야. …

갑자기 땅이 열리더니

무시무시한 심연이 나를 향해 입을 벌리더군.

부부침대가 그곳으로 떨어지는 것을 보고

나는 너무 놀랐어. …

그러자 네로가 갑자기 지옥으로 떨어지더니

칼을 자기 가슴에 찔러 죽더란 말이야.

익명(세네카?), 『옥타비아 이야기』 IV 1.
번역: 바클라프 알로이스 스보보다.

　　열여섯 살의 네로는 54년 10월 13일, 원수의 자리에 오르면서 보초병들에게 "Optima Mater"(최고의 어머니)를 구호로 하달했다.[142] 어떤 것도 바로 이러한 날에 그의 어머니가 가지는 의미를 이 구호보다 더 적확하게 반영하지는 못했을 것이다. 아그리파가 없었더라면 네로는 결코 로마의 지배자가 되지 못했을 것이다. 집권 초만 하더라도 그는 어머니의 존재가치를 인정했었지만, 그러나 곧 그녀는 그에게 부담스러운 존재가 되었다. 거의 마신적이라는 인상까지도 풍기는 야심으로 마음이 가득 차 있었던 이 강한 어머니의 너무도 강력한 모습은 그를 어릴 때부터 항상 긴장하게 만들었었다. 이후 그가 보여 주는 모습들에 대해서는 이러한 측면에서도 바라보아야 한다.

　　등극할 당시 네로는 이미 일 년 전부터 클라우디우스와 메살리나의 딸이며 그보다 세 살 어린 옥타비아와 결혼한 상태였다. 황실에서 아들의 위치를 확고히 하기 위해 어머니가 주도해서 성사시킨 결혼이었다. 젊은 두 사람의 관계는 네로가 어머니의 명령으로 이루어진 결합에 관심을 보이지 않고 옥타비아에 대해서도 차가운 감정을 유지했다는 것으로 특징지어진다. 그가 여성들에게 완전히 다른 모습으로 보일 수도 있다는 것은 클라우디아

---

142) 수에토니우스, 『네로』 9.

악테의 경우에 그가 보여 준 관심이 입증했다. 소아시아에서 온 것으로 보이는 이 여자 노예는 로마에서 자유노예가 되었고, 55년에 이 젊은 원수를 알게 되었다. 그는 곧 그녀와 사랑에 빠졌고, 그녀가 왕족 출신임을[143] 입증하는 서류를 작성하라는 명령을 내릴 정도로 그 사랑은 열렬했다. 이는 그가 더 큰 계획을 품고 있었음을 분명히 해 주는 것이었다. 그의 어머니는 이미 자신을 공동 통치자로 생각하고 그에 따라 행동해 왔던 터에(예를 들면 네로의 잠재적 경쟁자였던 유니우스 실라누스의 독살도 그녀가 사주했다고 한다), 자신이 왕조의 안전을 위해 고심해서 만들어 놓은 토대가 이처럼 위협받는 것을 보고 극도로 격분했고, 클라우디우스와 메살리나의 아들이고 옥타비아의 오라비인 브리타니쿠스의 왕위계승권을 지원해 주겠다고 협박하면서 네로에게 압력을 가하려고 했다. 필시 그녀 스스로도 자신의 아들이 자신으로부터 얼마나 잘 배웠던가 하는 것은 계산에 넣지 않았을 것이다. 곧이어 브리타니쿠스에게 토가 비릴리스를 건네주는 행사 때문에 개최된 향연에서 아직 어른이 되지 않은 이 소년은 독을 먹고 죽었다. 공식적인 사인은 간질 발작이었다.[144] 이러한 사건들은 네로 시대의 처음 5년 동안은 세네카와 부루스 같은 조언자들 덕분에 태평성대였다고 하는, 그동안 자주 반복되어 온 주장에 대해 상당한 회의를 품게 한다.

이 시기를 부분적으로나마 지배했던 것은 아그리피나와 그녀의 아들이 서로를 증오하면서 벌였던 소규모 전쟁들이었다. 이런 싸움에서 문제가 되었던 것은 더 이상 악테가 아니라(비록 그녀가 여전히 네로의 소실 중의 한 명으로 남아 있긴 했지만) 원수의 새로운 연인인 포파에아 사비나였다. 그녀와 동명인 어머

---

143) 명목상으로는 아탈리드 왕족, 즉 한때 로마와 동맹관계였던 페르가몬 왕가 출신으로 되어 있다.
144) 네로는 이미 클라우디우스가 죽음과 더불어 인정되어 온 로쿠스타의 능력을 이용했다고 한다.

니는 한때 로마에서 가장 아름다운 여인으로 간주되었던 미인인데, 이 어머니도 메살리나에 의해 자살로 내몰렸었다. 네로보다 대략 여섯 살이 많았던 그 딸도 비슷한 평판을 얻고 있었다. 그녀는 루프리우스 크리스피누스와 결혼하여 아들을 하나 낳았다(네로는 나중에 그가 왕위에 오를지도 모른다고 생각하여 사람을 시켜 살해했다). 남편의 경력이 정치적 이유로 정체되고 있었기 때문에 그녀는 네로의 친구였던 살비우스 오토와—58년경에—처음에는 연인관계였다가 나중에는 부부가 되었다. 이러한 과정에서 그녀는 네로를 만났다. 오토는 그녀를 다소 자발적으로 황제에게 내주었고, 그로 인해 목숨을 건지고 멀리 떨어진 루시타니아에서 유리한 지위도 얻었다.[145] 포파에아는 메살리나나 아그리피나와 마찬가지로 포악하고 양심의 가책도 없으며 야심만만했다는 뒷이야기들이 있지만, 그녀들과는 완전히 다른 인간성을 보여 주었다. 메살리나가 성적인 매력으로 남자들을 지배하고 아그리피나가 무조건적인 의지로 그랬던 반면, 포아페아가 네로를 지배했던 것은 아첨과 유혹의 기술을 통해서였다.[146] 그녀는 계속해서 네로에게 확실히 결혼해 달라고 다그쳤다. 그러나 옥타비아가 장애물이었다. 네로는 아그리피나가 살아 있는 한 포파에아와 이혼할 생각을 하지 않았기 때문이다. 실제로도 그런 우려들은 분명히 존재했음에도 불구하고, 네로가 어머니를 살해하라고 시킬 정도로 어머니에 대해서 한없이 깊은 증오를 품고 있었으리라고는 아무도 진지하게 생각하지 않았을 것이다. 여전히 자신의 영향력을 되찾을 수 있기를 바라고 있었던 아그리피나는—최후의 수단으로—그의 아들을 근친상간으로 유혹하려는 시도까지 했다고 한다. 세

---

145) 또 다른 버전에 의하면, 네로가 먼저 포파에아를 알게 되었으며 그녀와 사랑에 빠졌다고 한다. 그러나 그의 어머니를 (그리고 어쩌면 여론을) 생각해서 오토는 일단 포파에아의 정부 내지 남편 역할을 했다는 것이다.

146) B. 워커, 『타키투스 연감. 역사 서술에 관한 연구』, 멘체스터, 1960, 24쪽.

네카는 악테를 네로에게 보내어 자신의 메시지를 전달케 했고, 그렇게 해서 세네카의 경고를 받은 황제는 이 위험한 상황에서 벗어날 수 있었다는 것이다.[147] 이것이 사실에 다소간 부합하는 것인지의 여부는 불분명하다. 어쨌든 네로의 살의는 강화되었다. 독약은 브리타니쿠스의 죽음을 둘러싼 소문들 때문에 선택수단에서 배제되었으므로, 어느 배 위에서 암살도구들이 고안되고 제조되었다. 아그리피나를 떨어지는 지붕에 맞아 죽게 하거나 두 동강이 난 배와 함께 가라앉게 만든다는 것들이었다. 그러나 공격이 실패해서 아그리피나가 헤엄쳐 빠져나올 수 있게 되자, 그녀는 자신의 별장에서 일종의 살인특공대에 의해 전래적인 잔인한 방법으로 살해되었다.

그런데 놀랍게도 네로는 59년, 그러니까 어머니가 살해된 지 삼 년이 지나서야 옥타비아와 이혼했다. 일단은 아직 남아 있는 왕위 후보자 두 명—파우스투스 술라와 루벨리우스 플라우투스—을 먼저 제거해야 했을 것으로 추측된다. 그리고 난 다음 62년에 옥타비아의 불임을 이유로 이혼이 선언되었다. 포파에아가 그 후에도 또 옥타비아를 어떤 이집트 플루트 연주자와 간통했다는 혐의로 기소했던 것은 이혼 자체에는 아무런 영향력을 미치지 못했지만, 옥타비아가 자신의 재산과 좋은 명성을 잃었다는 비난이 사실임을 확인하는 데는 기여했을 것이다. 그녀는 클라우디우스의 딸로서 어머니인 메살리나도 가져 보지 못했던 정말로 대단한 대중적 인기를 누렸었기 때문이다. 포파에아의 사주로 옥타비아의 하인들도 네로의 꼭두각시 노릇을 하면서 신임 친위대 지휘관이 된 티겔리누스에 의해 고문을 받아 가며 심문을 당했다. 그렇지만 그녀의 무죄가 확인되었다. 따라서 옥타비아는 그녀의 소유물을 유지하기는

---

147) 타키투스, 『연감』 XIV 2.

했지만 감시를 받으며 캄파니아로 호송되었다. 그러자 로마에서는 시위가 일어났고, 시위가 진행되는 도중에 이미 설립된 포파에아의 동상들이 내동댕이쳐졌다. 그런데 네로가 옥타비아를 다시 데려오려고 한다는 소문이 갑자기 퍼지자, 사람들은 그를 향해 박수를 치기도 했다. 이미 궁궐 안으로 들어온 군중은 그러나 병사들에 의해 내쫓겼으며, 포파에아의 동상들도 다시 세워졌다. 변덕이 심한 네로가 국민의 요구대로 따르는 상황을 두려워하지 않을 수 없었던 포파에아는 대단히 요령 있게 처신했다. 그녀는 네로 앞에 몸을 던져 엎드리고는 저 군중이 사실은 옥타비아에 의해 선동된 노예들의 무리일 뿐이라고 주장했다. 이제 네로는 불안과 동시에 분노에 빠졌다. 플루트 연주자를 이용해 죄를 씌운 것이 기능을 발휘하지 않았기 때문에 이번에는 아그리피나의 살해에 조력했던 사람이며 함대 지휘관인 아니케투스를 사주하여 옥타비아와 관계를 가졌다는 고백을 하게 만들었다. 이를 토대로 해서 대역죄 혐의로 기소할 내용이 짜여졌는데, 옥타비아가 그를 유혹한 것은 그의 배를 폭동에 사용하기 위해서라는 것이었다. 그 역할에 대한 보상으로 아니케투스는 호사스러운 망명생활을 할 수 있었지만 옥타비아는 판다테리아라는 섬으로 추방되었고, 그곳에서 자살하라는 요구를 받았다. 그러나 그녀가 이를 거절하자 그녀는 아주 잔인한 방식으로 살해되었다. 그녀의 동맥을 끊으려 했으나 피가 나오지 않자 증기탕에서 질식해 숨져야 했던 것이다.

그동안 네로와 결혼식을 올렸던 포파에아는 이 사건이 있고 얼마 지나지 않아 딸을 낳았는데, 이 딸은 두어 달 만에 죽었다. 포파에아는 아우구스타 칭호를 얻었고, 그녀의 출생지인 폼페이도 '콜로니아'(직속 식민지)로 승격되었다. 그러고 나서 다시 65년에 포파에아가 임신상태였을 때, 네로가 마차 경주에서 늦게 들어왔다고 포파에아가 나무란 것 때문에 그의 분노가 발작하여 그녀의 배를 아주 세게 걷어찬 것으로 인해 포파에아는 죽고 말았다. 네로가 그 이후에 그녀를 신격화하는 작업을 벌인 것은—이러한 배경에서 보자면 상당히 시니컬한 제스처인데—점점 더 정신병적인 태도를 보여 주는 황제의 이미지에 딱 들어맞는 것이다. 그는 집권 초부터 자신을 예술가로 간주했으며, 병적인 자기중심적 성벽에 의한 탈선에 대해서도 예술가의 권리라며 정당화했다. 64년에 있었던 로마의 방화에서도 원수는 트로이의 방화에 대한 시구를 낭송하는 것 외에는 할 줄 아는 것이 없었던 것이다. 그의 교육자이자 조언자였던 세네카의 가르침에 의해서도 저지되지 않았던 그의 극단적 이기주의는 그의 정치적 권력의 남용으로 이어졌을 뿐만 아니라, 그를 진정으로 인간적인 관계 또는 심지어 사랑의 관계에 대해 무능력한 인물로 만들었던 것이다. 그로 인해 처음부터 희생자로 선택되었던 옥타비아와 마찬가지로 그녀를 모함했던 맞수 포파에아도 네로 때문에 몰락해야만 했던 것이다.

네로가 66년에 결혼한 세 번째 부인은 스타틸리아 메살리나였다. 그녀는 그전에 이미 네 번이나 결혼을 했었다. 그녀의 네 번째 남편을 살해하도록 시킨 사람은 모든 정황상 네로였고, 이유는 그가 감히 스타틸리아와 결혼했다는 것이었다. 왜냐하면 그녀는 이미 어느 시기 이후부터 네로의 소실 중의 한 명이었기 때문이다.

그의 지배는 68년에 극적인 상황에서 붕괴했고, 황제는 비참하게 죽었다. 희한하게도 그에게 마지막 사랑의 봉사를 한 사람은 그가 여자들과 불운한 관계를 시작할 때 있었던 클라우디아 악테였다. 그녀는 그가 매장되도록 애썼다. 어쩌면 이 자유노예는 그와 비교적 깊게 결속되었던 유일한 여성이었을지도 모른다.

C.M.B.

Art Works 예술작품

출　처

세네카(Seneca), 『옥타비아 이야기 Octavia praetexta』.
요세푸스(Iosephus), 『유대인의 고대 풍습 Antiquitates Iudaeorum』 20.
타키투스(Tacitus), 『연감 Annalen』 12-16.
수에토니우스(Sueton), 『네로 Nero』.
카시우스 디오(Cassius Dio), 61-63.

조　각

〈아그리피나의 표정을 지닌 신에게서 황제의 관을 받는 네로 Nero wird von einer
　　Gottheit mit den Gesichtszugen Agrippinas bekrönt〉, 부조, 아프로디시
　　아스, 소아시아.
다양한 흉상들(16세기, 뮌헨, 파리, 나폴리, 로마, 제노바 등).
H. 골치우스(Goltzius), 〈로마 황제상 Icones imperatorum〉, 1645.
K. 슈틸프(Stilp), 목각 공예품, 1724, 발트자센 수도원 도서관.

희　곡

시라노 드 베르주라크(Cyrano de Bergerac), 『아그리피나 Agrippina』, 1653.
J.B. 라신(Racine), 『브리타니쿠스 Britannicus』, 1669.
A.U. 폰 브라운슈바이크(von Braunschweig), 『로마의 옥타비아 Die römische
　　Octavia』, 1677.
A. 뒤마 페레(Dumas père), 『악테 Acté』 1839.
L. 뒤렐(Durrell), 『악테 또는 시대의 수인(囚人) Acté or The Prisoners of Time』,
　　1961.

기타 문학작품

G. 초서(Chaucer), 『캔터베리 이야기 Canterbury Tales』, 1385-1400.

A. v. 플라텐(Platen), 『네로의 탑 Der Turm des Nero』, 1827.

H. 시엔키에비치(Sienkiewicz), 『쿠오바디스 Quo vadis』, 소설, 1905.

L. 포이히트방거(Feuchtwanger), 『가짜 네로 Der falsche Nero』, 소설, 1936.

오 페 라

C. 몬테베르디(Monteverdi), 〈포페아의 대관식 L' Incoronatione di Poppea〉,
     1642.

A. 스칼라티(Scarlatti), 〈네로 Nerone〉, 1695.

G.F. 헨델(Händel), 〈네로 Nerone〉, 1705; 〈옥타비아 Ottavia〉; 1705. 〈아그리피나
     Agrippina〉, 1709.

서로를 채워 주는 성실한 사랑

테오도라의 유년기와 과거

상당한 기간을 테오도라는 유곽에서 보내며 자연에 거역하는 성적 거래에 전념했다. 그러나 충분히 나이가 들고 완전히 성숙하게 되자마자 그녀는 무대에서 활동하는 여자들과 한패가 되었고, 빠른 시일 안에 우리의 선조들이 헤테레라고 불렀던 종류의 시녀가 되었다. 왜냐하면 그녀는 플루트를 불 줄도 몰랐고, 하프를 연주할 줄도 몰랐기 때문이다. 그녀는 무용수로서의 교육조차 받지 않았으며, 그곳에 오는 모든 사람들에게 자신의 매력만 팔았다. 그리고는 자신의 몸 전체를 내주었던 것이다.

나중에는 극장에서 하는 모든 공연마다 참여하다가 무대공연에서도 확고한 역을 맡게 되었다. 재치 있는 음담패설가로 등장했던 것이다. 그녀는 비상하게 영리했고, 신랄한 재담을 능수능란하게 다루었으며, 그로 인해 빨리 유명해졌다.

이 젊은 망나니는 겸손함이라고는 찾아볼 수가 없었고, 어떤 사람도 그녀가 당황하는 것을 보지 못했다. 그녀는 조금도 주저함이 없이 더러운 서비스를 제공했으며, 누군가를 두들겨 패거나 따귀를 때리고 나서도 거기에 대해서 농담까지 하면서 큰 소리로 웃을 수 있는 그런 종류의 처녀였다.

유스티니아누스의 선택

그리하여 위에서 서술한 대로 태어나고 자라고 성장한 테오도라가 그럼에도 불구하고 아무런 방해도 받지 않고 황제가 있는 자리까지 올라가는 일이 벌어졌던 것이다. 그녀의 남편에게는 결코 자신이 모든 사람에게 불쾌감을 주었다는 생각이 들지 않았다.

비록 그가 로마 제국 전체에서 선택할 수 있고 세계에서 가장 고귀한 여성, 다시 말하자면 가장 뛰어난 교육을 받고 겸손함의 미덕을 갖추었으며 흠 없는 환경에서 살았고, 거기에다가 빼어나게 아름답고 아직도 숫처녀인 그런 여성을 신부로 뽑을 수 있었음에도 불구하고―또는 사람들이 말하듯이 가슴이 똑바른 여자를 고를 수 있었음에도 불구하고―그러지 않았던 것이다. 그는 지금까지 몇 페이지에 걸쳐 서술한 바와 같은 사실들에 대해서는 생각지도 않고 모든 인류의 혐오대상이었던 그 여자를 무조건 자기 것으로 만들어야 했고, 모든 종류의 끔찍한 일로 더럽혀지고 자발적으로 낙태를 함으로써 여러 번이나 영아 살해를 한 것이 특징인 그런 여자와 손을 잡아야 했던 것이다.

유스티니아누스의 금욕적 생활방식

그는 대체적으로 잠을 조금만 자도 되는 사람이었고, 먹고 마시는 것에 대한 그의 욕구도 결코 과도하지 않았다. 그는 식탁을 떠날 때까지 손가락 끝으로 집은 조각 하나 이상을 맛보는 적이 없었던 것이다. 그와 같은 것은 그에게 중요하지 않은 것처럼 보였다. 마치 자연이 그에게 압력을 넣으려고 하는 것처럼 말이다. 그는 꼬박 이틀 동안이나 음식을 섭취하지 않고 보내는 적이 여러 번 있었다. 그러한 극기가 요구되는 부활절 전주(前週)에는 특히 그랬다.

테오도라의 아름다움, 유스티니아누스와의 합주

테오도라는 매력적인 얼굴을 가지고 있었고, 그 밖에도 우아한 모습이었으나 체격은 작은 편이었고 피부색은 오히려 창백한 편이었다. 그녀의 눈빛은 야성적이었고 변함없이 강했다. 내가 무대 위에서의 그녀의 삶에 대해 보고해야 한다면, 아마 평생 동안 써도 시간이 부족할 것이다. 하지만 앞의 여러 절(節)에서 뽑아서 쓴 얼마 안 되는 사례들만으로도 이 여성의 특징적인 모습을 완전하게 후대에 알리기에는 충분할 것이다.

이제 우리는 그녀와 그녀의 남편이 서로 한마음이 되어 했던 일들을 개략적으로 묘사하지 않을 수 없다. 왜냐하면 두 사람 중 누구도 그들의 공동생활이 끝날 때까지 그 어떤 일도 상대방 없이 한 적은 없기 때문이다. 요컨대 오랫동안 사람들은 일반적으로 그들이 생각이나 관심사에서 서로 대립했다고 믿어 왔던 것이다. 나중에야 사람들이 인식하게 된 바에 의하면, 이처럼 잘못된 인상은 그들 자신이 숙고해서 퍼뜨린 것이었다. 신하들이 자신들의 의견차이를 제거하고 그들에 맞서서 저항하는 것이 아니라, 그들에 대한 판단이 서로 달라 분열된 상태에 머물게 하기 위해서 말이다.

위험에 처한 여성들을 위한 테오도라의 조처

테오도라는 윤리적 범죄에 대한 처벌방식을 고안하는 것을 자신의 과제로 삼았다. 그녀는 5백 명이 넘는 매춘부들을 한 자리에 모았다. 이들은 시장 한복판에서 목숨을 지탱하기에도 빠듯한 3오볼로스[148]를 받고 자신들의 서비스를 팔았던 사람들이다.

그녀는 그 다음에는 그들을 맞은편에 있는 육지로 보내어 메타노이아(후회)라 불리는 수도원에 수감했다. 그렇게 해서 그들을 보다 나은 생활방식으로 밀어 넣었던 것이다. 그렇지만 그들 중 몇몇은 밤에 그 높은 곳에서 아래로 뛰어내렸으며, 그런 식으로 자신의 의지에 반한 재교육에서 벗어났다.

프로코피우스, 『일화』 9,10–14 ; 10, 1–3 ; 13,28–30 ; 10,11–14 ; 17,5–6.

유스티니아누스는 농부의 아들로서 본명은 페트루스 사바티우스이며, 482년에 베데리아나의 타우리시움(스코페 근처)에서 태어났다. 그는 그의 삼촌이자 동로마 황제인 유스티누스(재위기간 518–527)에 의해 제국의 수도 콘스탄티노플로 불려 갔는데, 그곳에서 그의 두드러진 재능에 상응하여 포괄적인 교육을 받았으며, 황제에게 입양되어 그러한 이름을 얻게 되었다. 518년부터 황제는 중요한 일마다 조카와 협의했으며, 527년 4월 1일에 그는 공동 통치자가 되었다. 유스티니아누스(재위기간 527–565) 자신은 아무런 군사적

---

148) 그리스의 동전으로 약 7센트.

야심이 없었으나 유스티누스로부터 로마 제국의 위대성에 대한 믿음을 이어받았고, 그와 더불어 옛 제국의 국경선을 회복해야 하는 필연성도 믿게 되었다. 그의 (나중에 엄청나게 부자가 되는) 사령관들이었던 벨리사리우스와 나르세스는 그를 위한 전쟁들을 성공적으로 이끌었다. 벨리사리우스는 페르시아에 면한 제국의 동쪽 국경을 안전하게 지켰고(527-542), 나르세스와 함께 533/534년에 반달족 국가를 파괴했으며, 552년에는 이탈리아에 있는 동고트족의 국가를 멸망시켰다. 이로써 이탈리아에 대한 동로마의 지배권이 회복되었다. 서로마의 멸망 후에 동로마(비잔틴)에서는 하나의 로마 제국이라는 이념이 계속 살아 있었다. 이탈리아는 동로마의 속지가 되었고, 라벤나는 총독령이 되었으며(533-751), 나르세스는 최초의 총독이 되었는데 그의 관저는 라벤나에 있었다.

비잔틴 문화의 전성기—로마의 위대성—에 대한 증거로 간주되는 것은 콘스탄티노플에 있는 하기아 소피아(537년에 완성)와 라벤나에 있는 산 비탈레 교회이다. 법학 발전의 정점을 이룬 것은 『민법 모음집 *Corpus Iuris Civilis*』(이하 CIC로 표시. 이 제목은 1583년 고토프레두스의 편집 이후 지속되어 온 것이다)을 만들어 낸 일이었는데, 이는 일종의 시민권에 대한 총서로서 유스티니아누스는 이 일을 법률학자인 트리보니아누스에게 위임했다.

533년부터 542년까지 생긴 CIC는 최종적인 로마법 법령집이었으며, 로마 왕국이 더 이상 존재하지 않게 되었을 때도 계속해서 효력을 발휘했다. 이것은 서양 전체의 법 관념에 강한 영향을 미쳤으며, 『독일시민법전』(BGB)의 규정도 그 영향을 받았다. 황제는 행정을 개혁하고 법령을 통해 막강한 대토지 소유주에 맞서 나갔으며 제국의 새로운 질서를 조직했다.

콘스탄티노플에서 국내 정치를 선도해 간 것은 녹색당과 청색당이었는데,

이 이름은 마부 추종자들의 색깔에서 유래된 것이다. 원래 스포츠클럽들은 청색당 추종자로서 보수적이고 재산이 있고 엄격한 정교 신봉자들이었다. 청색당은 딱딱한 정교적 신앙에 대항하는 노동자의 대변자 내지 노동자들의 당이었다. 전차 경기장은 로마에 있는 키르쿠스 막시무스와 비슷하게 수십만의 관중이 인기 있는 마차 경기를 체험하고, 청색당이나 녹색당에 가담할 수 있는 장소였다. 전차 경기장에서 다양한 마부들의 열광적 추종자들이 내는 갈채는 관중들의 감정을 고조시켜 높은 관료나 장관들에 대해서도 맞설 수 있게 함으로써 황제의 독재 정부의 또 다른 짝을 이루는 것이었다.

전차 경기가 개최되지 않을 때는 곡예사들이 전차 경기장에서 그들의 기술을 보여 줄 수 있었다. 그곳에 나타났던 곰 조련사 중의 한 명이었던 아카키오스는 그의 직업으로 인해 가장 낮은 계층에 속했다. 그의 부인은 500년경에 딸을 하나 낳았는데, 이 딸이 나중에 유스티니아누스의 부인이 되는 테오도라였다.

특히 소녀에게는 결코 즐겁지 않을 그런 환경에서(마부와 맹수 관리인, 흥행사, 배우, 모든 종류의 돈벌이에 눈먼 사람들, 불량배들이 모여들었고 이들의 대다수는 문맹이었다) 테오도라는 언니인 코미토와 여동생인 아나스타시아와 함께 성장했다. 그녀의 아버지가 죽고 어머니가 다른 남자의 집에 들어가 버리자 코미토는 배우로 무대에 나섰으며, 나중에는 테오도라도 무대에 올랐다. 표현하기 까다로운 상황에서도 아름다움, 우아함 그리고 품위를 보여 줄 수 있는 그녀의 능력은 관객들의 커다란 호응을 받았다. 그녀는 체격이 작았다. 얼굴은 아름다웠는데 나이가 들었을 때도 여전했다. 그녀의 특색을 보여 주는 것은 파고드는 것 같은 시선이었는데, 라벤나에 있는 산 비탈레 교회의 모자이크 그림은 오늘날에도 그 시선에 대한 생생한 인상을 매개해 준다. 곧이어 그녀가 배운 것은 자신의 몸을 내줌으로써 이득을 취하는 것이었다.

관객의 호기심과 갈채는 그녀에게 자신감을 주었다. 그녀는 부끄러움이라고는 몰랐고, 항상 농담을 즐겼으며, 모든 종류의 숭배자들과 놀았다. 그녀는 유혹을 당하지는 않았다. 그녀가 유혹했던 것이다. "비록 그녀가 세 부분의 구멍 난 곳으로 영업을 하긴 했지만, 그녀로선 자연을 탓할 이유가 있었다. 자연이 그녀의 젖꼭지 구멍을 더 크게 만들어 주지 않았기 때문이다. 그러니 그녀로서는 동침의 또 다른 변형을 고안해 내도 되는 것이다"(프로코피우스, 『일화』 9,18).

"한 여성이 그렇게 완벽하게 무제한적으로 고삐 풀린 상태에 자신을 내맡긴 적은 결코 없었다. 그녀는 기운이 가장 왕성하고 난봉을 인생의 주요 과제로 삼고 있는 젊은 남자들을 열 명씩 또는 그 이상을 데리고 술자리로 갔으며, 그 다음엔 순서대로 돌아가며 모든 손님들과 자곤 했다. 모든 사람을 녹초상태로 만들고 나면 그 다음엔 그중에서 가장 봉사를 잘한 사람들의 집으로 가서 그들 각자와 짝짓기를 하곤 했는데, 필요한 경우에는 그 수가 서른까지 되었다"(프로코피우스, 『일화』 9,16).

그녀는 임신이 되면 낙태를 했다. 센세이션을 일으키는 내용으로 무대에 오르기도 했다. 이때 그녀는 허리와 가슴만 끈으로 두르고 있었다. "이러한 미니 복장만 한 채 바닥에서 얼굴을 위로 내밀고는 했다. 그러면 과제를 위임받은 무대장치 작업자들이 그녀의 내밀한 부분 위로 곡식알을 뿌렸고, 훈련받은 거위들이 그것들을 부리로 하나씩 쪼아 올리면서 먹는 것이었다. 테오도라는 그 때문에 부끄러워하는 기색은 전혀 없었으며, 자리에서 일어났을 때는 이러한 일을 해낸 것에 대해 정말로 자부심을 느끼는 것 같았다"(프로코피우스, 『일화』 9,21).

테오도라는 그녀의 정부였던 헤케볼루스와 함께 북아프리카로 갔다. 그는 키레네를 둘러싸고 있는, 그리스 어를 하는 펜타폴리스(현재의 키레나이카)에서 태수가 되었던 사람이다. 그러나 테오도라는 북아프리카에서 행복을 찾지 못했다. 헤케볼루스와도 싸우다가 헤어지고 나서 그녀는 고향으로 되돌아갔다. 그리고는 알렉산드리아로 갔다. 여기서 주교인 티모테우스와 안티오키아로부터 망명중이던 주교 세르부스를 알게 되었다. 그 나라의 어디를 가든 국가에 의해 추적을 받고 있던 이 심령일원주의자에게 이집트는 아직까지 안전한 나라였다. 두 성직자 덕분에 테오도라는 전향하여 기독교를 보다 심오하게 이해하게 되었고, 심령일원설[149]에 대해 강한 친근감을 느끼게 되었다. 아마도 이것이 그녀의 삶에 있어서 전환점이 되었을 것이다. 두어 달 뒤에는 시리아에 있는 안티오키아로 여행을 갔고, 그곳에서 당시 유명한 무용수이던 마케도니아와 친교를 맺었다(프로코피우스, 『일화』 12,28ff.). 나중에 테오도라를 로마 제국에서 가장 강력한 여성으로 만들어 줄 남성을 알게 된 것도 아마 이 무용수를 통해서였을 것이다.

그녀는 콘스탄티노플로 돌아온 후에 왕위 상속자이던 유스티니아누스를 만났다(520년경). 유스티니아누스는 그녀의 과거에도 불구하고 그녀에게 깊은 애정을 느꼈다. 그의 선물은 열여덟 살 연하인 테오도라에게 생활수준과 위상을 확실하게 해 주는 것이었다. 두 사람은 청색당과 밀접한 관련을 맺고 있었다. 마침내 유스티니아누스는 테오도라와 결혼하기로 결심했다. 그러나 원로원 의원은 오래된 법률에 따라 헤테레와 결혼할 수 없었기 때문에

---

149) 그리스도 안에만 신의 육화된 말씀의 유일한 본질이 있다고 하는 설(說). 심령일원설에 대해서는 특히 H. 채드윅, 『고대 세계의 교회』(1972) 244ff. 참조.

(『유스티니아누스 법전』 5,27,1) 그는 그녀의 신분을 귀족으로 올렸다. 테오도라를 염두에 두면서 유스티니아누스가 공포한 결혼법(『유스티니아누스 법전』 5,4,23 참조)에 의해 귀족들은 당시의 여배우들과 결혼하는 것이 허용되었다. 525년에 테오도라는 유스티니아누스의 정식 부인이 되었다. 유스티니아누스의 의지 표명에 따라 두 사람은 527년 4월 1일 공동 통치자로서 황제의 권위를 얻었다. 이 행사는 교회, 국가, 군대의 최고 권위자들이 참석한 가운데 성대한 의식을 치르며 거행되었다. 곧이어 527년 8월 1일에 유스티누스가 죽었다. 유스티니아누스는 이제 황제였고, 테오도라는 로마 제국의 지배자로서뿐 아니라 지상에서 신을 대변하는 자로서도 등장했던 유스티니아누스 곁에서 그와 동등한 자격을 지닌 통치자였다. 테오도라는 아우구스타(황제의 부인)로서 모든 외부 사람들이 그녀에게 기대했던 것 이상으로 정치에 대한 영향력을 획득했다. 그녀는 이제 주체적으로 궁정생활에서 자신이 맡은 역할을 수행했다.

콘스탄티노플에서 532년 1월 11일에 있었던 '니카 봉기'에서(니카 niika 는 "승리하라!"를 의미하는데, 전차 경기장에서 황제에 대해 봉기를 일으킨 녹색당과 청색당의 전투 구호였다) 황제의 궁성이 포위되자 테오도라는 콘스탄티노플에서 도망가지 않는 단호함을 보였고, 용기와 자신의 뜻을 관철시키는 의지도 보여 주었는데, 이는 의심의 여지 없이 이전에 전차 경기장에서 힘들게 살았던 그녀의 삶에 그 뿌리를 두었던 것이다. 테오도라의 뜻에 따라 유스티니아누스는 콘스탄티노플에 머무르면서 그러한 위협에 대항하기로 결정했다. 봉기세력이 대안황제로 내세운 히파티오스는 유스티니아누스에 의해 사형을 선고받았으며, 녹색당은 끔찍한 살육으로 약 4만 명의 사망자를 내면서 진압되었다. 도시의 대부분이 화염에 휩싸였다. 폭력 행위자들이 제거된 뒤 도시는 다시 더 아름다운 모습으로 재건되었다. 이때 하기아 소피아 교회(현재의 이슬람 사원)의 궁륭이 생겼다.

막강한 보호와 무수한 궁중 인사들을 대동하고 황제 부처는 여행도 했다. 테오도라의 고집스런 변론에 따라 황제는 국내에서 심령일원주의자들에 대한 박해를 중지시켰다. 그러나 종교정책에서 황제 부부의 견해차이가 두드러지기 시작했다. 황제의 부인은 교회 건축물, 수도원 그리고 병자와 고아들을 위한 집을 건설할 것을 요구했다. 그들이 정교 예배에 자주 참석하거나 기도를 드리기 위해 교회에 머문 것은 잘 알려진 사실이었다. 국가의 대사도 그들이 백성에게 자신들의 종교성을 보여 주는 것을 막지는 못했다.

그들이 특히 신경 썼던 부분은 배우이자 매춘부의 직업을 가진 착취당하는 여성들이었다. 그녀는 그들을 포주와 윤락업자로부터 돈을 주고 사서 풀어 주었다. 이혼이 문제되는 경우 그녀는 대개 여성들의 편에서 생각하고 행동했다. 개인적인 결단의 경우라면 그녀는 결혼은 깰 수 없는 것이라는 자신의 확신을 대변했다. 전체적으로 볼 때 그녀는 우리가 오늘날 페미니스트적이라고 할 수 있는 태도를 보여 주었던 것이다. 그러나 그녀가 생각하기에 국시(國是)가 요구되거나 음모처럼 보이는 경우에는 다른 사람들의 간통에 대해서 침묵하면서 참기도 했다. 의붓아들과 함께 남편인 벨리사리우스를 속였던 안토니아의 경우처럼 말이다.

테오도라와 유스티니아누스는 한평생을 성실한 사랑으로 서로에게 잘했다. 역사의 기록 중에서 그들이 결혼생활에서 단 한 번도 한눈을 판 사례는 발견할 수 없다. 그러나 이 결혼에는 아이가 없었다. 정치적 문제에서 테오도라는 항상 유스티니아누스의 조언자였다. 그녀는 과거에 박해를 당했던 심령일원주의자들의 강력한 후원자였고, 그 자신도 금욕적인 수도승이나 경건한 신부들 그리고 성자처럼 살았던 남자들을 숭배했다. 그러나 그리스 정교도(심령이원주의)들은 황제비의 심령일원주의자들에 대한 관심을 좋지 않게 바라보았다.

542년에 지중해의 동부 지역에서 선(腺)페스트가 발생했다. 병은 나일델타 지역의 동쪽에 있는 펠루시움 도시에서 시작하여 알렉산드리아를 거쳐 빠른 속도로 비잔티움 왕국 전체로 퍼졌다. 5월에는 이 전염병이 콘스탄티노플에 도달했다. 곧 하루에 수천 명씩 죽어 갔다. 유스티니아누스 황제도 병에 걸리자, 테오도라는 정부 업무를 넘겨받았다. 그녀는 이제 마흔세 살이었다. 그러나 유스티니아누스는 서서히 회복되어 정치에 복귀했다. 프로코피우스의 보고에 따르면 유스티니아누스와 테오도라의 중요한 결정들은 전부 사전에 논의된 것이지만 신하들에게는 정부의 조처가 때로는 그녀의 의지를 더 따른 것처럼, 때로는 그의 의지를 더 따른 것처럼 보였는데, 이는 전적으로 의도된 것이었다고 한다. 황제 부처는 서로를 교묘하게 옹호하고 있었던 것이다. 이러한 정치적 트릭이 노리는 것은 신하들을 갈라놓고 항상 희망과 불안 사이에서 흔들리게 하면서 보다 나은 시기를 기다리도록 만드는 것이었다(프로코피우스, 『일화』10,14-15; 23 참조).

유스티니아누스는 일찍 일어나서 부지런히 일하는 스타일이고, 그에 반해 테오도라는 외모를 가꾸는 데 커다란 가치를 두고 적절히 즐기는 스타일이었다. 그녀는 결정을 내릴 때 고집이 센 것이 특징이었고, 그녀의 적이었던 사람과는 절대로 화해하지 않았다. 그녀는 잠도 무척 오래 잤고, 치장하기 위해서 많은 시간을 목욕탕에서 보냈다. 그녀를 알현하는 것은 고위직이라 할지라도 힘든 일이었다. 그에 반해 유스티니아누스는 잠을 별로 자지 않았고 밤에도 왔다 갔다 하는 시간이 많았으며 방문객들이 쉽게 만날 수 있었다. 그가 만나기 쉬운 사람이라는 사실의 이면에는 믿기 힘든 사람이라는 사실이 감추어져 있었고, 테오도라가 접근하기 어렵다는 사실 뒤에는 그녀가 독하다는 사실이 숨겨져 있었다(프로코피우스, 『일화』 1,18). 두 사람 모두 돈과 금에 대한 욕심이 넘쳤으며, 이를 위해 때로는 수단과 방법을 가리지 않았다. 물론 이런 무자비함을 나타내는 방식에 있어서 양자가 차이를 보이기는 했지만 말이다.

테오도라는 548년 6월 28일 심각한 암으로 죽었다. 그녀는 성대한 의식과 더불어 콘스탄티노플의 사도 교회에 매장되었다. 그녀의 두드러진 업적으로 사람들의 기억에 남아 있었던 것은, 그녀가 평생 동안 종교적 소수자인 심령일원주의자들과 (매춘)여성들의 권리를 위해 진력했다는 사실이다. 그녀는 현실감각과 품위 있게 표현하는 능력을 통해 유스티니아누스의 성격적 특징들을 보완할 수 있었다. 그녀가 악명 높은 전차 경기장의 환경에서 학자이며 황제였던 유스티니아누스의 곁으로 신분상승했다는 사실은 그녀가 놀라울 정도로 능숙하고 적응력이 뛰어나며 의지력이 강했다는 사실을 알게 해 주는 것이다. 유스티니아누스와 테오도라의 치하에서 비잔티움의 세력은 절정에 달해 있었다. 유스티니아누스는 테오도라보다 17년을 더 살다가 565년 11월 14일에 87세의 나이로 죽었다.

라벤나에 있는 비잔틴 양식의 산 비탈레 교회에 있는 거대한 모자이크들은 548년경에 건립되었다. 한 벽감에는 유스티니아누스 황제가 보라색 어의에 제관을 쓰고 후광이 드리운 모습으로 있는 것을 볼 수 있다. 그는 황금 베일을 걸치고 있으며 그의 옆에는 흰색 복장의 세습귀족이 서 있는데 아마도 그의 사령관이었던 벨리사리우스인 것 같으며, 그 옆에는 막시밀리안 대주교가 서 있는데 영향력이 막강한 성직자였다. 유스티니아누스는 양쪽 그

룹보다 위쪽에 있다. 맞은편 벽에는 보라색의 화려한 옷을 입고 있는 황제비 테오도라가 수행원과 함께 서서 매력을 발하고 있다. 그녀의 왼쪽에는 벨리사리우스의 부인인 안토니아를 볼 수 있다. 그녀의 왼쪽에 있는 어린 소녀는 그녀의 딸 요한니나일 것이다. 테오도라의 초상화는 여기 있는 것이 유일하며 표정도 풍부하게 나타나고 있는데, 황제비라는 그녀의 지위에 상응해서 키도 더 크게 그려져 있지만 실제로는 그보다 작았다. 그녀의 얼굴은 갸름하고 크고 표정이 풍부한 눈에 아름다움이 집중되어 있는데, 이것은 관람자에게도 즉시 눈에 띈다. 눈의 표정은 예술가가 의도적으로 이목을 끌기 위해 강조한 것이다. 이 얼굴은 콘스탄티노플에서 있었던 페스트를 같이 겪었고 수천의 사망자들을 보았던 여성의 얼굴이며, 어쩌면 그녀 자신에게도 나중에 나타날 병이 이미 표현되고 있었던 얼굴이다. 달걀형의 얼굴과 조화를 이루는 그녀의 눈이 이 여성의 내면에 은밀한 두려움이 지배하고 있음을 나타낸다고 가정한다면, 이는 그림 속에 투영된 하나의 추측뿐일 수도 있겠지만 완전히 무시할 수만은 없는 추측이기도 하다. 과도할 정도로 풍부한 금장식 내지 보석 장식은 그녀를 모든 현세적인 것들 위로 드높이고 있다. 화려한 색체, 위엄 있는 얼굴표정 그리고 갸름한 어깨는 보는 사람으로 하여금 존경심을 일으키게 하고, 심지어 경탄까지 끌어낸다. 설령 보는 사람이 테오도라가 이전에 살았던 삶과, 사회적으로 바닥상태에서 황제의 부인으로까지 상승해 갔다는 것을 알고 있다 하더라도 말이다.

유스티니아누스와 테오도라에 대한 보다 자세한 정보를 위한 주요 출전들은 프로코피우스의 저작들이다. 카이사레아의 프로코피우스는 (약 500년에서 560여 년까지) 한때 벨리사리우스의 서기였으며, 벨리사리우스가 원정할 때에도 참여했다. 그는 『전쟁에 관하여』라는 저작에서 여덟 편(篇)에 걸쳐 유스티니아누스가 페르시아, 반달족, 고트족을 상대로 벌인 전쟁을 서술하고 있다. 『건축에 관하여 *De aedificiis*』라는 저작은 유스티니아누스가 설립하게 했던 기념비적 건축물들을 다룬다. 비잔티움 황궁의 야사(『일화』)는 550년에 집필되었지만 프로코피우스가 죽은 지 한참 후에야 발표되었다. 여기에서 유스티니아누스와 테오도라의 특징이 묘사되고 있는 것이다. 저자는 황제 부부를 증오했기 때문에 두 사람에 대해 의심스럽고 무자비하며 부도덕하게 행동하는 인물형으로 그리고 있다. 테오도라는 마적이고 파괴적인 인상을 주는 여성으로 묘사되고 있는데, 심령일원주의자들을 우대함으로써 제국이 파괴되는 것조차 감수하는 여성으로 나타나 있다. 그는 그녀를 부분적으로는 그로테스크할 정도로 부정적으로 묘사하고, 그녀에게 죄를 씌우면서 깎아 내리는 데 지칠 줄을 모른다. 이 팸플릿에 대해서는 조심스럽게 받아들여야 한다. 그렇지만 프로코피우스가 무수한 개별 사례들에서 당시의 사건들을 직접 체험한 사람으로서 진술하고 있고, 이는 다른 출전들에 의해서도 사실로 확인된 것인데다가, 그가 서술하고 있는 테오도라의 심리적 발전과 정도 어떤 면에서는 보다 깊은 맥락을 드러내는 것이기 때문에 『일화』에서 보고되는 여러 이야기들이 현실에 얼마나 부합하는가에 대해 제대로 평가하기란 여전히 어려운 문제이다.

H.K.

Spiel
de
Ero
여성들의 우정
신화
제우스와 가니메데스
역사적 인물들
소크라테스와 알키비아데스
하드리아누스와 안티노우스

높은 존재에 대한 소년의 동경

양해를 구함

소년에 대한 사랑은 달콤하다. 심지어 크로노스의 아들인

저 신들의 왕조차도 가니메데스라는 소년을 사랑했고,

그를 하늘로 데려가 그에게 신성을 부여해 주었다.

그가 사랑스러운 청춘의 꽃 같은 아름다움을

가지고 있었기 때문이다. 그러니 시모니데스여, 놀라지 마라.

나도 어떤 아름다운 젊은이를 사랑한다고 하더라도!

테오그니스(기원전 6세기).

값비싼 옷을 선물하는 아이네이아스

그는 지휘자를 돋보이게 하는 명예를 수여한다.

금빛으로 찬란히 빛나고 폭이 넓은 두 겹의 자주색 띠가

구불거리며 옷 주위를 두르고 있는 바로 그 옷이 승리한 그에게 주어진 것이다.

이다 산의 숲 속에서 도망가는 사슴들을 뒤쫓아 가며 지치게 만들고

불같은 투창을 헐떡이는 사슴에게 던지는 왕자의 모습도 옷의 무늬에 들어 있

었다.

그리고 그때 제우스의 독수리가 날카로운 발톱으로 잽싸게

왕자를 붙잡아 이다 산에서 하늘로 납치해 갔던 것이다.

이다 산에서는 늙은 목자들이 두 손을 별들에게 뻗치며 애원했으나

오호라, 허사였고, 개들이 컹컹 짖는 소리만 허공으로 올라갔다.

베르길리우스, 『아이네이스』 V 249-257.

독역: 요한 하인리히 포스.

제우스를 비난하는 헤라

당신이 그렇게 한 것은 참으로 좋지 않은 일이고, 신들의 왕으로서의 품위에도
전연 맞지 않아요. 당신의 합법적인 부인을 앉혀 놓고 저 아래 대지에 가서는 …
오만 군데 연애질이나 하고 돌아다니다니. 그동안은 그래도 피조물들이 아직까
지는 자기가 속한 곳에 머물러 있었어요. 그런데 당신은 당신의 신적인 위엄에
도 불구하고 수치스럽게 이 목동 소년을 하늘로까지 끌어올려 내 코앞에다 갖다
놓다니요. 그 애가 당신에게 넥타를 따라 줘야 한다는 구실을 대는군요. 마치 당
신이 음료 담당 때문에 그렇게나 당혹스럽다는 듯이, 마치 헤베나 불카누스는

그렇게 어려운 직책을 더 이상 감당하지 못할 거라는 듯이 말예요. 하지만 당신은 우리 모두가 보는 앞에서 저 아이에게 입을 맞추기 전에는 결코 저 아이의 손에서 잔을 받지 않더군요. 입맞춤이 당신에겐 넥타보다 더 맛있으니까. 그래서 당신은 전혀 목마르지 않은데도 매 순간 마실 것을 요구하고 있는 거죠. 정말이지 당신은 도가 지나쳐요. 당신은 잔에서 조금밖에 안 마셨어도 그 잔을 저 소년에게 건네주어 마시게 하고, 소년이 마시다 남긴 것이 있으면 무슨 대단히 맛있는 거라도 되는 듯이 홀짝홀짝 다 마시다니 말예요. 특히 그 아이의 입술이 닿은 부분에다 대고 그러더군요. 그래야 동시에 넥타도 마시고 입도 맞추는 즐거움을 가질 수 있겠지. … 당신이 그 짓거리를 아무도 모르게 한다고 착각하지는 말라구요. 나한텐 모든 것이 아주 잘 보이니까.

사모사타의 루키아노스, 『대화록』.
독역: 크리스토프 마르틴 빌란트.

밝은 올림포스와 어두운 대지

그리하여 그대, 트로이 왕가의 아들은
음료 담당이 되어 대단히 우아하게
제우스의 황금 잔을 채우는구나.—
즐거운 봉사로고!
그러나 너를 낳아 준 도시와
바다의 해안은
비탄과 통곡으로 가득하단다.
잃어버린 아들들과 백발이 된 어머니들을 슬퍼하면서…

그런데도 너는 그곳에서 빛을 받으며

제우스의 옥좌 곁에 앉아 너의 젊은 얼굴을 씻고 있구나.

그 사이 그리스인들의 창들은

프리아모스 왕의 대지를 쑥대밭으로 만들었는데….

결코 나는 기억하고 싶지 않다.

당신의 배신을, 오, 제우스여!

에우리피데스, 『트로이 여인들』 824ff.

독역: J.J. 도너.

빈의 미술사 박물관에 있는 한 그림은 일상적이지 않은 장면을 보여 준다. 밝은 기운으로 가득 찬 하늘과 낭만적인 분위기의 산악 풍경 앞에서 힘센 독수리 한 마리가 실오라기만 걸친 소년 한 명을 위로 데려가는데, 소년의 희고 매끄러운 피부가 독수리의 어두운 날개와 인상적인 대조를 이루고 있다. 그림의 맨 앞부분에는—그림을 관찰하는 사람과 평행하게—개 한 마리가 위로 사라져 가는 주인을 당혹하고 동경에 찬 표정으로 바라보는데, 주인은 완전히 신뢰하는 표정으로 자신의 유괴자에게 매달리고 있으며 개를 안심시키려는 듯이 뒤돌아보고 있다.

〈가니메데스의 유괴〉, 이것이 1530년에 코레지오가 그린 이 그림의 제목이다. 이 그림은 이 르네상스 화가가 올림포스에서 제일 높은 신이 벌였던 사랑의 모험들을 주제로 그린 연작 시리즈에 속하는 것이다.[150] 가니메데스의 이야기는 그중에서도 특별한 자리를 차지하고 있다.

---

150) 이 연작 시리즈는 〈제우스의 사랑〉이라는 제목이 붙어 있다. 이미 고대에도 제우스가 사랑했던 사람들에 대한 카논적인 리스트가 있었다(가니메데스를 제외하면 여성들뿐이었지만).

가니메데스는 트로이의 건설자인 트로스의 아들이었고, "지상에 사는 필멸의 존재들 중에서 … 가장 아름다운 자"[151]로 간주되었다. 아프로디테에 바치는 호메로스의 찬가는 그가 속한 다르다니우스 가문 사람들을 "체격이나 얼굴이 신과 가장 닮은"[152] 사람들이라고 찬양하고 있다. 그 때문에 제우스는 미소년의 정수인 이 금발 소년을 그의 음료 담당자로 만들 목적으로 올림포스로 유괴했던 것이다. 그는 소년을 잃고 슬퍼하는 아버지를 위로하기 위해서 불멸의 암말 두 필과 황금의 포도나무 한 그루를 보냈는데, 호메로스에 따르면 트로이의 유명한 말 사육이 그 두 마리의 말에서 유래했다고 한다.

이 이야기는 다른 많은 신화들과 대조적으로 간결하고 일목요연하여 인상적이다. 어쩌면 이는 아카이아 사회에 퍼져 있었던 성년의식을 신화적으로 숭고하게 만들어 보고하는 이야기에 다름 아닌 것은 아닐까? 그러니까 성인 남자가 사춘기에 접어들고 있는 소년을 유괴해서 소년과 꽤 긴 기간 동안 함께 살면서 성장기의 소년에게 전형적으로 남성적인 활동들(예컨대 사냥)에 익숙해지게 만들어 주고, 그리하여 마침내 소년은 자신이 성인단계로 들어서고 있음을 멋있게 보여 주면서 가족에게로 돌아온다는 이야기 말이다. 이 전설이 나오게 된 원래 소재는 플라톤의 『노모이 *Nomoi*』에서도 언급되고 있는 것처럼, 아테네의 시각에서 볼 때는 야만적이었던 크레타 사람들의 풍습과 관련이 있는 그런 종류의 것일지도 모른다.[153] 그러나 제우스에 의해 가니메데스가 유괴되었다는 이 전설이 특히 기원전 5세기의 그리스 문화에서 가지고 있었던 의미는 완전히 다른 차원에서 전개된다.

시인과 사상가들에게 있어서도 가니메데스는 이야기를 풀어 나가는 소재

---

151) 호메로스, 『일리아스』 20,233.
152) 호메로스의 찬가 5, 201.

로서의 역할을 자주 했었지만, 그의 이야기를 보다 깊이 있게 형상화한 것은 무엇보다도 조형예술이었다. 이러한 형상화에 가장 많은 몫을 담당했던 것은 화병에 그림을 그리는 방식이며, 이것은 특히 아카이아 시대에서 고전적 시대로 넘어가는 과도기에 활발했다. 그전까지의 시기에 묘사된 신들은 미소를 지으며 평온함과 느긋함을 과시했다면, 이 시기에 와서는 흥분한 모습이 그 자리를 차지했다. 이는 의심의 여지없이 신들도 인간들과 마찬가지로 에로스의 힘에 복종했음을 나타내는 것이다. 신들의 구애는 자주 약탈과 유괴의 형태로 표현된다. 그러나 유괴에 앞서 추적이 벌어진다. 신들이 사랑하는 대상, 특히 소년을 추적하는 모습을 나타낸 그림들은 그러나 보통은 명랑한 분위기 같은 인상을 매개한다. 추적자가 제우스인 경우에는 때때로 비문 등을 통해서 그가 제우스임이 입증되기도 하지만, 대부분은 나이가 더 많은 남자 쪽이 왕홀이나 번개를 지니고 있고, 거기에다 머리에 쓴 올리브 화관 때문에 품위가 더 격상되어 있는 것을 통해서 입증된다. 도망치는 소년도 보통은 벗은 몸에다 머리띠나 수탉을—이는 그에게 구애하는 신의 선물인 것으로 보인다—손에 들고 있는데, 비문에 가니메데스라고 표기되어 있는 경우가 드물지 않다. 그와 같은 장면에서 에로스에 의해 사로잡힌 남자에게 그가 최고의 신임을 나타내는 수식이 전혀 없다면, 이는 아마도 당시 헬라스의 일상적인 삶에서 나온 그림에 불과한 것일 수도 있다. 화병에 그림을 그렸던 화가들은 신도 인간과 똑같이 사랑의 힘에 지배된다는 것을

---

153) 플라톤, 「노모이 636c-d」. "우리 모두는 따라서 크레타 사람들이 가니메데스의 전설을 고안한 것이라는 비난을 하지 않을 수 없다. 그들은 자신들의 법률이 제우스에게서 나온 것이라고 확신하고 있었기 때문에 거기에다 제우스를 모욕하는 이런 전설까지 덧붙였을 것이다. 자기들도 당연히 그 신의 모범을 따라서 이런 즐거움을 누릴 수 있도록 말이다."

보여 주기 위해서 그림에 나오는 인물들의 정체를 의도적으로 불명료하게 남긴 경우가 많았을 것으로 추측된다.

화병에 그려진 그림들 중에서도 가장 인상적인 것들에서 화가들이 제우스를 묘사해 놓은 방식에 의하면, 에로스에 의한 충동은 그 끝을 가늠할 수 없을 정도이다. 시선은 뜨거운 열정으로 넘치고, 입은 동경으로 가득 차 벌어져 있으며, 두 손은 손가락을 탐욕적으로 벌리고 사랑하는 소년을 붙잡고 있다.[154] 때로는 날개 달린 에로스가 제우스의 뒤에서 날아다니면서 그에게 소년을 콱 붙잡으라고 막대기로 자극하는 모습을 그려 넣음으로써 에로틱한 동기가 강한 것임을 나타내기도 한다.[155] 가니메데스의 유괴가 향연을 나타내는 장면과 결부되기도 하는데, 여기서 가니메데스는 동료들과 함께 있으며, 그의 머리에는 화관이 씌워져 있다.[156] 그처럼 여러 인물들이 나오면서 소란한 생명력으로 맥박이 뛰는 것처럼 보이는 그림들에서는 가니메데스 쪽에서도 놀라 뒤로 물러나는 태도와 의도적으로 머뭇거리는 태도, 거부하는 태도와 자발적인 태도가 서로 적당히 어우러지고 있음을 성공적으로 그려 내는 화가도 드물지 않다. 이때 제우스가 흡족한 듯이 미소 짓는 모습으로 나오는 것은 이상한 일이 아니다.

화병 그림에는 추적과 유괴라는 주제와 더불어, 이러한 사랑 사냥이 어떻게 끝나는가를 주제로 하고 있는 장면들도 있다. 소년은 더 이상 도망가는 것이 아니라 그의 추적자를 향해 몸을 돌린다. 그의 완벽한 아름다움도 이제 비로소 나타나기 시작한다. 그는 부끄러워하는 동안에는 구애를 받는 자이지

---

154) 칸타로스(브리고의 화가), 보스톤(기원전 490년경).
155) 알라바스트론(디오스포스 화가), 예전에는 베를린 소재(기원전 490년경).
156) 접시 그림, 파리(기원전 450년경).

만, 구애를 하는 자로서는 아무리 사랑의 불길에 타오르고 있다 하더라도 항상 신적인 품위를 보여 준다. 서로에게 수그리고 있는 머리들은 제우스와 가메데스 모두 똑같은 에로스의 힘에 굴복하고 있음을 보여 준다.[157] 그러한 모습을 그리는 것은 예술가의 의도가 신을 인간화하고 인간을 신적인 경지로 드높이는 것임을 말해 준다. 유괴가 독수리를 통해 이루어지는 것은 인간이 높은 영역, 즉 신적인 영역으로 고양되는 것이라는 생각에 상응하는 것이다.

그리스 신화에서 필멸의 존재가 사랑을 통해 신과 만나는 경우들을 개관해 보면, 그럴 때마다 매번 인간이 자신에게 주어진 한계를 넘어서고 있음을 알 수 있다. 그러므로 비극적인 종말은 예견 가능한 것이다. 에우리피데스의 작품에 나오는 다음과 같은 합창대의 노래에는 이러한 상황이 간결하게 요약되고 있다. "나는 물레질을 하면서도 들은 바 없고 / 소문을 통해서도 들은 바 없다. / 신들의 자식이지만 필멸의 여자들의 품에서 나온 존재들에게도 / 행복이 생긴다는 이야기는 말이다." 이처럼 신들에게 사랑받은 모든 인간들이 비극적인 종말을 맞게 된다는 두려움은, 신들이 자신이 사랑하는 인간을 기습하듯이 붙잡지만 그렇게 선택된 인간은 겁에 질려 달아나는 것을 보여 주는 화병 그림들에서도 읽어 낼 수 있다. 가니메데스는 이러한 규칙에서 벗어나는 극소수의 예외 중의 하나를 이루고 있는 것으로 보인다. 그의 행로는 행복한 결말을 맞는 것이다. 그는 제우스가 그의 아버지에게 약속했듯이 불멸의 존재가 되어 신들의 음료를 담당하는 존재로 남는다. 또한 그의 모습이 헬레니즘적, 로마적 전통에 따라 밤하늘의 물병자리로 나타날 때에도 그의 불멸성은 확실한 것이다.

---

157) 접시 그림, 페라라(기원전 450년경).

그러나 그의 운명은 완전히 다른 측면을 보여 주기도 하는데, 여기서 분명 해지는 사실은 모든 행복의 대가가 얼마나 비싼 것인지 신화는 알고 있다는 것이다. 신들이 머무는 하늘에서 헤라는 남편인 제우스가 젊은 애인을 만들어 온데다가 그에게 음료 담당이라는 직위까지 부여한 것에 대해 잔뜩 화가 나 있다. 음료 담당은 그때까지 그녀의 딸 헤베가 맡아 왔던 일이기 때문이다. 그러므로 헤라는 트로이 전쟁 때 트로이 사람들의 반대편에 서서 가니메데스 의 일족인 그들에게 복수를 가한다.[158] 이제부터 가니메데스가 영원히 거처하 게 될 올림포스의 밝음과, 연기로 뒤덮이고 화재의 불길만 번쩍거리는 지상의 어둠이 날카롭게 대조되는 가운데 이러한 어둠 속에서 트로이는 몰락해 간다.

이렇듯 가니메데스의 신화에는 비극으로 둘러싸인 인간이 신적인 것을 끊 임없이 동경하는 모습이 반영되고 있으며, 이는 하늘로 올라가면서 찢겨지 는 모습 속에 표현된다. 위에서 언급한 사례들과 관련된 화병 그림의 화려 한 전성기 이후 시대에 플라톤은 그의 『대화록』 중 하나에서 제우스와 가니 메데스에 빗대어 사랑하는 사람과 사랑받는 사람의 합일을 서술하고 있을 뿐 아니라[159] 추적자에게서 도망가게 되는 과정도 서술하고 있다. "그러므로 사람은 이곳에서 저곳으로, 그것도 가장 빠른 방식으로 도망가려고 하지 않 을 수 없게 되는 것이다. 도주라는 것은 신과 가능한 한 닮아 가는 것을 의 미하기 때문이다."[160]

C.M.B.

---

158) 베르길리우스, 『아이네이스』 I 28 참조.

159) 플라톤, 『파이드로스』 255 b–c. "그가 그를 그런 식으로 한동안 놔두면, 그에게는 … 제우스가 가니메데스를 사 랑하던 때에 사랑의 자극이라고 불렸던 저 물결의 근원이 그에게 다가오고, 그 다음엔 이 정부를 향해 콸콸 넘치 게 되는 것이다…."

160) 플라톤, 『테아이테토스』 176 a–b.

Art Works 예술작품

출 처

호메로스(Homer), 『일리아스 Ilias』 20, 230-235; 5, 640; 『소(小) 일리아스 Kleine
　　Ilias』, Fr. 6 K.

핀다로스(Pindar), 『올림피아 송가 Olympische Oden』 I, 34ff., 10, 105.

오비디우스(Ovid), 『변신 Metamorphosen』 X 155-161.

조 각

레오카레스(Leochares), 〈가니메데스를 유괴하는 독수리 Der Adler entführt
　　Ganymed〉, 기원전 4세기, 로마.

B. 첼리니(Cellini), 〈가니메데스 Ganymed〉, 16세기, 피렌체.

B. 토르발트센(Thorwaldsen), 〈독수리에 의해 유괴되는 가니메데스 Ganymed,
　　den Adler fütternd〉, 1817, 코펜하겐.

그 림

코레지오(Correggio), 〈가니메데스의 유괴 Die Entführung des Ganymed〉,
　　1531년경, 빈.

A. 카라치(Carracci), 〈가니메데스의 유괴 Raub des Ganymed〉, 16세기 후반, 로마.

루벤스(Rubens), 〈가니메데스 Ganymed〉, 1611년경, 빈.

루벤스(Rubens), 〈가니메데스의 유괴 Der Raub des Ganymed〉, 1636-1637, 마드
　　리드.

렘브란트(Rembrandt), 〈가니메데스의 유괴 Der Raub des Ganymed〉, 1635, 드
　　레스덴.

A.R. 멩스(Mengs), 〈제우스와 가니메데스 Zeus und Ganymed〉, 18세기, 로마.

A.J. 카르스텐스(Carstens), 〈독수리에게 잡힌 가니메데스 Ganymed in den

Fängen des Adlers〉, 18세기 후반, 바이마르.

H. v 마레(Marées), 〈가니메데스 Ganymed〉, 1887, 뮌헨.

문　　학

괴테(Goethe), 「가니메데스 Ganymed」, 시, 1774.

F. 횔덜린(Hölderlin), 「속박된 강물 Der gefesselte Strom」, 송가, 1802.

C.M. 빌란트(Wieland), 『유노와 가니메데스 Juno und Ganymed』, 소설, 1762.

음　　악

J.P. 크리거(Krieger), 연회용 음악, 1693.

F. 슈베르트, 괴테 시에 붙인 가곡, 1817.

H. 볼프, 괴테 시에 붙인 가곡, 1889.

온 라 인　박 물 관

www.artcyclopedia.com

검색창에 "Ganymede"를 입력합니다. 코레지오(Correggio)의 〈Ganymede 가니멧〉이 바로 432쪽에서 설명하는 그림입니다. 그 외에도 루벤스(Rubens), 모로(Moreau), 렘브란트(Rembrandt) 등 많은 화가들이 가니멧의 유괴에 대한 그림을 그렸습니다.

연상의 남자에게 종속된 청년

향연에서의 만남

이제 소크라테스가 그렇게 말을 마치고 나자 다른 사람들이 그를 찬양했다고 한다. … 그런데 갑자기 바깥문을 두드리는 소리가 나고 대단한 소음이 일어났다는 것이다. … 그러고 나서 오래지 않아 … 큰 소리로 아가톤은 어디 있느냐고 묻는 알키비아데스의 목소리가 들렸다고 한다. … 그래서 그들은 그를 안으로 들였는데 … 그는 문가에 담쟁이덩굴과 제비꽃으로 된 두꺼운 화환과 띠를 머리에 두른 모습 그대로 서 있더니 "어이, 다들 반갑네!" 하더란다. … 그러자 모두들 큰 소리로 그에게 들어오라고 했다는 것이다. … 그는 들어와서는 당장 머리띠를 끌렀다고 한다. 아가톤의 머리에 둘러 주겠다면서 … 그는 소크라테스가 있는 것은 보지 못하고 아가톤 곁에 가서 앉았다고 한다. … 그리고 이제 주위를 둘러보다가 소크라테스 쪽을 보게 되었다고 한다. … 그를 알아보고는 자리에서 벌떡 일어나 큰 소리로 말했다는 것이다. … 이봐요, 소크라테스 님. 여기서도 벌써 다시 기회를 엿보고 계시는군요. … 다시 또 방법을 생각해 내셨겠죠. 여기 있는 모든 사람들 중에서 가장 아름다운 사람 옆에 누워 보겠다고!

그러자 소크라테스가 이렇게 말했다고 한다: 아가톤, 잘 보고 네가 내 편을 들어 줄지 말지 생각해! 이미 저 인간은 나를 사랑한답시고 나를 꽤나 화나게 만들었으니까 말이야. 내가 저 인간을 사랑한 이후로 나는 그 어떤 미남도 쳐다보거나 말을 해 보지도 못했어. 안 그러면 그가 당장 질투를 하니까. … 그 미남이 내게 손만 갖다 대도 시기를 해요. … 그러니 잘 보라고. 저 녀석이 지금도 다시 내게 수작을 걸잖아. … 저렇게 멍청하게 사랑에 빠진 저 상태가 내게는 끔찍해. … 우리 두 사람에게는 이별이란 있을 수 없죠, 하고 알키비아데스가 말했다고 한다.

그렇다면 잘 들어라, 하고 에리크시마코스가 말했다고 한다. 우리는 자네가 들어오기 전에 합의를 봤단 말이야. … 각자가 에로스에 대한 연설을 하나씩 하기로. … 자네도 하고 싶으면 소크라테스를 찬양해 보게.

그렇다면 내가 시작을 해 보겠어, 하고 알키비아데스가 말했다고 한다.

그렇다면 소크라테스를 찬양해 보기로 하지. 이미지를 통해서 말이야. … 요컨대 내가 주장하고자 하는 바는 그가 조각가들의 작업장에 있는 저 실레누스와 비슷하다는 거야. … 그 조각상의 절반을 열어 보면 그 안에는 신들의 입상이 보이거든. … 고로 나는 그가 사티로스인 마르시아스를 빼어나게 닮았다는 것을 주장한다 이 말이야. … 마르시아스는 악기를 가진데다가 말의 힘까지 더해 인간을 매료시켰거든. … 하지만 당신은 그보다 훨씬 뛰어난 사람이에요. 악기도 없이, 오로지 말만 가지고 그와 똑같은 것을 이뤄 내니까.

하지만 나는 이 마르시아스에게 종종 감동을 받았어. 그래서 생각하게 된 거지. 내가 지금 이대로 머문다면 나는 더 이상 살 가치가 없다고 말이야.

그러니까 나는 이 사티로스에 의해서 … 그가 하는 플루트 연주에 같이 연주되어 온 것이야. 하지만 계속 더 들어 보라고. 그가 얼마나 내가 비교하는 저이와 닮았는지. … 자네들도 보다시피 소크라테스는 아름다운 청년들을 사랑해 왔고 항상 그들 주변에 머물면서 그들 때문에 제정신을 못 차리잖아. … 그가 안에 지니고 있는 신들의 형상을 누가 본 사람이 있는지 … 그건 나도 몰라. 하지만 나는 그것을 한 번 봤거든. …

나는 그가 나의 아름다움을 얻기 위해서 진지하게 애를 써 왔다고 믿었기 때문에, 이건 대단한 횡재이며 엄청나게 행복한 사건이라고 생각했지. 왜냐하면 내가 소크라테스에게 친절하게만 대하면 그는 내 수중에 있는 것이니까 말이야. … 이제 이런 생각을 하면서 … 나는 일단 하인을 내보내고 완전히 그와 단 둘이 만 있었어. … 그러니까 … 우리 두 사람만 함께 있었던 거야. 나는 생각했지. 그는 이제 곧 그런 것들을 말할 것이다. 사랑하는 사람끼리만 단 둘이 있을 때 그렇게 하는 것처럼. … 웬걸, 아무 일도 없었어. … 나중에 … 나는 그에게 체력단련을 하자고 했어. … 그리고는 그와 함께 연습했지. 그렇게 해서라도 뭘 좀 이뤄 보려고. … 그런데 말도 마. 그 이상으로는 조금도 진척이 안 되더구먼. … 그래서 그를 식사에 초대했어. 사랑하는 사람이 그 상대의 비위를 맞추며 쫓아다닐 때 그러하듯이 성대한 식사에. … 그래서 그가 처음으로 왔을 때 … 나는 그와 이야기를 했어. … 밤 늦도록까지. … 그리고 그가 가려고 하자 나는 너무 늦었다는 구실을 댔지. 그리고는 그를 억지로 남아 있게 했어.

그래서 그가 내 옆 자리에 누웠어. … 그 밖에도 이 방에서 자는 사람은 우리 말고는 없었어. …

이제 불이 꺼지고 하인들이 나가자 나는 생각했어. … 이제는 더 이상 빙빙 둘러 이야기하지 말고 내가 생각하는 것을 그대로 말해도 되겠지. 그래서 그를 툭 치면서 말했어. 소크라테스 님, 주무세요?―아니, 아직, 하고 그가 말하더군.― 내가 무슨 생각을 했는지 혹시 아세요?―뭔데? 하고 그가 말했어.

　당신은, 하고 내가 말했지. 나를 사랑하는 사람들 중에서 유일하게 그럴 가치가 있는 사람이에요. 그리고 당신도 그에 대해서 나와 이야기하고 싶어 하는 것 같아요. … 내가, 말하자면 그런 식으로 화살을 당기고 나서 나는 그 화살이 그에게 맞았을 것이라고 믿었어. 그리고는 그에게 더 이상 말을 시키지 않고 자리에서 일어나서 이 옷을 걸쳤어. 겨울이었거든. 그리고는 그의 외투 속으로 들어가 누웠지. 그러면서 이 신적이고 참으로 경이로운 남자를 두 손으로 껴안았어. 그리고는 그렇게 밤새도록 누워 있었지. … 그런데 내가 이 모든 것을 다 했음에도 불구하고 그는 결국 이겼고, 나의 아름다움을 경멸하고 비웃었어. … 그러니까 말이야. … 내가 소크라테스와 그렇게 자주 잠을 자고 난 후에 그 이상의 진도도 나가지 못하고 그냥 자리에서 일어났던 거야. … 마치 아버지나 형 옆에서 잤던 것처럼 말이야.

　여기에 대해서 어떻게들 생각하나. … 내 기분은 그랬어. … 모욕당한 것이라고 생각하면서도 이 남자의 본성, 분별력, 용감함을 즐겼단 말이지. … 지혜나 집요함에 있어서 내가 그전에는 결코 발견할 수 없으리라고 믿었던 그런 사람을 만났던 거였으니까. … 나는 잘 알고 있었거든. 그가 어디서고 돈 때문에 상처받지는 않을 거라는 걸. … 하지만 나는 그도 붙잡힐 수 있는 사람이라고 믿었고, 그 때문에 그도 내게서 빠져나가 버렸던 거야. 그러니 나는 어찌해야 할지 모르면서 그 사람의 힘 안에 붙잡혀 있었지. 어떤 사람도 나처럼 그렇게 또 다른 사람 안에 붙잡혀 있지는 않았을 거야.

플라톤, 『향연』 212C-219E.
독역: 프리드리히 슐라이어마허.

소크라테스와 알키비아데스

"성스러운 소크라테스여, 왜 당신은

항상 이 젊은이를 섬기시나요? 그보다 더 훌륭한 일은 모르시나요?

왜 당신의 눈들은 사랑에 가득 차

신들을 보듯이 그를 보시나요?"

가장 심오한 것을 생각한 사람은 가장 생동하는 것을 사랑한단다.

한창때의 청춘을 사랑하는 자는 세상 안을 들여다본 적이 있는 사람이란다.

그리고 지혜로운 자들은 대개 끝에 가서는

아름다운 것에게로 기우는 법이란다.

프리드리히 횔덜린.

    소크라테스와 알키비아데스의 대립보다 더 큰 대립은 거의 상상할 수도 없다. 그리고 특히 거기서 자라난 매력 때문에 두 사람의 이름도 거듭해서 하나의 커플처럼 흥미를 끌어 왔다. 기원전 5세기에 아테네에서 살았던 이 두 사람은 사회적 출신, 외적인 인상 그리고 성격 면에서 근본적으로 구별된다. 소크라테스가—자유시민임에도 불구하고—수공업자 신분 출신이며 그의 외모도 그 어떤 보고에 의하건 두드러지게 못생긴 편이었고 그의 사고와 태도는 지속성과 수미일관성이 특징인 반면, 알키비아데스는 가장 명망 있는 혈통귀족 출신이었으며 "평생 지속되었던 … 육체적 아름다움"[161] 때문에 눈에 띄었고 기본적으로 모순적인 성격을 보일 때가 많았다. 스무 살이

---

161) 플루타르크, 『알키비아데스』 1.

많은 소크라테스가 아테네의 뛰어난 청년들의 선생으로서 얻었던 훌륭한 평판과 명성으로 인해 두 사람의 관계는 생겨났지만, 알키비아데스가—예컨대 투키디데스가 전하고 있는 그의 연설에서 그의 논쟁하는 기술이 보여 주듯이[162]—철학하는 선생의 뛰어난 제자였던 것만은 아니다. 이보다 훨씬 중요한 것은 그토록 달랐던 두 사람의 밀접한 인간적 관계이다.

이는 그리스 고전 시대에 있어서 (나이가 많은 남자와 나이가 어린 남자 사이에서 벌어지는 가장 광범위한 의미에서의 에로틱한 관계라고 이해되었던) 동성애가 지녔던 전형적인 역할이라는 배경을 염두에 두고 바라보아야 하는 문제이다. 이때 성인인 애인('에라스테스 erastes')은 성장하고 있는 애인('에루메노스 erumenos')에게 폴리스에서의 공동체 생활과 그 지속 발전을 좌우하는 윤리적 척도들을 매개해야 했다. 에라스테스가 모범을 보여 주면, 에루메노스는 그것을 열심히 따라했다. 스파르타 같은 나라에서는 그러한 종류의 관계가 군사적 전투력을 위해 유용하게 되는 것이 무엇보다 중요했을 수도 있지만, 스파르타와 달리 지성적이었다고는 못해도 문명화되기는 했던 아테네의 분위기에서는 아름다움과 선이 결합된 미덕, 즉 '칼로카가티아'를 위해 교육하는 것이 문제였다.

플라톤의 철학에서는 에로스라는 개념에 대단한 비중이 주어지는데, 그의 『대화록』에는 자신의 선생이었던 소크라테스가 젊은 남성들의 육체적 아름다움에 얼마나 강하게 매료되었던가가 자주 지적된다. 이에 대한 예로서 제공되고 있는 것이 카르미데스라는 젊은이와 소크라테스와의 만남인데, 이는 주인공의 이름을 따고 있는 「전기 대화 편」의 "카르미데스 Charmi des"에

---

162) 투키디데스, 『펠로폰네소스 전쟁』 VI 16-18.

나오는 내용이다.[163] 플라톤은 "프로타고라스"의 서두에서[164] 이 철학자가 젊은 알키비아데스에게 느꼈던 애정감정을 매우 구상적인 이미지를 통해 묘사하고 있는데, 다분히 '플라톤적인' 의미에서만은 아닌 애정이었을 것이다. "소크라테스여, 어디에서 오는가? 아니면 알키비아데스의 아름다움을 사냥하다 왔다는 것이 당연지사라 할까?"

두 남자의 관계가 가장 포괄적이고 가장 다양한 측면에서 묘사되고 있는 것은 『향연』에서이다. 플라톤은 알키비아데스 자신으로 하여금 그와 소크라테스의 관계에 대한 이야기를 하도록 하고 있다. 그는 『향연』의 말미에 가서야 등장하는데, 등장하자마자 태평하고 인습을 무시하는 활기찬 모습을 보여 주고 있으며, 이 때문에 그는—이 이야기의 외적인 틀을 허구적인 것이 아니라 현실과 관련되는 것으로 간주한다면—이미 마흔세 살임에도 불구하고(비극 시인 아가톤을 기리기 위한 이 향연은 기원전 416년에 있었던 것이다) 완전히 청춘 같은 인상을 준다. 알키비아데스의 머리 위에 있는 담쟁이덩굴 화환과 그를 동반하고 있는 플루트 연주자들은 그를 디오니소스적 힘의 화신처럼 만든다. 이것은 자신의 화려한 문패에—흔히 그렇듯이—가족의 문장을 붙이는 것이 아니라 번개신의 화살을 붙이는 이 남자의 인간성에 딱 들어맞는 것이다.[165] 그가 예기치 않게 소크라테스와 만났다며 변죽만 울리는 것은 분명한 아양이고, 나이가 더 많은 소크라테스의 장난스러운 대꾸도 서로 강하게 끌리고 있음을 부인하지는 않는다. 그리고는 두 사람 모두 진지하게 진실임을 강조하고, 곧이어 알키비아데스가 소크라테스를 염두에 둔

---

163) 플라톤, "카르미데스" 154a–155e 참조.
164) 플라톤, "프로타고라스" 309a 참조.
165) 플루타르크, 『알키비아데스』 16 참조.

연설을 시작한다.

알키비아데스는 소크라테스를 당시의 성물 장수들이 팔던 목각 공예품과 비교하는데, 이 공예품의 겉면에는 신화에 나오는 반신인 실레누스 또는 사티로스가 묘사되어 있으며, 그것을 열어 보면 안에 있던 신의 형상이 나타난다. 이는 의심의 여지없이 외적인 추함과 내적인 아름다움에 대한 구상적 상징인 것이다. 그러나 소크라테스를 실레누스와 비교하는 것은 신화적인 배경도 가지고 있다. 젊은 디오니소스는 실레누스에 의해 교육되었다. 왜냐하면 사람들은 동물적인 것과 신적인 것이 뒤섞여 있는 그러한 존재에게 특별한 지혜를 기대했기 때문이다. 이러한 이유로 미다스 왕은 그의 전설적인 장미의 정원 속에 실레누스 한 명을 감금해 놓고 있었다고 한다.[166] 추한 사티로스는 아름다움을 동경하지만 내면의 심성 때문에 스스로 자신이 찾던 사람처럼 될 수 있는 능력이 있다. 요컨대 알키비아데스가 이야기하는 소크라테스와의 관계에서 중심점이자 정점을 이루는 부분은 자신이 소크라테스를 유혹하려 했다는 것을 완전히 터놓고 언급하는 대목이라는 것이다. 이것은 역할 바꾸기와 비슷한 것으로서 연상의 사랑하는 남자와 연하의 사랑받는 남자 사이에 흔히 있던 일이었다. 그 당시 상당히 압도적으로 행해지던 허벅지 성교에서(이는 무수히 많은 화병 그림들에서도 묘사되고 있다) 에라스테스는 성적인 쾌락을 체험했지만, 에루메노스는 그에 반해 대부분 그에 동참하지 않고 맨 정신으로 남아 있었던 것이다. 그러나 갑작스러운 사랑의 도취상태에서는 상황이 달라질 수도 있었다는 것에 대한 증거들도 많다. "…그리하여 아마도 한 번은 두 사람이 서로의 영혼이 감시되지 않고 있다는

---

166) 헤로도토스, 『역사』 VIII 138 참조.

것을 발견하고는 한데 모여 많은 사람들이 가장 지복한 일이라고 생각하는 것을 선택하고 수행하는 것이다." [167]

　알키비아데스가 소크라테스에게 점점 더 강하게 내밀한 관계를 요구하지만 결국 자신이 추구한—분명하게 성적인—목표에 도달하지 못하는 장면은 대단히 재미있고, 플라톤도 알고 있었을 것이 확실한 골계극적인 요소를 지니고 있다. 그렇지만 여기서 부분적으로는 역사적 사실에 기초하고, 부분적으로는 허구적인 이 『대화록』이 집필되어 온 시대사적 배경도 간과되어서는 안 된다. 이 작품은 기원전 380년에 작성되었는데, 이 시기는 아테네 사회가 이 도시국가에게는 치명적이던 펠로폰네소스 전쟁이 끝난 뒤 정치적으로나 정신적으로나 몹시 불안하던 시기였다. 당시 아테네 권력자의 사주에 의해 벌어진 알키비아데스의 살해는 그보다 약 25년 전에 있었던 일이고, "젊은이들을 유혹했다"는 죄목으로 소크라테스가 처형된 것은 거의 20년 전에 있었던 일이었다. 소크라테스에게 가까웠던 크세노폰 같은 작가는 소크라테스와 알키비아데스의 우정관계가 그러한 판결의 진짜 원인이라고 생각했다. [168] 따라서 그 때문에 소크라테스의 제자인 플라톤이 소크라테스와 알키비아데스의 관계가 육체적이지 않았음을 특히 강조했던 것인지도 모른다. 이러한 종류의—오늘날에는 '정치적 올바름'(political correctness)이라 불리는—고려를 전혀 할 줄 몰랐던 다른 고대의 출전들은 이와 반대로(디오게네스 라에르티오스에 의하면 비온처럼 [169]) 소크라테스가 알키비아데스를 사랑했던 경우에 그렇게 조신하려고 애를 썼다면 소크라테스는 바보였을 것이라고

---

167) 플라톤, 『파이드로스』 256c.
168) 크세노폰, 『비망록』 1.2.12-16.
169) 디오게네스 라에르티오스, 4.49.

생각했다.

고대로부터 많이 이야기되어 온, 현자와 향락적 권력자 사이의 우정을 정신적, 사회적 결속으로 볼 것인지, 아니면 성적인 결속으로 볼 것인지는 판단하는 사람의 입장에 달린 문제이지 현존하는 당시 자료들에 달린 문제는 아니다. 이것들은 여러 가지로 해석될 수 있기 때문이다. 그러나 올바른 이해를 위한 열쇠로서 알키비아데스가 "나는 어찌해야 할지 모르면서 그 사람의 힘 안에 붙잡혀 있었지. 어떤 사람도 나처럼 그렇게 또 다른 사람 안에 붙잡혀 있지는 않았을 거야"[170]라고 한 말을 이 관계의 올바른 이해를 위한 열쇠로 받아들인다면, 어떤 식으로 진행되었건 둘 사이에는 사랑이 있었다는 결론에 이를 수 있을 것이다. 그도 그럴 것이, 지혜로운 자들은 "대개 끝에 가서는 / 아름다운 것에게로 기우는 법"이다.[171]

C.M.B.

---

170) 플라톤, 『향연』 219e.
171) F. 횔덜린, 『소크라테스와 알키비아데스』.

Art Works 예술작품

출　처

플라톤(Platon), 『알키비아데스 Alkibiades』; 『변명 Aplogie』; 『파이돈 Phaidon』;
　　『향연 Symposion』.

투키디데스(Thukydides), 『펠로폰네소스 전쟁 Peloponnesischer Krieg』.

크세노폰(Xenophon), 『변명 Apologie』; 『향연 Symposion』.

플루타르크(Plutarch), 『알키비아데스 Alkibiades』.

디오게네스 라에르티오스(Diogenes Laertios), 2.

조　각

리시포스(Lysippos), 〈앉아 있는 소크라테스 Sitzender Sokrates〉, 기원전 330년경,
　　코펜하겐.

K. 슈틸프(Stilp), 〈소크라테스 Sokrates〉, 1724, 발트자센 수도원 도서관.

A. 카노바(Canova), 〈소크라테스와 알키비아데스 Sokrates und Alkibiades〉 시리
즈, 1790-1792, 석고 부조, 포사노.

그　림

미틸레네(Mytilene)의 모자이크, 기원후 3세기, 레스보스.

바닥 모자이크, 1515, 시엔나 성당.

라파엘(Raffael), 〈스탄자 델라 세나투라의 아테네 학파 Schule von Athen in der
　　Stanza della Segnatura〉, 1508-1512, 바티칸.

J.H. 티슈바인(父)(Tischbein), 〈감옥에 갇힌 소크라테스 Sokrates im Kerker〉,
　　1758, 카셀.

J.L. 다비드(David), 〈소크라테스 Sokrates〉, 1758, 파리.

A. 포이어바흐(Feuerbach), 〈아가톤의 향연에 있는 알키비아데스 Alkibiades beim

Gastmahl des Agathon〉, 1869, 칼스루에.

J. 그뤼츠케(Grutzke), 〈소크라테스 Sokrates〉, 1975, 아헨.

희 곡

볼테르(Voltaire), 다수의 소크라테스 극, 1759.

W. 셰익스피어(Shakespeare), 『아테네의 티몬 Timon of Athens』, 1605-1608.

T. 오트웨이(Otway), 『알키비아데스 Alcibiades』, 1675.

G.E. 레싱(Lessing), 『알키비아데스 Alkibiades』, 1760년경.

G. 카이저(Kaiser), 『구출되는 알키비아데스 Der gerettete Alkibiades』, 1920.

소 설

B. 브레히트(Brecht), 『다친 소크라테스 Der verwundete Sokrates』, 1949.

오 페 라

G. 카르카니(Carcani), 〈알키비아데스 Alkibiades〉, 1746.

G. 파이시엘로(Paisiello), 〈소크라테스 Il Sokrate immaginario〉, 1775.

E. 사티(Satie), 〈소크라테스 Socrate〉. 성음부가 있는 교향시, 1918.

E. 크레네크(Krenek), 〈팔라스 아테네의 울음 Pallas Athene weint〉, 1955.

온 라 인 박 물 관

www.artcyclopedia.com

검색창에 "Socrates"를 입력합니다. 제롬(Gerome)의 그림으로 〈Socrates Seeking Alcibiades in the House of Aspasia 아스파시아의 집에서 알키비아데스를 찾는 소크라테스〉를 볼 수 있습니다.

요절한 소년을 향한 노왕의 헌신

공동의 사자 사냥

[황제는] 아르고선의 정복재[헤르메스]의 아들인 우아한 안티노우스가 과녁을 얼마나 정확히 맞히는지 시험해 보기로 했다. 상처를 입은 맹수는 점점 더 사나워졌고 극도로 화가 나서 앞발로 땅바닥을 찼다. … 맹수는 두 사람에게 펄쩍 뛰어올라 꼬리로 … 옆구리 부분을 후려쳤다. … 사자의 눈은 불처럼 이글거렸고, 입 주변에는 거품이 부글부글 끓고 있었다. 녀석은 성이 나서 이빨을 드러냈고, 녀석의 억센 몸에 난 갈기는 … 위로 … 치솟아 있었다. 사자는 이 명성이 자자한 신[하드리아누스]과 안티노우스를 향해 돌진했다. 한때 티포에스가 거인들의 정복자 제우스에게 그랬던 것처럼.

판크라테스(기원후 2세기), 미완성 시.

나일 강에서의 죽음

그[하드리아누스]는 나일 강에서 배를 타고 가는 동안 그의 안티노우스를 잃었고, 이 때문에 여자처럼 울었다. 어떤 사람들은 그가 하드리아누스를 위해 자신을 희생한 것이라고 주장했다. 다른 사람들은 그의 아름다움과 하드리아누스의 관능이 그의 죽음으로 귀결된 것이라고 생각했다. 어쨌건 그리스인들은 하드리아누스의 소원에 따라 그를 신의 위치로 드높였고, 그로 인해 기적이 일어났다고 선포했다. 그러나 사실은 하드리아누스가 몸소 이 일을 도와준 것이라고 한다.

『로마 황제 이야기』, 「하드리아누스」 14.

안티노우스의 희생

어떤 사람들이 여전히 주장하는 바에 의하면 … 하드리아누스 자신은 그 자신의 생애를 연장하고 싶어 했다. 그리하여 마법사들이 그를 위해 자발적으로 희생할 사람을 찾았을 때 모든 사람이 거부했다. 자신을 바치겠다고 나선 안티노우스를 제외하고는….

아우렐리우스 빅토르, 『카이사르 가문의 삶』 14.

죽은 안토노우스에 대한 숭배

안티노우스는 비티니아의 도시인 비티니움 출신으로, 우리는 이 도시를 클라디오폴리스라고도 부른다. 그는 하드리아누스가 총애하는 소년이었으며 이집트에서 죽었다. 이곳에서 그는—하드리아누스가 기록하고 있는 것처럼—나일 강에 빠져 죽었거나 아니면 희생되었는데, 진실에 상응하는 것은 후자이다. 하드리아누스는 … 저 비밀에 가득 찬 기술들을 뚜렷이 선호했고, 자주 예언이나 마법의 주문들을 이용했다. 그 때문에 하드리아누스는 안티노우스를 기리기 위해—그를 사랑한 나머지 그랬거나, 아니면 그가 자발적으로 죽었기 때문에 그랬을 것이다. 어쨌거나 안티노우스의 죽음은 하드리아누스가 얻고 싶어 하는 것을 위해 필요한 것처럼 보였던 것이다—안티노우스가 자신의 생을 중단해야 했던 그 장소에 그의 이름을 따서 도시 하나를 건설했다. 그는 그의 동상들이나 심지어 그를 성자처럼 묘사한 그림들까지 전세계에 걸도록 했다. 마침내 그는 자신이 별을 하나 보았으며, 그 별을 안티노우스의 별로 간주한다는 선언까지 공식적으로 했다. 그 별은 실제로 안티노우스의 영혼을 통해 생겨난 것이므로 그가 죽은 후에야 처음으로 나타난 것이라는, 수행원들이 꾸며 낸 이야기에도 그는 기꺼이 귀를 기울였다.

카시우스 디오, 69, 11.

조각예술에 관심이 있는 사람은 여러 박물관에서 그를 만나게 될 것이다. 루브르 박물관에서는 아폴론을 형상화해 놓은 작품들을 닮은 두상으로 만나게 될 것인데, 스타일은 피디아스를 모방하고 있으며, 어쩌면 그 때문에 빙켈만이 칭찬했었는지도 모른다.[172] 바티칸에 있는 로톤다 홀에서는 우아하고 품위 있는 디오니소스의 거대 동상으로서 만날 것이며, 델피에서는 신적인 우아함을 지니고 있는 그리스 청년의 모습에서, 드레스덴에서는 이집트의 신 오시리스를 생각나게 하는 장엄한 흉상에서 만날 것이다. 이러한 작품들에서, 그리고 그 밖에도 많은 헬레니즘 로마 시대의 다양한 양식으로 나타

---

172) J.J. 빙켈만, 『고대 예술사에 관한 주석』, 드레스덴, 1767, 제2권 2, 123.

나는 예술작품들에서 형상화되고 있는 것은 신으로 드높여졌던 역사적 인물이다. 그는 다름 아니라 하드리아누스 황제의 애인 안티노우스인 것이다.

로마에서 양자로서 황제가 되었던 세 번째 인물이었던 하드리아누스는 기원후 176년에 스페인에서 태어났지만 로마 출신이었다. 부계는 트라야누스 황제와 친척이었다. 이처럼 관계도 가깝고 군사적으로도 일찍 두각을 나타냈음에도 불구하고 하드리아누스는 자식이 없던 지배자에게로 처음에는 입양되지 않았다. 두 사람은 마음이 특별히 잘 맞는 사이는 아니었던 것으로 보인다. 전래되어 내려오는 황실의 소문을 신뢰할 수 있다는 관점에서 보자면, 하드리아누스는 트라야누스가 자신만의 것으로 따로 떼어 놓고 있던 부분에 너무 지나친 관심을 보였던 모양이다. 그 부분이란 황제의 시동들이었다. 어쨌거나 하드리아누스는 황제의 부인 플로티나의 총애를 받았고, 스물넷의 나이에 열 살이 어린 사비나와 결혼했다. 그녀는 트라야누스의 질녀 중 한 명이었다. 임종석상에서 트라야누스는 마침내 입양을 선언했다(플로티나의 영향으로). 하드리아누스는 시리아에 있는 군단들의 지지를 받으며 입지를 확보하여 원로원으로부터도 트라야누스의 후계자가 되는 것에 대해 동의를 얻어 냈다.

그는 117년에 마흔한 살로 권력에 오른 후에 21년의 통치기간 동안 로마 제국의 공고화를 위해 많은 업적을 이룩했다. 그의 통치 스타일은 제국 전체로 확대된 여행들로써 확인할 수 있다. 이는 아마도 그가 속지 출신이라는 것과도 관계있을 것이지만, 무엇보다도 그가 절대로 가만히 있고는 못 견디는 성격이었다는 사실과 관계있는 것이다. 이러한 그의 성격으로 인해 그는 끊임없이 군단의 선두에 서서, 또는 궁정 각료들을 대동하고 세 대륙에 걸쳐 있는 로마의 지배영역들을 돌아다녔다. 그가 대부분은 로마와 이탈리아 바깥에 체류했기 때문에 그가 그리스의 언어와 문화를 애지중지했던 것도 이상한 일은 아니다. 이 관심이 얼마나 대단한 것이었는가 하면, 그가 아테네에 제2의 제국 수도를 건설하고 싶어 했을 정도였다. 이미 어릴 때부터 그리스 것이라면 뭐든지 좋아했기 때문에 '그라이쿨루스'(Graeculus), 즉 어린 그리스인이라는 타이틀까지 얻었던 그였다. 이와 마찬가지로 그가 남성을 두드러지게 좋아한 것도—적어도 보수적인 관점에 따르면—로마적이지 않았다. 그는 소년을 좋아했던 것이다. 그리고 이것도 헬레니즘 전통에 훨씬 더 상응하는 것처럼 보였다.

하드리아누스가 제국의 동쪽을 여행하던 도중인 123년에는 소아시아의 북서부에 있는 비티니아도 지나가게 되는데, 그곳에서 소년 안티노우스를 알게 되었다. 이때 안티노우스는 열 살에서 열두 살쯤 되었을 것이다. 이 소년은 클라오디오폴리스(그리스 어로는 비티니온, 현재는 볼루)라는 도시에서 왔다. 그의 가계에 대해선 알려져 있지 않지만, 로마에 있는 오벨리스크에 하드리아누스 자신이 새겼거나 그가 시켜서 새겼을 비문을 보면 안티노우스가 대단히 명망 있는 가문에서 왔음을 추측할 수 있다. 그와 하드리아누스와의 관계가 진척된 과정에 관한 한 사람들은 추측에만 의존해 왔다. 왜냐하면 확인된 것은 마지막 시기뿐이기 때문이다. 그러나 모든 알려진 사실들에 근거할 때 두드러지게 아름다웠던 이 소년을 황제가 함께 데리고 가서 로마로 보냈을 수도 있을 것이다. 하드리아누스와의 관계가 강렬해지는 것은 황제가 꽤 긴 기간 동안 로마로 돌아가 있으면서 125년부터 건축중이던 티부르 근처의 별장(오늘날의 하드리아누스 별장)에 자주 머물던 시절 이후부터였을 공산이 크다. 무수한 간접 증거들이 지적하고 있는 바에 따르면 이 시기에 두 사람의 내밀한 관계가 발전했는데, 이 관계는 지배자와 어린 남창 사이에 흔히 있던 전형적인 양상을 훨씬 넘어서는 것이었고, 어쩌면 처음부터 그런 것과는 완전히 다른 정서적 차원에 속하는 것이었다. 예전에 사람들이 즐겨 상상으로 그려 내던 것에 의하면 "금사(金絲)로 만들어지고 푸른 뱀 모양의 장식으로 치장된 모기장 밖에서",[173] 다시 말해 성적으로 자극적인 사치품들로 가득 채워진 분위기에서 동성애적 난음(亂淫)이 벌어졌다는 것인데, 이러한 상상은 현실과 거리가 먼 것이다. 하드리아누스의 "부자연스러운" 관계를 논박하는 사람들[174]과 적지 않은 미술 관찰자들이 안티노우스 흉상들을 근거로 추측했던 것처럼, 안티노우스가 유약하고 색정적이고 여성적이었다는 사실을 입증해 주는 것은 아무것도 없다. 비티니아 출신의 이 소년은 그러한 추측과는 완전히 다른 종류의 인간이었고, 하드리아누스에게도 비교적 깊은 의미를 지녔다는—다른 의미도 있었지만, 그러한 의미도 지녔다는—것은 두 영역에서 그가 했던 역할을 보면 분명히 드러나는데, 남창이라는 이미지는 이러한 역할에 전혀 어울리지 않는 것이다.

하드리아누스는—이 점에서 그 시대의 특징을 지닌 사람이지만—밀교(密敎)들의 제식과 종교적 신비주의에 대해 고도로 관심을 가졌었다. 이미 123년에 엘레우시스에서 입회성축을 받은 후 128년 9월에는 그곳에서 보다 높은 단계의 성축들을 하사받았다. 직접적인 증거는 없지만, 이러한 죽음과 재생을 위한 의식이 진행될 때 그가 사랑했던 안티노우스도 함께 있었을 것이라고 생각하는 것은 전혀 무리가 없다. 여기에 대해서는 나중에 나일 강 여행을 할 때 분명히 공동으로 밀교 프로그램에 참여했다는 사실도 뒷받침해 주고 있다.

---

173) E. 클라크, 『로마와 어느 별장』, 런던, 1953, 165.
174) 이 중에는 테르툴리아누스 같은 기독교 작가들도 있었다.

이보다 더 눈에 띄는 것은 안티노우스가 하드리아누스 황제의 취미였던 사냥에 동행하는 관계였다는 사실이다. 129년 팜필리에서 그랬듯이 두 사람은 여러 번이나 곰 사냥을 함께 갔던 것으로 보인다. 황제에게는 거대한 야생 숲에서 사냥을 하는 것이 단순히 용기나 허영심을 발휘하는(그가 성공적인 사냥꾼으로 찬양받는 것을 좋아했다는 것은 많은 시들과 부조 작품들이 증언하고 있다) 일만은 아니었다. 거기에는 신비주의적 의미도 내재하고 있었던 것이다. 그도 공감했던 크세노폰의 견해에 따르면, 사냥은 아르테미스와 아폴론이 고안해 낸 것으로서 사냥꾼을 더 훌륭하고 똑똑하고 용감하게 만들어 주는 것이었다. 일단 사냥꾼이라면 신들과 가까운 존재였다. 그리고 안티노우스는 어느 모로 보나 정확히 이런 종류의 사냥꾼이었다. 그는 내시처럼 유약한 존재도, 감상적인 몽상가도 아니라 오히려 대담한 사냥꾼이었고, 이러한 모습을 보여 주는 동전이나 패물도 다양하다.

이러한 특성들이 서로 연관되어 있다는 사실은 130년 가을에 있었던 나일 강 여행에서 가장 명백히 드러난다. 이에 대해 보고하고 있는 글들에서 전기 작가들과 역사 서술가들의 관심도 전적으로 안티노우스에게 쏠려 있다. 이집트 체류는 알렉산드리아에서 시작되었다. 그곳에서 황제와 그의 동행은 나일 델타 지역에서 사자 사냥을 하기 위해 출발했다. 이 사냥은 판크라테스[175]라는 사람에 의해서 문학적으로 설명되고 있을 뿐 아니라 로마에 있는 콘스탄티누스 아치 위에 있는 한 부조(Tondo)를 통해서도 포착되고 있다. 보아하니 하드리아누스가 먼저 사자에게 상처를 입히자 사자가 화가 나서 날뛰며 안티노우스를 공격했고, 이어서 황제가 칼로 사자를 찔러 죽이면서

---

175) 『옥시린쿠스의 보고서』, 그렌펠 편집, 런던, 1899 참조.

위험에 처한 젊은이를 구했던 것으로 보인다. 일행은 알렉산드리아로부터 출발해서 모든 나일 강 여행의 출발점인 카노푸스로 나아갔다. 그 다음 행선지는 나우크라티스, 그 다음은 헬리오폴리스였는데, 이곳에서는 여행자 일행에게 마법의식이 거행되었다.[176] 이는 하드리아누스가 꽤 오래전부터 심각한 건강상의 문제를 가지고 있었다(그는 어쨌거나 54세였으며, 결코 몸을 아낀 적이 없었던 것이다)는 사실과 관련된 것으로 추측된다. 그 다음의 중간 기착지들은 문서상으로 확인된 바가 없다. 황제의 함대는 10월 하순에 헤르모폴리스에 도착했는데, 이 도시는 헤르메스 또는 토트(Toth)에게 바쳐진 도시였다. 10월 22일에는 그곳에서 예년과 마찬가지로 오시리스 신의 신비한 죽음을 기억하기 위한 축제들이 시작되었다.

그 다음 며칠 동안 무슨 일이 벌어졌는가에 대해서는 그저 추측만 가능하다. 하드리아누스의 두어 마디 말이 끝나고 안티노우스는 나일 강에 빠져 익사했다. 이것이 단순한 사고였다고 믿어 온 사람은 아마 없을 것이다. 어쩌면 궁녀 전체와 함께 참여했던 질투심 강한 황제 부인 사비나의 사주로 살해된 것일까? 황제 부부의 결혼은 아이가 없는 상태로 머물렀을 뿐 아니라 이 결혼생활은 30년이 지난 후에도 확실히 하나의 관습에 불과했다는 것을 고려한다면, 그리고 여러모로 증언되어 온 것처럼 로마의 귀부인들은 남편들의 일탈행동에 관대했다는 것까지도 생각한다면, 그럴 가능성은 거의 없다. 게다가 황제 부인은 그녀가 궁중에서 데리고 있던 여류 시인 발빌라와 레스비언적 관계였다는 추측들도 있다.[177] 또는 하드리아누스와의 관계가 자연적인 종말에 다다랐기 때문에 행해진 자살이었을까? 이때 안티노우스의

---

176) K. 프라이센단츠, 『그리스의 마술』 제1권, 슈투트가르트, 1973, 146-149.
177) 라셀(편집), 『안토니 문학』, 1990, 62.

나이는 열여덟에서 스무 살 사이였는데, 그리스적인 관점에서 보자면 소년으로서 연상인 남자와 적절한 관계를 맺기에는 너무 늙고 너무 성장한 나이였다.[178] 혹은 안티노우스가 자신을 하드리아누스를 위한 제물로 바치려고 자발적으로 나일 강에 뛰어든 것일까? 이 가능성은 하드리아누스에게는 꽤 오래전부터 건강상의 문제가 나타났으며 나일 강 여행을 할 때도 그랬음을 생각할 때 결코 억지가 아닌 가장 개연성이 높은 것이다. 죽음의 시점과 장소는—오시리스의 희생적 죽음에 대한 기억처럼—이 죽음을 우연이라고 믿기 어렵게 만든다. 우연이라는 것은 하드리아누스가 이 죽음에 대한 공식적인 해석으로 퍼트린 것이다. 안티노우스의 죽음에 대해 하드리아누스는 여자처럼 울면서 반응했다고 전해진다.[179] 대략 131년에서 132년까지 만들어진 한 흉상은 경악하며 슬퍼하는 황제의 모습을 매우 감동적으로 보여 준다.[180]

하드리아누스가 익사한 안티노우스에게 눈에 띄는 명예를 부여한 사실이 숱한 의심들을 불러일으켰던 것은 확실하다. 황제는 이미 130년 10월 30일에 헤르모폴리스의 맞은편에 있는 나일 강 우측 해안에 건설할 신도시 안티노폴리스를 위한 초석을 놓았고, 이 도시에는 무수한 특권들이 부여되었다. 하드리아누스에 의해 신으로 격상된 안티노우스의 숭배는 놀라운 속도로 진전되었다. 특히 제국의 동쪽에서는 이러한 숭배가 아주 빨리 퍼져 나갔다. 안티노우스를 나타낸 흉상이나 동상 중에서 남아 있는 것이 3백여 개가 된다는 사실도 그에 대한 증거이다. 이는 그 어떤 신도 능가하는 숫자이다. 차

---

178) 핀다로스, 『올림포스 제1비가』, 67f. 에루메노스는 "수염이 자라기 때문에" 떠난다.
179) 『로마 황제 이야기』, 「하드리아누스」 14 참조.
180) 크레타의 칸디아 박물관에 있는 하드리아누스 흉상.

가운 대리석 위에 형상화된 모습들은 그 어떤 경험보다 우월한 순결함, 그 어떤 그림자도 넘어서는 명랑함, 그 어떤 의심도 뒤에 남기지 않는 헌신에의 자발적 의지를 보여 준다. 사람들은 절대자의 비밀을 향한 하드리아누스의 끊임없는 동경이 안티노우스에게서 실현된 것이라는 견해를—적어도 한동안은—옹호해 왔다. 안티노우스는 저 오래된 그리스적 이상에 상응하는 것처럼 보였는데, 이 이상에 따르면 신적인 미덕은 아름다운 젊은 육체에서만 표현된다는 것이다.

하드리아누스는 그에게 남은 8년 동안의 생애를 티부르에 있는 그의 별장에서 살면서 안티노우스와 함께 했던 시간에 대한 기억에 에워싸여 있었다. 분명 이러한 기억들은 안티노우스가 소년에서 성인 남성으로 발전해 가는 모습들을 묘사하고 있는 무수한 동상들, 그리고 그가 그의 연인과 함께 했던 마지막 여행의 출발지였던 카노푸스 운하의 소형 모형들에 의해서도 강화되었을 것이다. 안티노우스는 이 운하의 서쪽 기슭에 서 있는 카리아티드 뒤에 묻혔다고 한다.

C.M.B.

Art Works 예술작품

출　처

『로마 황제 이야기 Historia Augusta』, 「하드리아누스 Hadrianus」.

카시우스 디오(Cassius Dio), 69.

아우렐리우스 빅토르(Aurelius Victor), 『카이사르 가문의 삶 Leben der Caesaren』
　　14.

조　각

다양한 기념 부조들(예: 로마, 콘세르바토리 궁전, 빈, 에페소스 박물관).

기타 작품들은 본문 참조.

문　학

J.K. 위스망스(Huysmans)/J. 로랭(Lorrain), 『신들의 피 Le sang des dieux』,
　　1882.

S. 게오르게(George), 『막시민 Maximin』, 1907.

F. 페소아(Pessoa), 『시 Gedicht』, 1918.

M. 유르스나르(Yourcenar), 『나는 늑대 암컷을 길들였다 Ich zahmte die Wölfin』,
　　소설, 1951.

오　페　라

G.B. 페르골레시(Pergolesi), 〈시리아의 하드리아누스 Adriano in Siria〉, 1734.

v. Albrecht, M. "Geschichte der römischen Literatur," 2 Bde. 2. verb. u. erw. Aufl. Darmstadt 1994.

Bachmaier, H., Horst, Th., von Kleist, Heinrich, "Amphitryon," *Erläuterungen und Dokumente*, Stuttgart 1995.

Barkan, L. "Transuming Passion," *Ganymede and the Erotics of Humnism*, Standford Cal. 1991.

Barnes, H.E. *Hippolytos in Drama and Myth*, Lincoln Nebr. 1966.

Barrett, A. "Agrippina," *Mother of Nero*, London 1996.

Bartman, E. *Protraits of Livia*, Cambridge 1998.

Bauman, R.A. *Women and Politics in Ancient Rome*, London 1992.

Beck, H. ßG. *Byzantinisches Erotikon*, München 1986.

Beller, M. *Philemon und Baukis in der europöischen Literatur*, Heidelberg 1967.

Bengtson, H. "Römische Geschichte," Republik und Kaiserzeit bis 284 n. Chr., [5]1985.

Binder, E. u. G.(Hg.) *Dido und Aeneas*, Trier 2000.

Binder, G./Merkelbach, R. *Amor und Psyche*, Darmstadt 1968.

Birley, A. "Hadrian," *The Restless Emperor*, London 1997.

Birt, Th. *Die Cynthia des Properz*, Leipzig 1992.

Bischof, N. *Das Kraffeld der Mythen*, München [2]2000.

Bischof, N. *Das Rätzel Pdipus*, München [5]2001.

Bolen, J. Sh. "Göttinnen in jeder Frau," *Psychologie einer neuen*

Weiblichkeit, München ⁵2000.

Bridge, A. *Theodora*, München 1999.

Britton, R. *Groll und Rache inder ödipalen Situation*, Tübingen 1997.

Brodersen, K.(Hg.) "Große Gestalten der griechischen Antike," *58 historische Portraits von Homer bis Kleopatra*, München 1999.

Browning, R. *Justinian und Theodora*, bergisch-Gladbach 1988.

Brunner, R., Titze, M. *Wörterbuch der Individualpsychologie*, 2. neubearbeitete Aufl. München 1995.

Büchner, K. *P.Vergilius Maro*, RE Stuttgart 1956.

Büchner, K. *Römische Literaturgeschichte*, Stuttgart ⁶1994.

Burck, F. *Die Frau in der griechisch-römischen Antike*, Ingolstadt 1969.

Burkert, W. "Das Lied von Ares Aphrodite," Rheinisches Museum 103(1963) 130ff.

Burkert, W. *Griechische Religion der archaischen und klassischen Eprche*, Stuttgart 1977.

Castiglioni, L. *Studi intornoualle fonti e alla composizione delle Metamorfosi d' Ovidio*, Pisa 1906.

Chamoux, F. "Marcus Antonius," *Der letzte herrscher des griechischen Orients*, Gernsbach 1989.

Clauss, M.(Hg.) "Die römischen Kaiser," *55 historische Portraits von Caesar bis Uustinian*, München ²2001.

Codino, F. *Einführung in Homer*, Berlin 1970.

Dethlefson, Th. "Ödipus der Rätsellöser," *Der Mensch zwischen*

Schuld und Erlösung, München 1990.

Dihle, A. *Griechische Literaturgeschichte*, München [2]1991.

Döring, J. *Ovids Orpheus*, Basel 1996.

Dover, K.I. *Homosexualität in der griechischen Antike*, München 1983.

Eck, W. *Augustus und seine Zeit*, München 1998.

Eichhorn, F. "Homers Odyssee," *Ein Führer durch die Dichtung*, Göttingen 1965.

Ellis, W.M. *Alcibiades*, London 1989.

Erbse, H. *Beiträge zum Verständnis der Odzssee*, Berlin 1972.

Fauth, W. *Hippolztos und Phaidra*, Wiesbaden 1958.

Fehling, D. *Amor und Psyche*, Mainz 1977.

Finley, M.A. *Die Welt des Odzsseus*, München 1979.

Flaig, E. "Ödipus," *Tragischer Vatermord im klassischen Athen*, München 1998.

Flückinger-Guggenheim, D. *Göttliche Gäste*, Bern 1984.

von Franz, M.-L. "Die Erlösung des Weiblichen im Manne," Der Goldene Esel des Apuleius in tiefenpsychologischer Sicht. Pberarb. Ueuaufl. v. G. Isler, Zürich 1997.

Frenzel, E. *Stoffe der Weltliteratur*, Stuttgart [9]1998.

Freud, S. *Gesammelte Werke*, Frankfurt a. M. [8]1976

Gehrke, H.-J. *Geschichte des Hellenismus*, München 1990.

Gehrke, H.-J. *Alexander der Große*, München 1996.

Gérard, A. *The Phaedra Syndrome of Shame and Guilt in drama*,

Amsterdam 1993.

Giebel, M. *Sappho*, Reinbek 1980.

Giebel, M. *Augustus*, Reinbek 1984.

Giraudoux, J. "Amphitryon 38. Comédie en trois actes," *Préface de Jacques Robichez*(1929), Paris 1983.

Graf, F. *Griechische Mythologie*, München 1985.

Grant, M. *Caesar*, München [4]1982.

Grant, M. *Kleopatra*, Bergisch-Gladbach 1977.

Griffin, M.T. "Nero," *The End of a Dynasty*, London 1984.

Haecker, Th. *Vergil, Vater des Abendlandes*, Frankfurt a. M. 1958.

Halperin, D. *One Hundred Years of Sexuality and other Essays on Greek Love*, New York 1990.

Hammond, N. *Alexander der Große*(1997), München 2001.

Helm, R. *Sextus Propertius* RE XXIII 1, Stuttgart 1957.

Henry, M.M. *Prisoner of History*, New York 1995.

Hesiod, Theogonie. *Griechisch/Deutsch*, übersetzt unduhg. von O. Schönberger, Stuttgart 1999.

Heubeck, A. *Die homerische Frage*, Darmstadt 1974.

Hohlweg, A. "Justinian," In: *Die Großen der Weltgeschichte*, Bd. II, hg. von K. Fassmann, Zürich 1972.

Hölscher, U. *Die Odyssee*, München [2]2000.

Holzberg, N. *Catull*, München [2]2002.

Holzberg, N. *Die römische Liebeselegie*, Darmstadt 1990.

Holztrattner, F. "Poppaea Neronis potens," *Studien zu Poppaea Sabina*, Graz 1995.

Hübner, K. *Die Wahrheit des Mythos*, München 1985.

Hunger, H. *Lexikon der griechischen und römischen Mythologie*, 8. neubearb. Auf. Wien 1988.

Jehne, M. Caesar, München [2]2001.

Jünger, F.G. *Griechische Mythen*, Frankfurt [3]1957.

Kaempf-Dimetriadou, S. "Die Liebe der Götter in der attischen Kunst des 5," Jahrhunderts v. Chr., Bern 1979.

Kast, V. *Paare*, Stuttgart 1985.

Kast, V. "Loslassen und sich selber finden," *Die Ablösung von den Kindern*, Freiburg [4]1992.

Keinast, D. "Augustus," *Princeps und Monarch*, Darmstadt 1982.

Klingner, F. *Römische Geiseswelt*, München [5]1965.

Kranz, W. *Geschichte der greichischen Literatur*, Köln (1958) 1998.

Krauss, H., Uthemann, E. *Was Bilder erzählen*, München [3]1993.

Kunst, Chr./Riemer, U.(Hg.) *Grenzen der Macht. Zur Rolle der ro"mischen Kaiserfrauen*, Stuttgart 2000.

Kytzler, B. *Frauen der Antike*, Düsseldorf (1994)2000.

Kytzler, B. *Mythologische Frauen der Antike*, Düsseldorf 1999.

Lambert, R. "Beloved and God," *The Story of Hadrian and Antinous*, New York 1984.

Latacz, J. "Achilleus," *Wandlungen eines europäischen Heldenbildes*,

Stuttgart 1995.

Latacz, J. *Homer*, München [2]1989.

Lateiner, D. "Srdoni Smile," *Nonverbal Rebavior in Homeric Epic*, Michigan 1998.

Lauffer, S. *Alexander der Große*, München 1978.

Leppin, H. "Kaierliche Kohabitation: Von der Normaltät Theodoras," In: Chr. Kunst, U. Riemer(Hg.) 77ff.

Leppin, H. "Theodora und Iustinian," In: H. Temprini−Gröfin Vitzhum(Hg.) 437ff.

Levick, B. *Claudius*, London 1990.

Malten, L. "Motivgeschichtliche Untersuchungen zur Sagenforschung I, Philemon und Baucis," *Hermes* 74(1949) u. 75(1940).

von Matt, P. *Liebesverrat*, München 1999.

Mehl, A. "Tacitus über Kaiser Claudius," *Die Ereignisse am Hof*, München 1974.

Meier, Chr. "Athen," *Ein Neubeginn der Weltgeschichte*, 1993.

Meier, Chr. *Caesar*, Berlin 1982.

Mette−Dittmann, A. *Die Ehegesetze des Augustus*, Stuttgart 1991.

Merkelbach, R. *Untersuchungen zur Odyssee*, München [2]1969.

Miller, A. *Du sollst nicht merken*, Frankfurt 1981.

Mojsisch, B, Schwarz, H.H., Tauts, I.J. "Sextus Propertius," *Sämtliche Gedichte*, Stuttgart 1993.

Moormann, E.M., Uitterhoeve, W. "Lexikon der antiken Gestalten,"

Mit ihrem Fortleben in Kunst, Dichtung und Musik, Stuttgart 1995.

Neumann, E. "Amor und Psyche," *Eine tiefenpsychologische Deutung*, Olten/Freiburg [2]1979.

Neumeyer, F. "Nausikaa. Versuch einer Mythendeutung," In: *Die neue Rundschau*, 1947.

Otto, B. *König Minos und sein Volk*, Düsseldorf (1997)2000.

Otto, W.F. *Die Götter Griechenlands*, Frankfurt a. M. [3]1947.

Der Kleine Pauly, Lexikon der Antike in fünf Bänden, hg. von K. Ziegler und W. Sontheimer, München 1979.

Perkounig, C.-M. *Livia Drusilla—Iulia Augusta*, Wien 1995.

Petersmann, G. *Themenführung und Motiventfaltung in der Monobiblos des Properz*, Graz 1980.

Politzer, H. *Hatte Ödipus einen Ödipus-Komplex?* München 1974.

Prokopios, Anekdota(Historia arcana), hg. u. übersetzt von Otto Veh, [2]1970.

"Procopius, The Secret History," Translated by G.A. Williamson, London 1981.

Rahner, H. *Griechische Mythen in christlicher Deutung*, Zürich 1945.

v. Ranke-Graves, R. *Griechische Mythologie*, Hamburg [12]1999.

Reinhardt, K. *Von Werken und Formen*, Godesberg 1948.

Reinhardt, K. "Vermächtnis der Antike," Hg. v. Carl Becker, Göttingen 1960.

Reinhardt, K. "Tradition und Geist," Hg. Carl Becker, Göttingen 1960.

Reucher, Th. *Die situative Weltsicht Homers*, Darmstadt 1983.

Richter, W. *Römische Dichter*, Frankfurt 1974.

Ritter-Santini, L. "Ganymed," *Ein Mythos des Aufseiges in der deutschen Moderne*, München 2002.

Rode, A. *Apuleius: Der Goldene Esel*, Nachwort von W. Haupt, Leipzig 1992.

Rose, H.J. *Griechsiche Mythologie*, München [9]1997.

Rüter, K. "Odysseeinterpreationen," Untersuchungen zum ersten Buch und zur Phaiakis. Hg. von K. Mattiessen, Göttingen 1969.

Schadewaldt, W. *Die Anfänge der Philosophie bei den Griechen*, Frankfurt a. M. 1978.

Schadewaldt, W. *Hellas und Hesperien*, Zürich 1960.

Schadewaldt, W. *Von Homers Welt und Werk*, Stuttgart [4]1965.

Schmidt, H.-D. "Kalypso-Episode," In: *Der altsprachliche Unterricht*, Stuttgart 1969/5 S. 62ff.

Schondorff, J.(Hg.) "Amphitryon—Plautus, Moliére, Dryden, von Kleist, Giraudoux, Kaiser," *Vollständige Dramentexte*, mit einem Vorwort von Peter Szondi, München 1964.

Schrade, H. *Götter und Menschen Homers*, Stuttgart 1952.

Schubart, W. *Justinian und Theodora*, München 1943, Nachdr. 1984.

Schubert, Ch. *Perikles*, Darmstadt 1994.

Schuller, W. "Frauen in der griech. und röm," *Geschichte*, Konstanz 1995.

Seidensticker, B.(Hg.) "Die Orestie des Aischylos," Ubers. von Peter Stein, München 1977.

Senoner, R. *Die römische Literatur*, München 1981.

Sheffield, F. "Alcibiades' Speech. A Satyric Drama," In: *Greece and Rome*, Vol. 48, No. 2, 2001, p. 193ff.

Simon, E. *Die Götter der Griechen*, München ³1985.

Snell, B. *Die Entdeckung des Geistes*, Hamburg 1946.

Southern, P. *Augustus*, London 1998.

Spiecker, R. "Die Weidererkennung des Odysseus und der Penelope," In: Der altsprachliche Unterricht. Stuttgart 1969/5 S. 62ff.

Steinmann, K. *Das Mürchen von Amor und Psyche*, Ditzingen 2001.

Temporini-Gräfin Vitzthum, H.(Hg.) "Die Kaiserinnen Roms," *Von Livia bis Theodora*, München 2002.

Trunz, E. *Goethes Werke*, Band III, Hamburg 1954.

Tschiedel, H.J. *Phaedra und Hippolytus*, Erlangen 1969.

Vandenberg, Ph. "Xsar und Kleopatra," *Die letzten Tage der römischen Republik*, München 1986.

Winkes, R. "Livia, Octavia, Iulia," *Providence RI*. 1995.

Winkler, J. *Der gefesselte Eros*, Marburg 1994.

Wood, M. "Auf den Spuren Alexanders des Großen," *Eine Reise von Griechenland nach Asien*, Stuttgart 2002.

Zanker, P. *Augustus und die Macht der Bilder*, München 1987.

에로스의 탄생
신화에서 발견한 32개의 사랑

초판 1쇄 인쇄일 | 2005년 4월 27일
초판 1쇄 발행일 | 2005년 5월 2일

지은이 | 후베르투스 쿠들라
옮긴이 | 오순희
펴낸이 | 김현주
펴낸곳 | 이룸

편   집 | 김승완
디자인 | 한은영

출판등록 | 1997년 10월 30일 제10-1502호
주소 | 121-210 서울시 마포구 서교동 395-172 상록빌딩 2층
전화 | 편집부 (02)324-2347, 영업부 (02)2648-7224
팩스 | 편집부 (02)324-2348, 영업부 (02)2654-7696
e-mail | erum9@hanmail.net
homepage | http://www.erumbooks.com

ISBN 89-5707-153-9 (03210)

값 23,500원